MÉMOIRES

TOUCHANT

LA VIE ET LES ÉCRITS

DE MARIE DE RABUTIN-CHANTAL,

DAME DE BOURBILLY,

MARQUISE DE SÉVIGNÉ,

SUIVIS

De Notes et d'Éclaircissements,

PAR C. A. WALCKENAER.

CINQUIÈME PARTIE.

DURANT LA SECONDE CONQUÊTE DE LA FRANCHE-COMTÉ PAR LOUIS XIV
ET LA PREMIÈRE COALITION DES PUISSANCES CONTRE LA FRANCE.

QUATRIÈME ÉDITION, REVUE ET CORRIGÉE.

PARIS,

LIBRAIRIE DE FIRMIN-DIDOT ET CIE,

IMPRIMEURS DE L'INSTITUT DE FRANCE,

RUE JACOB, 56.

MÉMOIRES

SUR MADAME

DE SÉVIGNÉ.

CINQUIÈME PARTIE.

TYPOGRAPHIE DE H. FIRMIN DIDOT. — MESNIL (EURE).

MÉMOIRES

TOUCHANT

LA VIE ET LES ÉCRITS

DE MARIE DE RABUTIN-CHANTAL

DAME DE BOURBILLY

MARQUISE DE SÉVIGNÉ,

DURANT LA SECONDE CONQUÊTE DE LA FRANCHE-COMTÉ PAR LOUIS XIV
ET LA PREMIÈRE COALITION DES PUISSANCES CONTRE LA FRANCE,

SUIVIS

De Notes et d'Éclaircissements,

PAR

M. LE BARON WALCKENAER.

TROISIÈME ÉDITION,

REVUE ET CORRIGÉE.

PARIS,

LIBRAIRIE DE FIRMIN DIDOT FRÈRES, FILS ET Cie,

IMPRIMEURS DE L'INSTITUT DE FRANCE,

RUE JACOB, 56.

1856.

MÉMOIRES

TOUCHANT LA VIE ET LES ÉCRITS

DE

MARIE DE RABUTIN-CHANTAL,

DAME DE BOURBILLY

MARQUISE DE SÉVIGNÉ.

CHAPITRE PREMIER.

1673

Madame de Sévigné quitte la Provence et retourne à Paris. — Mauvais état des routes. — Craintes de madame de Sévigné pour sa fille. — Avantage qu'elle retire de son voyage en Provence pour son commerce épistolaire. — Elle écrit de Montélimart. — Elle voit à Valence l'évêque, M. de Cosnac, et Montreuil. — Détails sur ceux-ci. — Marie-Adhémar. — Les filles de Sainte-Marie. — Madame de Sévigné arrive à Lyon. — Loge chez Châteauneuf. — Voit l'archevêque. — Elle part avec M. et madame de Rochebonne. — Madame de Sévigné écrit de Châlon-sur-Saône. — Recommande à sa fille deux ouvrages de Marigny. — Arrive à Bourbilly. — Ses souvenirs dans ce lieu. — Du voyage qu'elle fit en 1664. — Conduite de Bussy. — Il est à Paris. — Le comte et la comtesse de Guitaud sont à Époisses. — Madame de Sévigné ne peut réconcilier Guitaud avec Bussy. — Elle est venue à Bourbilly pour le règlement de ses affaires. — Le comte et la comtesse de Guitaud et la comtesse de Fiesque viennent voir madame de Sévigné. — Détails sur la comtesse de Fiesque. — Deux petites cours auprès de celle du roi. — Cour de Monsieur ; cour de Condé. — Nouvelles sur ces deux cours données à madame de Sévigné. — L'Espagne déclare la guerre à la France. — Détails sur la comtesse de Marci et mademoiselle de Grancey.—Leur influence.—Madame de Sévigné va passer un jour à Époisses.—Elle écrit de Moret.—Arrive à Paris.

Le séjour de madame de Sévigné en Provence avait duré quatorze mois. Ce temps fut pour elle marqué par des jouissances de tous les jours et de tous les moments. Objet des constantes sollicitudes de madame de Grignan, elle avait promptement contracté l'habitude de la voir, de lui parler, de l'écouter, d'être sans cesse occupée d'elle. Ce n'était donc pas sans des déchirements de cœur qu'elle s'arrachait forcément aux douceurs de ce genre de vie. Diverses causes contribuaient à rendre cette nécessité plus cruelle. En même temps que, parcourant la route de Montélimart, elle s'éloignait de sa fille, sa fille s'éloignait d'elle, et prenait le chemin de Salons pour se rendre chez l'archevêque d'Arles. Quoique ce court trajet accrût imperceptiblement la distance qui devait toutes deux les séparer, néanmoins il ajoutait encore au trouble violent que cette séparation avait produit dans l'âme de madame de Sévigné. Elle avait espéré ramener sa fille avec elle; mais de puissants motifs s'y opposaient. L'assemblée des communautés de Provence devait avoir lieu en décembre, et ne pouvait se terminer qu'au milieu de janvier. Madame de Grignan se trouvait par là forcée de différer de trois mois le voyage qu'elle avait promis de faire à Paris[1]. Obligée de se rendre à de si bonnes raisons, madame de Sévigné trouvait dans la promesse même que sa fille lui avait faite un sujet de peine et d'inquiétude. La route de Montélimart à Lyon, qu'elle parcourait, était

---

[1] SÉVIGNÉ, *Lettres* (5 octobre 1673), t. III, p. 176, édit. de Gault de Saint-Germain ; t. III, p. 101, édition de Monmerqué.

horriblement abîmée et dans plusieurs endroits entièrement défoncée. Ce n'était pas sans effroi qu'elle songeait que dans trois mois sa fille, au milieu de l'hiver, aurait, pour venir la rejoindre, à parcourir cette même route, devenue plus dangereuse encore par des dégradations successives. Ses lettres nous montrent avec quelle scrupuleuse attention elle observait l'état des chemins et quel soin elle mettait à indiquer à madame de Grignan les parties détériorées où, selon elle, on devait descendre de voiture et se faire porter en litière, « sous peine de la vie[1]. »

Entre deux personnes qui s'aiment il y a dans les entretiens familiers et confidentiels un échange sympathique de sentiments et d'idées qui ne peut être suppléé par la correspondance la plus assidue. La voix, le geste, les yeux, les traits du visage manifestent nos sensations, nos désirs, nos inclinations, notre trouble, nos espérances, les subites inspirations de notre esprit, les éclairs capricieux de notre imagination mieux que ne peuvent le faire les mots les mieux arrangés, les plus expressifs, tracés sur un froid papier. C'est ce que madame de Sévigné ressentait amèrement lorsque de Montélimart elle écrivait : « Hélas ! nous revoilà dans les lettres. » Et cependant le temps qu'elle avait passé en Provence, au milieu de la famille des Grignan, lui donnait, pour sa correspondance, plus de moyens de remédier aux inconvénients de l'absence. Elle pouvait désormais apprécier les changements que le temps, une nouvelle situation avaient opérés dans l'esprit, les opinions, les goûts et les

---

[1] SÉVIGNÉ, *Lettres* (6 et 10 octobre 1673), t. III, p. 181, édit. G.; — *Ibid.*, t. III, p. 103 et 105, édit. M.

habitudes de madame de Grignan. Elle connaissait le monde avec lequel vivait sa fille, ses occupations de chaque jour, la distribution de ses heures, les qualités et les défauts de ceux qui étaient placés sous sa dépendance, les causes de ses tracas domestiques, toutes les misères, toutes les nuances si variables de l'existence, tous ces riens qu'on méprise et que pourtant on ressent si vivement, qu'on redoute ou qu'on dédaigne d'écrire, mais qu'à tout moment on voudrait confier à ceux qui s'intéressent à notre bonheur. Madame de Sévigné savait et prévoyait toutes les tribulations auxquelles sa fille était exposée; elle pouvait donc se faire comprendre d'elle à demi-mot, deviner ses désirs et pénétrer plus avant dans les replis de son cœur. Il lui devenait plus facile de lui être agréable par ses lettres, écrites avec plus de confiance, de facilité et d'abandon. Aussi lui dit-elle peu de jours après l'avoir quittée : « Je suis toute pétrie des Grignan, je tiens partout... Hélas ! ma fille, j'ai apporté toute la Provence et toutes vos affaires avec moi[1]. Je vous vois, je vous suis pas à pas ; je vois entrer, je vois sortir ; je vois quelques-unes de vos pensées[2]. » Et le temps ne faisait qu'ajouter encore à l'effet des souvenirs de son séjour à Grignan ; mais après elle y revient. « Il est vrai, dit-elle, que le voyage de Provence m'a plus attachée à vous que je n'étais encore. Je ne vous avais jamais tant vue, et je n'avais jamais tant joui de votre esprit et de votre cœur[3]. »

[1] Sévigné, *Lettres* (5 octobre 1673), t. III, p. 178, édit. G.; t. III, p. 101, édit. M.

[2] Sévigné, *Lettres* (11 octobre et 10 novembre 1673), t. III, p. 186, 213, édit. G.; t. III, p. 109, 131, édit. M.

[3] Sévigné, *Lettres* (8 décembre 1673), t. III, p. 268, édit. G.; t. III, p. 177, édit. M.

La mélancolie qui dominait madame de Sévigné en s'éloignant de sa fille ne fut pas allégée par les livres qu'elle avait emportés pour se distraire en voyage. C'étaient le *Socrate chrétien* de Balzac et les *Déclamations* de Quintilien. On est étonné de voir au nombre de ses lectures ce dernier ouvrage, d'une authenticité douteuse et d'un mérite très-secondaire ; il est probable que c'était par suite des études d'auteurs anciens qu'elle avait faites avec Corbinelli pendant son séjour à Grignan qu'elle s'était imposé la tâche de lire ces *Déclamations*. Elle écrit à sa fille après les avoir lues : « Il y en a qui m'ont amusée et d'autres qui m'ont ennuyée [1]. »

Partie de Montélimart, elle arriva le même jour à Valence. L'évêque de Valence, M. de Cosnac, était une de ses plus anciennes connaissances ; il avait envoyé au-devant d'elle son carrosse avec Montreuil [2] et son secrétaire pour l'accompagner. Nos lecteurs se rappellent ce joyeux abbé qui, dans la jeunesse de madame de Sévigné, lui écrivait des lettres folles et composait pour elle des madrigaux qu'il fit imprimer et même réimprimer [3]. Ce fut chez lui qu'elle soupa et logea. L'évêque et ses deux nièces vinrent lui rendre visite ; mais, en entrant dans la ville, elle s'était dirigée directement chez ce prélat. « Il a bien de l'esprit, dit-elle à madame de Gri-

---

[1] SÉVIGNÉ, *Lettres* (13 octobre 1673), t. III, p. 188, édit. G. ; t. III, p. 111, édit. M.
[2] *Mémoires touchant la vie et les écrits de Marie* DE RABUTIN-CHANTAL *pendant la Régence et la Fronde*, 2ᵉ édit., p. 49 et 50, chap. v.
[3] MONTREUIL, *Œuvres*, 1666, p. 5, 107, 472, 500 ; 1671, p. 4, 72, 321, 339. — SÉVIGNÉ, *Lettres* (6 octobre 1673), t. III, p. 179.

gnan. Ses malheurs et votre mérite ont été les deux principaux points de sa conversation ¹. »

Les malheurs de Daniel de Cosnac se réduisaient à ce qu'il était forcé de résider dans son diocèse, sous le plus beau climat et dans le plus riant pays de France. Mais, homme de cour plutôt qu'évêque, il considérait comme un exil l'obligation où il se trouvait de ne pouvoir être à Versailles ou à Saint-Germain. Par son esprit et son adresse il s'était introduit fort jeune chez le prince de Conti, et contribua à son mariage avec la nièce de Mazarin². Cosnac n'avait que vingt-deux ans lorsqu'il négocia avec une rare habilité ce qu'on appelait la paix de Bordeaux. Mazarin, pour ses signalés services, le fit nommer évêque de Valence; mais, au lieu de remplir les devoirs de son épiscopat, Cosnac s'attacha à MONSIEUR, qui le nomma son premier aumônier. Les conseils qu'il donna à ce prince et que celui-ci ne suivit pas occasionnèrent son exil ³. Dévoué de cœur à MADAME (l'aimable Henriette), il vint *incognito* à Paris; et, pour cet acte de désobéissance aux ordres du roi, il fut mis en prison, puis envoyé à l'Ile-en-Jourdain. Après quatorze ans d'exil, il avait enfin obtenu la permission de retourner à Valence, où madame de Sévigné fut charmée de le trouver en compagnie avec Montreuil ⁴. Elle vit encore à Valence la sœur de M. de Grignan, Marie-Adhé-

---

¹ SÉVIGNÉ, *Lettres* (6 octobre 1679), t. III, p. 178, édit. G.; t. III, p. 103, édit. M.

² GOURVILLE, *Mémoires*, vol. LII, p. 286.

³ CHOISY, *Mémoires*, vol. LXIII, p. 369 à 387. — MONTPENSIER, *Mémoires*, vol. XLIII, p. 135 (année 1663).

⁴ CHOISY, *Mémoires*, vol. LXIII, p. 391, 397, 408, 410, 417, 418. — SAINT-SIMON, *Mémoires authentiques*, t. III, p. 141, ch. XI.

mar de Monteil, religieuse à Aubenas, et les sœurs du couvent de Sainte-Marie. C'était pour elle, en quelque sorte, un devoir de famille, même dans les lieux où elle ne faisait que passer, de rendre visite aux religieuses de cet ordre, fondé par sa grand'mère [1]. Elle resta un jour entier avec celles de Valence, et se dirigea sur Lyon, où elle arriva le 10 octobre. Elle fut reçue dans cette ville, comme précédemment, par le beau-frère de M. de Grignan, l'aimable M. de Châteauneuf [1]. Elle eut la visite et reçut des civilités gracieuses de l'archevêque de Lyon, Henri de Villars, qui lui fit voir d'admirables tableaux.

Le jour suivant elle partit accompagnée de M. et de madame de Rochebonne [2], qui allaient à leur terre. Rochebonne voulait mettre ordre à ses affaires et se préparer à rejoindre l'armée, prévoyant une guerre avec l'Espagne, qui en effet était imminente. Madame de Sévigné fut obligée de s'arrêter à six lieues de Lyon. Elle date sa lettre « d'un petit *chien de village* » qu'elle ne nomme pas. Ce village, d'après la distance qu'elle indique, doit être la petite ville d'Anse, fort ancienne et assez célèbre par les conciles qui s'y sont tenus [3].

Deux jours après, à vingt-cinq lieues plus loin, elle écrit à madame de Grignan, et date sa lettre de Châlon-sur-Saône. Elle annonce qu'elle a rencontré en chemin un M. de Sainte-Marthe, qui lui fera parvenir deux petits poëmes de Marigny, l'un intitulé *l'Enter-*

---

[1] *Abrégé de la vie de la bienheureuse mère Jeanne-Françoise Fremyot de Chantal*, 1752, p. 39.

[2] Voyez la 4ᵉ partie de ces *Mémoires*, p. 199.

[3] SÉVIGNÉ, *Lettres* (6, 10 et 11 octobre 1673), t. III, p. 184-187, édit. G.; t. III, p. 103, 108, 110, édit. M.

rement ; l'autre, *le Pain bénit.* Ce dernier était une satire virulente contre les marguilliers de la paroisse de Saint-Paul et contre les exactions et les abus qui avaient lieu de la part des fabriques pour les frais de mariage, d'enterrement et pour rendre le pain bénit. Ces abus existent encore ; la forme seulement en est changée. On se rappelle que dans sa jeunesse madame de Sévigné était liée avec Marigny, ce grand chansonnier de la Fronde[1]. Elle remarque avec raison que le jugement qu'on porte de ces futiles opuscules dépend de la disposition d'esprit où l'on se trouve en les lisant[2]. Madame de Grignan n'avait pas le même motif que madame de Sévigné pour se complaire à l'odieux et au ridicule versé sur les obscurs administrateurs de la paroisse Saint-Paul, dont sa mère, comme paroissienne, était légèrement victime.

Après un trajet de trente lieues fait en trois jours, madame de Sévigné arriva enfin, le 21 octobre, dans son château de Bourbilly, qu'elle n'avait pas vu depuis neuf ans.

« Enfin, ma chère fille, dit-elle, j'arrive présentement dans le vieux château de mes pères. Voici où ils ont triomphé, suivant la mode de ce temps-là. Je trouve mes belles prairies, ma petite rivière, mes magnifiques bois et mon beau moulin à la même place où je les avais laissés. Il y a eu ici de plus honnêtes gens que moi ; et cependant au sortir de Grignan, après vous avoir quittée,

---

[1] Conférez la 1re partie de ces *Mémoires*, t. I, p. 479, chap. xxxv.
[2] Sévigné, *Lettres* (13 octobre 1673), t. III, p. 187, 189, édit. G. ; t. III, p. 111, édit. M. Ces deux pièces de vers ne se trouvent pas dans les *Œuvres* de Marigny, 1674, in-12. Auparavant avait paru *le Pain bénit*, par M. l'abbé de Marigny, 1673, in-12 (23 pages) ; on a réimprimé cet opuscule en 1795, avec une sotte préface.

je m'y meurs de tristesse. Je pleurerais présentement de tout mon cœur si je m'en voulais croire ; mais je m'en détourne, suivant vos conseils. Je vous ai vue ici ; Bussy y était, qui nous empêchait fort de nous ennuyer. Voilà où vous m'appelâtes *marâtre* d'un si bon ton [1]. »

On conçoit le douloureux plaisir qu'éprouvait cette mère passionnée à se rappeler, en arrivant dans son vieux château, le dernier voyage qu'elle y avait fait avec sa fille. Nous l'avons seulement mentionné à sa date [2] ; rappelons-le ici, et ajoutons quelques mots de plus, nécessaires pour compléter le récit de celui dont nous nous occupons. Le présent se compose-t-il d'autre chose que des souvenirs du passé et des rêves sur l'avenir ?

Ce fut le 15 août 1664 que madame de Sévigné alla à Tancourt (commune de Vaurezis, près de Soissons), où l'attendait Ménage [3]. De là elle se rendit à Commercy, chez le cardinal de Retz, puis ensuite à Bourbilly. Bussy, qui était alors à sa terre de Forléans, vint la voir : il n'avait que quarante-cinq ans. Madame de Sévigné en avait trente-huit ; sa fille était dans sa seizième année. Comme la fleur qui vient de s'épanouir, elle brillait de tout l'éclat de sa fraîcheur et de sa beauté ; elle était la joie, les délices, l'orgueil de sa mère ; elle n'appartenait qu'à elle seule : aucun lien, aucun devoir ne la forçait de s'en séparer. Ces deux charmantes femmes, dans

---

[1] SÉVIGNÉ, *Lettres* (16 octobre 1673), t. III, p. 190, édit. G.; t. III, p. 112, édit. M.— *Lettres de madame* DE RABUTIN-CHANTAL, *marquise* DE SÉVIGNÉ ; la Haye, 1726, t. I, p. 317.

[2] Deuxième partie de ces *Mémoires*, p. 331, chap. XXII (2ᵉ édit.).

[3] *Lettres de* MÉNAGE, dans les *Lettres et pièces rares et inédites* publiées par M. Matter, 1846, in-8°, p. 235. — BUSSY, *Lettres*, 173, in-12, t. I, p. 1.

leur gothique domaine, firent à cette époque sur Bussy une impression si vive et si durable que, plus de deux ans après (le 11 novembre 1666), appelé par des affaires à se transporter avec toute sa famille à Forléans, il en profita pour revoir encore Bourbilly. Il écrivit alors à sa cousine pour lui exprimer combien lui et ses enfants avaient été flattés de contempler les portraits des Christophe et des Gui, leurs ancêtres, tapissant les murs des Rabutin. « Ces Rabutin vivants, dit-il, voyant tant d'écussons, s'estimèrent encore davantage, connaissant par là le cas que les Rabutin morts faisaient de leur maison [1]. »

Madame de Sévigné avait, plus anciennement encore, fait un voyage à Bourbilly, accompagnée de son mari ; et Bussy, qui à cette époque se trouvait à sa terre de Forléans, fit une visite aux nouveaux mariés. Longtemps après, il rappelle avec orgueil à sa cousine combien, à la vue de tous ces portraits, le marquis de Sévigné fut frappé de la grandeur de la maison des Rabutin [2].

A ce dernier voyage que madame de Sévigné fit à Bourbilly (en 1673), Bussy ne se trouva point au rendez-vous qu'elle lui avait assigné dans sa lettre écrite de Grignan [3]. La manière railleuse avec laquelle elle mande

---

[1] Bussy, *Lettres* (11 novembre 1666), Paris, Delaulne, 1637, in-12, t. II, p. 2. — Dans Sévigné, *Lettres*, t. I, p. 154, édit. G.; t. I, p. 109, édit. M., et p. 1, 3, chap. I de la 1re partie de ces *Mémoires*.

[2] Bussy, *Lettres* (29 octobre 1675), t. I, p. 170, édit. 1737. — Sévigné, *Lettres* (19 octobre 1675), t. IV, p. 31, édit. M.; t. IV, p. 146, édit. G.

[3] *Suite des Mémoires du comte* de Bussy, ms., p. 37, v° (15 juillet 1673). — Bussy (lettre du 29 octobre 1675), dans Sévigné, t. IV, p. 146, édit. G., et t. IV, p. 34, édit. M. — Voyez la 1re partie

à sa fille que son cousin avait pris soin de se faire habiller à Semur, lui et toute sa famille[1], pour se rendre à Paris, prouve qu'elle aimait mieux le voir là qu'à Bourbilly. Bussy s'était brouillé avec le comte de Guitaud, qui alors habitait Époisses. Lui et sa femme comptaient au nombre des meilleurs amis de madame de Sévigné : possesseurs de la terre seigneuriale du fief de ses ancêtres[2], ils lui étaient très-utiles pour la gestion de ses intérêts en Bourgogne et jouissaient dans toute la province d'une grande considération. Madame de Sévigné aurait voulu faire cesser l'ancienne inimitié de Bussy et de Guitaud; mais Bussy, dévoré d'ambition et d'envie, s'y refusa toujours[3]. Il reprochait à Guitaud de l'avoir autrefois desservi dans l'esprit de Condé et de n'avoir pas voulu exécuter l'accord qu'ils avaient conclu ensemble pour la vente de la charge de capitaine-lieutenant des chevau-légers du prince, lorsque celui-ci fut arrêté[4].

Orgueilleux de l'antiquité de sa race, Bussy voyait avec déplaisir que Guitaud, qui avait servi sous lui comme cornette et ne s'était jamais distingué dans aucun combat, fût devenu, par son premier mariage avec Françoise de la Grange, possesseur du marquisat d'Epoisses et qu'en

---

de ces *Mémoires*, p. 313.—Sévigné, *Lettres* (15 juillet 1673), t. III, p. 164, édit. G.

[1] Sévigné, *Lettres* (21 octobre et 6 novembre 1673), t. III, p. 195 et 210, édit. G.; t. III, p. 117 et 130, édit. M.

[2] Sévigné, *Lettres* (13 février et 23 août 1678), t. V, p. 481; t. VI, p. 24, édit. G.; t. V, p. 308 et 354, édit. M.

[3] Sévigné, *Lettres* (juillet 1679), t. VI, p. 101 à 104.

[4] Voyez la 1re partie de ces *Mémoires*, t. I, p. 203.—Bussy-Rabutin, *Mémoires*, édit. 1721, t. I, p. 151, 152, 165, 172 et suiv., 185, 191, 192, 202, 337.

cette qualité madame de Sévigné, le dernier rejeton de la branche aînée des Rabutin, l'appelât, même en plaisantant, son seigneur [1].

Ce n'était point, au reste, un voyage sentimental que madame de Sévigné avait voulu faire à Bourbilly. Elle ne s'était pas dérangée de sa route seulement pour le plaisir de revoir ce séjour, encore moins pour s'y rencontrer avec Bussy, ni même pour jouir de la société du comte et de la comtesse de Guitaud; le soin de ses intérêts l'avait forcée d'y venir. Elle avait du blé à vendre, des baux à renouveler, des mesures à prendre pour être payée plus exactement de ses revenus. Elle s'occupa si activement de ces affaires qu'elle trouva pour les terminer des expédients auxquels le *bon abbé*, si expert en ces matières, n'avait pas pensé [2].

Dès le lendemain de son arrivée, le comte de Guitaud, dans l'espoir de l'attirer à Époisses, était accouru à cheval de grand matin à Bourbilly par une pluie battante. Madame de Sévigné le retint à dîner. Guitaud lui apprit les nouvelles qu'il venait de recevoir. Le comte de Monterès avait publié à Bruxelles, le 15 octobre, la rupture de la paix entre la France et l'Espagne; la guerre paraissait imminente [3], et on présumait que M. de Grignan serait obligé de venir pour expliquer sa conduite. Quant à Guitaud, il n'espérait pas être employé; il raconta à

---

[1] Expilly, *Dictionnaire des Gaules et de la France*, 1764, in-fol., t. II, p. 753, au mot *Époisses*.—*Voyage pittoresque de Bourgogne*, Dijon, 1833, t. I, feuille 9, n° 3.

[2] Sévigné, *Lettres* (25 octobre 1673), t. III, p. 196, édit. G.; t. III, p. 118, édit. M.—*Ibid.* (juillet 1679), t. VI, p. 101, 104, édit. G.

[3] Louis XIV, *Œuvres*, t. III, p. 403.—Mignet, *Négociations*, t. IV, p. 215.

madame de Sévigné les intrigues qui l'avaient fait déchoir dans les bonnes grâces du prince de Condé, et comment il s'en consolait en faisant de grands embellissements à son magnifique château, où il se proposait de passer l'hiver[1]. Après le dîner, madame de Sévigné, que le comte de Guitaud n'avait pas prévenue, vit arriver dans un carrosse à six chevaux la comtesse de Guitaud, accompagnée de cette comtesse de Fiesque qui, selon madame de Sévigné[2], donnait de la joie à tout un pays et le paraît. Cette femme, insouciante et frivole, conservait sa beauté, que les années semblaient épargner : « c'est disait madame de Cornuel, parce qu'elle est salée dans sa folie[3]. » Madame de Sévigné eut par elle des nouvelles de cour qui étaient de nature à amuser sa fille dans les prochaines lettres qu'elle devait lui écrire.

Comme deux satellites qui se meuvent autour d'un astre principal, la cour de France entraînait à sa suite deux petites cours, où s'agitaient dans leurs orbites particulières les ambitions et les intrigues des courtisans. Ces cours étaient celle de MONSIEUR, frère du roi, et celle de Condé, premier prince du sang. Toutes deux donnaient l'exemple d'une licence de mœurs trop autorisée par celle du monarque, mais d'une nature plus désastreuse pour la morale publique. Deux femmes, deux sœurs, qu'à cause de leur beauté et par une allusion dérisoire à leur conduite impudente on nommait *les anges*, se parta-

---

[1] SÉVIGNÉ, *Lettres* (21 octobre 1673), t. III, p. 191, édit. G., t. III, p. 114, 118, édit. M.

[2] SÉVIGNÉ, *Lettres* (21 octobre 1673), t. III, p. 196, édit. G.; t. III, p. 118, édit. M.

[3] SÉVIGNÉ, *Lettres* (17 avril 1676), t. IV, p. 202, édit. M.; t. IV, p. 262, édit. G. — SAINT-SIMON, *Mémoires*, t. II, p. 354.

geaient dans ces cours la principale influence. Elles étaient les filles du maréchal de Grancey, mais de deux lits différents [1]. L'aînée ne se maria pas, et passait (afin de masquer de plus honteux penchants) pour être la maîtresse de MONSIEUR. Elle était réellement celle de son favori, le chevalier de Lorraine. Par lui, elle dominait MONSIEUR. Charlotte de Bavière, la *nouvelle Madame*, celle qui fut la mère du régent, n'eut jamais aucune influence sur son mari ou sur le roi. D'une laideur repoussante, qui n'était contre-balancée par aucune qualité de l'esprit, elle déplaisait à tout le monde par sa hauteur et sa fierté maussade; étrangère à tous les personnages de cette cour brillante où elle était forcée de vivre, elle fut toujours Allemande en France. Pour son mari, qu'elle méprisait, elle était complaisante et douce, afin d'en être bien traitée et de rester en repos. Elle soulageait son ennui en écrivant sans cesse à ses nobles parents d'Allemagne tout ce que la médisance et la calomnie inspiraient de plus odieux sur sa nouvelle famille, sur cette cour où pourtant elle occupait le premier rang après la reine.

La sœur cadette de la belle Grancey, la comtesse de Marci, était aimée de Henri-Jules de Bourbon, duc d'Enghien, qu'on appelait alors monsieur le Duc. Ce fils du grand Condé ne manquait pas de valeur; mais il n'avait ni goût ni talent pour la guerre. Dur et égoïste dans son intérieur, il était dans le monde aimable et spirituel. Petit et maigre, par le feu de ses yeux et l'audace de

---

[1] SAINT-SIMON, *Mémoires complets et authentiques*, 1829, in 8°, t. X, p. 111, chap. II. — MADAME, duchesse d'Orléans, *Mémoires, fragments historiques et correspondances*, 1832, in-8°, p. 99, 103 et 242.

son regard, il faisait, malgré sa mine chétive, une forte et vive impression sur les femmes. Il les aimait et savait s'en faire aimer. Il recherchait leur société, même quand elles ne pouvaient lui offrir d'autre plaisir que celui de la conversation[1]. Lorsqu'il était véritablement amoureux, nul ne le surpassait dans les moyens de séduction; nul n'égalait son activité pour vaincre les obstacles, l'habileté et la fécondité de ses inventions pour les travestissements et les ruses. La grâce, la noblesse des manières, les flatteries les plus délicates, l'éloquence de la passion, les galanteries les plus ingénieuses, la magnificence des fêtes, les dons les plus dispendieux, rien n'était omis, rien n'était épargné pour assurer son triomphe. Homme de goût et de jugement, il avait un savoir très-varié. C'est lui qui ordonnait tous les embellissements de Chantilly et les grandes fêtes que l'on y donnait au roi ou aux princes[2].

Louis XIV avait permis qu'en l'absence de son père M. le Duc exerçât les fonctions de gouverneur en Bourgogne; il lui avait donné la survivance de cette charge ainsi que celle de grand maître de la maison du roi. Le grand Condé n'était un homme supérieur qu'à la guerre; il se déchargeait sur son fils de l'ennui des affaires à Paris comme à Chantilly, comme à Dijon. M. le Duc savait s'appliquer à l'administration des vastes domaines de Condé; et il est probable que Guitaud ne fut écarté de cette petite cour que parce que la société habituelle des princes dont il dépendait ne con-

---

[1] Voyez la 4ᵉ partie de ces *Mémoires*, p. 274 et 275.
[2] SAINT-SIMON, *Mémoires*, t. VII, p. 117, 139, et notre note sur les *Caractères* de la Bruyère, p. 658, 660, 662. Conférez la 4ᵉ partie de ces *Mémoires*, p. 271.

venait pas à sa femme, jeune, belle et pieuse [1]. Madame de Sévigné, dans sa lettre à sa fille, rapportant tout ce que lui a raconté sur les *anges* la comtesse de Fiesque, dit : « Madame de Marei quitta Paris par pure sagesse, quand on commença toutes ces collations de cet été [2], et s'en vint en Bourgogne; on la reçut à Dijon au bruit du canon. Vous pouvez penser comment cela faisait dire de belles choses et comme ce voyage paraissait en public. La vérité, c'est qu'elle avait un procès qu'elle voulait faire juger; mais cette rencontre est toujours plaisante [3]. »

Sur l'autre sœur madame de Sévigné dit : « Monsieur veut faire mademoiselle [4] de Grancey dame d'atour de Madame, à la place de la Gordon, à qui il faut donner cinquante mille écus : voilà qui est un peu difficile. Madame de Monaco mène cette affaire. » Cette affaire ne put réussir, probablement à cause de l'opposition qu'y mit Madame ; mais Monsieur fit mademoiselle de Grancey dame d'atour de la fille de sa première femme, qui devint reine d'Espagne [5].

---

[1] Voyez 4ᵉ partie de ces *Mémoires*, p. 133, chap. v.

[2] Sur ces soupers donnés à Saint-Maur, par le duc d'Enghien, *aux anges*, voyez Sévigné, *Lettres* (6 avril 1672), t. II, p. 449, édit. G. ; t. II, p. 377, édit. M. — *La France devenue italienne* dans *la France galante*, Cologne, 1695, in-12, p. 359 et 360.

[3] Sévigné, *Lettres* (21 octobre 1673), t. III, p. 193, édit. G.; t. III, p. 115, édit. M.

[4] On donnait aussi à mademoiselle de Grancey le titre de madame, comme étant chanoinesse.

[5] Marie-Louise, fille d'Henriette d'Angleterre, née à Paris le 27 mars 1662, mariée à Charles II, roi d'Espagne, le 30 août 1679. Sur madame de Grancey, conférez Sévigné, *Lettres*, édit. de la Haye, 1726, t. I, p. 165 (dans cette édition le nom de Grancey est en toutes lettres); *ibid.* (21 octobre 1673, 2 octobre 1676, 6 décembre 1679),

Madame de Sévigné céda enfin aux instances du comte et de la comtesse de Guitaud. Elle alla passer un jour à Époisses. Elle y trouva, outre la comtesse de Fiesque, la comtesse de Toulongeon, son aimable cousine, puis madame de Chatelus et le marquis de Bonneval. Elle fut charmée de toutes les personnes qu'elle vit dans ce château, dont elle admira la magnificence. Longtemps après, elle déclara à Bussy [1] qu'elle conservait un souvenir tendre et précieux de la réception qui lui avait été faite alors par le comte et la comtesse de Guitaud.

Le lendemain (27 octobre), madame de Sévigné arriva à Auxerre, trajet de soixante-dix kilomètres ou dix-sept lieues et demie. Elle paraît s'être arrêtée ensuite à Sens (distance de cinquante kilomètres ou quatorze lieues et demie). Elle regretta de n'y pas trouver l'archevêque, Louis-Henri de Gondrin [2], oncle de madame de Montespan, janséniste renforcé, qui avait beaucoup d'amitié pour madame de Grignan.

De la petite ville de Moret, où elle coucha, madame de Sévigné écrivit à sa fille le 30 octobre, et le surlendemain, jour de la Toussaint, elle entra dans Paris après quatre semaines de voyages [3].

---

t. II, p. 189; t. III, p. 193; t. VI, p. 147; t. V, p. 237, édit. G.— *Ibid.* (15 juillet 1672), t. II, p. 223, édit. M. — *Ibid.* (23 décembre 1671), t. II, p. 269; t. III, p. 115; t. VI, p. 53.—*Ibid.* (29 janvier 1685), t. VII, p. 229, édit. M.

[1] SÉVIGNÉ, *Lettres* (28 avril 1678), t. V, p. 501.

[2] Sur Gondrin, conférez GOURVILLE, *Mémoires*, t. LII, p. 309.

[3] SÉVIGNÉ, *Lettres* (27, 30 octobre et 2 novembre 1673), t. III, p. 198-203, édit. G.; t. III, p. 120-124, édit. M.

CHAPITRE II.

1673 — 1674.

Madame de Sévigné arrive à Paris, et descend chez son voisin de Coulanges.—Visites qu'elle y reçoit.—Empressement de tous ses amis, de Pomponne, du cardinal de Retz, de la Rochefoucauld, de madame Scarron.—Sévigné quitte l'armée deux fois pour venir voir sa mère.—Mort du marquis de Maillane.—Nouvelle lutte qu'elle occasionne entre l'évêque de Marseille et madame de Grignan. — Madame de Sévigné invite madame de Grignan à venir avec son mari solliciter à la cour.—Madame de Grignan s'y refuse. —Madame de Sévigné se trouve chargée de combattre seule l'influence de l'évêque de Marseille auprès des ministres et du roi. —Louis XIV, alors en guerre avec presque toute l'Europe, se prépare à conquérir la Franche-Comté.—Il suffisait à tout.—S'interposait dans les affaires de sa famille et dans celles des grands de sa cour.—Il charge l'évêque de Marseille d'une négociation secrète pour la duchesse de Toscane. — Il s'inquiète de la rivalité de ce prélat avec le comte de Grignan.— Louis XIV allait nommer le candidat qui lui était présenté par ce prélat.—La nouvelle de la prise de la citadelle d'Orange le fait changer de résolution.

En attendant que ses appartements fussent disposés pour la recevoir, madame de Sévigné descendit chez son cousin de Coulanges, rue du Parc-Royal[1]. Cette rue était voisine de celle de Saint-Anastase, où elle et le comte de Guitaud demeuraient. Elle espérait ainsi pouvoir être seule dans les premiers moments de son arri-

---

[1] DE COULANGES, *Chansons*, ms. autographe, p. 68. Le manuscrit des chansons de Coulanges, qui est à la Bibliothèque impériale, a 133 feuillets ou 266 pages.

vée et cacher la faiblesse qu'elle avait de pleurer sans cesse en lisant les lettres qu'elle recevait de sa fille. Ces lettres lui ôtaient l'espoir de la revoir prochainement. Cette combinaison, heureusement pour elle, ne réussit point ; il fallut, pour ne pas paraître ingrate, qu'elle se détournât de ses tristes pensées ou qu'elle dit que le vent lui avait rougi les yeux [1]. Depuis plusieurs jours on épiait son arrivée, et jamais flot plus nombreux de visiteurs et de visiteuses n'assaillit le logis de l'aimable chansonnier. Il dut à cette faveur que lui fit sa cousine le plaisir de voir sa femme, qui vint une des premières ; puis ensuite, ensemble ou successivement, l'excellente sœur du marquis de la Trousse, mademoiselle de Meri [2], madame de Rarai [3], la comtesse de Sanzei [4], madame de Bagnols, l'archevêque de Reims (le Tellier), madame de la Fayette, M. de la Rochefoucauld, madame Scarron, d'Hacqueville, la Garde [5], l'abbé de Grignan, l'abbé Têtu, Pierre Camus,

---

[1] SÉVIGNÉ, *Lettres* (2 novembre 1673), t. III, p. 204, édit. G.; t. III, p. 125, édit. M.

[2] SÉVIGNÉ, *Lettres* (22 avril 1671 et 12 juillet 1673), t. III, p. 204, 214, 452 ; t. IV, p. 465, édit. G. — *Ibid.* (15, 18 septembre et 10 novembre, 13 décembre 1679, 1er et 26 mai, 10 juin 1680, 7 juillet 1682), t. IV, p. 94 ; t. V, p. 465 ; t. VII, p. 94, édit. G.; et t. II, p. 359 ; t. III, p. 149, 328 ; t. IV, p. 82, 251 ; t. V, p. 425 et 431 ; t. VI, p. 6, 21, 30, 66, 209, 238, 242, 249, 364, 368 ; t. VII, p. 38, édit. M.

[3] Sur la famille Rarai ou Raray, voyez la 3e partie de ces *Mémoires*, p. 134. — MONTPENSIER, *Mém.*, t. XLII, p. 150. — SÉVIGNÉ, *Lettres* (31 juillet 1639), t. VII, p. 142, édit. G.; t. VI, p. 401, édit. M.

[4] Marie de Coulanges ; voyez la 4e partie de ces *Mémoires*, p. 349.

[5] Voyez la 3e partie de ces *Mémoires*, p. 129.

le gros abbé de Pontcarré [1], ami de d'Hacqueville, Brancas, de Bezons, la marquise d'Uxelles, madame de Villars et enfin M. de Pomponne, qui revint encore les jours suivants. L'amitié si vive et si constante que ce ministre avait témoignée pour M. et madame de Sévigné devenait d'autant plus précieuse à celle-ci qu'elle pouvait l'aider à soutenir la lutte où sa fille allait l'engager ; aussi mettait-elle tous ses soins à lui plaire [2]. Pomponne trouvait dans son commerce avec cette femme spirituelle un délassement aux peines et aux soucis des affaires ; il aimait à se rappeler surtout les heures de gaieté folâtre qu'il avait autrefois passées dans sa société [3].

Peu de temps après son arrivée à Paris, madame de Sévigné vit aussi un grand nombre de personnages, les uns ses amis, les autres qu'elle était habituée à rencontrer dans le monde où elle était répandue. Plusieurs venaient des armées et devaient y retourner promptement ; ils étaient attirés, par le retour du roi, à Paris et à Saint-Germain en Laye. C'étaient le prince de Condé, M. le Duc, son fils, la duchesse de Bouillon, le cardinal de Bouillon, la duchesse de Chaulnes, madame de Richelieu, Vivonne, madame de Crussol, la comtesse de Guiche [4], madame de Thianges, madame de Monaco, les

---

[1] Sévigné, *Lettres* (17 juin et 26 juillet 1671), t. II, p. 102-161, édit. G.—*Ibid.* (15 décembre et 25 octobre 1675), t. IV, p. 181 et 249.— *Ibid.* (19 juillet 1675), t. III, édit. G., et t. IX, édit. M.

[2] Sévigné, *Lettres* (6 et 13 novembre 1673), t. III, p. 209, 220.

[3] Sévigné, *Lettres* (15 janvier 1674), t. III, p. 307, édit. G.; t. III, p. 210, édit. M.—Voyez la 2ᵉ partie de ces *Mémoires*, chap. VIII, p. 101, 2ᵉ édit.

[4] Sévigné, *Lettres* (19 novembre 1673), t. III, p. 225, édit. G. — (22 janvier 1674), t. III, p. 323 et 324, édit. G. — (5 février 1674), t. III, p. 335.

Noailles, les d'Effiat, les Beuvron-Louvigny, le marquis de Villeroi, Charost et le chevalier de Buous, ce brave marin, cousin germain de M. de Grignan[1]; puis son excellent ami Corbinelli, et Barillon, et Caumartin, et Guilleragues, dont l'esprit était en possession d'électriser le sien; enfin madame de Marans, dont la sincère conversion et « *l'absorbée* retraite » lui avaient été annoncées par une lettre de la marquise de Villars, qu'elle reçut à Grignan[2].

Cependant la guerre continuait et devait durer encore; mais les rigueurs de l'hiver mettaient quelque relâchement dans les opérations militaires et permettaient qu'on vînt prendre part, pendant de cours intervalles, aux plaisirs de la capitale et à ceux de la cour. Le baron de Sévigné lui-même quitta deux fois l'armée, et vint voir sa mère; mais il fut obligé de s'en séparer au bout de quelques jours et de repartir pour rejoindre son régiment. Madame de Sévigné se montra peu alarmée sur les périls auxquels son fils allait être exposé; elle disait plaisamment : « M. de Turenne est dans l'armée de mon fils, et les Allemands la redoutent. » Elle paraît aussi peu inquiète d'apprendre qu'une amourette arrête le jeune guidon des gendarmes à Sézanne et retarde son arrivée, « attendu, dit-elle, qu'elle sait qu'il ne peut être question de mariage[3]. »

[1] Sévigné, *Lettres* (27 novembre 1672), t. III, p. 243. — *Ibid.* (20 septembre 1671), t. II, p. 232, édit. G.—(4 mai 1676), t. IV, p. 430, édit. G.

[2] *Lettres inédites de madame de Sévigné, de sa famille et de ses amis, avec son portrait, vue et fac-simile;* Paris, Blaise, 1827, in-8°, p. 66, 67.—*Lettres de la marquise* de Villars, Paris, 25 août 1673; et *Lettres* de Sévigné (15 janvier 1674), t. III, p. 289, édit. G.

[3] Sévigné, *Lettres* (26 janvier 1674), t. III, p. 327, édit. G.— *Ibid.*, t. III, p. 227, édit. M.

Aux anciennes et nombreuses connaissances de madame de Sévigné s'en réunirent d'autres d'une date plus récente, qu'elle était obligée d'accueillir avec empressement par intérêt pour sa fille : telle était madame d'Herbigny, sœur de Rouillé, comte de Melai, intendant de Provence [1]; et Marin, qui venait d'être nommé premier président du parlement d'Aix, homme d'une physionomie agréable, aimable dans le monde, mais despote dans son intérieur, dur envers sa femme et auquel madame de Sévigné nous apprend qu'on avait donné le surnom de *cheval Marin* [2].

De tous les amis que madame de Sévigné eut alors le plus de bonheur à revoir, ce fut le cardinal de Retz ; car il aimait et admirait sincèrement dans madame de Grignan, qu'il avait vue naître et grandir, l'union des qualités essentielles que l'on apprécie dans les deux sexes : la beauté, le jugement et le savoir, l'énergie du caractère, l'orgueil du rang, une noble ambition, un esprit capable d'application dans les affaires et un penchant prononcé pour l'étude des plus hautes questions de la philosophie cartésienne, que Retz se plaisait à débattre. Non-seulement il conservait les lettres que madame de Grignan lui écrivait, mais il gardait des copies de celles qu'elle avait écrites à d'autres [3]. Aussi

---

[1] Sévigné, *Lettres* (28 décembre 1673), t. III, p. 281, éd. G.

[2] Sévigné, *Lettres* (10 novembre 1673, 16 octobre 1675, 25 septembre 1687), t. III, p. 217 ; t. IV, p. 159 ; t. X, p. 8, éd. G.

[3] Sévigné, *Lettres* (19 juillet et 26 août 1675), t. III, p. 381 et 429, édit. M.—*Ibid.*, t. III, p. 456, et t. IV, p. 56, édit. G. — Sur Pontcarré, auquel madame de Grignan écrivait, conférez encore Sévigné, *Lettres* (17 juin 1671), t. II, p. 204, édit. G.—*Ibid.* (15 décembre 1675), t. IV, p. 249, édit. G.—*Ibid.* (25 octobre 1675), t. IV, p. 181, édit. G.—(31 août 1689), t. IX, p. 94, édit. M.

n'était-ce qu'à lui que madame de Sévigné osait révéler les secrets de toutes ses faiblesses pour sa fille, parce que lui seul savait la plaindre et compatir à ses maternelles douleurs.

Bussy et Forbin-Janson se trouvaient aussi présents à Paris lors du retour de madame de Sévigné ; mais ni l'un ni l'autre ne vint la voir. Le premier s'en abstint forcément par des motifs de prudence que nous ferons connaître [1] ; le second ne pouvait, malgré le désir qu'il en avait, se livrer au plaisir qu'il aurait eu d'entretenir un commerce amical avec l'aimable belle-mère du comte de Grignan, puisqu'il était en hostilité ouverte avec ce dernier [2]. Ceci nous conduit à exposer les faits qui, cette année, marquèrent la lutte que Forbin-Janson eut à soutenir contre le lieutenant général gouverneur de Provence.

Cette lutte, qui se renouvelait tous les ans, fut cette fois plus vive et plus animée [3], parce qu'un nouveau sujet de litige avait surgi entre le prélat et M. de Grignan, d'où dépendait l'influence de l'un ou de l'autre sur la Provence. Le marquis de Maillane de la Rousselle, procureur-joint de la noblesse, était mort [4] ; il s'a-

---

[1] Conférez BUSSY-RABUTIN, *Suite de ses Mémoires* (ms. de l'Institut), p. 42 à 57. (Lettres DE BUSSY, datées de Paris 16, 20, 22, 25 octobre, et 2, 26 décembre 1673. — Le 23 janvier 1674, Bussy écrit de Chaseu.)

[2] SÉVIGNÉ, *Lettres* (2 novembre 1673), t. III, p. 206, édit. G. ; t. III, p. 26, édit. M.

[3] SÉVIGNÉ, *Lettres* (13 novembre 1673), t. III, p. 136, édit. M. ; t. III, p. 218, 221, édit. G.

[4] *Abrégé des délibérations prises en l'assemblée générale du pays de Provence* tenue à Lambesc les mois de décembre 1673 et janvier 1674 ; Aix, in-4° (1680), p. 20 et 21.—EXPILLY, *Dict.*, t. IV, p. 486.

gissait de lui nommer un successeur. L'assemblée des communautés avait de droit la nomination à cette place; mais dans le fait l'assemblée choisissait toujours celui que désignait le gouverneur parmi les hauts dignitaires qui dirigeaient le mieux les délibérations et qu'on supposait le plus accrédité auprès du roi et de ses ministres. M. de Grignan voulait faire nommer son cousin, le marquis Pontever de Buous, frère de cette marquise de Montfuron dont madame de Sévigné était ravie, parce qu'elle était aimable, « et qu'on l'aimait sans balancer [1]. » L'évêque de Marseille demandait qu'on lui préférât M. de la Barben, qui, l'année précédente, avait, comme courrier et à ses frais, porté au roi les délibérations des états et qui, d'ailleurs, avait été principal consul d'Aix et procureur du pays [2].

Cette affaire, qui paraissait si peu importante au milieu des grands événements de la guerre et de la politique, embarrassait cependant Louis XIV et ses ministres. C'est qu'alors on était non-seulement très-préoccupé des dangers qui à l'extérieur menaçaient la France, mais encore attentif aux périls qui surgissaient à l'intérieur par l'effet du mécontentement des populations, accablées d'impôts, et d'une noblesse fière et brave, toujours prête à s'agiter sous le frein qui l'avait domptée. Les provinces maritimes, la Normandie, la Bretagne, la Gascogne [3], la Provence, plus exposées aux insultes des flottes enne-

---

[1] Sévigné, *Lettres* (21 déc. 1672), t. III, p. 124, édit. G.; t. III, p. 54, édit. M.

[2] *Abrégé des délibérations*, etc., p. 21.

[3] Lettres de Sève à Colbert (22 août 1675).—Depping, *Correspondance administrative sous le règne de Louis XIV*, 1851, t. II, in-4°, p. 201.

mies, plus en proie aux intrigues et aux corruptions de l'étranger, étaient surtout assujetties à une active surveillance. C'est pour protéger les côtes de la Provence contre l'Espagne que Louis XIV, dès qu'il eut déclaré la guerre à cette puissance, nomma gouverneur des îles Sainte-Marguerite le comte de Guitaud. Le court séjour que madame de Sévigné fit à Bourbilly et à Époisses avait eu pour résultat un redoublement d'amitié et de confiance entre elle et le comte et la comtesse de Guitaud, dont on s'aperçoit facilement par les lettres qui nous restent de leur correspondance à partir de cette époque. Louis XIV suivait avec attention tout ce qui se passait en Provence, et ne dédaignait pas de chercher à concilier les prétentions rivales de Forbin-Janson et de Grignan. Lorsque Marin, récemment nommé premier président du parlement d'Aix, vint, avant de partir pour prendre possession de sa nouvelle charge, saluer le roi, Louis XIV lui dit : « Vous aurez d'étranges esprits à gouverner en Provence [1] ! » Mais le choix de Marin n'était pas bon pour manier habilement l'esprit turbulent des Provençaux ; il se fit détester de sa compagnie par sa servilité maladroite et par ses susceptibilités en fait de préséances [2].

L'empereur, l'Espagne, le Danemark, la Hollande, toute l'Allemagne, hors les ducs de Bavière et de Hanovre, étaient alors ligués contre Louis XIV. Malgré le

---

[1] SÉVIGNÉ, *Lettres* (10 novembre 1673), t. III, p. 215, édit. G.; t. III, p. 133, édit. M.

[2] Lettres du chancelier le Tellier à Marin, premier président (7 juillet 1682). Dans DEPPING, *Correspondance administrative sous Louis XIV*, t. II, p. 240.

traité secret conclu avec Charles II en 1670 ¹, celui-ci avait été forcé par son parlement de se réunir aux Hollandais et de diriger toutes les forces navales de l'Angleterre contre la France ². A l'insuffisance de ses ressources en hommes et en argent contre une aussi formidable coalition Louis XIV opposa le génie de ses généraux et de ses ministres et son infatigable activité. Il aurait désiré faire consentir l'Espagne à déclarer la neutralité de la Franche-Comté demandée par les Suisses; mais l'Espagne ne le voulut pas. A l'exception de Maëstricht et de Grave, Louis XIV avait sagement abandonné ses conquêtes en Hollande; et, en concentrant ses forces, il était parvenu, avec des armées inférieures en nombre, à repousser partout ses ennemis; au nord comme au midi, il avait accru la gloire de ses armes ³. Ce qui lui restait de troupes devait être employé à la conquête de la Franche-Comté, à laquelle il voulait marcher en personne ⁴.

Les provinces maritimes, que ne pouvaient protéger suffisamment des escadres trop faibles, étaient livrées aux dangers des incursions désastreuses. Les gouverneurs qui

---

¹ LINGARD, *History of England*, 4ᵉ édit., t. XII, p. 369. — Ce traité fut conclu le 22 mars 1670.

² TEMPLE, *Mémoires*, vol. LXIV, p. 37, 40, 46.

³ LOUIS XIV, *Œuvres* (*Mém. militaires*, 1673, 1674, 1675), t. III, p. 303, 532. — RAMSAY, *Histoire du vicomte de Turenne*, édit. 1773, in-12.—*Mémoires du vicomte de Turenne*, t. III, p. 309 à 443.— *Histoire*, t. II, liv. VI, p. 241 à 360.—L'abbé RAGUENET, *Histoire du vicomte de Turenne* (1738, in-12, liv. V et VI), t. II, p. 49, 220.—DESORMEAUX, *Histoire de Louis II, prince de Condé*, 1769, in-12, t. IV, liv. IX, p. 337 à 427.

⁴ LOUIS XIV, *Œuvres* (fragment sur la campagne de 1674; Siége de Besançon; Précis de la conquête de Franche-Comté), t. III, p. 453, 459, 473.

y commandaient, par leur bravoure, leurs talents militaires et leur influence personnelle, pouvaient seuls les défendre contre l'invasion, en faisant un appel au zèle et au patriotisme des nobles pour la défense du pays. Louis XIV le savait, et il mit à profit ce moyen en Guyenne[1], en Bretagne et en Normandie. Alors il se vit forcé par la nécessité de donner plus de puissance aux gouverneurs des provinces menacées; mais ce ne pouvait être au point de nuire à sa propre autorité et de détruire l'œuvre de Richelieu, qui avait institué les intendants pour amoindrir le pouvoir des gouverneurs, devenu redoutable pour la couronne. Rouillé, intendant de la Provence, dont madame de Grignan disait « que la justice était sa passion dominante[2], » s'accordait assez bien avec le gouverneur et ménageait cette puissante maison de Grignan. Néanmoins, quand le comte de Grignan réclamait des gardes et des accroissements d'attribution ou d'appointements, Rouillé devenait tout naturellement son antagoniste, et, dans l'intérêt de sa charge et de ses propres prérogatives, il s'opposait aux prétentions du lieutenant général gouverneur. C'est pourquoi madame de Sévigné n'avait pu faire consentir cet intendant à favoriser les demandes de son gendre pour ce qui concernait le payement des gardes et des courriers : Rouillé s'était rangé, pour ces questions, du côté de l'évêque de Marseille. Mais il ne se trouvait pas dans les mêmes conditions pour le remplacement du procureur du pays-joint pour la noblesse dans l'assemblée

---

[1] Grammont, *Mémoires*, vol. LVII, p. 96, 99 (1674).—Sévigné, *Lettres* (avril 1674, au comte de Guitaud), t. III, p. 339, édit. G.

[2] Sévigné, *Lettres* (28 décembre 1673), t. III, p. 280, édit. G.; t. III, p. 188, édit. M.

des communautés. Rouillé, homme de robe, quoique ayant le titre de comte de Melay, était de cette caste intermédiaire entre la roture et la haute noblesse, et il avait intérêt à ménager celle-ci dans tout ce qui ne pouvait pas entraver les devoirs dont sa charge l'obligeait de s'acquitter. Lorsqu'il s'agissait de faire donner la préférence à un roturier sur un noble pour une place auparavant occupée par un noble, on espérait que Rouillé se mettrait du parti de M. de Grignan, et non de celui de l'évêque de Marseille. C'est par ce motif que madame de Sévigné s'était empressée de cultiver la société de madame d'Herbigny[1], sœur de la femme de l'intendant, alors à Paris. Elle l'avait charmée par son esprit, et était parvenue à la mettre dans le parti de M. de Grignan. Caumartin, ami de madame de Sévigné et de sa fille, avait été gagné sans peine. Il en fut de même du premier président nouvellement nommé, de Marin, « cet homme qui met le bon sens et la raison partout, » dit madame de Sévigné, toujours disposée à louer ceux qui agissent selon ses désirs. Quoique circonvenu et entouré par tant d'influences, Louis XIV n'aurait pas hésité à préférer au protégé de M. de Grignan celui de l'évêque de Marseille. Forbin-Janson avait donné au roi des preuves de son habileté, de sa prudence, de sa discrétion dans des affaires secrètes et intimes qu'il avait l'habitude de traiter avec lui, par lui-même et sans intermédiaire.

Ce roi qu'on a si souvent représenté comme uniquement occupé de sa seule personne et subissant l'influence de ses ministres, de ses maîtresses et de ses

---

[1] Sévigné, *Lettres* (28 décembre 1673), t. III, p. 281, édit. G.; t. II, p. 188, édit. M.

serviteurs se mêlait de tout, intervenait dans tout, réglait tout, entrait dans les détails des susceptibilités d'amour-propre et de rang de ses maréchaux et de ses généraux, se livrait à toutes les enquêtes nécessaires pour distribuer de la manière la plus avantageuse les commandements de ses armées et les plus hautes fonctions de l'État [1]. Dans ses palais, dans sa famille rien ne se faisait sans son ordre direct. Le fier Montausier, voulant transporter le jeune Dauphin confié à ses soins dans une habitation plus salubre et lui donner un confesseur, ne l'osa pas sans avoir été approuvé par le jeune roi, qui lui désigna un prêtre de son choix [2]. La belle duchesse de Mazarin espérait que, pour la protéger contre son mari, Louis XIV suspendrait l'autorité des lois, et afin de l'y engager elle fit intervenir en vain le roi d'Angleterre, la reine de Portugal et toutes les femmes qui pouvaient exercer quelque influence sur le tout-puissant monarque [3].

C'est encore à Louis XIV que sa cousine la duchesse de Toscane s'adressait pour que le grand-duc, qu'elle n'aimait pas et qu'elle voulait quitter, eût plus d'indulgence pour elle et de meilleurs procédés [4]. Louis XIV

---

[1] Le duc DE NAVAILLES et DE LA VALETTE, *Mémoires*, Paris, 1701, in-12, p. 278 (année 1673).

[2] LOUIS XIV, *Œuvres* (lettres au duc de Montausier, 13 août, 2 octobre 1673, 23 mai 1675, 11 mars 1677, 2 et 23 mai 1698), t. V, p. 310, 515, 532, 559, 575.

[3] LOUIS XIV, *Œuvres* (lettre au roi d'Angleterre, 17 février 1668), t. V, p. 547.

[4] Conférez *Histoire de la vie et des ouvrages de Jean de la Fontaine*, 3ᵉ édit., 1824, in-8°, p. 151 à 154.— LOUIS XIV, *Œuvres* (lettres à la princesse de Toscane, 3 octobre 1662, 28 mars 1664, 23 novembre 1665, 29 octobre 1669), t. V, p. 98, 172, 333, 458.

avait envoyé à Florence l'évêque de Marseille pour cette négociation confidentielle, et l'évêque n'en rendit compte qu'à lui seul. Louis XIV ne voulait pas mécontenter le prélat relativement aux affaires de Marseille ni être injuste. Avant de se prononcer, il témoigna le désir que l'évêque et M. de Grignan se missent d'accord sur le choix à faire du procureur-joint de la noblesse. Forbin-Janson, plutôt pour complaire au monarque et à ses ministres que par inclination, fit quelques concessions ; il promit d'être favorable dans l'assemblée des états à la demande ordinaire de Grignan pour la somme de cinq mille livres de la solde des gardes, et de celle de trois mille livres pour frais de courrier. Madame de Sévigné et bon nombre de ses amis, et même, parmi les Grignan, l'imposant suffrage de l'archevêque d'Arles, étaient pour la conclusion de la paix à ce prix. M. de Grignan se serait volontiers rangé aussi à cette opinion ; mais madame de Grignan s'y opposa. Elle abhorrait l'évêque de Marseille, et elle comprenait très-bien que la considération de son mari et l'ascendant du gouverneur sur les nobles de province dépendaient du succès de la lutte engagée contre le prélat. En cela elle voyait juste. Si Forbin-Janson parvenait à faire nommer un homme de son choix, un roturier, c'en était fait de l'autorité dont jouissait le gouverneur, de l'affection que la noblesse avait pour lui et du respect qu'elle lui portait. Madame de Grignan ameuta donc tous ses amis de Provence et tous ceux de Paris et de la cour contre l'évêque de Marseille. Elle le représenta sous

(22 août et 6 décembre 1673), t. V, p. 511 et 518.— MONTPENSIER, *Mémoires*, 1674), t. XLIII, p. 373.

les plus noires couleurs ; selon elle, c'était un prélat ambitieux, brouillon, hypocrite, ennemi de la noblesse et cherchant à nuire sous les apparences de l'aménité, de la charité et de la justice.

Elle écrivit à ce sujet à sa mère, à d'Hacqueville, à Caumartin, aux Grignan présents à la cour. Elle les persuada tous d'autant plus facilement que l'évêque de Marseille, soit parce que c'était sa conviction, soit parce qu'il était révolté qu'on prêtât à ses actions et à ses paroles des motifs indignes de lui, cherchait à faire croire que Grignan, par paresse et par incapacité, ne s'acquittait qu'avec négligence des fonctions de sa charge. Madame de Grignan poussait le désir d'assurer son triomphe dans l'assemblée des communautés jusqu'à vouloir que le comte de Grignan ne demandât aucune allocation d'argent pour les gardes et le courrier, afin d'ôter à l'évêque de Marseille l'occasion de se populariser en s'y opposant. C'était aussi l'avis de Guitaud, qui s'était rangé du parti de madame de Grignan ; et en effet cette manière de procéder se présentait sous une apparence noble et digne. Mais ce n'était pas là le compte de M. de Grignan, qui avec raison pensait que, par l'effet de cette renonciation, il reconnaîtrait en même temps qu'en qualité de lieutenant général gouverneur il n'avait pas le droit d'avoir des gardes. Fier et généreux jusqu'à la prodigalité, il songeait à se laisser allouer encore la somme de cinq mille francs et à en faire ensuite la remise à l'assemblée, comme étant insuffisante pour la dépense des gardes qu'il demandait [1]. Ces ré-

---

[1] SÉVIGNÉ, Lettres (14 octobre 1674), t. III, p. 357, édit. G. (Let-

solutions de son gendre et de sa fille effrayaient madame de Sévigné, qui ne pouvait penser[1] sans une mortelle inquiétude au grand train de maison du gouverneur de Provence, à ses fêtes, à ses festins, à son jeu, dépenses jugées indispensables pour soutenir la splendeur du rang qu'il occupait. Madame de Grignan se montrait à cet égard sourde aux remontrances d'une mère sage et prévoyante.

Madame de Sévigné désirait surtout que sa fille vînt elle-même à la cour plaider sa cause. Sans doute le désir de la posséder entrait pour beaucoup dans l'insistance qu'elle mettait à la persuader; mais elle croyait sincèrement que la vue d'une femme si belle, si considérée, qui parlait admirablement le langage des affaires était de nature, dans cette cour galante, à affaiblir l'influence de l'évêque de Marseille et à dissiper tous les nuages qu'il avait répandus sur la réputation du lieutenant général gouverneur. Elle voulait d'ailleurs que M. de Grignan accompagnât sa femme pour mieux contre-balancer par sa présence à la cour celle de Forbin-Janson. Elle pensait que le lieutenant général gouverneur pourrait retourner ensuite en Provence pour la tenue des états, en lui laissant sa fille comme soutien de ses intérêts pendant cet intervalle de temps. Afin de forcer madame de Grignan à suivre ses conseils, madame de Sévigné disait que l'abbé avait décidé qu'il était pressant pour elle de rendre son compte de tutelle à ses enfants, et que, par cette raison, la réunion de son fils et de sa fille à Paris était d'une indispensable nécessité. A ce plan madame

---

tre du comte de Grignan au comte de Guitaud. A la page 359, au lieu de : les cent mille francs, lisez : les cinq mille francs.)

[1] Sévigné, *Lettres* (31 août 1673), t. IX, p. 93 et 94, édit. M.

de Grignan opposait, avec juste raison, l'énorme accroissement de dépenses qu'occasionnerait au gouverneur de la Provence un voyage à Paris, pour paraître convenablement à la cour. Elle disait que, dans les circonstances critiques où se trouvait le royaume et durant une guerre aussi acharnée, M. de Grignan pourrait difficilement obtenir un congé[1]; et que, s'il l'obtenait, il serait blâmé d'abandonner les intérêts du roi et du pays pour jouer le rôle de solliciteur à Paris et celui de courtisan à Versailles et à Saint-Germain. En outre, à mesure que l'on approchait le plus de l'époque où devait se réunir l'assemblée des communautés, il était essentiel pour madame de Grignan qu'elle restât en Provence, afin de concilier par elle-même et par ses adhérents, en faveur du parti des Grignan, les suffrages des membres de cette assemblée. Ces raisons étaient excellentes; et madame de Sévigné devait d'autant plus se rendre à leur évidence, que sa fille lui promettait d'aller la rejoindre après la tenue de l'assemblée et lorsque seraient terminées des affaires qui en étaient la suite. Madame de Sévigné aurait ressenti moins de répugnance et de douloureux regrets à reconnaître la vérité des motifs allégués par sa fille, si celle-ci avait montré plus de sympathie pour ses maternelles faiblesses, et si elle n'avait pas blessé son cœur par le pédantisme de ses remontrances et par les bouffées de sa philosophie raisonneuse[2].

---

[1] SÉVIGNÉ, *Lettres* (10 novembre 1673), t. III, p. 214-15, édit. G.; t. III, p. 132, édit. M.
[2] SÉVIGNÉ, *Lettres* (28 décembre 1673), t. III, p. 279, édit. G.; t. III, p. 131, édit. M.

Par ses lettres madame de Grignan était parvenue à faire partager à sa mère une partie de son aversion [1] contre l'évêque de Marseille ; et, pour le combattre, madame de Sévigné se mit à l'œuvre avec toute l'activité dont elle était redevable à sa nature vive et passionnée. Sa fille, dont elle admirait, tout en la blâmant, la fierté et la fermeté, la portait à ne négliger aucun moyen pour la réussite d'une affaire où la dignité de son gendre était si fortement engagée ; et, plus que jamais, elle mérita le titre que lui donnait le comte de Grignan, qui l'appelait *son petit ministre* [2]. Elle agit sur l'esprit du monarque par madame de Montespan [3], par Marsillac, la Rochefoucauld [4] ; et sur Colbert par Marin, premier président d'Aix, dont la famille était alliée à celle de ce ministre. Par madame de Coulanges elle aurait pu s'assurer de Louvois ; mais madame de Coulanges n'était pas bien alors avec son cousin. Madame de Sévigné dut employer l'archevêque de Reims et le père de Marin [5], ainsi que d'autres personnages qui entouraient ce ministre ; mais Louvois poussait toujours Louis XIV aux mesures despotiques, et il ne cessait de l'occuper des moyens propres à anéantir ce qui restait encore de franchises aux villes et aux pays d'états. D'ailleurs il suffisait que Pomponne se fût fortement déclaré en faveur de M. de Gri-

---

[1] SÉVIGNÉ, *Lettres* (22 janvier 1674), t. III, p. 323, édit. G.—*Ibid.* t. III, p. 224, édit. M.—*Ibid.* (4 déc. 1673), t. III, p. 249, édit. G.

[2] SÉVIGNÉ, *Lettres* (19 février 1672), t. II, p. 392, édit. G. ; t. II, p. 333, édit. M.

[3] SÉVIGNÉ, *Lettres* (11 décembre 1673), t. III, p. 258-262, édit. G.

[4] SÉVIGNÉ, *Lettres* (13 novembre 1673), t. III, p. 222, édit. G.

[5] SÉVIGNÉ, *Lettres* (10, 12 et 27 novembre 1673), t. III, p. 217, 220 et 243, édit. G. — *Ibid.* (4 décembre 1673), t. III, p. 246 et 247, édit. G. — PELLISSON, *Lettres historiques*, in-12, t. II, p. 73.

gnan contre l'évêque de Marseille[1] pour que Louvois ne lui fût pas favorable : ce fut beaucoup que d'obtenir qu'il ne lui serait pas contraire[2]. Malgré le grand nombre de personnes qui s'intéressaient à madame de Sévigné et à sa fille, tant à la cour qu'en Provence, il paraît certain que Louis XIV aurait refusé de s'opposer à ce que l'évêque de Marseille eût la liberté d'user comme il le voulait de sa légitime influence sur l'assemblée des communautés si un événement militaire n'avait pas donné occasion au comte de Grignan de prouver combien la noblesse de Provence lui était attachée, et n'avait pas engagé le roi à adopter l'avis de ses ministres en favorisant la nomination du parent du comte de Grignan. Comme cet événement, trop négligé par nos historiens et honorable pour M. de Grignan, a un intérêt historique, nous allons le faire connaître à nos lecteurs.

[1] SÉVIGNÉ, *Lettres* (4 décembre 1673), t. III, p. 247, édit. G.
[2] SÉVIGNÉ, *Lettres* (19 et 20 novembre 1673), t. III, p. 227, 228, édit. G.—*Ibid.* (24 décembre 1673), t. III, p. 277.

CHAPITRE III.

1673 — 1674.

Détails sur la principauté d'Orange.—De ceux qui la possédèrent.— Le comte d'Hona, dernier gouverneur. —Mazarin la fait saisir.— Il fait démolir les fortifications de la ville d'Orange.—Cette principauté est donnée à la comtesse d'Auvergne par Louis XIV, qui ordonne au comte de Grignan de s'en emparer et d'assiéger la citadelle d'Orange.—Bercoffer, gouverneur de cette citadelle, veut se défendre. — Diverses allégations faites à madame de Sévigné, qui craint les résultats de ce siége.—Grignan est suivi de toute la noblesse.—Il attaque la citadelle d'Orange, qui se rend le 12 novembre. —Grignan la fait démolir. —Joie de madame de Sévigné en apprenant la prise de cette citadelle.—Ouverture de l'assemblée des communautés de Provence.—Discours de l'intendant. — Réponse de l'évêque de Marseille.—Don gratuit accordé.— Lutte entre le comte de Grignan et l'évêque de Marseille.— Une lettre de Colbert à l'évêque de Marseille l'oblige de céder. — Le marquis de Buous est nommé procureur du pays-joint. — Les 5,000 livres sont accordées par l'assemblée au comte de Grignan.—Opposition de l'évêque de Marseille et de l'évêque de Toulon à ce vote.—Colbert écrit encore à l'évêque de Marseille, et l'opposition est levée.— Félicitations et réflexions de madame de Sévigné sur ce double triomphe.—Ouverture des états de Bretagne. — Deux membres arrêtés pour avoir fait de l'opposition ; ils sont rendus. —On abolit les édits oppresseurs, mais on double les impositions. —Le marquis de Coëtquen reproche à d'Harouis ses richesses et la ruine de la Provence.— La duchesse de Rohan, aïeule de Coëtquen, le rappelle à Paris, et l'entrée des états lui est interdite.— Madame de Sévigné approuve cet acte.—Le duc de Chaulnes repousse les ennemis des côtes de Bretagne.

A quinze lieues de la mer et des côtes de Provence, dans le département qui a reçu le nom poétique de Vaucluse, s'étend, borné par le Rhône à l'ouest, le petit pays dont Orange est la capitale. Il n'a que cinq lieues de long sur quatre de large. Le nombre de ses habitants, au temps de Louis XIV, n'a jamais dû excéder douze mille [1], et la ville d'Orange, célèbre par plusieurs conciles, en renfermait plus de la moitié. Placé entre le Languedoc et le comtat Venaissin, la Provence et le Dauphiné, par le grand nombre de monuments et de constructions antiques que le temps a respectés, ce riant canton de la France est comme un fragment de la classique Italie transporté dans la Gaule. Riche par l'industrie de ses habitants, par ses vignes, sa garance, son safran, qui revêt ses plaines d'une teinte violette, il a, depuis les temps les plus reculés, formé un État indépendant. Néanmoins les rois de France le considéraient [2] comme un fief de la Provence ou du Dauphiné, et, à titre de dauphins ou de comtes de Provence, ils prétendaient en être les premiers souverains ; mais les princes d'Orange ne reconnaissaient pas cette prétention [3], et leurs droits étaient depuis longtemps établis par des traités.

[1] Expilly, *Dictionnaire des Gaules et de la France*, t. V, p. 304 à 314. — J. Convenent, ci-devant pasteur de la maison de Sa Majesté Britannique Guillaume III, *Histoire abrégée des dernières révolutions arrivées dans la principauté d'Orange;* Londres, chez Robert Roger, 1704, in-12, chap. I, p. 5, 6.

[2] Conférez l'abbé d'Expilly, *Dictionnaire des Gaules et de la France*, t. V, p. 315. Il cite du Tillet en son Recueil des barons et pairs de France, Bodin, de la République, livre I, ch. 9, et Nostradamus, Histoire de Provence, partie 4, sur l'année 1330.

[3] P. Duval, géographe de Sa Majesté, *la France depuis son agrandissement par conquêtes du roy;* 1680, in-12, p. 258. — J. Convenent, *Histoire des diverses révolutions arrivées dans la principauté d'Orange;* Londres, 1704, in-8°. — Madame Dunoyer, *Mémoires*, dans les *Lettres histor. et galantes*, t. VIII, p. 9 et 10. — *L'Art de vérifier les dates*, 3ᵉ édit., 1784, in-folio, p. 453.

On comptait, depuis sept siècles, quatre dynasties des princes d'Orange. La dernière était celle des princes de Nassau, qui possédait cette principauté depuis cent cinquante ans. A ce titre elle fut, en 1650, transmise par héritage à Guillaume III[1], qui, à l'époque dont nous traitons, était le grand ennemi de Louis XIV, et commandait les troupes de la majeure partie des puissances coalisées contre lui. Peu après l'époque de la naissance de Guillaume, sa mère, la princesse royale, fille de Charles Ier, qui espérait l'appui de la cour de France, où ses deux frères Charles et Jacques II (le duc d'York) s'étaient réfugiés, conclut un traité qui permettait à Louis XIV de se mettre en possession de la principauté d'Orange et qui stipulait que, dans le cas où le roi pour cette prise de possession serait obligé d'employer la force, et qu'il consentît ensuite à la rendre, il pourrait préalablement faire raser les fortifications de la capitale. Mazarin, en vertu de ce traité, fit résoudre dans le conseil que l'on se saisirait de la ville d'Orange et de la citadelle. Le maréchal Duplessis-Praslin fut chargé de cette expédition. Il préleva sur les plus riches protestants de Nîmes un impôt qui fut destiné à payer le comte d'Hona, gouverneur d'Orange[2].

D'Hona, après une faible résistance, rendit la ville et la citadelle au maréchal Duplessis-Praslin, qui, après avoir fait transporter tous les canons et les munitions de guerre dans la citadelle, y mit une garnison de cinq cents

---

[1] Guillaume-Henri de Nassau.

[2] J. Convenent, *Abrégé des diverses révolutions*, p. 8.—*Relation de ce qui se passa dans le rasement du château d'Orange et de ses fortifications, par ordre du roi de France surnommé le Grand* (manuscrit du cabinet de M. Aubenas), p. 24 à 246.

hommes. Duplessis alla ensuite rejoindre le cardinal Mazarin à Saint-Jean-de-Luz. Un ingénieur fut envoyé à Orange pour diriger le travail de la démolition des fortifications. Cette destruction de leurs remparts et ce changement de domination désolèrent les habitants et en firent fuir un grand nombre [1]. « Ce fut là, dit le pasteur de la maison de Guillaume III, le premier échec que reçut la ville d'Orange ; il fit perdre à cette ville tout le lustre qu'elle avait sous le gouvernement du comte d'Hona, seigneur libéral, civil et magnifique, qui, tenant une cour aussi leste que celle des princes d'Orange eux-mêmes, y attirait une foule d'étrangers de toutes les nations, et la rendait un des plus agréables séjours de la France [2]. »

Après le décès de la princesse royale, la princesse douairière, veuve de Frédéric-Henri de Nassau et grand'-mère de Guillaume III, eut la libre jouissance de l'administration des biens de son petit-fils. La principauté d'Orange rentra ainsi, en 1665, sous la domination hollandaise [3]. On fit alors de grandes réjouissances dans toute la principauté ; les festins, les fêtes durèrent huit jours. Les temples protestants furent rouverts, et la foule vint entendre les prédications des ministres. Dans la ville d'Orange les fenêtres furent toutes illuminées, et

---

[1] *Lettre écrite d'Orange, le 25 juillet 1712, à M. le baron de Roays*, par l'abbé***, chanoine de la cathédrale (manuscrit de M. Aubenas).

[2] J. Convenent, *Histoire abrégée des dernières révolutions d'Orange*; 1704, in-8°, chap. II, p. 8. La démolition eut lieu en janvier et en février.

[3] J. Convenent, *Hist. abrégée des dernières révolutions d'Orange*; 1704, in-8°. — *Relation*, etc. (manuscrit d'Aubenas), p. 261.

des lampions de couleur y figuraient partout le chiffre du prince.

Dans le mois de janvier 1673, Guillaume ayant fait confisquer le marquisat de Berg-op-Zoom et d'autres lieux qui appartenaient au comte d'Auvergne du chef de sa femme, Louis XIV fit don de la principauté d'Orange au comte d'Auvergne, et ordonna au comte de Grignan de s'en emparer de vive force si celui qui y commandait voulait résister[1].

Dire au comte de Grignan de se rendre maître de ce pays d'Orange, c'était l'envoyer à la conquête du berceau de son illustre maison et le ramener dans la patrie de ses ancêtres; car il était historiquement prouvé que le premier comte propriétaire d'Orange fut Giraud-Adhémar IV, auquel l'empereur Frédéric Ier, comme suzerain de l'ancien royaume d'Arles, accorda l'investiture des seigneuries de Monteil et de Grignan. C'est du nom de Monteil-Adhémar que, par corruption, est venu celui de la ville de Montélimart[2].

Le comte de Grignan se porta avec un grand zèle à l'exécution de l'ordre qu'il avait reçu.

Un Hollandais, nommé Berkoffer, était depuis sept ans, pour Guillaume, gouverneur de la principauté d'Orange; il refusa de se soumettre aux injonctions du comte de Grignan, et, avec le petit nombre de soldats qu'il avait à sa disposition, il se retira dans la citadelle, et pa-

---

[1] *Manuscrit d'Aubenas*, p. 269.—J. CONVENENT, *Hist. abrégée des dernières révolutions*, chap. II, p. 10.—*Recueil des Gazettes de l'année* 1673, in-4°, janvier et décembre 1673, p. 48.

[2] Dom CLÉMENT, *Art de vérifier les dates*; 1784, édit. in-folio, t. II, p. 448.—AUBENAS, *Notice historique sur la maison de Grignan*, dans l'*Histoire de madame de Sévigné*; 1842, in-8°, p. 523.

rut déterminé à se défendre à outrance. Le bruit courait que Berkoffer avait deux cents hommes avec lui, et l'on savait qu'il ne manquait ni de canons ni de munitions¹. Grignan se vit donc dans la nécessité d'entreprendre un siége; et cependant Louvois s'était refusé à lui envoyer les troupes et l'artillerie nécessaires pour une telle entreprise. Ce fut pour madame de Sévigné une cause d'inquiétude et d'angoisses. Elle redoutait les dangers, et s'affligeait de la dépense; et si son gendre ne réussissait pas, elle voyait le triomphe de l'évêque de Marseille assuré : toutes les négociations conduites avec tant de labeur et d'adresse pour faire nommer le marquis de Buous devaient échouer alors infailliblement. Les uns épouvantaient madame de Sévigné en exagérant les difficultés du siége; les autres la rassuraient et même la raillaient sur le peu de fondement de ses craintes. De Guilleragues,

Esprit né pour la cour et maître en l'art de plaire²,

ne tarissait pas sur ce sujet. Selon lui³, il ne fallait que des pommes cuites pour venir à bout de ce siége. C'était un duel entre Berkoffer et Grignan; donc il fallait couper le cou à Grignan, parce qu'il enfreignait les ordonnances contre les duels; et lui, Guilleragues, déjà demandait sa charge. Mais le marquis de Gorze, grand sénéchal de Provence, et de Vivonne prétendaient au contraire que le

---

¹ J. CONVENENT, *Histoire abrégée*, p. 10, chap. II.—*Manuscrit d'Aubenas*, p. 261 et 267.

² Boileau, épître V, t. I, p. 320 à 321, édit. de Saint-Marc, 1747.

³ SÉVIGNÉ, *Lettres* (20 et 24 novembre 1673), t. III, p. 233 et 234, 236 et 237, édit. G.; t. III, p. 148 et 149, édit. M.

siége d'Orange serait long; qu'il était plus difficile qu'on ne croyait; que la citadelle était entourée de bons fossés, bien pourvue de canons, et avait des forces suffisantes pour faire une vive défense; qu'enfin M. de Grignan, avec sa petite troupe, avait tort d'entreprendre de forcer le gouverneur. Le duc d'Enghien et la Rochefoucauld assuraient qu'il ne réussirait pas[1]; que l'attaque d'une place de guerre exigeait des connaissances militaires spéciales, dont Grignan était dépourvu.

Tandis qu'on tenait ces discours, le comte de Grignan, quoiqu'il fût saisi de la fièvre[2], ne se laissa pas décourager. Le ministre ne lui donnait ni argent ni soldats. Il fit prier cinq cents gentilshommes de la province de venir le joindre. Pas un ne refusa de répondre à son appel. Plusieurs nobles du comtat d'Avignon vinrent à sa rencontre sans avoir été convoqués : marque de sympathie qui le toucha vivement. Ainsi, à la tête d'environ sept cents cavaliers et de deux mille soldats des galères, qu'il avait commandés, Grignan se mit en marche le 31 octobre, et arriva le 2 novembre devant Orange avec sa petite armée, munie de quelques canons.

Il commença aussitôt le siége de la citadelle. On remplit les fossés avec des fagots et des mannequins fournis par la ville d'Orange, d'après les réquisitions faites aux

---

[1] SÉVIGNÉ, *Lettres* (24 novembre 1673), t. III, p. 237, édit. G.; t. III, p. 148 et 149, édit. M. — Conférez encore, *ibid.* (2, 6, 17, 19, 27 novembre et 1er décembre 1673), t. III, p. 207, 211, 224, 227, 241, édit. G., et t. III, p. 126, 127, 131, 140, 143, 145, 151, 155, édit. M.

[2] SÉVIGNÉ, *Lettres* (2 novembre 1673), t. III, p. 205, édit. G.; t. III, p. 126, édit. M.

magistrats[1]. Berkoffer voulut en vain s'opposer aux travaux des assiégeants par quelques volées de canon. Deux gentilshommes, le marquis de Briancour et M. de Roays, se distinguèrent par leur bravoure.

Le 12 novembre la tranchée fut ouverte, et le comte de Grignan ordonna l'assaut. Le marquis de Barbantane[2], d'une valeur romanesque, selon madame de Sévigné, et M. de Ramatuelle commandaient l'escadron des nobles destinés à soutenir les soldats qui étaient sur la tranchée. Après que le comte de Grignan eut fait tirer deux décharges de canon, Berkoffer fit battre la chamade[3], et M. de Beaufin fut admis dans la place. Le gouverneur promit de se rendre le 17, et l'on donna des otages de part et d'autre. Berkoffer avait assez d'artillerie pour faire acheter cher le triomphe aux assiégeants; mais il eût fallu abimer la ville, ruiner ses amis : il aima mieux se rendre.

Le 18 novembre (1673), la garnison sortit de la citadelle sans aucune marque d'honneur; elle se composait de trente et un hommes; tous eurent la liberté d'emporter ce qui leur appartenait. Berkoffer se retira en Hollande avec sa famille[4].

Le comte de Grignan fit démanteler la citadelle deux jours après son entrée; il y trouva douze canons de trente-six de balles de bronze, quarante petites pièces de campagne, deux coulevrines et onze autres pièces de

---

[1] *Relation de tout ce qui se passa dans le rasement du château d'Orange*, ms. d'Aubenas, p. 272-276.

[2] SÉVIGNÉ, *Lettres* (8 janvier 1674), t. III, p. 300, édit. G.

[3] *Relation*, etc., ms. d'Aubenas, p. 277.—*Mémoires historiques et galants de madame* DUNOYER, t. VIII, p. 12 à 17.

[4] *Relation*, etc., p. 279.

moyen calibre, sept cents mousquets, deux cents fusils, des piques, des mousquetons, des obus, douze mille livres de poudre : il y avait de quoi armer une garnison de quatre mille hommes.

Huit jours après la reddition de la citadelle d'Orange, le comte de Grignan, conformément aux ordres qu'il avait reçus du roi, fit travailler à la démolition entière de la citadelle ; mais ce travail ne put être terminé que dans le mois de mai suivant (1674). Le puits, qui avait 83 toises de profondeur et 30 de circonférence, fut comblé.

Le comte de Grignan s'était retiré aussitôt après avoir vu commencer la démolition de la place, et avait laissé la direction des travaux à Lausier [1], son capitaine des gardes, qui commandait aux quatre compagnies des soldats de galères. Le comte de Grignan fut escorté à son retour par toute la noblesse de Provence et du comtat d'Avignon, qui l'avait volontairement suivi dans cette petite campagne [2]. La joie de madame de Sévigné fut grande quand elle en connut le glorieux résultat [3]. « J'embrasse le vainqueur d'Orange » (dit-elle dans sa lettre à sa fille)... « L'affaire d'Orange fait ici un bruit très-agréable pour M. de Grignan. Cette grande quantité de noblesse qui l'a suivi par le seul attachement pour lui, cette grande dépense, cet heureux succès, car voilà tout ; tout cela fait honneur et donne de la joie à ses amis, qui ne sont pas ici en petit nombre. Le roi dit à souper : « Orange

---

[1] Sévigné, *Lettres* (1ᵉʳ janvier 1690), t. X, p. 162, édit. G.; t. IX, p. 275, édit. M.

[2] *Relation de ce qui se passa dans le rasement du château d'Orange*, ms. d'Aubenas, p. 283 et 284.

[3] Sévigné, *Lettres* (4 décembre 1673), t. III, p. 246 et 247, édit. G.; t. III, p. 157, 158, édit. M.

« est pris ; Grignan avait sept cents gentilshommes avec
« lui. On a tiraillé du dedans, et enfin on s'est rendu le
« troisième jour. Je suis fort content de Grignan¹. »

Mais, comme l'observe madame de Sévigné, après avoir gagné cette bataille d'Orange il fallait en commencer une autre contre l'évêque de Marseille²; et, le lendemain du jour où elle écrivait ces lignes (le 5 décembre 1673), l'assemblée des communautés de Provence, siégeant à Lambesc, s'ouvrait « par authorité et
« permission de monseigneur le comte de Grignan, lieu-
« tenant général, commandant pour le roy au païs, et
« par mandement de messieurs les procureurs dudit pays,
« et par M. de Gerard, comte palatin, conseiller du roy
« en ses conseils, commissaire député, par mondit sei-
« gneur le comte de Grignan, pendant la maladie ou ab-
« sence du seigneur de Rouillé, comte de Melay³. »

Mais de Rouillé, qui n'était ni malade ni absent, ouvrit le lendemain les délibérations par un assez long discours. Il demanda au nom du roi à l'assemblée de voter le don gratuit de 500,000 francs, la même somme qui avait été accordée l'année précédente. De Rouillé prétendait seulement exciter des sujets fidèles à remplir leur devoir envers leur souverain. « Si vous faites comparaison, disait-il⁴, de ce temps-ci avec celui des troubles et des désordres passés de cette province, vous reconnaî-

---

[1] Sévigné, *Lettres* (8 et 11 décembre 1673), t. III, p. 254-259, édit. G.; t. III, p. 154 et 169, édit. M.

[2] Sévigné, *Lettres* (4 décembre 1673), t. III, p. 247, édit. G.; t. III, p. 164, édit. M.

[3] *Abrégé des délibérations prises en l'assemblée générale des communautés du pays de Provence;* Aix, Charles David, imprimeur du roi, du clergé et de la ville, 1674, in-4°, p. 3.

[4] *Abrégé des délibérations*, etc.; Aix, 1674, in-4°, p. 4.

trez encore mieux que votre bonheur est un pur effet de sa bonté et de sa clémence, que votre obéissance et vos soumissions vous ont acquis et vous peuvent conserver. »

Cependant de Rouillé, quittant le ton d'un servile courtisan, fait valoir, pour déterminer le vote de l'assemblée, des considérations plus justes et des motifs plus réels. La déclaration de guerre de l'Espagne a forcé le roi d'augmenter le nombre de ses armées de terre et de mer, et il est nécessaire pour le bien du royaume « qu'il fasse trembler toute la maison d'Autriche, et qu'il abaisse à ses pieds l'orgueil de cette république, autant ingrate qu'elle est insolente et ambitieuse, qui doit à la couronne de France toute son élévation et sa grandeur. »

« Vous n'ignorez pas, ajouta-t-il[1], messieurs, que Sa Majesté emploie tous les ans dans cette province des sommes de deniers beaucoup plus grandes qu'elle n'en retire; et que les dépenses qu'elle fait à Toulon et à Marseille pour la construction, l'armement et l'entretien des vaisseaux et des galères, ou pour réparer ou fortifier ces places et les autres ports et lieux maritimes de ce pays, y apportent l'abondance par l'augmentation du commerce, par le débit et la consommation de vos denrées et par l'emploi de toutes sortes d'artisans et d'ouvriers, qui y trouvent leur subsistance et le soutien de leurs familles. »

L'évêque de Marseille répondit à l'intendant avec plus de dignité et de convenance. « Comme vous connaissez, monsieur, lui dit-il, notre zèle, vous connaissez aussi notre faiblesse; et il faut, s'il vous plaît, que, comme vous êtes l'homme du roi par votre caractère, vous

---

[1] *Abrégé des délibérations*, etc.; Aix, 1674, in-4°, p. 5 et 6.

soyez l'homme du peuple par votre générosité. Le roi aura sujet dans cette occasion d'être satisfait de la province, parce qu'elle ira pour son service aussi loin que ses forces le lui permettront ; et il le sera en effet si vous employez, pour lui représenter les misères et les besoins du peuple, cette vivacité et cette lumière d'esprit que vous venez de montrer pour représenter à l'assemblée les besoins et les intentions de Sa Majesté. »

L'assesseur Decorio réitéra les condoléances sur la misère générale : « Les riches même n'ont point d'argent pour secourir les pauvres et les faire travailler. Les sources du commerce se trouvent taries par les nouveaux édits créant de nouveaux impôts, soit pour les contrôles des exploits, pour l'enregistrement des oppositions, pour conserver les hypothèques, les greffes des arbitrages, et le papier timbré. » Cependant il conclut à l'adoption de la proposition sur le don gratuit. Les 500,000 francs furent accordés, et l'assemblée décida en outre qu'il serait, comme précédemment, envoyé un courrier à la cour [1], dont la dépense fut réglée, selon le taux habituel, à la somme de mille livres.

Après ce vote, qui, quoique le plus important, préoccupait peu, vu qu'il était considéré comme un vote obligatoire et de pure forme, vint l'affaire qui tenait tous les esprits suspendus, parce que tous les membres de l'assemblée avaient pris parti soit pour l'évêque de Marseille, soit pour le comte de Grignan, dont les intérêts étaient en présence. Il était impossible que le vote qui allait intervenir pût donner satisfaction à l'un des deux rivaux sans offenser l'autre.

---

[1] *Abrégé des délibérations*, p. 11, 12 et 18.

L'assesseur déclara à l'assemblée que M. le marquis de Maillanne de la Rousselle, procureur du pays-joint pour la noblesse, étant décédé, il fallait pourvoir à son remplacement [1]; et l'intendant dit que M. de Pomponne lui avait écrit que le roi trouvait bon que l'assemblée fît cette nomination avec une pleine et entière liberté.

Nonobstant cette déclaration, le plus grand nombre des membres de l'assemblée ne doutaient pas que le roi n'eût fait un choix, et ils désiraient le connaître pour s'y conformer. Le succès du siége d'Orange avait déterminé le roi à donner toute satisfaction au comte de Grignan; et ce fut l'évêque de Marseille, dont l'influence sur l'assemblée était connue, qu'il chargea d'empêcher toute division et de réunir tous les votes sur le marquis de Buous. On ignorait cela, et l'attention fut grande lorsque l'évêque de Marseille, procureur-joint du clergé, prit la parole.

Il exposa que, se trouvant à la cour pour d'autres affaires lorsque cette place de procureur-joint pour la noblesse était venue à vaquer, il avait représenté que l'assemblée des communautés était de droit en possession de faire cette élection, au défaut des états; et que, pour ne pas perdre une occasion de servir la province, il avait prié instamment Sa Majesté de la maintenir dans ce droit et dans cet usage : ce qu'il a plu à Sa Majesté de lui accorder. Mais le roi avait appris depuis qu'il se présentait plusieurs concurrents et qu'il y avait contestation à cet égard. L'évêque déclara qu'il avait reçu à ce sujet une lettre de monseigneur Colbert, datée de Saint-Germain

---

[1] *Abrégé des délibérations*, etc., p. 20.

le 1ᵉʳ janvier, et il demanda qu'il en fût donné lecture. Cette lettre contenait ce qui suit :

« Monsieur,

« Le roi vous écrit, et à M. le comte de Grignan, sur le sujet de la mésintelligence qui est à présent entre vos maisons; et comme l'intention de Sa Majesté est que M. de Rouillé vous accommode ensemble, je crois vous devoir dire que vous ne pouvez rien faire qui soit plus conforme à son inclination pour son service que d'y apporter toutes les facilités qui dépendent de vous, étant bien difficile qu'il puisse avoir le succès qu'il est nécessaire pour sa satisfaction quand deux maisons aussi considérables que la vôtre et celle dudit sieur comte de Grignan seront dans une si grande division que celle où elles sont de présent; et je puis vous assurer que ceux qui apporteront plus de facilité à cet accommodement s'attireront plus de considération et de mérite dans l'esprit de Sa Majesté [1]. »

L'évêque de Marseille, après la lecture de cette lettre, déclara que M. de la Barben, qu'il avait proposé pour occuper cette charge de procureur-joint, avait le plus de droits pour l'obtenir; mais de la Barben avait un emploi qui l'appelait près de S. M., et il suppliait l'assemblée de ne pas penser à lui. « Et comme, par la lettre de monseigneur Colbert, dont on vient de donner lecture, il lui est donné avis, à lui évêque de Marseille, que le roi désire qu'il vive en bonne intelligence avec M. le comte de Grignan, et que ceux qui feront le plus d'avances en cette affaire seront ceux

---

[1] *Abrégé des délibérations*, etc., p. 21.

qui s'attireront plus de mérite dans l'esprit de S. M., n'ayant point de plus forte passion que celle de lui obéir et de donner à la province une marque de sa soumission aux ordres du roi, quoiqu'il y ait dans les pays beaucoup de sujets capables de remplir cet emploi, néanmoins il nomme M. le marquis de Buous [1] en ladite charge de procureur du pays-joint pour la noblesse, et prie tous ses amis (c'est-à-dire qu'il prie tous les assistants sans en excepter aucun, car il les croit tous ses amis) de donner leur suffrage à M. le marquis de Buous, d'autant plus que c'est une personne de beaucoup de qualité et de mérite.

« Et tout de suite, continuant d'appeler les voix, l'assemblée a unanimement élu et nommé, *sous le bon plaisir des prochains états et jusqu'à la tenue d'iceux*, le sieur marquis de Buous (Pontevès) en ladite charge de procureur du pays-joint pour la noblesse, au lieu et place dudit sieur le marquis de Maillanne et de la Rousselle. »

Ainsi se termina cette grande affaire, grande seulement pour M. de Grignan et pour madame de Sévigné. L'on voit que l'évêque de Marseille, en cédant à M. de Grignan le champ de bataille, eut encore l'habileté de paraître en triomphateur; car tout se fit par lui, tout parut combiné pour lui procurer l'occasion de donner une nouvelle preuve de son dévouement au roi et de son influence singulière sur le pays de Provence.

Dans le cours des autres délibérations qui suivirent, l'évêque de Marseille eut bien soin de montrer qu'il avait voulu par ce vote aider aux désirs du roi, mais non

[1] *Abrégé des délibérations*; Aix, etc., 1674, in-4°, p. 22.

complaire au gouverneur. Il s'empressa de combattre la proposition qui fut faite d'accorder au comte de Grignan les cinq mille francs de gratification pour l'entretènement de ses gardes qui lui avait été concédée dans les années précédentes. L'évêque de Marseille, en son nom et en celui de l'évêque de Toulon, dit que c'était par la pensée qu'ils avaient eue jusqu'ici que cette proposition n'aurait pas de suite pour l'avenir que, dans les dernières assemblées, ils ne s'étaient point opposés tous deux à ce qui avait été arrêté et délibéré sur ce sujet ; mais comme ils s'apercevaient que cette gratification devenait insensiblement une charge et un tribut ordinaire de la province, il ne leur était pas permis de balancer entre des considérations particulières et l'intérêt public ; et non-seulement ils s'opposaient à l'adoption de la proposition, mais ils espéraient que le seigneur intendant userait de son autorité pour qu'elle ne fût pas même mise en délibération [1].

L'évêque de Marseille motiva cette opinion sur des raisons déjà alléguées dans les années précédentes. Il savait bien qu'elle ne pourrait prévaloir, et il n'était pas même dans ses intentions de faire changer l'avis de l'assemblée sur ce point. On ne l'ignorait pas ; mais néanmoins, après que les cinq mille francs eurent été accordés par une délibération spéciale, l'évêque de Marseille et celui de Toulon protestèrent, et déclarèrent qu'ils étaient dans l'intention de se pourvoir vers S. M., « requérant mes« sieurs les procureurs du pays de ne faire aucun man« dement avant que ladite opposition soit décidée. »

Cette opposition elle-même était de pure forme, car

---

[1] *Abrégé des délibérations*, etc., p. 31-32.

l'évêque de Marseille ne doutait pas que cette délibération de l'assemblée serait approuvée par le roi comme elle l'avait été dans les années précédentes, et que l'assemblée allait en anéantir l'effet à l'instant même. On arrêta donc que, nonobstant ladite opposition, lesdits procureurs généraux du pays expédieraient leurs mandements [1]. L'intention des évêques était de conserver le droit et de maintenir le principe.

Cependant l'évêque de Marseille ne voulut pas que son opposition fût une vaine menace, ni rester entièrement étranger à la concession faite au comte de Grignan; il écrivit en cour, et dans la dernière séance de l'assemblée (le 12 janvier 1674) il dit « qu'il venait de recevoir une lettre du *petit cachet* du roi, datée du 1ᵉʳ de ce mois, par laquelle S. M., pour cette fois seulement et sans conséquence pour l'avenir, désire que l'assemblée accorde à monseigneur le comte de Grignan la somme de cinq mille livres pour la compagnie des gardes, en considération des dépenses qu'il vient de faire à Orange; et S. M. invite l'évêque de Marseille à concourir à cette décision avec ses amis. » — « Et par ainsi l'évêque de Marseille et le seigneur évêque de Toulon ont dit que, pour obéir à la volonté du roi, ils se départent de l'opposition qu'ils ont formée sur la délibération prise pour lesdits cinq mille livres aux termes de ladite lettre de Sa Majesté, pour cette fois seulement et sans conséquence pour l'avenir [2]. »

Telle fut la fin de cette lutte, et le dernier acte d'autorité de Forbin-Janson en Provence. Il ne tarda pas

---

[1] *Abrégé des délibérations prises en l'assemblée générale des communautés de Provence;* Aix, 1674, in-4°, p. 35 et 36.

[2] *Abrégé des délibérations*, etc.; Aix, 1674, in-4°, p. 63 et 64.

à être appelé à de plus hautes destinées[1]. Trois mois après la fin des délibérations de cette assemblée, Louis XIV écrivait à Sobieski, grand maréchal de Pologne, qu'il envoyait pour ambassadeur à la diète polonaise l'évêque de Marseille, dont la capacité lui était connue et dans lequel il désirait qu'il eût autant de confiance qu'en lui-même[2].

Forbin-Janson fut encore pendant cinq ou six ans évêque de Marseille; mais, engagé dans des négociations diplomatiques, il n'eut pas plus de part à l'administration de son diocèse qu'à celle de la Provence. Aucun des évêques qui furent successivement nommés procureurs-joints par l'assemblée[3] des communautés de la Provence n'eut ses talents, l'énergie de son caractère, son crédit à la cour et sa popularité. Le comte de Grignan fut donc pour toujours débarrassé d'un rival dangereux[4]. Janson plaisait beaucoup à madame de Sévigné ; elle s'était flattée, par l'amitié qu'il lui témoignait, de le réconcilier avec sa fille. Elle écrivait à celle-ci que, si elle venait à Paris, on la verrait avec l'évêque dans le même carrosse[5], sollicitant ensemble

---

[1] Conférez la 4ᵉ partie de ces *Mémoires*, p. 237, 239, 259.

[2] Louis XIV, *Œuvres*, t. V, p. 122 (Lettre de Louis XIV à Sobieski, en date du 31 mars 1674). — Montpensier, *Mémoires*, t. XLIII, p. 372.

[3] *Abrégé des délibérations de l'assemblée générale des communautés de Provence, tenue à Lambesc les mois d'octobre et de novembre* 1674; Aix, 1675, in-4°, p. 12. — *Idem*, pour octobre et novembre 1675; Aix, 1675, in-4°, p. 16.

[4] Sévigné, *Lettres* (24 décembre 1674), t. III, p. 274, édit. G.; t. III, p. 182, édit. M.

[5] Sévigné, *Lettres* (20 novembre 1673), t. III, p. 232, édit. G.; t. III, p. 147, édit. M.

pour le comte de Grignan. Mais cet espoir ne se réalisa jamais, et madame de Grignan ne put pardonner à Janson sa longue opposition, quoique depuis il eût cessé de se montrer hostile envers elle ou aucun des siens [1].

Madame de Sévigné avait eu lieu de craindre qu'il ne parvînt à faire échouer toutes ses démarches en faveur de la nomination du marquis de Buous, et elle avait cherché à persuader à sa fille que la réussite était de peu d'importance pour le lieutenant général gouverneur de Provence; mais quand elle se vit assurée du succès, elle changea de ton. En répondant à madame de Grignan, elle dit [2] : « Présentement que par votre lettre, qui me donne la vie, nous voyons votre triomphe quasi assuré, je vous avoue franchement que par tout pays c'est la plus jolie chose du monde que d'avoir emporté cette affaire malgré toutes les précautions, les prévenances, les prières, les menaces, les sollicitations, les vanteries de vos ennemis : en vérité cela est délicieux, et fait voir, autant que le siége d'Orange, la considération de M. de Grignan dans toute la Provence. »

On apprend par les lettres de l'archevêque d'Arles à madame de Sévigné que madame de Grignan avait tous les honneurs de la réussite, parce que, contre les conseils de sa mère, contre ceux de l'archevêque, elle avait toujours insisté pour qu'on ne fît aucune concession à l'évêque de Marseille. « L'archevêque, dit madame de Sévigné, est contraint d'avouer que, par l'évê-

---

[1] SÉVIGNÉ, *Lettres* (22 janvier 1674), t. III, p. 323, édit. G.; t. III, p. 224, édit. M.—(18 juin 1676), t. II, p. 373.

[2] SÉVIGNÉ, *Lettres* (15 décembre 1673), t. III, p. 261, édit. G.; t. III, p. 170, édit. M.

nement, votre vigueur a mieux valu que sa prudence, et qu'enfin, à votre exemple, il s'est tout à fait jeté dans la bravoure. Cela m'a réjouie [1]. »

Tout cela s'écrivait avant la nomination du marquis de Buous et lorsqu'on la considérait comme très-probable; mais lorsque madame de Sévigné apprend que cette nomination est faite et a été l'objet d'un vote unanime, sa joie éclate dans toute sa force; et nous sommes instruits depuis combien de temps elle était, ainsi que les Grignan, préoccupée de cette affaire. « Ah! quel succès! quel succès! L'eussions-nous cru à Grignan? Hélas! nous faisions nos délices d'une suspension. Le moyen de croire qu'on renverse en un mois des mesures prises depuis un an? Et quelles mesures, puisqu'on offrait de l'argent! » Et très-judicieusement elle ajoute cette réflexion, faite par elle et par ses nombreux amis, qui, dès huit heures du matin, étaient venus la complimenter sur cette nouvelle : « Nous trouvons l'évêque toujours habile et toujours prenant les bons partis; il voit que vous êtes les plus forts et que vous nommez M. de Buous, et il nomme M. de Buous. Nous voulons tous que présentement vous changiez de style et que vous soyez aussi modestes dans la victoire que fiers dans le combat [2]. » Ce conseil dut être suivi forcément, car des ordres du roi parvinrent à M. de Grignan de s'abstenir de tout sentiment hostile envers l'évêque. « Voilà donc votre paix toute faite, dit madame de Sévigné. Je vous conseille de vous comporter selon le

---

[1] SÉVIGNÉ, *Lettres* (22 décembre 1673), t. III, p. 271, édit. G.; t. III, p. 179, édit. M.

[2] SÉVIGNÉ, *Lettres* (24 décembre 1673), t. III, p. 273 et 274, édit. G.; t. III, p. 181, édit. M.

temps; et puisque le roi veut que vous soyez bien avec l'évêque, il faut lui obéir [1]. »

Les états de Bretagne se tinrent cette année à Vitré et en même temps que l'assemblée de Provence. Madame de Sévigné n'y alla point; mais elle fut parfaitement instruite de ce qui s'y passa. Ils s'ouvrirent le 24 novembre 1673, sous la présidence de la Trémouille, prince de Tarente, baron de Vitré, et ils ne furent terminés que le 10 janvier 1674. Ils ne présentèrent pas un spectacle aussi animé ni aussi brillant que ceux où, deux ans avant, madame de Sévigné s'était trouvée; mais ils ont un intérêt historique plus puissant. On y vit les derniers efforts des Bretons pour conserver contre les envahisseurs du despotisme les restes de leurs libertés, en vain garanties par les traités du double mariage d'Anne de Bretagne. Les demandes de subsides ayant donné lieu à des objections de la part de deux députés, Saint-Aubin Treslon et Des Clos de Sauvage (les noms de ces hommes courageux méritent d'être rappelés), le duc de Chaulnes, gouverneur, les fit arrêter. Six députés de chaque ordre furent envoyés au gouverneur pour réclamer contre cette mesure. Le duc de Chaulnes répondit qu'il n'avait fait qu'exécuter les ordres du roi. Mais la princesse de Tarente intervint auprès de M. de Chaulnes, et les deux députés furent relâchés. Douze députés furent délégués par les états pour aller rendre grâces à la

[1] SÉVIGNÉ, *Lettres* (12 janvier 1674), t. III, p. 302, édit. G.; t. III, p. 205, édit. M. — De Buous, qui fut l'objet de cette lutte, était le frère ou le proche parent du capitaine de vaisseau, sur lequel on peut consulter, ainsi que sur le marquis de Martel, la note du savant archiviste de la marine, M. Jal, dans les *Mémoires de Villette*, 1841, in-8°, p. 14.

princesse ¹. C'est cette affaire qui fait dire à madame de Sévigné : « Il y a eu bien du bruit à nos états de Bretagne; vous êtes plus sages que nous ². » Ce qui se passa à ces états de plus important fut la révocation de plusieurs édits oppresseurs, depuis longtemps demandée, et en même temps le vote obligé d'une somme égale au don gratuit, pour suppléer au déficit que l'abolition des impôts perçus en vertu des édits occasionnait dans le trésor de l'État. Ainsi plaisir et chagrin en même temps ; c'était une grâce vendue, et non accordée. La chose est très-exactement racontée dans une lettre de madame de Sévigné à sa fille.

« A propos, on a révoqué tous les édits qui nous étranglaient dans notre province. Le jour que M. de Chaulnes l'annonça, ce fut un cri de *vive le roi !* qui fit pleurer tous les états; chacun s'embrassait, on était hors de soi; on ordonna un *Te Deum*, des feux de joie et des remerciments publics à M. de Chaulnes. Mais savez-vous ce que nous donnons au roi? 2,600,000 livres, et autant de don gratuit. C'est justement 5,200,000 livres. Que dites-vous de cette petite somme? Vous pouvez juger par là la grâce qu'on nous a faite de nous ôter les édits ³. » Madame de Sévigné ne fait pas mention des gratifications, parce qu'elles étaient les mêmes

---

¹ *Recueil de la tenue des états de Bretagne dans diverses villes de cette province, de* 1619 *à* 1703, ms. de la Bibl. nation. (Bl.-Mant.), n° 75, p. 357 et 363.

² SÉVIGNÉ, *Lettres* (18 décembre 1673), t. III, p. 265, édit. G.; t. III, p. 173, édit. M.

³ SÉVIGNÉ, *Lettres* (1ᵉʳ janvier 1674), t. III, p. 287 et 295, éd. G.; t. III, p. 193 et 200, édit. M. — *Recueil de la tenue des états de Bretagne*, ms. de la Bibl. nation. (Bl.-Mant.), n° 75, p. 365.

tous les ans : 100,000 fr. au duc de Chaulnes, 20,000 fr. pour ses gardes, 20,000 fr. au marquis de Lavardin, et ainsi de suite aux ministres de Pomponne, à Louvois, à Colbert, à Seignelay, son fils, et à leurs commis. Le marquis de Lavardin, comme lieutenant général, eut 50,000 livres; mais il refusa de toucher la somme de 10,000 fr. qui lui était accordée pour l'ouverture des états, donnant en cela l'exemple d'un noble désintéressement qui ne fut pas imité par le prince de Tarente, lequel reçut 32,000 fr. pour sa présidence, et 15,000 fr. pour sa femme. Cette province était accablée; un jeune membre de l'assemblée des états, qui sans doute n'était que l'organe de beaucoup d'autres, le marquis de Coëtquen, en fit aigrement la remarque à d'Haroüis, le trésorier de la province. Pour ce fait, Coëtquen fut rappelé à Paris par sa grand'mère la duchesse de Rohan, et le duc de Chaulnes lui défendit de paraître aux états. Madame de Sévigné applaudit à cette mesure despotique, parce que d'Haroüis était son ami et son allié [1]. Cependant il est facile de s'apercevoir, par plusieurs passages de ses lettres pleines d'une ironie amère, qu'on a prise pour de l'indifférence et de l'insensibilité, qu'elle ressentait vivement la dureté du gouverneur, son ami, envers la Bretagne. Le duc de Chaulnes pouvait tout se permettre ; il s'était concilié la faveur du monarque par sa capacité, sa fermeté, sa vigilance. Peu après la tenue des états, il repoussa, avec les seules forces de la province, les ennemis qui avaient voulu faire

---

[1] Sévigné, *Lettres* (8 décembre 1673), t. III, p. 255, 256, édit. G.; t. III, p. 165, 356, édit. M. — Voyez la 3ᵉ partie de ces *Mémoires*, p. 29 ; 4ᵉ partie, p. 29, 33.

une descente sur les côtes, et les força à s'éloigner de Belle-Isle, qu'ils voulaient assiéger [1].

[1] *Recueil des lettres pour servir d'éclaircissement à l'histoire militaire du règne de Louis XIV*; Paris, 1760, in-12, t. II, p. 329, 335. Lettre du duc de Chaulnes à Louvois, datée d'Auray le 30 mai 1674.

CHAPITRE IV.

1673 — 1674.

Madame de Sévigné retrouve son cousin Bussy à Paris. — Lettre de Bussy à madame de Sévigné. — Leur amitié s'était refroidie. — Bussy veut se réconcilier avec madame de la Baume.—Il avait un procès au conseil, qu'il gagna.—Il va voir madame de la Morésan. —Exemple de Martel, mis à la Bastille pour défaut de soumission. —Détails sur l'origine de la liaison de madame de Sévigné avec la marquise de Martel.—Effrayé par l'exemple de Martel, Bussy demande une nouvelle prolongation de séjour. —Il écrit au duc de Montausier, à madame de Thianges, pour qu'elle le réconcilie avec la Rochefoucauld. — Elle échoue dans cette négociation. — La duchesse de Longueville intercède pour Bussy auprès de Condé. —La colère de Condé contre Bussy subsiste.—Bussy écrit à madame de Sévigné une lettre pour être montrée à madame Scarron. —Madame de Sévigné va à Saint-Germain en Laye, et couche chez M. de la Rochefoucauld. — Billet de madame de Sévigné à Bussy, qui lui transmet la réponse faite par madame Scarron. — Bussy fait demander au roi une nouvelle prolongation de séjour. —Le refus en était connu de madame de Sévigné avant d'avoir été notifié à Bussy. — Bussy fait ses adieux à tout le monde, et reste à Paris caché. —Il va voir secrètement madame de Sévigné et madame de Grignan. — Il est visité par le duc de Saint-Aignan. — Deux entretiens du roi et du duc de Saint-Aignan. — Le roi permet à Bussy de rester encore trois semaines. — Il part, et retourne en Bourgogne.—Le roi en Franche-Comté fait venir la reine à Dijon. — Bussy écrit à MADEMOISELLE pour offrir son château à la reine et à elle.—A chaque victoire, Bussy adresse une lettre au roi. — La guerre de Franche-Comté s'achève, et Bussy n'obtient rien.

Lorsque, à la fin du mois d'août 1673, madame de Sévigné, alors au château de Grignan, écrivait à Bussy : « Je me console de ne point vous voir à Bourbilly, puisque je vous verrai à Paris¹, » elle croyait déjà son cousin dans la capitale. Il n'y arriva que le 16 septembre, et ce ne fut que lorsqu'il se trouvait menacé de ne pouvoir plus y rester qu'il répondit à cette lettre.

Voici cette réponse, un peu énigmatique :

« Paris, ce 10 octobre 1673.

« Je viens de demander au roi plus de temps qu'il ne m'avait accordé pour faire ici mes affaires. Je crois qu'il m'en accordera. Je suis d'accord avec vous, madame, que la fortune est bien folle; et j'ai pris mon parti sur ce que sa persécution durera toute ma vie. Les grands chagrins même ne sont pas sus; et, comme je vous ai déjà mandé, ma raison m'a rendu fort tranquille. Faites comme moi, madame. Il vous est bien plus aisé, car le secret de vos peines est fort au-dessous du mien². »

On s'aperçoit facilement, d'après le ton et le ralentissement de leur correspondance, que l'amitié qui existait autrefois entre Bussy et sa cousine n'était plus la même. La susceptibilité orgueilleuse, le caractère vindicatif et l'immoralité de Bussy avaient considérablement refroidi cette chaleur de cœur que madame de Sévigné avait éprouvée pour son cousin. Les années seules l'auraient guérie d'une inclination qui, dans son jeune âge, n'avait pas été sans péril. Intimement liée avec tous ceux auxquels Bussy avait déplu et

---

¹ SÉVIGNÉ, *Lettres* (23 août 1673), t. III, p. 171 et 172, édit. G.; t. III, p. 97, édit. M. — *Suite des Mémoires du comte* DE BUSSY-RABUTIN, p. 41, ms. de l'Institut. (Dans ce ms., la lettre est datée du 27 août.)

² *Suite des Mémoires du comte* DE BUSSY-RABUTIN, ms. de l'Institut, p. 42 verso.

qui, ainsi qu'elle, brillaient à la cour et dans les hautes sphères de la société, madame de Sévigné devait souvent entendre des railleries sur ce courtisan émérite et disgracié, vivant solitairement en province, et qui dans ses manières, ses discours, ses écrits voulait toujours paraître le type parfait du gentilhomme, du guerrier, du bel esprit et de l'honnête homme, c'est-à-dire de l'homme à bonnes fortunes. Madame de Sévigné avait trop d'usage et de discernement pour ne pas s'apercevoir des ridicules de Bussy ; et dans plusieurs passages des lettres à sa fille elle y fait allusion, mais avec finesse et avec ménagement. Elle n'avait plus autant d'admiration pour le talent épistolaire si vanté de Bussy ; il en montrait moins qu'autrefois dans les lettres qu'elle recevait de lui, et par cette raison peut-être, sans le vouloir, elle en mettait moins aussi dans les réponses qu'elle lui adressait. Elle lui avait dit jadis : « Vous êtes le fagot de mon esprit. » Le fagot manquait, et le feu qu'il devait allumer ne pouvait se produire. Cependant l'étroite parenté qui les unissait, les souvenirs de jeunesse qui leur étaient communs, l'habitude d'une longue liaison, surtout l'intérêt du nom que tous deux portaient, dont tous deux étaient fiers et dont ni l'un ni l'autre certainement ne ternissait l'éclat, formaient entre eux un attachement indissoluble et entretenaient une intimité d'autant plus égale qu'ils ne s'aimaient plus assez pour se quereller.

La seule lettre que madame de Sévigné reçut de Bussy pendant son voyage fut celle que nous venons de transcrire ; mais elle eut de ses nouvelles par d'autres personnes, car de Bourbilly elle écrit à sa fille : « Bussy est toujours à Paris, faisant tous les jours des réconciliations; il a commencé par madame de la Baume. Ce brouillon de temps, qui change tout, changera peut-être sa fortune ¹. »

Madame de Sévigné était mal informée; cette réconciliation qu'elle redoutait n'eut pas lieu. On en avait parlé dans le monde. Bussy voulait se faire la réputation d'un homme à qui on devait pardonner toutes ses fautes, parce que lui, disait-il, n'éprouvait aucun ressentiment contre ceux qui avaient eu des torts envers lui; et il entrait dans ses desseins de ne point accréditer ni démentir le bruit de sa réconciliation avec madame de la Baume. Dès son arrivée à Paris, il s'empressa d'aller rendre visite à madame de Thianges, « sa parente et sa bonne amie. » — « Elle me demanda, dit-il, s'il était vrai que je fusse raccommodé avec madame de la Baume. Je lui dis qu'elle m'avait fait faire des honnêtetés, auxquelles j'avais répondu de même, et que j'étais résolu non-seulement de recevoir les amitiés que me pourraient faire ceux qui m'avaient fait du mal, mais encore de leur faire des avances². »

Le principal motif du séjour de Bussy à Paris était une contestation qu'il avait au conseil pour une somme de 60,000 fr. qu'on lui disputait. Il gagna son procès³.

Il est bien vrai qu'il fit des tentatives de réconciliation; mais il ne réussit dans aucune, comme le sut bientôt madame de Sévigné, dont les secours ne lui faillirent

---

¹ Sévigné, Lettres (21 octobre 1673), t. III, p. 195; t. III, p. 117.
² *Suite des Mémoires du comte* de Bussy-Rabutin, ms. de l'Inst., p. 44 verso.
³ Lettre de Bussy-Rabutin à Louis XIV (26 avril 1674) et à Châteauneuf, secrétaire d'État, dans la *Suite des Mémoires du comte* de Bussy-Rabutin, ms. de l'Inst., p. 65 et 66.

point en cette circonstance. Quand Bussy écrivait à sa cousine, l'époque de la permission qu'il avait obtenue pour rester dans la capitale était expirée depuis deux jours, et il avait demandé à M. de Pomponne une prolongation de séjour, qui lui fut accordée[1].

Depuis un mois qu'il était à Paris, il avait employé son temps aux projets de son ambition plus encore qu'au profit de ses affaires. Il n'ignorait pas que le roi, bien disposé pour lui par le duc de Saint-Aignan, consentirait volontiers à faire cesser son exil s'il pouvait se réconcilier avec Condé et empêcher Louvois de lui être contraire. Ce fut de ce côté qu'il dirigea d'abord ses efforts. Lorsque la marquise de la Baume eut la perfidie de laisser publier le manuscrit des *Amours des Gaules* qu'il lui avait confié, il rompit entièrement avec elle, et il ne parlait de ses attraits et de sa personne qu'avec ce dédain et ce dénigrement qu'aucune femme ne peut pardonner[2]. Depuis il ne chercha point à renouer une liaison avec une femme qu'il n'aimait pas et qu'il ne pouvait estimer; mais, comme toujours, il s'efforça de profiter de ses amitiés de femmes pour se réconcilier avec ceux qui lui étaient contraires. Il raconte dans ses Mémoires qu'il était depuis trois ans assez bien vu de madame de la Morésan, qui, par ses attraits, son esprit

---

[1] Lettre de Bussy-Rabutin à M. de Pomponne, datée de Paris le 8 octobre 1673, et de M. de Pomponne à Bussy, datée de Nancy le 15 oct., dans la *Suite des Mém. de* Bussy-Rabutin, ms. de l'Inst., in-4°, p. 42 et 44.—Roger de Rabutin, comte de Bussy, édit. 1737, t. V, p. 85. Mais la lettre est à tort datée du 15 septembre; c'est le 15 octobre qu'il faut lire. (Voy. la 4e partie de ces *Mémoires*, p. 156 et 344.)

[2] Voyez la lettre du comte de Bussy insérée dans les *Mémoires de* Coligny-Soligny, 1841, p. 127, en date du 18 mai 1667.

caustique et son caractère décidé et tranchant, par son alliance avec son beau-frère Dufresnoy, le principal commis de Louvois, était recherchée et redoutée[1]. Le jour où Bussy l'alla voir[2], il y trouva Dufresnoy. « La conversation, dit-il, avec madame de la Morésan et moi se passa à nous renouveler des assurances d'amitié. Comme j'y fus jusqu'à l'entrée de la nuit, il y vint beaucoup de gens, et entre autres mesdames de la Baume et Louvois; j'en sortis bientôt après, ne pouvant soutenir la présence de gens que j'aimais si peu[3]. » Lorsque Bussy écrivait à Paris ce fragment de ses *Mémoires,* madame de Sévigné s'y trouvait aussi ; elle dut donc être dissuadée par lui de l'opinion qu'elle avait eue de sa réconciliation avec madame de la Baume.

Bussy s'était empressé de demander une nouvelle permission pour continuer son séjour à Paris. Il avait alors un exemple récent du danger que l'on courait, sous un roi tel que Louis XIV, de ne pas se soumettre aux ordres de ses supérieurs. Le marquis de Martel, vieil officier de marine, avait passé par tous les grades avant de devenir lieutenant général à la mer; il trouva dur d'être obligé d'obéir au comte d'Estrées, vice-amiral

---

[1] MONTPENSIER, *Mémoires,* t. XLIII, p. 379.—*Supplément aux Mémoires de* BUSSY, 2ᵉ partie, p. 14 et 17. — BUSSY-RABUTIN, *Lettres* (20 juin et 28 novembre 1671), t. V, p. 190 et 315.

[2] BUSSY-RABUTIN, *Lettres* (28 novembre 1673, de madame de la Morésan au comte de Bussy), t. V, p. 319.

[3] *Supplément aux Mémoires de M. le comte* DE BUSSY, t. II, p. 17. —Au lieu de madame Damorisan, il faut lire la Morésan, comme le prouvent le *Recueil des lettres de* BUSSY, t. V, p. 319 et 190, et les *Mémoires de* MONTPENSIER, t. XLIII, p. 379 (année 1674).

d'une plus grande noblesse, mais moins ancien que lui comme officier, et qui avait gagné son grade de lieutenant général dans le service de terre. D'Estrées transmit à Martel, par écrit, un ordre sous une forme qui ne convenait pas à ce dernier [1]; il ne refusait pas d'obéir à l'ordre, mais il voulait que la rédaction en fût changée. Pour ce léger tort, il fut arrêté par ordre du roi le 31 octobre, et mis à la Bastille. Cette rigueur dut faire de la peine à **madame de Sévigné**, qui était liée avec la femme du marquis de Martel depuis que celui-ci avait donné, sur le beau et célèbre *Royal-Louis*, vaisseau qu'il commandait[2], une fête à madame de Grignan lorsqu'elle alla voir le fort de Toulon vers le milieu du mois de mai 1672. La femme du lieutenant général gouverneur de Provence parut si belle alors, dansa si bien, que tous les jeunes officiers invités à cette fête en conservèrent un long souvenir, et que, plusieurs années après, un d'eux citait madame de Grignan comme le modèle le plus parfait de grâce et de légèreté dans la danse, en présence de madame de Sévigné, qu'il ne connaissait pas et dont la satisfaction et l'émotion furent grandes [3]. La prolongation de séjour accordée à

---

[1] Louis XIV, *Œuvres* (Lettre du roi au duc de Beaufort, en date du 8 décembre 1665), t. V, p. 338 et 342.

[2] Sévigné, *Lettres* (20 mai 1672), t. III, p. 31, éd. G.; t. II, p. 442, édit. M. — *Mémoires du marquis* de Villette, 1844, in-8°, p. 14. Martel, capitaine en 1635, lieutenant général en 1656-1679, n'est plus porté sur les états de la marine en 1682.

[3] *Suite des Mémoires du comte* de Bussy-Rabutin, ms. de l'Institut, p. 46 et 47.—Sévigné, *Lettres* (13, 16 et 20 mai 1672; 23 août 1675, 6 août 1680), t. III, p. 15, 27, 31; t. IV, p. 48 et 49; t. VII, p. 156 et 157, édit. G.; t. II, p. 428, 439, 442; t. III, p. 422 et 423; t. VI, p. 413, édit. M.

Bussy, par l'entremise de M. de Pomponne[1], était de deux mois ; elle lui fit concevoir l'espérance de pouvoir obtenir durant ce temps, par ses démarches, la fin de son exil et la permission de paraître à la cour ; puis enfin d'avoir un commandement, et de prendre sa part de succès et de gloire dans les guerres qui agrandissaient la France. C'était un noble orgueil, un rêve chéri auquel Bussy ne put jamais renoncer et qui, ne s'étant point réalisé, fit le malheur de sa vie.

Il écrivit d'abord au duc de Montausier pour demander d'être présenté au Dauphin et de le voir : « curiosité, dit-il, que j'aurais, quand je serais du Japon. » Il reçut une réponse polie et presque affectueuse[2]. Pendant le temps de son séjour à Paris, Bussy vit encore madame de Thianges ; elle lui apprit qu'on avait rapporté de lui de mauvais propos qui entachaient la valeur du prince de Marsillac lors du fameux passage du Rhin à Tholus. Il protesta à madame de Thianges que c'était sans doute une fausseté et une perfidie de mademoiselle de Montalais, « parce que, disait-il, il n'y a qu'elle au monde assez méchante et assez folle pour inventer une chose dont la fausseté est aussi facile à découvrir que celle-là. » Bussy avait été très-bien avec cette spirituelle et intrigante sœur de madame de Marans ; mais

---

[1] *Suite des Mémoires du comte* DE BUSSY-RABUTIN, ms. de l'Institut, in-4°, p. 42 et 44. — Lettre de Bussy à M. de Pomponne, des 8 et 10 octobre 1673, et de M. de Pomponne à Bussy, datée de Nancy le 15 octobre 1673.

[2] Lettre de Bussy au duc de Montpensier (Paris, le 11 octobre 1673). — Réponse du duc de Montpensier à Bussy (Versailles, 20 octobre 1673). Dans la *Suite des Mém. de* BUSSY-RABUTIN, ms. de l'Inst., in-4°, p. 43 et 44.

depuis peu (Montalais n'était plus jeune) il s'était brouillé avec elle [1]. Après cet entretien, Bussy écrivit une longue lettre à madame de Thianges pour se disculper des torts qu'on lui imputait envers la Rochefoucauld et son fils Marsillac. Il n'y a personne en France, selon Bussy, qui puisse rendre de plus assurés témoignages que lui « de la valeur du père et de celle du fils. Ils ont été blessés en deux occasions où j'avais l'honneur de commander; l'une à Mardick et l'autre à Valenciennes [2]. » Il paraît que le duc de la Rochefoucauld fut peu touché de lire un certificat de service militaire, pour lui et pour son fils, tracé de la main du comte de Bussy-Rabutin; car après que madame de Thianges lui eut communiqué cette lettre, il ne répondit à cette avance de Bussy par aucune parole polie [3].

Bussy, qui connaissait l'influence que la Rochefoucauld et Marsillac avaient auprès du roi, de Condé et du duc d'Enghien, fit taire son orgueil, et s'adressa à madame de Sévigné; il la pria de faire en sorte, par madame de la Fayette, que le duc de la Rochefoucauld consentît à le voir, afin qu'ils pussent être ensemble sur de meilleurs termes.

« Madame de Sévigné, dit Bussy dans ses *Mémoires*, s'en chargea; et, quatre ou cinq jours après, elle me dit

---

[1] *Suite des Mém. de* BUSSY-RABUTIN, ms. de l'Inst., p. 45.—SÉVIGNÉ, *Lettres* (8 juillet 1672 et 5 juin 1675), t. III, p. 97 et 108, édit. G.; t. III, p. 31, 237, édit. M.—CHOISY, *Mém.*, t. III, p. 264.—MOTTEVILLE, *Mém.*, t. XLIII, p. 22.—LOUIS XIV, *Œuvres*, t. V, p. 90, 103, 340. (Voy. 4e partie de ces *Mémoires*, p. 212.)

[2] *Suite des Mém.*, ms., p. 45. (Lettre de Bussy à madame de Thianges, Paris, 25 octobre 1673.)

[3] *Suite des Mém.*, etc., ms. de l'Inst., p. 50.

que le duc de la Rochefoucauld avait répondu à son amie que, puisque avant que nous fussions brouillés nous ne nous voyions pas les uns les autres et que nous nous contentions de vivre honnêtement ensemble quand nous nous rencontrions, une plus grande liaison n'était pas nécessaire ; que, pour lui, il serait très-aise de me rencontrer souvent, et qu'il se *clouerait où je serais* : ce furent ses propres termes. » — « Cette réponse, ajoute Bussy, me fit juger que j'aurais toujours à craindre de ce côté-là, et que je ne devais espérer de soutien que de la bonté du roi [1]. »

Si Bussy faisait cette réflexion, c'est qu'en même temps qu'il avait fait des démarches pour se réconcilier avec la Rochefoucauld il en avait tenté auprès du prince de Condé qui avaient encore moins réussi. Comme c'était la princesse de Longueville qu'il avait blessée par ses écrits et ses discours, et qu'il connaissait les sentiments chrétiens qui l'avaient déjà portée à le protéger contre la colère du prince lorsque l'outrage était récent [2], il jugea avec raison qu'elle interviendrait en sa faveur avec toute la chaleur qu'inspire la céleste charité aux âmes pénétrées de repentir. Il ne se trompait pas : la duchesse de Longueville fit de grands efforts pour calmer le ressentiment de Condé ; elle ne put y parvenir. Elle fut obligée de lui annoncer par mademoiselle Desportes [3], dont Bussy, pour cette négociation, avait réclamé le secours,

---

[1] *Suite des Mémoires*, etc., ms. de l'Inst., p. 50.

[2] VILLEFORT, *Vie de madame de Longueville*, Amsterdam, 1739, in-12, t. II, p. 161, ou Paris, 1738, in-8°, p. 169 ; et 4ᵉ partie de ces *Mémoires*, p. 351 et 352.

[3] Bussy dit : « Mademoiselle Desportes, ma bonne amie, fille d'une rare vertu et d'un mérite extraordinaire. »

que monsieur son frère ne voulait point pardonner, et que même il lui avait dit « qu'il ne souffrirait pas que Bussy fût sur le pavé de Paris. » — « Ce discours, dit Bussy, me surprit; et je répondis à mademoiselle Desportes qu'il n'appartenait qu'au roi de parler ainsi : elle en convint. »

Bussy n'en fut que plus ardent à chercher des appuis contre une si puissante inimitié. Il savait que madame Scarron, dont l'influence auprès de madame de Montespan était connue, avait contre lui des préventions qui n'étaient que trop motivées; il écrivit à sa cousine pour la faire consentir à être son intermédiaire entre lui et cette gouvernante des enfants naturels du roi, avec laquelle il n'avait jamais eu de liaison ni de correspondance[1].

Madame de Sévigné reçut la lettre que Bussy lui écrivit à ce sujet au retour d'un voyage à Saint-Germain. Elle y était allée pour voir ces mêmes personnes si contraires à Bussy et pour elle si amicales. Voici ce qu'elle dit de ce voyage en écrivant à sa fille : « Je viens de Saint-Germain, où j'ai été deux jours avec madame de Coulanges et M. de la Rochefoucauld; nous logions chez lui. Nous fîmes, le soir, notre cour à la reine, qui me dit bien des choses obligeantes pour vous... Mais s'il fallait vous dire tous les bonjours, tous les compliments d'hommes et de femmes, vieux et jeunes, qui me parlèrent de vous, ce serait nommer quasi toute la cour. J'ai dîné avec madame de Louvois; il y avait presse à qui nous en donnerait. Je voulais revenir hier; on nous arrêta d'autorité pour souper chez M. de Marsillac, dans

---

[1] Voyez ci-après, chap. VIII.

un appartement enchanté, avec madame de Thianges et madame Scarron, M. le Duc et M. de la Rochefoucauld, M. de Vivonne, et une musique céleste. Ce matin, nous sommes revenues [1]. »

Ce fut deux jours après qu'elle reçut de Bussy la lettre suivante [2] :

LETTRE DE BUSSY A MADAME DE SÉVIGNÉ.

« Paris, le 13 décembre 1673.

« Vous pouvez vous souvenir, madame, de la conversation que nous eûmes l'autre jour. Elle fut presque toute sur les gens qui pouvaient traverser mon retour; et quoique je pense que nous les ayons tous nommés, je ne crois pas que nous ayons parlé des voies dont ils se servent pour me nuire. Cependant j'en ai découvert quelques-unes depuis que je vous ai vue; et l'on m'a assuré, entre autres, que madame Scarron en était une. Je ne l'ai pas cru au point de n'en pas douter un peu; car, bien que je sache qu'elle est aimée des personnes qui ne m'aiment pas, je sais qu'elle est encore plus amie de la raison, et il n'en paraît pas à persécuter, par complaisance seulement, un homme de qualité, qui n'est pas sans mérite, accablé de disgrâces. Je sais bien

---

[1] SÉVIGNÉ, *Lettres* (11 décembre 1673), t. III, p. 257, 258, édit. G.; t. III, p. 167, édit. M.—Sur les anciens plans gravés de Saint-Germain en Laye comme sur ceux de Fontainebleau, on trouve l'emplacement de tous ces hôtels des grands de la cour, et entre autres de ceux de Condé, de la Rochefoucauld et de Vivonne.—Conférez 1re partie, p. 365, 483; ive, p. 273.

[2] *Suite des Mémoires de* BUSSY-RABUTIN, ms. de l'Inst., in-4°, p. 51.

que les gens d'honneur entrent et doivent entrer dans les ressentiments de leurs amis; mais quand ces ressentiments sont ou trop aigres ou poussés trop loin, il est (ce me semble) de la prudence de ceux qui agissent de sang-froid de modérer les passions de leurs amis et de leur faire entendre raison. La politique conseille ce que je vous dis, madame, et l'expérience apprend à ne pas croire que les choses sont toujours en même état. On l'a vu en moi; car enfin, quand je sortis de la Bastille, ma liberté surprit tout le monde. Le roi a commencé de me faire de petites grâces sur mon retour, dans un temps où personne ne les attendait; et sa bonté et ma patience me feront tôt ou tard recevoir de plus grandes faveurs. Il n'en faut pas douter, madame : les disgrâces ont leurs bornes comme les prospérités. Ne trouvez-vous donc pas qu'il est de la politique de ne pas outrer les haines et de ne pas désespérer les gens? Mais quand on se flatterait assez pour croire que le roi ne radoucira jamais pour moi, où est l'humanité? où est le christianisme? Je connais assez les courtisans, madame, pour savoir que ces sentiments-là sont très-faibles en eux; et moi-même, avant mes malheurs, je ne les avais guère. Mais je sais la générosité de madame Scarron, son honnêteté et sa vertu; et je suis persuadé que la corruption de la cour ne les gâtera jamais. Si je ne croyais ceci, je ne vous le dirais pas, car je ne suis point flatteur; et même je ne vous supplierais pas comme je fais, madame, de lui parler sur ce sujet; c'est l'estime que j'ai pour elle qui me fait souhaiter de lui être obligé, et croire qu'elle n'y aura pas de répugnance. Si elle craint l'amitié des malheureux, elle ne fera rien pour avoir la mienne; mais si l'amitié de l'homme du monde le plus reconnaissant (et à qui il ne manquait que la mauvaise fortune pour avoir assez de vertu) lui est considérable, elle voudra bien me faire plaisir. »

A cette lettre verbeuse, mais assez adroite, madame Scarron fit une prudente et courte réponse, contenue dans le billet suivant de madame de Sévigné à Bussy[1].

BILLET DE MADAME DE SÉVIGNÉ A BUSSY.

« A Paris, ce 15 décembre 1673.

« Je fis voir hier soir à madame Scarron la lettre que vous m'avez écrite. Elle m'a dit n'avoir jamais entendu nommer votre nom en mauvaise part. Du reste, elle a très-bien reçu votre civilité. Elle ne trouvera jamais occasion de vous servir qu'elle ne le fasse. Elle connaît votre mérite et plaint vos malheurs. »

Dans une longue lettre à sa fille[2], écrite le même jour que le billet qu'on vient de lire, madame de Sévigné annonce très-laconiquement, en ces termes, que Bussy va quitter Paris : « Bussy a ordre de retourner en Bourgogne. Il n'a pas fait la paix avec ses principaux ennemis. »

La permission accordée à Bussy de prolonger son séjour à Paris finissait le jour même où madame de Sévigné écrivait le billet que nous avons transcrit[3]. Mais

---

[1] *Suite des Mémoires de* Bussy-Rabutin (ms. de l'Inst.), p. 52 verso. Ce billet de madame de Sévigné est inédit et a échappé à ses soigneux éditeurs.

[2] Sévigné, *Lettres* (15 décembre 1673), t. III, p. 265, édit. G.; t. III, p. 173, édit. M.

[3] *Suite des Mémoires* (ms. de l'Inst.), p. 48, 49, 50 et 52 verso.

Bussy avait, dès le 2 décembre, écrit au roi et à M. de Pomponne pour obtenir une nouvelle prolongation de séjour, et ces lettres furent envoyées à Saint-Germain en Laye, où était la cour. Ce ne fut que par une lettre de M. de Pomponne, datée de Saint-Germain le 17 décembre, que Bussy fut informé du refus du roi [1]. Madame de Sévigné, par son intimité avec de Pomponne, savait donc avant Bussy que la permission ne lui serait pas accordée ; et on voit, d'après la suite des *Mémoires* de celui-ci, qu'elle ne lui en a rien dit. On n'est jamais pressé d'annoncer une mauvaise nouvelle à un ami. Ce refus affligea beaucoup Bussy, et le mit dans une grande perplexité. Ses affaires n'étaient point terminées, ses espérances de rentrer en grâce s'évanouissaient, et il craignait de déplaire au roi et de s'attirer sa colère s'il prolongeait son séjour à Paris. Il prit cependant ce dernier parti, et fit ses adieux aux secrétaires d'État, à tous ses amis et à toutes les femmes de sa connaissance ; de sorte qu'on le crut en Bourgogne, tandis qu'il était caché dans Paris. Il confia son secret au seul duc de Saint-Aignan ; et, de la retraite où il se tenait renfermé, il faisait parvenir des lettres qu'il datait de son château de Bussy. Il écrivit au roi, au secrétaire d'État Châteauneuf, au comte de Vivonne, à madame de Thianges et à divers puissants personnages [2].

---

[1] *Suite des Mémoires du comte* DE BUSSY-RABUTIN, p. 48 et 50.— Lettres de Bussy au roi et à M. de Pomponne, Paris, ce 2 décembre 1673, p. 54 et 55.—Lettre de Pomponne à Bussy, Saint-Germain en Laye, le 17 décembre 1673.

[2] *Suite des Mémoires*, p. 58 (ms. de l'Inst.).—Lettre de Bussy au roi, datée de Bussy, le 31 décembre 1673.—BUSSY-RABUTIN, *Let-*

Néanmoins, malgré toutes ces précautions, le secret transpira; Bussy n'avait pu se résoudre à le cacher à sa cousine [1]. Madame de Sévigné avait depuis un mois le bonheur de posséder sa fille avec elle lorsqu'elle apprit que Bussy était resté à Paris, et elle s'empressa d'aller rendre visite au captif volontaire; le billet qu'il lui adressa le lendemain de cette visite, en lui envoyant du vieux vin de Cotignac qui lui avait été donné autrefois par madame de Monglas, prouve évidemment que Bussy avait reçu des reproches de la mère et de la fille. Il s'ensuivit des explications et des épanchements réciproques, dont le cœur de Bussy dut être satisfait; il écrit alors à sa cousine : « Je ne vous aime pas plus que je ne vous aimais hier matin; mais la conversation d'hier soir me fait plus sentir ma tendresse; elle était cachée au fond de mon cœur, et le commerce l'a ranimée. Je vois bien par là que les longues absences nuisent à la chaleur de l'amitié aussi bien qu'à celle de l'amour [2]. »

Le duc de Saint-Aignan, ce fidèle ami de Bussy, vint souvent le visiter secrètement. Il se chargea de remettre ses lettres au roi et de plaider sa cause. Bussy demandait qu'il lui fût permis d'aller combattre en Flandre comme volontaire, sous les ordres de Condé; et Saint-Aignan suppliait le roi de lui accorder au moins cette

tres, t. V, p. 322, 323, 327, à la marquise de Villeroy, le 15 décembre, au duc de Montpensier, à madame de Thianges; 2ᵉ édit., p. 58, 59.— Lettre de Bussy au comte de Vivonne à Bussy, Paris, 13 janvier 1674; à madame de Pisieux, le 19 décembre; à mademoiselle Armantières, le 28 décembre 1673.

[1] BUSSY-RABUTIN, *Mémoires*. Manuscrit cité par M. Monmerqué, *Lettres de* SÉVIGNÉ, t. III, p. 236, n° 1, édit. M.

[2] SÉVIGNÉ, *Lettres* (Paris, 20 mars 1674), t. III, p. 338, édit. G.; t. III, p. 236, édit. M.

faveur[1]. Les entretiens qui eurent lieu à ce sujet entre Louis XIV et son complaisant courtisan sont des scènes d'intérieur des plus curieuses, qui confirment tout ce que nous avons dit sur les sentiments du monarque à l'égard de Bussy.

Le roi dit : « Saint-Aignan, on accuse Bussy d'être l'auteur des chansons qui courent contre les ministres et contre quelques personnes de ma cour. Je ne crois pas cela, mais on le dit. »

Saint-Aignan répond : « Bussy trouve bien étrange, sire, d'être toujours accusé et jamais convaincu ; et, pour déconcerter la malice de ses ennemis, il demande à Votre Majesté de trouver bon qu'il se remette à la Bastille et que les accusations soient de nouveau jugées. »

« Bussy perd l'esprit, » dit le roi.

« Nullement, sire ; et pour être convaincu que Bussy n'est pas fou, il prie Votre Majesté de lire la lettre qu'il a écrite au roi, et de prendre un recueil de pièces qu'il m'a chargé de lui remettre, et qui, j'en suis certain, divertiront le roi, s'il veut se donner la peine d'y jeter les yeux. »

Louis XIV répondit qu'il recevrait tout cela quand il serait habillé ; et en effet il fit appeler Saint-Aignan au sortir de son prie-Dieu, reçut les manuscrits et les lettres, et rentra dans son cabinet[2].

---

[1] *Suite des Mémoires de* Bussy-Rabutin, p. 61 verso. — Le duc de Saint-Aignan rapporte sa conversation avec le roi au 7 avril 1674.

[2] *Suite des Mémoires* (ms. de l'Inst.), p. 62 verso. — *Supplément aux Mémoires et Lettres de M. le comte* de Bussy-Rabutin, 2ᵉ partie, p. 23.—Conférez Louis XIV, *Œuvres*, t. V, p. 445 (mémoires militaires).

Ainsi se termina ce premier entretien. Le duc de Saint-Aignan promit de faire plus, et il tint parole.

Le jeudi 19 avril (le jour même où Louis XIV partit de Versailles pour aller conquérir la Franche-Comté), Bussy reçut une longue lettre du duc de Saint-Aignan, dans laquelle celui-ci lui rendait compte de deux autres entretiens qu'il avait eus avec le roi à son sujet. « Je m'approchai, dit le duc, du lit du roi, mardi 17, à neuf heures du matin, et, m'étant mis à genoux, je pris la liberté de lui dire : Oserai-je, sire, demander à Votre Majesté si elle a lu le livre que je lui ai donné de la part du comte de Bussy; et, au cas qu'elle ne l'ait pas encore lu, si elle l'emportera avec elle? »

« Le roi me répondit :

« A propos, Saint-Aignan, j'ai un reproche à vous faire! Bussy est à Paris, et vous ne m'en avez rien dit. »

« Je lui répondis :

« Mon Dieu! sire, y va-t-il du service de Votre Majesté de lui donner ces sortes d'avis? Un pauvre homme de qualité, malheureux, est accablé d'affaires; pour y mettre quelque ordre, il se cache le plus qu'il peut, et cependant il se trouve des gens assez lâches pour lui rendre en cet état de méchants offices. »

« Mais enfin (me répliqua le roi), après que le temps que je lui avais donné est expiré, il faut qu'il s'en aille. Cela a trop paru, et si vous ne voulez vous charger de lui dire de ma part (à cause que vous êtes son ami), je serai contraint de le lui faire dire par quelque autre moins doucement. »

Saint-Aignan osa répliquer, et le roi s'adoucit et dit : « Je n'ai pas encore lu son recueil; il est dans ce petit cabinet, sur ma table. »

Saint-Aignan répondit :

« Sire, il faut l'emporter ; et je voudrais que Votre Majesté y voulût joindre le premier tome de ses *Mémoires*. Outre qu'il est bien écrit, le roi y verrait de petites histoires galantes qui le divertiraient. »

Le roi termina en disant :

« Songez seulement à lui dire ce que je vous ai dit, et à mon retour toutes choses nouvelles. »

Saint-Aignan ne se rebuta pas ; fidèle ami et habile courtisan, il connaissait tout le pouvoir de l'importunité sur une volonté flottante. Il retourna à Versailles le surlendemain, jour fixé pour le départ du roi, et pénétra de très-grand matin et lorsque le roi était encore couché. Après avoir pris congé de lui et baisé un bout de ses draps, il lui déclara, les yeux humides, qu'il n'avait pu encore se résoudre à parler au pauvre comte de Bussy de ce qu'il lui avait commandé de lui dire, parce que Bussy serait parti à l'instant même, au préjudice d'une affaire importante toute prête à être jugée ; et que, d'ailleurs, lui Saint-Aignan espérait encore de la bouche du roi un ordre moins rigoureux.

« Eh bien ! dit le roi, qu'il demeure encore quinze jours ou trois semaines, et qu'il s'en aille chez lui après. Entendez-vous, Saint-Aignan ? Dites-lui cela au moins, n'y manquez pas. »

« Je le ferai, sire, » répliqua Saint-Aignan.

En effet, quatre jours après ce dernier entretien, Bussy gagna son procès. Il écrivit au roi, qui alors était au camp devant Besançon, pour lui témoigner la reconnaissance de cette nouvelle permission. Il adressa sa lettre au secrétaire d'État Châteauneuf, dont la réponse, quoique très-polie et même affectueuse, ne lui parut pas, par la souscription, assez respectueuse pour être adressée par un ministre à un ancien lieutenant général mestre de camp de la cavalerie légère, tel que lui. Le 12 mai, les trois semaines qui lui avaient été accordées par le roi étant expirées, Bussy partit avec sa fille Françoise, et retourna en Bourgogne [1].

Dans les circonstances qui avaient accompagné le refus fait à Saint-Aignan, Bussy trouvait des motifs d'espérance. La guerre faite en Franche-Comté avait déterminé le roi à faire venir la reine à Dijon, et l'on croyait généralement que Louis XIV en prendrait occasion de rappeler près de lui un personnage aussi utile en Bourgogne que l'était Bussy. C'est ce que nous apprend MADEMOISELLE dans une réponse qu'elle fit à une lettre que Bussy lui avait écrite. Elle-même souffrait cruellement du refus du roi de consentir à son mariage avec Lauzun, et plaignait Bussy; elle lui écrivait en parlant du roi : « Il est comme Dieu; il faut attendre sa volonté avec soumission et tout espérer de sa justice et de sa bonté sans impatience, afin d'en avoir plus de mérite. » Bussy écrivit aussi à MADEMOISELLE pour la prier d'offrir à la reine de venir s'installer dans son château. « Le bruit est en ce pays-ci, dit-il dans sa lettre, que la reine viendra faire ses dévotions à Sainte-Reine. Si Sa Majesté prend cette pensée, je voudrais lui pouvoir offrir ma maison; et j'en sortirais, pour ne pas me présenter devant elle en l'état où je suis à la cour. Elle serait mieux logée que dans le village de Sainte-Reine, et n'en serait qu'à une demi-lieue. En tout

---

[1] *Suite des Mémoires du comte* DE BUSSY-RABUTIN (ms. de l'Inst.), n° 221, p. 67 verso.

cas, MADEMOISELLE, si la reine ne me faisait pas cet honneur, je l'espérerais de V. A. R.; je l'en supplie très-humblement [1]. »

La reine ne vint pas à Sainte-Reine. Bussy, à chaque nouvelle victoire, écrivait une lettre au roi ; mais la conquête de la Franche-Comté s'acheva, et Louis XIV était de retour à Versailles sans que Bussy eût rien obtenu de lui [2].

---

[1] *Suite des Mémoires de* BUSSY-RABUTIN, p. 67-68. Lettre de Bussy à MADEMOISELLE, en date de Bussy, du 28 mai 1674, p. 74. — Lettre de MADEMOISELLE à Bussy, Dijon, le 2 juin 1674. La lettre est signée ANNE-MARIE-LOUISE D'ORLÉANS. — Conférez sur cette signature l'*État de la France*, 1677, p. 468 et 469.—BUSSY, *Lettres*, t. V, p. 334.

[2] LOUIS XIV, *Œuvres*, t. III, p. 512 (lettre datée de Versailles, le 1er juillet 1674, au maréchal de Turenne).—*Suite des Mémoires de* BUSSY-RABUTIN, p. 75 et 75 *bis*. (Lettre de madame Scudéry à Bussy, à Paris, 23 juin 1674.—Réponse de Bussy, datée de Bussy, le 26 juin 1674.)

CHAPITRE V.

1674.

Madame de Sévigné sollicite un congé pour M. de Grignan, afin qu'il puisse venir en cour avec sa femme. — Gloire et puissance de Louis XIV. — Par son influence le grand Sobieski est roi de Pologne. — Le duc d'York épouse la princesse de Modène. — Portrait de Louis XIV. — Son ascendant sur sa cour. — Les filles d'honneur sont remplacées près de la reine par les dames du palais. — Louis XIV avait tous les goûts, toutes les passions. — Les femmes étaient nécessaires à son existence. — Détails sur la reine; comment Louis XIV se conduisait envers elle. — Madame de Montespan cherche à inspirer au roi les affections de la paternité. — Elle donne des bals d'enfants. — Description de ces bals par madame de Sévigné. — Amours de Louis XIV avec la Vallière. — Lettres patentes qui lui confèrent le titre de duchesse. — Sa fille, madame de Blois (princesse de Conti), brille à la cour dès son plus jeune âge. — Montespan triomphe de la Vallière, et celle-ci se décide à se retirer de la cour. — Elle y reste encore par esprit de religion. — Le maréchal de Bellefonds, Bossuet, Bourdaloue la soutiennent dans le projet qu'elle a formé de se retirer aux Carmélites. — Méprise de madame de Sévigné à son sujet. — La Vallière entre aux Carmélites. — Sa prise d'habit. — Ses vœux. — Jugement de madame de Sévigné sur le discours de Bossuet. — Ce que dit la Vallière à la duchesse d'Orléans après la cérémonie. — Visite que lui fait madame de Sévigné, cinq ans après, aux Carmélites. — Grâce que le roi accorde à la Vallière. — Visite que lui fait madame de Montespan, et questions indiscrètes qu'elle lui adresse. — Influence qu'eut la retraite de la Vallière sur Louis XIV. — Pourquoi il s'abstint de l'aller voir. — La conduite du roi en cette occasion a été mal interprétée. — Réflexion à ce sujet, confirmée par un mot de Louis XIV à la veuve de Scarron.

Pendant les quatre mois d'hiver que madame de Sévigné passa avant l'arrivée de sa fille à Paris, elle fut sans cesse occupée à faire valoir à la cour les services de son gendre en Provence, à demander qu'il fût appelé à Paris et qu'il vînt avec sa femme saluer le roi et se concerter avec ses ministres sur les affaires de son gouvernement. La bonne gestion et l'affermissement de l'autorité du comte de Grignan dépendaient, selon elle, de cette faveur et de l'accueil qui lui serait fait par Sa Majesté.

Comme ce voyage était arrêté ou prévu, madame de Sévigné, dans les lettres qu'elle écrivait à sa fille, n'oubliait rien de ce qui pouvait la tenir au courant des intrigues de la cour. Objet d'imitation et d'envie, la splendeur de cette cour rayonnait sur l'Europe entière. Son monarque était à la fois servi par son génie, par sa fortune et par le hasard. L'habileté de ses ennemis ne servait qu'à faire éclater la supériorité de ses généraux et de ses hommes d'État. Son nom était respecté et sa puissance redoutée jusqu'aux extrémités du monde. La gloire des héros de l'étranger semblait n'être qu'un apanage de la sienne. Autour de lui la poésie, l'éloquence, les sublimes conceptions de la science, les prodiges de l'industrie agrandissaient, ennoblissaient les destinées de l'humanité.

Le mari d'une des filles d'honneur de la reine, le grand Sobiesky, simple mousquetaire de Louis XIV, fut, par l'influence de ce monarque, élu roi de Pologne, et sauva deux fois l'Europe chrétienne en la préservant, par sa double victoire, de l'invasion des Turcs, alors si redoutables [1].

---

[1] Sévigné, *Lettres* (22 décembre 1673, 1ᵉʳ janvier 1674, 4 juin et 11 août, 18 décembre 1676, 23 octobre 1683), t. III, p. 270, 288; t. IV, p. 470, et t. V, p. 41 et 71; t. VII, p. 396, édit. G.—Louis XIV, *Lettres*, t. V, p. 426.—Choisy, *Mém.*, t. LXIII, p. 429, 423, 491,

Marié pour la seconde fois par les soins de Louis XIV [1], le duc d'York, qui eût paru digne du trône s'il n'y fût jamais monté, vint cette année (1673) présenter au roi de France la princesse de Modène, sa nouvelle épouse [2], et par la suite la ramena en France, comme son dernier asile, quand, dépouillé de sa couronne, il eut accompli sa destinée [3].

Rien d'important n'avait lieu en Europe sans que Louis XIV n'apparût comme un moteur puissant ou comme un obstacle invincible; mais c'est surtout sur sa propre cour que son ascendant était le plus fortement senti. Là était son existence propre et individuelle, tous ses moyens de bonheur, tous les appuis de son trône, tous les exécuteurs de ses volontés. La nature lui avait donné la vigueur de tempérament et l'activité d'esprit nécessaires pour acquérir toutes les gloires et s'approprier toutes les jouissances du pouvoir suprême. L'orgueil de son rang et de ses succès lui faisait tout rapporter à sa personne. L'État, c'était lui; et, par une conséquence nécessaire de ce sentiment égoïste, le gouvernement de sa cour, de sa famille, de son gynécée était pour lui des affaires d'État. Pour celles-là il n'avait point d'autre ministre que lui-même, il ne se fiait qu'à lui seul. A une foi sincère, à un vif désir du salut il unissait tous les goûts, toutes les passions qui s'opposent à l'accomplissement des devoirs et des sacri-

---

514.—BARRIÈRE, *la Cour et la Ville*, p. 39.—SALVANDY, *Histoire de Pologne*, liv. VII, t. II, p. 346 et 349.

[1] MONTPENSIER, *Mémoires*, t. XLIII, p. 368 et 369.

[2] SÉVIGNÉ, *Lettres* (2 et 6 novembre 1673), t. III, p. 208 et 210, édit. G.; t. III, p. 128 et 130, édit. M.

[3] SÉVIGNÉ, *Lettres* (24 décembre 1688, 17 janvier et 2 mars 1689), t. IX, p. 102, 103, 109, 119, édit. G.

fices qu'il exige. Il aimait le beau, le magnifique en toutes choses. Les arts, la musique, la danse le charmaient. Il se complaisait dans l'admiration des grandes batailles, des actes d'héroïsme et de courage, dans les appareils guerriers, dans les opérations de siéges savamment combinées, dans les terribles mêlées des batailles et, au milieu des forêts, dans le bruyant tumulte des grandes chasses. Il se délectait, il s'admirait lui-même dans le faste et le bruit des fêtes pompeuses qu'il avait ordonnées. Il avait encore des penchants plus impérieux, plus personnels, plus dangereux : il aimait le jeu ; il aimait les femmes, mais non avec cet amour qui les avilit. Il mettait autant de prix à s'en faire aimer qu'à les posséder. Pour lui, nul commerce avec elles ne pouvait avoir de durée sans celui de l'âme et de la pensée. Chez lui le cœur désirait toujours avoir quelque part dans les caprices passagers des sens. D'un tempérament robuste, l'habitude ne lui permettait pas de se contraindre dans les intervalles de repos que les grossesses ou les infirmités imposaient à la maîtresse dont il était épris ; mais alors il fallait encore que celles qui le rendaient infidèle, en affrontant les lois de la pudeur, parussent entraînées par la passion qu'il leur inspirait ; et comme il était un des plus beaux hommes de son royaume, il suffisait aux beautés dont il était assiégé d'assortir leurs regards aux illusions de son amour-propre. De là cette politesse attentive envers les femmes de tous rangs, dont il fut le plus parfait modèle ; cette élégance des manières, si fort en honneur à la cour d'Anne d'Autriche et à l'hôtel de Rambouillet, qui, par l'empire que Louis XIV avait acquis sur sa cour, a régi la société française pendant tout le cours de son règne et qui, malgré les mœurs crapuleuses du règne suivant, malgré nos hideuses révolutions, n'ont pu, après un siècle et demi, disparaître entièrement du caractère national.

Cependant tant d'entraînements opposés et d'inclinations contraires créaient à Louis XIV des obstacles pour le gouvernement de sa cour. Sa renommée remplissait le monde, et le monde s'occupait de lui. On cherchait à pénétrer dans les secrets de l'existence intérieure de celui dont l'influence était si forte sur la fortune des États et des individus. Voilà pourquoi ce qui concerne ses maîtresses et les anecdotes de sa vie privée sont des faits qui ont une grande importance historique; mais ils ont besoin qu'on leur applique ce même esprit critique sans lequel l'histoire ne peut nous retracer qu'une image incomplète et fantastique du passé.

Le 1er janvier 1674, Louis XIV opéra un changement considérable dans la maison de la reine. Il supprima les filles d'honneur, qui, pour la plupart, avaient une réputation équivoque, à laquelle le roi avait beaucoup contribué [1]. Elles furent remplacées par des femmes mariées à de hauts personnages et portant de grands noms. Ce furent d'abord cinq dames d'honneur ou dames du palais, ajoutées aux sept qui existaient déjà. Elles furent toutes assujetties auprès de la reine au même service que les filles d'honneur, sans qu'aucune d'elles pût s'en exempter, même lorsqu'elles étaient enceintes [2]. Madame de Sévigné nous apprend que

---

[1] *Requeste des filles d'honneur persécutées à madame D. L. V.* (de la Vallière). *Recueil des histoires galantes;* à Cologne, chez Jean le Blanc, p. 346.—*Amours des dames illustres de notre siècle;* à Cologne, chez Jean le Blanc, p. 381.

[2] Sévigné, *Lettres* (27 novembre 1673), t. III, p. 242, édit. G.;

les uns attribuaient cette mesure à l'inquiète jalousie de Montespan, et d'autres à ce que, pour écarter une seule de ces filles d'honneur, on les renvoya toutes. Ces conjectures sont démenties, selon nous, par les faits que madame de Sévigné elle-même nous apprend. « Le roi, dit-elle, veut de la soumission. Il est très-sûr qu'en certain lieu on ne veut séparer aucune femme de son mari ou de ses devoirs ; on n'aime pas le bruit, à moins qu'on ne le fasse [1]. »

Louis XIV se dégageait peu à peu, par les années, de la tyrannie de sa constitution chaleureuse, et il cédait de plus en plus au sentiment de dignité morale qui ne l'abandonna jamais entièrement. Il voulait racheter par son respect pour la religion et par les services qu'il croyait lui rendre les graves infractions faites à ses saintes lois. Il ne lui suffisait pas que les dames du palais eussent un bon renom de fidélité conjugale, il aurait désiré auprès de sa pieuse épouse des femmes qui lui ressemblassent. Alors prévalut, parmi celles qui voulaient parvenir aux dignités et aux honneurs (le nombre en était grand), une pruderie et une affectation de piété dont madame de Sévigné, dans l'intime secret de sa correspondance avec sa fille, se moque en toute occasion. « La princesse d'Harcourt, dit-elle, danse au bal, et même toutes les petites danses; vous pouvez

---

t. III, p. 153, édit. M.—*Ibid.* (1ᵉʳ et 5 janvier 1674), t. III, p. 288 292, 297.—*État de la France*, 1669, p. 361.—*Ibid.*, 1677, p. 346, et 1678, p. 376.

[1] Sévigné, *Lettres* (1ᵉʳ décembre 1673), t. III, p. 245, édit. G. ; t. III, p. 156, édit. M.—*Ibid.* (8 janvier 1674), t. III, p. 299, édit. G.; t. III, p. 205, édit. M.—Madame la duchesse d'Orléans, *Mémoires et fragments historiques*, p. 47, édit. 1832.—*Ibid.*, éd. 1833, p. 46.

penser combien on trouve qu'elle a jeté le froc aux orties et qu'elle a fait la dévote pour être dame du palais ! Elle disait il y a deux jours : Je suis une païenne auprès de *ma sœur* d'Aumont. On trouve qu'elle dit bien présentement : *La sœur* d'Aumont n'a pris goût à rien ; elle est toujours de méchante humeur, et ne cherche qu'à ensevelir les morts. La princesse d'Harcourt n'a point encore mis de rouge ; elle dit à tout moment : J'en mettrai si la reine ou M. le prince d'Harcourt me le commandent. La reine ne lui commande pas, ni le prince d'Harcourt ; de sorte qu'elle se pince les joues, et l'on croit que M. de Sainte-Beuve [savant casuiste et théologien de la Sorbonne] entre dans ce tempérament [1]. »

Lorsque Mazarin, d'après les considérations de la politique, décida que le roi de France s'unirait à l'infante d'Espagne, le jeune monarque, alors dans toute la fougue de l'âge, était épris de Marie Mancini. L'infante espagnole, timide, froide et gauche, avec ses grands yeux d'un bleu pâle, sa figure d'un blond argenté, son teint d'un blanc blafard, le vermillon de ses lèvres épaisses qui faisait ressortir le peu de blancheur de ses dents, contrastait désagréablement avec les attraits de cette belle et gracieuse Italienne au teint coloré, à la taille élancée, à la parole chaleureuse, aux regards enflammés [2]. Le jeune roi fut obligé de résister à ses

---

[1] Sévigné, *Lettres* (19 janvier 1674), t. III, p. 316, édit. G. ; t. III, p. 218, édit. M. — Conférez la 4ᵉ partie de ces *Mémoires*, p. 277, et t. III, p. 374.

[2] Voyez la 2ᵉ partie de ces *Mémoires*, 2ᵉ édit, p. 151-155.—Madame la duchesse d'Orléans, princesse palatine, *Mémoires*, édit. de Busoni, 1832, p. 90.—Motteville, *Mémoires*, t. XL, p. 52, 53.

plus ardents désirs et de refouler dans son cœur ses plus tendres sentiments en recevant dans ses bras Marie-Thérèse. Celle-ci ne put jamais inspirer de l'amour à son époux ; mais elle était bonne, douce, pieuse ; et de toutes les femmes qui se passionnèrent pour Louis jusqu'à l'idolâtrie aucune ne l'aima plus fortement, plus constamment. Il le savait, et, malgré toutes les séductions qui l'entraînaient, il eut toujours pour elle les procédés d'un honnête homme qui connaît tout le prix d'une épouse fidèle et d'un roi qui n'ignore pas qu'un des plus grands intérêts de sa politique est celui de perpétuer sa race. Il en eut six enfants; tous moururent jeunes, excepté le premier, qui fut dauphin ; et comme cet aîné fut un homme d'un esprit médiocre et d'un caractère peu aimable, malgré les soins de Montausier et de Bossuet, ou peut-être en partie à cause de ces soins, Louis XIV préférait à tous ses enfants ceux qu'il eut de ses maîtresses. Mais il environna toujours de respect et d'hommages sa compagne couronnée, la mère du Dauphin et de toute la progéniture légitime et royale. Soumise à toutes ses volontés, elle les devinait dans ses yeux ; elle ne pensait, elle n'agissait que par lui ; la peur de lui déplaire la glaçait d'effroi, et son amour augmentait sa crainte. Pour qu'aucune femme n'aigrît en elle les sentiments de jalousie qui la tourmentaient, Louis XIV ne se contenta pas de remplacer les filles d'honneur par des dames du palais, il renvoya dans leur pays toutes les femmes de chambre espagnoles que la reine [1] avait

---

[1] Madame la duchesse D'ORLÉANS, *Mémoires*, 1833, in-8°, p. 90, 91. *Lettres originales de madame* CHARLOTTE-ÉLISABETH DE BAVIÈRE, *veuve de* MONSIEUR ; 1788, in-12, t. I, p. 84 et 85.

amenées avec elle, et mit à leur place des femmes de chambre françaises. Ce changement parut dur à Marie-Thérèse; mais elle n'osa pas s'en plaindre, et ce fut par madame de Montespan qu'elle obtint de pouvoir garder la plus jeune et la plus chérie de ses femmes espagnoles [1].

Marie-Thérèse, élevée pour un trône, avait cependant de la grandeur et de la dignité; ce fut elle qui répondit naïvement qu'elle n'avait pu devenir amoureuse d'aucun homme à la cour de son père, parce qu'il n'y avait d'autre roi que lui. Elle savait tenir une cour; mais, élevée dans l'ignorance et sans goût pour la lecture, elle aimait les jeux de cartes; ce qui plaisait d'autant plus aux dames d'honneur et aux femmes admises à l'honneur de faire habituellement sa partie qu'elle ne savait pas bien jouer, et qu'elle perdait presque toujours. Celles qui, par leurs charges, étaient obligées de l'accompagner partout ne sympathisaient pas avec sa dévotion, et trouvaient pénible d'aller tous les jours à vêpres, au sermon, au salut : « Ainsi, disait à ce propos madame de Sévigné, rien n'est pur en ce monde [2]. »

Lorsqu'il allait faire la guerre en personne, Louis XIV transportait la reine et sa cour dans les lieux les moins éloignés des opérations militaires. Quand ses plans de campagne devaient se porter hors du royaume et auraient exposé la reine à quelques dangers, il la laissait

---

[1] Sévigné, *Lettres* (1er et 5 janvier 1674), t. III, p. 286 et 292, édit. G. ; t. III, p. 288 et 292, édit. M.

[2] Sévigné, *Lettres* (10 novembre 1673), t. III, p. 216, édit. G.; t. III, p. 133 et 134, édit. M. — *L'État de la France*, édit. 1669, p. 361, 362, 363.—Édit. 1677, p. 341, 347.—Édit. 1678, p. 377.

à Versailles et la décorait du titre de régente. Si donc Marie-Thérèse ne suffisait pas au bonheur de Louis XIV, elle y contribuait, et ne le troublait en rien. Il n'en était pas de même des maîtresses : leur rivalité, celle de leurs enfants, qui tous issus du même père se croyaient les mêmes droits aux bienfaits et à la faveur, y fomentaient des divisions et des haines [1]. Le passage suivant d'une des lettres de madame de Sévigné nous dessine trop exactement l'état de la cour sous ce rapport, à l'époque dont nous nous occupons, pour que nous ne le transcrivions pas :

« ... Parlons de Saint-Germain : j'y fus il y a trois jours... J'allai d'abord chez M. de Pomponne... Nous allâmes chez la reine avec madame de Chaulnes. Il n'y eut que pour moi à parler. La reine dit sans hésiter qu'il y avait trois ans que vous étiez partie et qu'il fallait revenir. Nous fûmes ensuite chez madame Colbert, qui est extrêmement civile et sait très-bien vivre. Mademoiselle de Blois dansait ; c'est un prodige d'agrément et de bonne grâce. Desairs dit qu'il n'y a qu'elle qui le fasse souvenir de vous ; il me prenait pour juge de sa danse, et c'était proprement mon admiration que l'on voulait : elle l'eut, en vérité, tout entière. La duchesse de la Vallière y était ; elle appelle sa fille *mademoiselle*, et la princesse l'appelle *belle maman*. M. de Vermandois y était aussi. On ne voit point encore d'autres enfants. Nous allâmes voir MONSIEUR et MADAME ; vous n'êtes point oubliée de MONSIEUR, et je lui fais toujours mes très-humbles remercîments. Je trouvai Vivonne, qui

---

[1] MONTPENSIER, *Mémoires* (1661 et 1668), t. XLIII, p. 20 et 121. —MOTTEVILLE, *Mémoires* (1661), t. XL, p. 154.—CAYLUS, *Souvenirs*, t. LXVI, p. 134-35, édit. de Voltaire; Ferney, 1770, p. 93.

me dit : *Maman mignonne*, embrassez, je vous prie, le gouverneur de Champagne. — Et qui est-ce ? lui dis-je. — C'est moi, reprit-il. — Et qui vous l'a dit ? — C'est le roi, qui vient de me l'apprendre tout à l'heure. Je lui en fis mes compliments tout chauds. Madame la comtesse [de Soissons] l'espérait pour son fils [1]. »

Presque tous les grands intérêts de cour, au moment où ces lignes furent écrites, y sont touchés.

Le gouvernement de Champagne était devenu vacant par la mort d'Eugène-Maurice de Savoie, comte de Soissons, arrivée le 7 juin 1673. Il était naturel que ce gouvernement fût donné à son fils aîné, Louis-Thomas. Sa mère était Olympe Mancini, surintendante et chef du conseil de la maison de la reine [2], qui avait conservé un grand crédit à la cour ; mais madame de Montespan l'emporta sur elle, et fit donner ce gouvernement à son frère, le duc de Vivonne. Alors dans toute la force et l'éclat de sa puissance, madame de Montespan triomphait par la certitude d'être aimée sans redouter sa rivale. Lorsque, par un retour de tendresse, Louis XIV avait impérieusement redemandé la Vallière aux saintes filles du couvent de Chaillot [3], celle-ci, pressentant son malheur, dit : « Hélas ! mes sœurs, vous me reverrez bientôt. » Bientôt, en effet, l'abandon et la froideur toujours croissants de celui qui l'avait accoutumée à tant d'adoration et d'hommages rouvrirent plus saignantes et plus déchirantes les blessures faites à son cœur. Elle vit enfin arriver ces jours de douleur et de larmes, où

---

[1] Sévigné, *Lettres* (12 janvier 1674), t. III, p. 303, édit. G. ; t. III, p. 206-207, édit. M.

[2] *État de la France*, 1678, in-12, p. 375.

[3] Voyez la 3e partie de ces *Mémoires*, ch. XII et XIII, p. 212 et 240.

la mélancolique expression de ses beaux yeux, qui tant de fois avaient fait repentir Louis XIV de ses infidélités et rallumé l'ardeur d'une flamme languissante, ne trouvait plus en lui aucune sympathie. Une nouvelle séparation était devenue indispensable; elle dut enfin s'y résigner; mais, incertaine, timide et tremblante au moindre signe de la volonté d'un maître qui avait cessé d'être amant, elle n'osait pas lui résister; elle ne savait ni comment rester avec lui ni comment le quitter. Il fuyait la présence, il évitait les regards de celle qui aurait voulu lui sacrifier sa vie. Sa vie! elle ne lui appartenait plus; elle était au père de ses enfants, enfants du sang royal, reconnus légitimes. Dans les commencements, le jeune monarque avait consenti à ce que la Vallière couvrît ses faiblesses des ombres du mystère. Deux enfants nés de ce commerce amoureux furent mis au monde et baptisés comme nés de père et de mère supposés; ces enfants moururent peu après leur naissance [1], et le secret de ces passagères existences ne fut pas alors révélé. Louis XIV se lassa de ces feintes, qui le gênaient et qui lui paraissaient peu d'accord avec la dignité royale; il voulut se montrer généreux jusque dans le désordre de ses mœurs, il voulut imposer à l'opinion et se mettre au-dessus d'elle. Il rendit ses sujets confidents de ses plaisirs, et les admit à contempler la beauté de celle qui l'avait subjugué. Toute sa cour devait participer à l'enivrement de sa joie et de son bonheur. Il donna des fêtes splendides dont la Vallière fut l'objet. Au lieu de désavouer les enfants qu'il en obtint,

---

[1] TASCHEREAU, *Revue rétrospective*, numéro XI, août 1834, p. 251 à 255.

il les reconnut et les légitima. La sincérité de ses sentiments et de son admiration pour sa belle maîtresse éclate dans les lettres patentes données après la naissance de mademoiselle de Blois, lorsqu'il érigea, pour elle et pour sa mère, la terre de Vaujour et la baronnie de Saint-Christophe en duché-pairie, sous le nom de *la Vallière*.

« Nous avons cru, dit-il, par cet acte [1], ne pouvoir mieux exprimer dans le public l'estime toute particulière que nous faisons de notre très-chère, bien-aimée et très-féale Louise-Françoise de la Vallière qu'en lui conférant les plus hauts titres d'honneur... Quoique sa modestie se soit souvent opposée au désir que nous avions de l'élever plus tôt dans un rang proportionné à notre estime et à ses bonnes qualités, néanmoins l'affection que nous avons pour elle et la justice, ne nous permettant plus de différer les témoignages de notre reconnaissance pour un mérite qui nous est connu, ni de refuser plus longtemps à la nature les effets de notre tendresse pour Marie-Anne, notre fille naturelle, en la personne de sa mère... »

C'est le 2 octobre 1666 que la Vallière accoucha de cette fille, dite *mademoiselle de Blois*; et son frère, le comte de Vermandois, qui fut aussi légitimé, naquit, jour pour jour, un an après elle. Les trois enfants de Louis XIV et de madame de Montespan, le duc du

---

[1] *Lettres patentes* données à Saint-Germain en Laye au mois de mai 1667, et registrées au parlement le 13. — Ces lettres patentes sont rapportées dans l'ouvrage de Dreux du Radier intitulé *Mémoires et anecdotes des reines et régentes de France*, t. VI, p. 415 du même ouvrage, édit. 1782.

Maine [1], le comte de Vexin [2] et mademoiselle de Nantes [3], furent aussi légitimés. Ils s'élevaient sous l'admirable tutelle de Françoise d'Aubigné, veuve de Scarron. Les enfants de madame de la Vallière furent confiés aux soins de la femme du ministre Colbert. Les enfants de Montespan étaient trop jeunes à l'époque dont nous traitons pour être montrés à la cour. Il n'en était pas de même de ceux de la Vallière; ils étaient charmants, et Louis XIV se plaisait à les voir développer leurs grâces enfantines.

Montespan avait intérêt à nourrir dans le cœur de Louis XIV cette prédilection pour son illégitime postérité; et à peine relevée de sa dernière couche, ne pouvant danser, elle imagina de faire danser des enfants dans les bals de la cour. Ainsi on vit MONSIEUR, frère du roi, danser avec mademoiselle de Blois, ayant à peine huit ans, et le Dauphin avec MADEMOISELLE, sa cousine, âgée de douze à treize ans [4]. Ces bals ressemblaient peu à ceux qui se donnaient dans la jeunesse de Louis XIV, au temps du règne de la Vallière; mais le roi s'y amusait et y dansait. Plusieurs des belles femmes de la cour, craignant l'ennui, sous divers prétextes s'abstenaient d'y paraître; ce qui ne déplaisait nullement à madame de Montespan, qui n'avait aucun désir de les faire briller.

Dans les lettres de madame de Sévigné à sa fille pen-

---

[1] Né le 31 mars 1670, mort à Sceaux le 14 mai 1736.

[2] Né le 20 juin 1672, mort le 10 janvier 1683.

[3] Née en juin 1673 à Tournay (MONTPENSIER, *Mémoires*, t. XLIII, p. 381), morte le 16 juin 1743.

[4] SÉVIGNÉ, *Lettres* (lundi, 8 janvier 1674), t. III, p. 299, édit. G.; t. III, p. 203, édit. M.

dant le mois de janvier 1674 et avant le départ du roi pour le siége de Besançon, nous lisons : « Il y a des comédies à la cour et un bal toutes les semaines. On manque de danseuses... »

Et huit jours après :

« Le bal fut fort triste, et finit à onze heures et demie. Le roi menait la reine; le Dauphin, MADAME, le comte de la Roche-sur-Yon, mademoiselle de Blois, habillée de velours noir avec des diamants, et un tablier et une bavette de point de France[1]. »

Huit jours après elle écrit encore :

« Ces bals sont pleins de petits enfants; madame de Montespan y est négligée, mais placée en perfection; elle dit que mademoiselle de Rouvroi est déjà trop vieille pour danser au bal : MADEMOISELLE, mademoiselle de Blois, les petites de Piennes, mademoiselle de Roquelaure (un peu trop vieille, elle a quinze ans); mademoiselle de Blois est un chef-d'œuvre : le roi et tout le monde en est ravi; elle vint dire au milieu du bal à madame de Richelieu : Madame, ne sauriez-vous me dire si le roi est content de moi? Elle passe près de madame de Montespan, et lui dit : Madame, vous ne regardez pas aujourd'hui vos amies. Enfin, avec de certaines *chosettes* sorties de sa belle bouche, elle enchante par son esprit, sans qu'on croie qu'on puisse en avoir davantage[2]. »

On sait que cette délicieuse enfant fut depuis cette prin-

---

[1] SÉVIGNÉ, *Lettres* (12 janvier 1674), t. III, p. 306, édit. G.; t. III, p. 209, édit. M.—Sur mademoiselle de Rouvroi, voyez SÉVIGNÉ, *Lettres* (7 juin 1675), t. III, p. 414; et Lettre de LE CAMUS, évêque de Grenoble (5 juin 1675), dans les *Œuvres* de Louis XIV, t. V, p. 534.

[2] SÉVIGNÉ, *Lettres* (19 janvier 1674), t. III, p. 317-318, édit. G.; t. III, p. 218-219.

cesse de Conti célèbre par la majesté de son port et la beauté de ses traits, celle-là même qui, par la grâce et la légèreté de sa danse, troublait le sommeil du poëte :

> L'herbe l'aurait portée, une fleur n'aurait pas
> Reçu l'empreinte de ses pas [1].

Ainsi les enfants de la Vallière servaient de divertissement à sa rivale ; et Louis, sans en être ému, trouvait bon qu'une autre que celle qui les avait mis au monde s'en emparât pour lui procurer de la distraction et le rendre sensible aux sentiments de la paternité. Montespan, par ses couches fréquentes, fut conduite à ce calcul ; mais elle eut la douleur de voir qu'une autre en recueillit les fruits. Le duc du Maine, prince si faible et si médiocre, mais enfant précoce, fut le préféré de Louis : loin que sa mère en profitât, il prépara le règne de l'habile institutrice que Montespan avait appelée près d'elle pour élever sa royale famille.

Quant à la Vallière, son cœur était encore trop opprimé par sa passion pour trouver des consolations dans les joies maternelles. La vue de ses enfants lui rappelait au contraire tout ce qu'avaient de cruel l'indifférence et l'abandon de celui qui les honorait de ses paternelles tendresses. Elle eut la pensée de se retirer près de son amie, mademoiselle de la Mothe d'Argencourt [2], dans le couvent de Chaillot, qui eût ainsi réuni deux victimes d'un même amour. Sa mère l'engageait à prendre ce parti. Celle-ci calculait que sa fille avait à peine trente ans, et que sa beauté, ses grandes richesses, son titre de duchesse qu'elle tenait du roi détermineraient quelque

---

[1] La Fontaine, le Songe, dans ses Œuvres, 1827, t. VI, p. 189.
[2] Sur mademoiselle la Mothe d'Argencourt, voyez les Mémoires sur Sévigné, 2ᵉ partie, chap. ix, p. 109, 114.

grand et puissant personnage à demander sa main. Le bruit courait que le duc de Longueville et Lauzun en étaient amoureux et désiraient l'épouser. Elle pourrait donc reparaître dans le monde avec un double avantage, briller encore à la cour, et éclipser Montespan, qui, quoique supérieure à elle par la naissance, lui était inférieure par le rang. Nul doute qu'un mariage honorable n'eût été pour la Vallière le meilleur parti et le seul qui pût lui assurer une existence calme et heureuse; mais pour que ce mariage pût avoir lieu il fallait qu'elle le voulût et que le roi y donnât son adhésion. La Vallière fut toujours incapable d'aucun calcul d'intérêt personnel. Sa passion avait triomphé de sa pudeur; mais son âme était restée chaste et pure, toujours ouverte aux aspirations de la piété et du repentir, et elle eût considéré comme une honte de s'unir à un autre homme que l'unique auquel son honneur avait été sacrifié. Louis XIV était incapable de faire souffrir à celle qu'il avait tant aimée le moindre des outrages dont on l'a accusé; mais, sans désirer que la Vallière restât à sa cour, il craignait, en la laissant s'éloigner, de lui accorder trop de liberté. Il l'empêchait de voir sa mère, qu'il n'estimait pas et dont il se défiait; et il favorisait indirectement ses longs entretiens avec le maréchal de Bellefonds, bien connu pour sa pieuse ferveur et par son étroite liaison avec Bossuet. Bellefonds soutint la Vallière dans la résolution qu'elle voulait prendre de s'éloigner de Louis XIV, de ne plus le revoir, de diriger vers Dieu toutes ses pensées, toutes ses affections. Il fallait, pour exécuter cette courageuse résolution, le consentement de Louis XIV, auquel elle n'était pas libre de désobéir, auquel elle n'aurait pas voulu refuser de se soumettre lors même qu'elle en eût eu le pouvoir. Elle pensa d'abord à se retirer au couvent des Capucines. Mais le maréchal de Bellefonds avait une sœur qui était prieure des Carmélites de Paris. La Vallière la rendit confidente de ses peines, et celle-ci parvint à lui persuader que plus grande serait son expiation, plus grandes seraient la grâce de Dieu et ses espérances de salut. Fortement préoccupée de cette pensée, la Vallière eut l'idée de se faire carmélite. C'était là une rude et difficile détermination à prendre. L'austérité des règles prescrites par sainte Thérèse faisait pâlir d'effroi la piété la plus fervente; et pour celle dont la vie s'était écoulée dans les délices du luxe et de la mollesse, au milieu des pompes et des orgueilleuses jouissances de la grandeur, se faire carmélite, c'était s'immoler vivante dans un tombeau, comme une vestale criminelle des temps antiques, sans espérance de trouver comme elle, par la mort, une prompte fin à son supplice.

Aussi la Vallière hésitait-elle beaucoup. A mesure que la religion s'emparait de sa pensée, le repentir même de ses fautes ravivait dans son cœur ses souvenirs d'amour, et sa tendresse pour ses enfants renaissait avec plus de force. Elle regrettait surtout de se séparer de sa charmante fille, mademoiselle de Blois [1]. Cependant de nombreuses conférences avec Bossuet, avec le P. Bourdaloue, le P. Cazan et avec de Rancé, abbé de la Trappe [2], achevèrent de l'affermir dans sa résolution.

[1] Lettre de madame DE LA VALLIÈRE au maréchal de Bellefonds (8 février 1674), citée dans BAUSSET, *Hist. de Bossuet*, livre v, t. II, p. 35, édit. in-12.—MONTPENSIER, *Mémoires*, t. XLIII, p. 382. —*Madame* DE LA VALLIÈRE, *Lettres*, 1747, in-12, p. 27.

[2] L'abbé LEQUEUX, *Histoire de madame de la Vallière*, p. 27, dans les Lettres de madame la duchesse de la Vallière, 1767, in-12.

Mais elle voulait que cette résolution fût inébranlable, et la peur qu'elle avait d'en être détournée par le roi lui faisait craindre de lui en parler.

Elle pria Bossuet de traiter d'abord de cette affaire avec madame de Montespan; celle-ci, effrayée d'un si étrange projet, le combattit, et tâcha même de le rendre impossible en le tournant en ridicule. Montespan voyait sa rivale, par cette immolation, devenir un objet d'admiration et de pitié; et, ce qui la touchait plus fortement, elle pressentait que le blâme d'avoir permis un si cruel sacrifice rejaillirait sur elle, et ferait ressortir plus fortement le scandale qu'elle donnait au monde. L'austère prélat insista; et tel était alors l'empire de la religion, même sur les rois les plus absolus, que Louis XIV, quoiqu'il en eût le désir, n'osa pas s'opposer à Bossuet et l'empêcher de continuer son œuvre [1]. Madame de la Vallière, pour transporter à Dieu cette sensibilité qui débordait, évita tout ce qui pouvait rappeler en elle le désir de plaire au roi; elle eut soin de se vêtir avec plus de simplicité et de modestie; elle rechercha les occasions d'humiliation que faisait naître le triomphe de sa rivale. Celle-ci, aigrie par la jalousie, les saisissait avec un empressement qu'elle croyait cruel; mais elle se trompait, la Vallière lui savait gré de ses rigueurs. Elle s'exerçait à souffrir. Elle répondait à Montespan avec douceur; elle la parait de ses propres mains. Quand la Vallière reconnut que Montespan ne lui ins-

—Madame la duchesse D'Orléans, *Fragments de lettres*, 1788, in-12, t. I, p. 112.— Idem, *Mémoires*, Paris, 1832, in-8°, p. 58.

[1] Bossuet, *Œuvres*, édit. 1818, in-8°, t. XXXVII, p. 55-66 (lettres au maréchal de Bellefonds, datées de Saint-Germain, le 25 décembre 1673, 27 janvier 1674; de Versailles, le 8 février et 6 avril 1674).

pirait plus aucun mouvement de jalousie, quand elle sentit qu'elle lui faisait éprouver un sentiment de bienveillance et de compassion, elle cessa de désespérer de sa force. Elle se sentit suffisamment transformée pour exécuter son effrayante résolution. Elle aimait encore Louis plus qu'elle-même; mais cet amour était bien faible en comparaison de celui dont elle se sentait embrasée pour Jésus-Christ. Ce fut alors que, pour effacer les vains fantômes de sa vie passée et pour s'affermir dans cet état de volupté divine dont elle était redevable à la grâce, elle écrivit ces *Réflexions sur la miséricorde de Dieu* dont on lui a dérobé longtemps après le manuscrit pour le publier [1]. Cet ouvrage n'est qu'une continuelle prière pour demander à Dieu le don de la prière. Elle trouva dans ses aspirations religieuses un calme si grand, un tel désir d'une autre existence qu'il devint évident pour ceux qui la voyaient que Louis XIV lui-même n'aurait pu, par les plus tendres protestations, la ramener à lui. Sa tranquille joie augmentait à mesure que le temps approchait où elle devait se renfermer. Bossuet, accoutumé à ces retours de l'âme, dont il était un si grand et si heureux artisan, en fut cepen-

---

[1] LA VALLIÈRE, *Réflexions sur la miséricorde de Dieu, par une dame pénitente*; Paris, Antoine Dezallier, 1680, in-12. C'est la première édition; elle fut achevée d'imprimer le 20 juin 1680. Une nouvelle édition parut, augmentée de prières tirées de l'Écriture sainte et du récit abrégé de la vie pénitente et de la sainte mort de madame la duchesse de la Vallière; Paris, Christophe David, 1726, in-12. — Conférez l'abbé LEQUEUX, *Histoire de la Vallière*, dans les *Lettres*, 1768, in-12, p. 25. — Une nouvelle édition des *Réflexions* et des *Lettres* a été donnée par Maradan en 1807; elle est précédée d'une *Vie pénitente de madame de la Vallière*, par madame DE GENLIS.

dant étonné; et il écrivit au maréchal de Bellefonds :
« C'est la force et l'humilité qui accompagnent toutes ses
pensées. Elle ne respire plus que la pénitence; et, sans
être effrayée de l'austérité de la vie qu'elle est prête à
embrasser, elle en regarde la fin avec une consolation
qui ne lui permet pas d'en craindre la peine. Cela me
ravit et me confond : je parle, et elle fait; j'ai les discours, elle a les œuvres. Quand je considère ces choses,
j'entre dans le désir de me taire et de me cacher; et je
ne prononce pas un seul mot où je ne croie prononcer
ma condamnation [1]. » Dans la chambre même de la
duchesse de la Vallière, Bossuet écrit encore : « C'est
s'abîmer dans la mort que de se chercher soi-même.
Sortir de soi-même pour aller à Dieu, c'est la vie. »
Cette seule phrase peut nous faire juger avec quelle
énergique éloquence le prélat encourageait la Vallière
à persister dans sa pieuse résolution.

« J'étais curieuse de savoir (écrivait madame la duchesse d'Orléans) pourquoi elle était restée si longtemps comme une suivante chez la Montespan. Elle me
dit que Dieu avait touché son cœur; qu'il lui avait fait
connaître son péché, et qu'elle avait pensé qu'il fallait
en faire pénitence et souffrir, par conséquent, ce qui
lui serait le plus douloureux... Et puisque son péché
avait été public, il fallait que sa pénitence le fût aussi...
Elle avait offert à Dieu toutes ses douleurs, et Dieu lui
avait inspiré la résolution de ne servir que lui; mais
qu'elle se regardait comme indigne de vivre auprès d'âmes

---

[1] Bossuet, Œuvres, édit. 1818, in-8°, t. XXXVII, p. 66 (lettre au
maréchal de Bellefonds, Versailles, ce 6 avril 1674). — *Ibid.* (lettres
du 27 janvier 1674), t. XXXVII, p. 58.

aussi pures que l'étaient les autres carmélites. On voyait que cela partait du cœur[1]. »

On ne la jugea pas d'abord ainsi à la cour et dans le monde; ce monde croit difficilement aux sublimes efforts de la vertu religieuse. Mademoiselle de la Vallière était moins aimée que madame de Montespan, parce que, nulle pour tout autre que pour son amant, préoccupée de la pensée qu'elle avait perdu ses droits à la considération, elle était mal à l'aise avec les autres femmes. Étrangère aux intrigues, à l'ambition, elle n'avait et ne voulait exercer aucun empire sur Louis XIV[2]; elle ne se rendait utile à personne; bonne, modeste, douce et tendre, sans aucun défaut, mais sans éminentes qualités. Aimer et être aimée, c'était sa vie. Une influence assez grande sur son amant pour verser des bienfaits, pour conférer la puissance ou les richesses pouvait seule relever cette femme de l'abaissement où elle s'était placée par ses faiblesses, même avec un roi.

La religion, en précipitant la Vallière au pied des autels, la releva de cet abaissement. Mais on ajouta d'abord peu de foi, sinon à la sincérité, du moins à la durée de son repentir. Son prompt retour après sa retraite de Chaillot devait faire croire que cette retraite avait été un stratagème de l'amour; et on eut la même opinion quand le bruit se répandit qu'elle songeait à se retirer de la cour. Ce bruit fut ensuite démenti, et la duchesse de la Vallière fut l'objet des railleries de toutes les femmes, même de

---

[1] Madame la duchesse D'ORLÉANS, princesse palatine, *Mémoires*, édit. 1832, in-8°, p. 58. — Id., *Fragments*, 1788, in-12 (lettres du 1ᵉʳ mars 1719), t. I, p. 113. — Id., *Mémoires de la cour de Louis XIV et de la Régence*, Paris, 1805, in-8°, p. 56.

[2] MONTPENSIER, *Mémoires* (1674), t. XLIII, p. 382.

madame de Sévigné, qui (le 15 décembre 1673) écrivait à madame de Grignan : « Madame de la Vallière ne parle plus d'aucune retraite; c'est assez de l'avoir dit. Sa femme de chambre s'est jetée à ses pieds pour l'en empêcher. Peut-on résister à cela [1]? »

Madame de Sévigné jugeait en femme vulgaire une femme qui ne l'était plus. La religion l'avait régénérée; elle lui avait donné une élévation, une énergie de caractère, une prévoyance pour l'avenir, une vigueur de pensée étrangère jusqu'alors à cette âme indolente et faible. La Vallière ne restait à la cour que pour régler, par l'entremise de Colbert, ce qui concernait la fortune de ses enfants. Par le canal de madame de Montespan, elle obtint encore du roi, auquel elle ne voulait rien demander, que la marquise de la Vallière, sa belle-sœur [2], fût mise dans le nombre des nouvelles dames d'honneur de la reine qu'on avait ajoutées aux anciennes [3].

La veille de son départ de la cour, la Vallière soupa chez madame de Montespan, où mademoiselle de Montpensier alla lui faire ses adieux; et le lendemain, vendredi 20 avril (1674), elle entendit la messe du roi. Louis XIV partit aussitôt après pour se rendre en Franche-Comté assiéger Besançon, et madame de la Val-

---

[1] SÉVIGNÉ, Lettres (15 décembre 1673), t. III, p. 263 et 264, édit. G.; t. III, p. 172, édit. M.

[2] Sur le frère de la Vallière, conférez SÉVIGNÉ, Lettres (16 octobre 1676), t. V, p. 176, édit. G.; t. V, p. 10, édit. M. — État de la France, 1678, in-12, p. 376.

[3] Louis XIV, Œuvres, t. V, p. 524 (lettre à la reine de Portugal, en date du 23 mai 1674).—État de la France, 1677, p. 376. La marquise de la Vallière est dans cet État la dernière inscrite de celles de la création du 1ᵉʳ janvier 1674.

lière monta en carrosse, et alla, vis-à-vis le Val-de-Grâce, se renfermer au couvent des grandes Carmélites du faubourg Saint-Jacques [1].

De quelle admiration durent être saisies toutes ces austères religieuses, tout habituées qu'elles étaient aux prodiges de la grâce divine et aux miracles du repentir, lorsqu'elles virent entrer dans leur cloître cette belle femme, disant à la mère Claire du Saint-Sacrement, leur prieure : « Ma mère, j'ai fait toute ma vie un si mauvais usage de ma volonté que je viens la remettre entre vos mains, pour ne la plus reprendre! » Jusqu'à sa mort et pendant trente-six ans elle n'eut pas un seul instant la pensée de cesser d'être fidèle à cet engagement [2].

Cet acte solennel ne persuada pas encore madame de Sévigné ; elle eut de la peine à croire à l'entière conversion de celle qui cependant, au milieu de sa plus grande fortune et de sa plus haute élévation, avait voulu que Mignard la peignît au milieu de ses deux enfants, tenant un chalumeau à la main, où pendait une bulle de savon autour de laquelle on lisait écrit : *Sic transit gloria mundi* : « Ainsi passe la gloire du monde [3]. »

Madame de Sévigné, huit jours après l'entrée de madame de la Vallière aux Carmélites, écrit au comte de Guitaud, alors gouverneur des îles Sainte-Marguerite :

« Je veux parler de madame la duchesse de la Vallière. La pauvre personne a tiré la lie de tout ; elle n'a pas

---

[1] Montpensier, *Mémoires*, t. XLIII, p. 383 (année 1674).

[2] L'abbé Lequeux, *Lettres de madame de la Vallière, morte religieuse carmélite, avec un abrégé de sa vie pénitente*, p. 47.

[3] *La Vie de Pierre Mignard*, Paris, 1730, in-12, p. 100 ; et dans l'édition d'Amsterdam, 1731, in-12, p. 84.

voulu perdre un adieu ni une larme. Elle est aux Carmélites, où, huit jours durant, elle a vu ses enfants et toute la cour (c'est-à-dire ce qui en reste [1]). Elle a fait couper ses cheveux, mais elle a gardé deux belles boucles sur le front. Elle caquète et dit merveilles. Elle assure qu'elle est ravie d'être dans une solitude; elle croit être dans un désert, pendue à cette grille. Elle nous fait souvenir de ce que nous disait, il y a bien longtemps madame de la Fayette après avoir été deux jours à Ruel, que, pour elle, elle s'accommoderait bien de la campagne [2]. »

Six semaines après, le troisième dimanche de la Pentecôte (le 3 juin), la Vallière revêtit l'habit des carmélites, et quitta, ayant à peine trente ans, son nom et ses titres pour prendre celui de *sœur Louise de la Miséricorde*. Cette cérémonie de la vêture attira un auditoire nombreux au discours que prononça dans cette occasion l'évêque d'Aire [3]. Nous ignorons si madame de Sévigné revint de Livry, où elle était au commencement de juin, pour assister à cette cérémonie; mais nous savons qu'elle n'assista pas à la cérémonie plus auguste qui eut lieu l'année suivante, le mardi (4 juin 1675) de la Pentecôte, lorsque la Vallière, ayant terminé son no-

---

[1] Le roi était devant Besançon et la reine à Dijon.
[2] SÉVIGNÉ, *Lettres* (28 avril 1674), t. III, p. 340, édit. G.—*Lettres inédites de madame* DE SÉVIGNÉ, Paris, Klostermann, 1814, in-8°, p. 6.— *Id.*, édit. Bossange, 1819, in-12, p. 5.
[3] BOSSUET, *Lettres au maréchal de Bellefonds* (6 avril 1674), t. XXXVII, p. 65, édit. 1818, in-8°.—*Sermon sur la vêture de madame la duchesse de la Vallière*, par M. l'abbé DE FROMENTIÈRES, dans les *Lettres de madame la duchesse* DE LA VALLIÈRE, 1767, in-12, p. 39, 145, 191. L'abbé Jean-Louis de Fromentières fut évêque d'Aire le 14 janvier 1673, et mourut en décembre 1684.

viciat, prononça ses vœux, reçut le voile noir des mains de la reine, et dit au monde un éternel adieu. Madame de Sévigné exprima ainsi à sa fille les regrets qu'elle éprouvait de ne s'être point trouvée ce jour-là aux Carmélites avec la reine, MADEMOISELLE, mademoiselle d'Orléans, la duchesse de Longueville, la duchesse de Guise et beaucoup d'autres princesses et dames, dit *la Gazette* [1] :

« La duchesse de la Vallière fit hier profession. Madame de Villars m'avait promis de m'y mener, et, par un malentendu, nous crûmes n'avoir point de places. Il n'y avait qu'à se présenter, quoique la reine eût dit qu'elle ne voulait pas que la permission fût étendue. Tant y a que Dieu ne le voulut pas. Madame de Villars en a été affligée. Elle fit donc cette action, cette belle et courageuse personne, comme toutes les autres de sa vie, d'une manière noble et charmante. Elle était d'une beauté qui surprit tout le monde; mais ce qui vous étonnera, c'est que le sermon de M. de Condom (Bossuet) ne fut pas aussi divin qu'on l'espérait [2]. »

Le jugement que porte madame de Sévigné de ce discours paraîtra exact à ceux qui ne le liront pas avec les favorables préventions de l'historien du grand prélat [3], qui en a jugé différemment. Cette action de la Vallière

---

[1] *Recueil des Gazettes nouvelles pour* 1675, Paris, 1676, in-4°, n° 57, p. 409.—L'abbé LEQUEUX, *Histoire de madame de la Vallière*, p. 59, et dans le *Recueil des Oraisons funèbres* de BOSSUET, 1762, in-12, p. CLI.

[2] SÉVIGNÉ, *Lettres* (5 juin 1675), t. III, p. 403, édit. G.; t. III, p. 283, édit. M.

[3] DE BAUSSET, *Hist. de Bossuet*, 4ᵉ édit., 1824, in-12, t. II, p. 40 à 42. Il est dit, dans le recueil des *Oraisons funèbres* de Bossuet, 1762, in-12, p. 424, que Bossuet n'a jamais publié lui-même ce sermon sur la Vallière ni communiqué son manuscrit. Et cependant on ajoute :

était plus sublime que la plus sublime éloquence. « Au moment où on la mit sous le drap mortuaire (dit la duchesse d'Orléans), je versai tant de larmes que je ne pus me laisser voir davantage. Après la cérémonie elle vint me trouver pour me consoler, et elle me dit qu'il fallait plutôt la féliciter que la plaindre, puisque son bonheur commençait dès ce moment [1]. »

Cinq ans après, madame de Sévigné revit encore madame de la Vallière ; et sa correspondance nous prouve que toujours elle conserva pour elle les généreux sentiments qu'elle a manifestés dans les dernières lettres que nous avons citées.

Le 5 janvier 1680 elle écrit à sa fille [2] :

« Je fus hier aux grandes Carmélites avec MADEMOISELLE [mademoiselle de Montpensier], qui eut la bonne pensée de mander à madame de Lesdiguières de me mener. Nous entrâmes dans ce saint lieu. Je fus ravie de l'esprit de la mère Agnès [Gigault de Bellefonds, sœur du maréchal]; elle me parla de vous comme vous connaissant par sa sœur [la marquise de Villars]. Je vis madame Stuart, belle et contente. Je vis mademoiselle d'Épernon [elle s'était faite carmélite par la douleur que lui causa la mort du chevalier de Fiesque en 1648], qui ne me trouva pas défigurée; il y avait plus de trente ans que nous ne nous étions vues..... Mais quel ange m'appa-

---

« Il fut imprimé plusieurs fois depuis 1691, année où il fut inséré dans un recueil de pièces d'éloquence. »

[1] Madame la duchesse D'ORLÉANS, *Mémoires et Fragments*, in-8°, 1832, p. 58.—Id., *Mémoires de la cour de Louis XIV*, 1827, in-8°, p. 56.

[2] SÉVIGNÉ, *Lettres* (4 janvier 1680), t. VI, p. 286, édit. G.; t. VI, p. 92, édit. M.

rut à la fin ! car M. le prince de Conti [le gendre de la Vallière] la tenait au parloir. Ce fut, à mes yeux, tous les charmes que nous avons vus autrefois ; je ne la trouvai ni bouffie ni jaune ; elle est moins maigre et plus contente ; elle a ses mêmes yeux et ses mêmes regards ; l'austérité, la mauvaise nourriture et le peu de sommeil ne les lui ont ni creusés ni battus ; cet habit si étrange n'ôte rien à la bonne grâce ni au bon air. Pour sa modestie, elle n'est pas plus grande que quand elle donnait au monde une princesse de Conti ; mais c'est assez pour une carmélite. Elle me dit mille honnêtetés, me parla de vous si bien, si à propos ; tout ce qu'elle dit était si assorti à sa personne que je ne crois pas qu'il y ait rien de mieux. M. de Conti l'aime et l'honore tendrement ; elle est son directeur ; ce prince est dévot et le sera comme son père. En vérité, cet habit et cette retraite sont une grande dignité pour elle. »

Et plus tard madame de Sévigné oppose à l'orgueil des autres maîtresses de Louis XIV le souvenir de cette « petite violette qui se cachait sous l'herbe, honteuse « d'être maîtresse, d'être mère, d'être duchesse [1]. » C'est encore madame de Sévigné qui, en annonçant à sa fille la mort du frère de madame de la Vallière [gouverneur et grand sénéchal de la province du Bourbonnais], nous fait connaître l'admiration et les regrets peut-être (les passions sont si capricieuses et produisent sur les volontés humaines des effets si bizarres !) que fit éprouver à Louis XIV ce grand triomphe, dans la Vallière, de la religion sur l'amour.

[1] Sévigné, *Lettres* (1er septembre 1680), t. VII, p. 190, édit. G.; t. VI, p. 443, édit. M.—Conférez les vers de la *Couronne de Julie* (la duchesse de Montausier).

« M. de la Vallière est mort... Sœur Louise de la Miséricorde fit supplier le roi de conserver le gouvernement pour acquitter les dettes, sans faire mention de ses neveux. Le roi lui a donc donné ce gouvernement, et lui a mandé que, s'il était assez homme de bien pour voir une carmélite aussi sainte qu'elle, il irait lui dire lui-même la part qu'il prend de la perte qu'elle a faite[1]. »

Louis XIV était sincère : la pensée du salut, qui devait bientôt le préoccuper assez fortement pour mettre un terme à la licence de ses mœurs, lui faisait mieux comprendre qu'à tous ceux qui l'entouraient ce que pouvait sur le cœur de la Vallière la passion pour Dieu. Il savait, lui, le grand coupable, que, pour avoir la plus forte part aux prières de cette vraie religieuse, il devait respecter l'enceinte où elle s'était retirée. Madame de Montespan était aussi tourmentée ; mais alors, dans l'enivrement de la faveur, elle ne pouvait avoir cette même délicatesse de sentiment, et elle crut se montrer généreuse en accompagnant plusieurs fois la reine, dont elle était une dame d'honneur, dans ses visites aux grandes Carmélites. Madame de Montespan, par des questions indiscrètes et par l'offre plus indiscrète encore de ses services, s'attira une réponse courte, froide et digne de madame de la Vallière ; réponse faite, dit madame de Sévigné, d'un air tout aimable et avec toute la grâce, l'esprit et la modestie imaginables[2].

---

[1] Sévigné, *Lettres* (16 octobre 1676), t. V, p. 170, édit. G.; t. V, p. 30, édit. M.

[2] Sévigné, *Lettres* (29 avril 1676), t. IV, p. 412, édit. G.; t. IV, p. 272, édit. M. — Conférez Magdeleine du Saint-Esprit, *Lettres*, 1710.

Peu d'années après, Montespan, retirée de la cour, mais non du monde, et, dans le monde, tourmentée du désir de faire son salut, apprécia mieux Louise de la Miséricorde; elle en fit son amie, sa consolatrice et enfin le directeur de sa conscience[1].

La Vallière occupe plus de place dans la vie de Louis XIV par son repentir que par son amour. Cette belle victime, offerte à Dieu en expiation des désordres de ce roi, fit sur lui une impression profonde, que ni les autres maîtresses ni les distractions de la guerre ou de la politique ne purent effacer. La Vallière ne fut jamais plus présente à la pensée de Louis XIV que depuis qu'elle eut abandonné sa cour; jamais elle ne lui apparut sous des traits plus divins que lorsqu'il se fut interdit sa vue. Il saisissait avec joie les occasions de lui continuer ses bienfaits dans ses parents, dans ses enfants. Aux occasions solennelles de mort ou de mariage il était satisfait d'apprendre que la reine et toute la cour donnaient à la Vallière des témoignages d'intérêt et de vénération[2]. C'est dans son cloître, au pied des autels, que la Vallière a préparé, à son insu, la chute de Montespan et le long règne de Maintenon.

Si Louis XIV, par sa conduite réservée envers Louise de la Miséricorde, a été taxé d'ingratitude et d'oubli, c'est que le monde ne connaît d'autre passion que celle qu'inspirent les enchantements de la volupté, de l'es-

---

[1] Conférez MAGDELEINE DU SAINT-ESPRIT, par une dame pénitente, 1710, et l'Annuaire de l'Aube pour 1849, 2ᵉ partie, p. 25. — *Réflexions sur la miséricorde de Dieu, par une dame pénitente,* 1685 et 1686, in-12, p. 170.

[2] CAYLUS, *Souvenirs*, édit. de Renouard, 1806, in-12, p. 89. — *Ibid.*, t. LXVI, p. 384 de la Collect. de Petitot, 1828, in-8°.

prit ou des talents, et qu'il ignore la force d'un attachement où l'âme et le cœur ont la principale part. Louis XIV y était sensible. On sait qu'en voyant la veuve de Scarron amaigrie par la douleur d'avoir perdu l'aîné des enfants de Montespan, confié à ses soins et âgé de trois ans, il avait dit : « Elle sait bien aimer; il y aurait du plaisir à être aimé d'elle[1] » Et cependant, à cette époque, cette femme lui déplaisait souverainement, parce qu'elle plaisait trop à sa maîtresse.

[1] *Les souvenirs de madame* DE CAYLUS *sur les intrigues amoureuses de la cour, avec des notes de* M. DE VOLTAIRE; *seconde édition, augmentée de la défense de Louis XIV, pour servir de suite à son Siècle;* au château de Ferney, 1770, in-12 (186 pages), p. 31. C'est la meilleure édition; elle a été faite sur le manuscrit donné à Voltaire par M. de Caylus (*Souvenirs*, 1806, in-12, p. 89, édit. de Renouard). — *Idem.*, Collection Petitot, t. LXVI, p. 384, in-8°, 1828, édit. M. Voyez ces *Mémoires sur la Vallière, sur Sévigné*, t. II, p. 191, 247, 297, 505, 506; III, 45, 237, 240, 319, 325; IV, 89.

CHAPITRE VI.

1674 — 1675.

Le parti religieux et le parti mondain se disputent l'influence sur Louis XIV. — Réforme dans la maison de la reine. — Les filles d'honneur sont remplacées par les dames du palais. — Effets de cette mesure. — Scrupules religieux de madame de Sévigné. — Sa visite à Port-Royal des Champs. — Son admiration pour le P. Bourdaloue. — Mort du grand Condé. — Bourdaloue console le duc de Gramont après la mort du comte de Guiche. — Madame de Sévigné détrompe sa fille, qui croit que l'on peut être à la cour longtemps triste. — Changement dans les spectacles de la cour. — Pour quelle raison le *Malade imaginaire* ne fut pas joué à la cour. — Molière et Lulli étaient rivaux. — Après la mort de Molière, Louis XIV charge Colbert de réorganiser les spectacles de Paris. — L'Opéra devient le spectacle dominant. — Alliance de Quinault et de Lulli. — On répète chez madame de Montespan l'opéra d'*Alceste*. — La Rochefoucauld est appelé à ces représentations. — Éloge que fait de cet ouvrage madame de Sévigné. — Le chœur des suivants de Pluton cité. — L'impulsion donnée à l'Opéra ne profite qu'à la musique instrumentale. — L'Italie reste supérieure à la France pour tout le reste. — Madame de Sévigné va à un opéra. — Des musiciens. — Molière chez Pelissari. — Des sociétés de Paris à cette époque. — Madame Pelissari réunit chez elle les littérateurs médiocres. — Composition de l'Académie française. — Madame de Sévigné annonce à sa fille la mort prochaine de Chapelain. — Cause de son peu de sympathie pour cet ancien maître de son enfance. — Elle devient l'admiratrice de Boileau. — Elle entend la lecture de son *Art poétique* chez Gourville et chez M. de Pomponne. — Ce poëme est livré à l'impression. — L'auteur y intercale, au moment de la publication, quatre vers pour célébrer la seconde conquête de la Franche-Comté. — Ces quatre vers nuisent à ceux qui les suivent, auparavant composés.

Il y avait à la cour deux partis qui se disputaient l'influence sur le roi. L'un, composé de tous les courtisans

tres; enfin, il avait dans Bossuet et dans Bourdaloue deux apôtres sublimes.

Tous fondaient leur espoir sur l'auguste empire de la religion, qui parvient toujours à faire entendre sa voix puissante quand les passions sont apaisées. La foi était vivante dans l'âme de madame de Montespan comme dans celle de Louis XIV, et elle se manifestait dans tous les deux par leur exactitude à s'assujettir aux pratiques religieuses que l'Église prescrit.

Ce parti considéra avec raison comme un premier succès la religieuse retraite de la Vallière, et comme un second le renvoi des filles d'honneur. Quel qu'ait été le motif qui fit agir Montespan, il est certain que ce fut elle qui eut la principale part à cette réforme, qu'elle la désira et la voulut avec toutes ses conséquences. Madame de Sévigné, en donnant à madame de Grignan des détails sur l'intérieur de *Quantova* [c'est le nom chiffré par lequel elle désigne madame de Montespan], dit : « Il est très-sûr qu'en certain lieu on ne veut séparer aucune femme de son mari ni de ses devoirs; on n'aime pas le bruit, à moins qu'on ne le fasse [1]. »

On avait pensé à madame de Grignan pour être dame du palais; mais sans doute que madame de Montespan la trouva trop jeune et trop belle [2].

Madame de Grignan dut peu regretter de n'avoir pas été nommée. Avec les filles d'honneur disparurent les joies et la gaieté de cette cour brillante : toute liberté en fut bannie; le service pénible et l'étiquette sévère auxquels les dames du palais furent assujetties firent souf-

---

[1] SÉVIGNÉ, *Lettres* (8 janvier 1674), t. III, p. 299, édit. G.; t. III, p. 203, édit. M.

[2] SÉVIGNÉ, *Lettres* (18 décembre 1673), édit. G., t. III, p. 268.

frir celles qui avaient brigué avec ardeur ces charges lucratives et honorifiques. La contrainte et l'ennui s'appesantirent jusque sur les bals et les divertissements que le roi donnait fréquemment [1].

Cependant cette réforme eut un très-heureux effet sur les mœurs; madame de Sévigné elle-même, qui plaisante sur les femmes devenues subitement dévotes, fut alors plus fortement tourmentée par les scrupules que lui causait souvent son amour excessif pour sa fille; elle trouva très-bien que l'animosité que celle-ci lui avait inspirée contre l'évêque de Marseille lui eût attiré un refus d'absolution. Elle dit à madame de Grignan : « Ce confesseur est un fort habile homme; et si les vôtres ne vous traitent pas de même, ce sont des ignorants, qui ne savent pas leur métier [2]. »

On voit par là que madame de Sévigné avait lu le traité du grand Arnauld sur la *fréquente communion.* Dans la lettre où elle dit à sa fille que d'Hacqueville ne voudrait pas des douceurs d'un attachement tel que celui qu'elle a pour elle, parce qu'il est mêlé de trop d'inquiétude et de tourments, elle ajoute : « D'Hacqueville a raison de ne vouloir rien de pareil; pour moi, je m'en trouve fort bien, pourvu que Dieu me fasse la grâce de l'aimer encore plus que vous : voilà ce dont il est question. Cette petite circonstance d'un cœur que l'on ôte au Créateur pour le donner à la créature me donne quelquefois de grandes agitations. La *Pluie* [M. de Pomponne]

---

[1] Sévigné, *Lettres* (22 et 29 janvier 1674), t. III, p. 324 et 331, édit. G.; t. III, p. 225 et 231, éd. M. — *Lettres* des Feuquières (25 janvier 1674), t. II, p. 248.

[2] Sévigné, *Lettres* (4 décembre 1673), t. III, p. 249, édit. G.; t. III, p. 160, édit. M. Voyez ci-après chap. x, p. 198.

dévoués qui avaient part à ses largesses, de ceux qui désiraient obtenir à tout prix des grades, des commandements militaires, des gouvernements, de grandes charges, des intendances, des ambassades, des emplois lucratifs, des distinctions honorifiques : ceux-là pensaient que Louis XIV devait continuer le cours de ses conquêtes ; que ses maîtresses, le faste de ses palais, de ses fêtes, de sa maison étaient des démonstrations obligées de sa grandeur et des manifestations nécessaires de sa puissance. Louvois et Montespan étaient les appuis naturels de ce parti. Le parti contraire aurait voulu que Louis XIV renonçât à ses maîtresses ; qu'il épargnât à ses sujets le scandale de ses amours avec une femme mariée ; qu'il restreignît ses dépenses et mît un terme à son ambition et qu'il n'excitât pas la haine des souverains et de toute l'Europe contre lui et contre la France. Dans ce parti étaient tous ceux qui voyaient le bien public dans le règne de la religion et des mœurs. Colbert, homme réglé dans sa conduite, pensait ainsi ; mais il ne pouvait avoir sur son parti la même influence que Louvois sur le sien [1]. Chargé de l'administration des finances, il était obligé de mettre sans cesse de nouveaux impôts pour suffire à des dépenses qui s'accroissaient sans cesse ; il ne le pouvait qu'en appesantissant de plus en plus le joug du despotisme sur les parlements, les assemblées des états, les magistrats municipaux, les membres de toutes les corporations qui jouissaient de quelque liberté, tous partisans de la paix et d'une sage réforme. La confiance

---

[1] DEPPING, *Correspondance administrative de Louis XIV*. Lettres du roi à Colbert (18 mai et 19 juin 1674), dans les *Documents historiques tirés des collections manuscrites de la Bibliothèque royale*, 1843, in-4°, t. II, p. 524, 525 et 526.

que Louis XIV avait en Colbert comme habile administrateur était encore un obstacle qui lui faisait perdre tout crédit sur les hommes les plus honorables. Louis XIV ne lui imposait pas seulement le devoir de régler les finances de l'État, d'organiser la marine, le commerce; il ne se fiait qu'à lui pour ses dépenses privées, et il le chargeait du détail de celles qui concernaient ses maîtresses. Il n'oublia jamais que Colbert avait été sous Mazarin un excellent intendant; il s'en servait toujours comme tel, et rendait ce grand ministre complice des désordres que celui-ci aurait voulu empêcher. Plus que Louvois, et avec juste raison, Colbert excitait l'envie. Il est vrai qu'en travaillant sans cesse au bien de l'État il travaillait aussi à l'accroissement de sa fortune et à l'élévation de sa famille. Dans le clergé, dans la diplomatie et dans la marine les Colbert occupaient les principaux emplois, étaient revêtus des plus hautes dignités. Ne pouvant restreindre le roi dans son penchant à la profusion, Colbert en profitait pour son compte. Il laissa à sa mort douze millions, qui font vingt-quatre millions de notre monnaie actuelle. Cette fortune n'était pas, comme celle de Fouquet, le fruit de coupables manœuvres; mais, en définitive, c'était le trésor et les impôts sur les peuples, ruinés par la guerre, qui subvenaient aux générosités du monarque et à celles des provinces et des villes en faveur des ministres, de leurs parents et de leurs amis. Cependant ce parti, qui était véritablement celui des bonnes mœurs et le plus favorable aux intérêts du roi et du pays, ne manquait pas de soutiens à la cour : la religion lui en créait, pleins d'activité et de zèle. Parmi eux on comptait le duc de Beauvilliers et le maréchal de Bellefonds, Pomponne et beaucoup d'auet moi nous en parlions l'autre jour très-sérieusement. Mon Dieu, qu'elle est à mon goût cette *pluie!* Je crois que je suis au sien ; nous retrouvons avec plaisir nos anciennes liaisons[1]. » On ne peut douter que madame de Sévigné, lorsqu'elle écrivait cette lettre, n'eût alors la mémoire toute fraîche de l'admirable petit traité de saint Eucher sur le *mépris du monde*, dont son ami Arnauld d'Andilly venait de publier une traduction[2], puisqu'elle reproduit une pensée d'Eucher en se servant des mêmes expressions.

Quand ses scrupules la préoccupent, elle se rapproche de ses anciens amis les jansénistes, surtout d'Arnauld d'Andilly ; et alors les rigueurs de l'hiver ne peuvent l'arrêter. Ce fut un 23 janvier (1674) qu'elle alla voir pour la première fois Port-Royal des Champs ; et elle écrit à sa fille : « Je revins hier du Mesnil [de chez madame Habert de Montmor], où j'étais allée pour voir le lendemain M. d'Andilly. Je fus six heures avec lui ; j'eus toute la joie que peut donner la conversation d'un homme admirable ; je vis aussi mon oncle Sévigné, mais un moment. Ce Port-Royal est une Thébaïde ; c'est un paradis ; c'est un désert où toute la dévotion du christianisme s'est rangée ; c'est une sainteté répandue dans tout le pays, à une lieue à la ronde. Il y a cinq ou six

---

[1] SÉVIGNÉ, *Lettres* (18 décembre 1673), t. III, p. 268 ; t. III, p. 177, édit. M. (1820).

[2] SAINT-EUCHER, *Du mépris du monde*, traduit par ARNAULD D'ANDILLY dans Pierre le Petit, 1687, in-12 (81 pages), p. 54. Après le privilége il est dit : « Achevé d'imprimer pour la première fois le 3 décembre 1671. » Ainsi il y a eu une édition antérieure, et nous apprenons par l'avertissement que cette édition contenait aussi le latin. Il manque dans la nôtre.

solitaires qu'on ne connaît point, qui vivent comme les pénitents de saint Jean-Climaque. Les religieuses sont des anges sur terre. Mademoiselle de Vertus y achève sa vie. Je vous avoue que j'ai été ravie de voir cette divine solitude, dont j'ai tant ouï parler : c'est un vallon affreux, tout propre à inspirer le goût de faire son salut. Je revins coucher au Mesnil, et hier ici [Paris], après avoir embrassé M. d'Andilly en passant. Je crois que je dinerai demain chez M. de Pomponne ; ce ne sera pas sans parler de son père [Arnauld d'Andilly] et de ma fille. Voilà deux chapitres qui nous tiennent au cœur [1]. »

Le penchant de madame de Sévigné pour ses amis les jansénistes ne diminuait en rien son admiration pour le jésuite Bourdaloue. Elle dit : « Le P. Bourdaloue fit un sermon le jour de Notre-Dame [2] qui transporta tout le monde ; il était d'une force à faire trembler les courtisans, et jamais prédicateur évangélique n'a prêché si hautement ni si généreusement les vérités chrétiennes [3]. »

On connaît ce mot du grand Condé, qui, à l'église, lorsque le P. Bourdaloue montait en chaire, appuyant une main sur l'épaule de la duchesse de Longueville assoupie et de l'autre lui montrant la chaire, lui disait : « Ma sœur, réveillez-vous ; voilà l'ennemi ! »

Mais c'est lorsque madame de Sévigné peint le père

[1] Sévigné, *Lettres* (26 janvier 1674), t. III, p. 326 et 327, édit. G.; t. III, p. 227, édit. M.

[2] Le jour de la Purification, le 2 février, ou peut-être le dimanche 28 janvier ; car cette fête commençait le dimanche qui précédait ce jour et se continuait jusqu'au jour même. Voyez Bossuet, *Catéchisme des festes*, 1687, p. 86.

[3] Sévigné, *Lettres* (5 février 1674), t. III, p. 336, édit. G.; t. III, p. 234, édit. M.

Bourdaloue consolant le vieux maréchal de Gramont de la perte de son fils aîné, l'espoir de sa race, qu'elle nous montre toute l'influence de ce prédicateur sur les grands de cette époque. Elle trace de cette scène un admirable tableau. Guiche, qui fut exilé pour ses amours avec l'aimable Henriette et pour son intrigue avec Vardes contre la Vallière, n'était point généralement aimé. Madame de Sévigné, qui lui plaisait beaucoup par son esprit, trouvait le sien guindé, ceinturé comme sa personne. Cependant sa mort fit une sensation profonde. On comprit qu'en lui disparaissait l'homme de la cour le plus beau, le plus brillant, le plus chevaleresque, le plus instruit; le comte de Guiche aurait eu toutes les qualités qui font le héros s'il n'avait eu les défauts qui empêchent de le devenir : la vanité et la présomption. Ce fut lui qui, en s'élançant le premier dans le courant rapide du Rhin, assura le passage de ce fleuve. Louis XIV, témoin de son courage impétueux, lui eût accordé toute sa faveur s'il avait pu abattre en lui cet orgueil hautain qui le mettait mal à l'aise avec toute supériorité. Un léger revers à la guerre lui fut si sensible qu'il en mourut de chagrin[1].

« Il faut commencer, ma chère enfant, par la mort du comte de Guiche. Le P. Bourdaloue l'a annoncée au maréchal de Gramont, qui s'en douta, sachant l'extrémité de son fils. Il fit sortir tout le monde de sa chambre. Il était dans un petit appartement qu'il a au dehors des

---

[1] Voyez PROSPER MARCHAND, *Dictionnaire historique*, 1758, in-folio, p. 296-300.—*Mémoires du comte* DE GUICHE, Utrecht, 1744, in-12, deux volumes.—Conférez ces *Mémoires* sur madame de Sévigné, I, 302; II, 539, 191, 312; IV, 134, 212.—HAMILTON, *Œuvres*, t. I, p. 25.

Capucines. Quand il fut seul avec ce père, il se jeta à son cou, disant qu'il devinait bien ce qu'il avait à lui dire; que c'était le coup de sa mort; qu'il la recevait de la main de Dieu; qu'il perdait le seul et véritable objet de toute sa tendresse et de toute son inclination naturelle; que jamais il n'avait eu de sensible joie et de violente douleur que par ce fils, qui avait des choses admirables. Il se jeta sur un lit, n'en pouvant plus, mais sans pleurer, car on ne pleure plus dans cet état. Le père pleurait, et n'avait encore rien dit. Enfin il lui parla de Dieu comme vous savez qu'il en parle. Ils furent six heures ensemble; et puis le père, pour lui faire faire son sacrifice entier, le mena à l'église de ces bonnes Capucines, où l'on disait vigiles pour ce cher fils. Le maréchal y entra en tremblant, plutôt traîné et poussé que sur ses jambes; son visage n'était plus connaissable. Monsieur le Duc le vit en cet état, et, en nous le contant chez madame de la Fayette, il pleurait. Le maréchal revint enfin dans sa petite chambre; il est comme un homme condamné. Le roi lui a écrit; personne ne le voit[1]. »

Ce touchant récit fit croire à madame de Grignan que sa mère, ses amis étaient inconsolables de la mort du comte de Guiche. Mais dans cette cour, tout occupée de plaisirs et d'ambition, et de gloire et d'amour, personne ne pouvait paraître triste, surtout lorsque le roi avait

[1] SÉVIGNÉ, *Lettres* (8 décembre 1673), t. III, p. 251, édit. G.; t. III, p. 161, édit. — M. Le comte de Guiche mourut le 29 novembre 1674 à Creutznach dans le palatinat du Rhin, entre les bras de son frère le comte de Louvigny.— Conférez SÉVIGNÉ, *Lettres* (27 septembre et 4 octobre 1671), t. II, p. 243, 254, 350, édit. G.; et *Mémoires et fragments historiques de* MADAME, *duchesse* D'ORLÉANS, *princesse Palatine*, édit. 1832, p. 207.—*Lettres des* FEUQUIÈRES, t. VI, p. 321.

daigné vous consoler. Aussi madame de Sévigné écrit à sa fille : « Hors le maréchal de Gramont, on ne songe déjà plus au comte de Guiche : voilà qui est fait[1]. » Mais elle fut obligée de s'y reprendre à plusieurs fois pour ramener madame de Grignan à son unisson. « Ha! fort bien ; nous voici dans les lamentations du comte de Guiche. Hélas! ma pauvre enfant, nous n'y pensons plus ici, pas même le maréchal, qui a repris le soin de faire sa cour. » Quelques jours après, nouvelle réprimande : « Vous vous moquez avec vos longues douleurs ! Nous n'aurions jamais fait ici si nous voulions appuyer autant sur chaque nouvelle : il faut expédier ; expédiez, à notre exemple[2]. »

Elle expédie en effet ; et il est impossible de trouver dans aucune correspondance autant de faits intéressants sur les événements publics, les personnages du temps, les spectacles, la littérature et la vie de toute une époque, touchés avec tant de concision, d'esprit, de finesse et de gaieté.

Un grand changement eut lieu dans les spectacles à la cour et à la ville, car alors Paris se conformait à la cour ; c'était le roi qui réglait l'un et l'autre.

Louis XIV a dit, dans ses Instructions au Dauphin, qu'il est du devoir d'un monarque de donner des amusements à sa cour, à son peuple, à lui-même[3]. Les spec-

---

[1] Sévigné, *Lettres* (18 décembre 1673), t. III, p. 266, édit. G. ; t. III, p. 175, édit. M.

[2] Sévigné, *Lettres* (25 décembre 1673), t. III, p. 276, édit. G. ; t. III, p. 183, édit. M. — *Ibid.* (28 décembre 1673), t. III, p. 283, éd. G. ; t. III, p. 189, édit. M.

[3] Duc de Noailles, notes sur les *Mémoires de Louis XIV;* appendice à la Vie de Maintenon, 1848, in-8°, t. I, p. 558.

tacles publics furent donc par lui mis au nombre des affaires d'État. La mort de Molière les avait désorganisés. Cependant la comédie n'était pas le genre de spectacle que préférait Louis XIV : il aimait par-dessus tout la danse, la musique, les belles décorations; il n'oubliait pas qu'il avait autrefois brillé dans les ballets composés pour lui. Il avait été, dans sa jeunesse, un très-bon joueur de guitare [1]; ce qui n'étonne pas quand on sait qu'on lui donna un maître de cet instrument lorsqu'il était à peine âgé de huit ans [2]. C'est cette préférence du roi pour la musique qui avait fait le succès de l'opéra, introduit en France par Mazarin. Mais Molière, aussi habile directeur de spectacles qu'auteur illustre et bon acteur, pour donner au roi le goût de la comédie, imagina de joindre à ses pièces des danses, des chants, des ballets-mascarades, bien ou mal motivés [3]. Il chargeait Lulli d'en faire la musique; et même, dans la composition de la tragi-comédie-ballet de *Psyché*, il fit concorder heureusement, pour aller plus vite, Lulli, Quinault et Corneille. Le grand tragique fut lui-même étonné qu'en remplissant le cadre qui lui était donné sa muse, affaiblie par l'âge, eût retrouvé, pour une déclaration d'amour, tout le feu de la jeunesse. C'est

---

[1] *Mémoires de Noailles*, dans Petitot, t. LXIV, p. 104. Lettre de la princesse des Ursins (11 juillet 1698).

[2] *État général des officiers, domestiques et commensaux du Roi*, mis en ordre par le sieur DE LA MARTINIÈRE, p. 116. Ce maître de guitare se nommait Bernard Jourdan, sieur de la Salle, et c'est le 29 avril 1651 que de la Salle fut placé près du jeune roi, afin de lui enseigner à jouer de la guitare. Le maître de luth n'avait que le quart des appointements du maître de guitare.

[3] Conférez *Mémoires sur Sévigné*, t. I, p. 513, 525; t. II, ch. XXIII, p. 332, 340; t. III, ch. V, p. 98.

ainsi que Molière soutint son théâtre florissant contre les dangereuses rivalités du théâtre de la rue Guénégaud, où se jouait l'opéra ; du théâtre de l'hôtel de Bourgogne et de celui du Marais, où l'on représentait les pièces de Racine et celles de Corneille [1].

La musique est un art qui ne parle au cœur et à l'imagination que par les sons. Par cela même elle convient mieux que les compositions dramatiques à ceux que l'âge ou la multiplicité des affaires ont rendus, dans leurs moments de distraction, peu capables d'une attention soutenue. Tel commençait à être Louis XIV. Lulli s'aperçut du déclin de son goût pour la comédie. Il s'associa avec Quinault, dont il espérait avec raison obtenir des opéras meilleurs que ceux de l'abbé Perrin [2]; et, pour empêcher que Molière ne pût réunir dans ses compositions la comédie et l'opéra, il obtint une ordonnance (22 avril 1672) qui portait défense aux comédiens d'avoir, pour leurs représentations, plus de deux voix et plus de six violons. Dès lors Molière, brouillé avec Lulli ne put se servir de lui pour les ballets du *Malade imaginaire*, et il en fit composer la musique par Charpentier, musicien aussi habile, mais non aussi goûté que Lulli, qui le persécuta par jalousie [3]. *Le Malade imagi-*

---

[1] Vie de PHILIPPE QUINAULT, dans l'édition de ses *Œuvres*, 1715, in-12, t. I, p. 33-35.—CHAPUZEAU, *le Théâtre français*, divisé en trois livres, 1674, in-12, p. 198-211.

[2] Les frères PARFAICT, *Histoire du Théâtre français*, t. XI, p. 293.

[3] TITON DU TILLET, *Parnasse françois*, Paris, 1732, in-folio, p. 490.—ROQUEFORT, dans la *Biographie universelle*, t. VIII, p. 244, article *Charpentier* (Marc-Antoine). Ce savant maître de musique de la Sainte-Chapelle naquit à Paris en 1634, et y mourut en 1702, âgé de soixante-huit ans.

nuire fut cependant représenté sur le théâtre du Palais-Royal, le 10 février 1673, avec toute sa musique, et imprimé la même année [1]; mais il ne fut joué à la cour que l'année suivante [2]. Débarrassé d'un redoutable rival par la mort de Molière, Lulli resta le directeur favorisé des divertissements du roi. Quatre des principaux acteurs de la troupe de Molière s'en étant séparés pour entrer dans la troupe de l'hôtel de Bourgogne, Colbert fut chargé par Louis XIV de former, des débris de la troupe du grand comique et de celle du Marais, une nouvelle troupe qui fut transportée rue Mazarine; et le théâtre du Palais-Royal fut donné à Lulli pour y établir l'Opéra, décoré du nom d'*Académie royale de musique*. L'ancien Opéra du marquis de Sourdac disparut, et le nouvel Opéra fut fondé par l'association de Lulli, de Quinault, de Vigaroni ; le musicien, le poëte et le décorateur formèrent un spectacle tout nouveau, d'une grandeur et d'une magnificence fort au-dessus de tout ce qu'on avait vu jusqu'alors. Il devint célèbre dans toute l'Europe, et n'a cessé de contribuer aux progrès de la chorégraphie, de la musique vocale et instrumentale. Quoique toujours onéreux pour l'État, il a survécu à tous les désastres de nos révolutions. Malgré la réunion des talents qui contribuaient à sa réussite, il causa, dans la nouveauté, plus d'admiration que de plaisir [3], et il

---

[1] Avec le Prologue, 36 pages in-4°, Paris, 1663, chez Christophe Ballard.

[2] FÉLIBIEN, *les Divertissements de Versailles*, p. 28.

[3] Conférez LA FONTAINE, *Épître à M. Nyert sur l'Opéra*, et nos notes dans les *Œuvres*, édit. 1827, t. VI, p. 108 à 119.—RAGUENET, *Parallèle des Italiens et des Français en ce qui regarde la musique et l'Opéra*, in-12, Paris, 1702, p. 124.—LA BRUYÈRE, *Caractères*, ch. XLVII, t. I, p. 164, édit. W., 1835, in-8° et in-12.

ne se soutint que par la volonté et la munificence de Louis XIV, qui le mit à la mode. Jamais, depuis, l'empressement du public ne suffit pour entretenir ce spectacle dans la splendeur et le luxe qui est de son essence ; pour qu'il pût subsister il a fallu que tous les gouvernements qui se sont succédé en France fussent pour lui plus prodigues encore que n'avait été Louis XIV.

Ce fut madame de Montespan qui eut la principale part à cette rénovation de l'Opéra. Pour faire cette révolution théâtrale, elle s'appuya sur l'opinion de la Rochefoucauld, alors, à la cour, le grand arbitre du goût. « M. de la Rochefoucauld, dit madame de Sévigné à sa fille, ne bouge de Versailles ; le roi le fait entrer chez madame de Montespan pour entendre les répétitions d'un opéra qui passera tous les autres : il faut que vous le voyiez [1]. » Cet opéra était celui d'*Alceste ou le Triomphe d'Alcide*, qui fut le premier que composa Quinault depuis qu'il avait fait alliance avec Lulli et que la salle du Palais-Royal avait été accordée à ce dernier pour son spectacle [2]. Le succès de ce nouvel ouvrage fut grand, et fit oublier à ce public ému et flatté que Molière, dans cette même salle, en le bafouant le faisait rire. Madame de Sévigné écrit le 8 janvier 1674 : « On joue jeudi l'opéra qui est un prodige de beauté ; il y a des endroits de la musique qui m'ont fait pleurer ; je ne suis

---

[1] SÉVIGNÉ, *Lettres* (20 novembre 1673), t. III, p. 231, édit. G. ; t. III, p. 146, édit. M.—Vie de QUINAULT, dans les *Œuvres de* QUINAULT, édit. 1715, p. 34.

[2] Le premier opéra de ces deux auteurs, joué dans cette salle, fut *Cadmus et Hermione*, représenté le 17 avril 1673 ; mais cette pièce avait déjà été jouée au jeu de paume du Bel-Air. Conférez *Vie de Quinault*, dans les *Œuvres de* QUINAULT, édit. 1715, in-12.

pas seule à ne le pouvoir soutenir; l'âme de madame de la Fayette en est tout alarmée [1]. » Je le crois sans peine : celle qui n'avait jusqu'alors entendu que les opéras de François Perrin, les maigres instruments de Gabriel Gilbert et les accompagnements monotones de Cambert [2] devait être agréablement surprise de cette variété d'instruments, de ces timbales, de ces trompettes qui produisaient, par leur éclatante harmonie, des effets inconnus à la musique française. Les récitatifs du musicien florentin, admirés encore de nos artistes modernes par la vérité de la déclamation et la justesse de la prosodie, ne devaient pas médiocrement toucher des femmes d'un goût aussi exercé que madame de la Fayette et madame de Sévigné. Le beau chœur des suivants de Pluton, qui se réjouissent de la venue d'Alceste dans les enfers, rehaussé par la musique de Lulli, était surtout propre à alarmer la constitution maladive et vaporeuse de madame de la Fayette :

> Tout mortel doit ici paraître :
> On ne peut naître
> Que pour mourir.
> De cent maux le trépas délivre :
> Qui cherche à vivre
> Cherche à souffrir.
> Chacun vient ici-bas prendre place ;
> Sans cesse on y passe,
> Jamais on n'en sort.
> Est-on sage
> De fuir ce passage ?

[1] Sévigné, *Lettres* (8 janvier 1674), t. III, p. 299, édit. G.; t. III, p. 283, édit. M (Corrigez la note dans les deux édit.).

[2] De Beauchamps, *Recherches sur les théâtres de France*, t. III, p. 202-207.

> C'est un orage
> Qui mène au port.
> . . . .
> Plaintes, cris, larmes,
> Tout est sans armes
> Contre la mort.
> Chacun vient ici-bas prendre place ;
> Sans cesse on y passe,
> Jamais on n'en sort [1].

Cependant l'impulsion donnée par la faveur de Louis XIV au théâtre de l'Opéra, décoré du nom d'Académie, ne profita bien qu'à la musique et à la danse. La France resta toujours inférieure à l'Italie sous le rapport des machines et des décorations comme sous celui du chant et de la poésie. Les plus belles pièces de Quinault ne sont pas comparables aux plus médiocres de Métastase ; et néanmoins aucun de nos poètes, depuis Louis XIV, n'a réussi mieux que Quinault dans ce genre de composition. Mais l'Opéra français devint, dès son début au Palais-Royal, supérieur dans la musique instrumentale. Le poëme, les danses, les ballets n'excitaient qu'un plaisir secondaire en comparaison des belles symphonies que Lulli composait ; ses opéras ressemblaient à des concerts. C'est ce dont se plaint amèrement la Bruyère, ce grand peintre de la société française dans le grand siècle [2]. Les imitateurs du Florentin profitèrent du goût régnant pour composer des opéras courts, presque sans récitatifs, tout en symphonies et qui pouvaient se passer des prestiges du théâtre. Un musicien nommé Molière (qui n'avait rien de

---

[1] QUINAULT, *Alceste*, tragédie, acte III, scène 3, t. IV, p. 182 du *Théâtre de* M. QUINAULT, 1715, in-12.
[2] LA BRUYÈRE, *Caractères*, ch. I, n° XLVII, p. 165.

commun que le nom avec le grand comique) paraît avoir particulièrement réussi dans ces opéras-concerts, dont l'abbé Tallemant composait les paroles et qu'il faisait chanter chez lui et dans des fêtes particulières [1]. Le 5 février (jour anniversaire de sa naissance), madame de Sévigné écrit à sa fille : « Je m'en vais à un petit opéra de Molière, beau-père d'Itier [2], qui se chante chez Pelissari ; c'est une musique très-parfaite. M. le Prince, M. le Duc et madame la Duchesse y seront. »

Pelissari était un riche financier, ami de Gourville et de d'Hervart [3]. Madame de Sévigné l'avait connu chez Fouquet au temps de la Fronde, et avec lui, comme avec Jeannin de Castille, elle était restée liée. Déjà les plus grands personnages de ce temps aimaient à se réunir chez ces riches roturiers, qui acquirent dans le siècle suivant une influence toujours croissante. Le jeu, la bonne chère faisaient éprouver à tous ces hommes de la cour des plaisirs plus vifs que ceux qu'ils devaient à la magnificence du monarque, parce que les plus élevés parvenaient, par la familiarité même de leur excessive politesse, à faire régner dans ces cercles, honorés par leur présence, tout le charme d'une parfaite égalité sans rien perdre des avantages que leur donnait la supériorité de leur rang et de leur naissance ; et depuis lors ce fut là le triomphe du savoir-vivre et du su-

---

[1] B. DE BEAUCHAMPS, *Recherches sur les théâtres de France*, t. III, p. 178. — PAVILLON (lettre à mademoiselle Itier), *Œuvres*, édit. 1750, in-12, p. 96.

[2] SÉVIGNÉ, *Lettres* (5 février 1674), t. III, p. 335, édit. M.; t. III, p. 233, édit. M.

[3] DE GOURVILLE, *Mémoires* (1657), collect. de Petitot, t. LII, p. 317-341.

prême bon ton. Ainsi nous voyons madame de Sévigné, vivement pressée de se rendre à une invitation de la duchesse de Chaulnes avec les cardinaux de Retz et de Bouillon, préférer un souper chez Gourville [1], où elle devait se réunir avec toute sa société, M. de la Rochefoucauld, madame de la Fayette, M. le Duc, le comte de Briord [2], son aide de camp, madame de Thianges, madame de Coulanges, Corbinelli. Madame de Sévigné ne pouvait être attirée chez Pelissari que les jours de concerts et de grandes réunions. La société de madame Pelissari était toute différente de la sienne. Celle-ci recevait beaucoup d'hommes de lettres, mais c'étaient précisément ceux qui régnaient alors à l'Académie et qui n'avaient aucun succès à l'hôtel de la Rochefoucauld. Pavillon était le Voiture de ce *pastiche* de l'hôtel de Rambouillet [3]. Le jour que madame de Sévigné se rendit chez madame Pelissari pour entendre l'opéra de Molière, elle dut y trouver Cotin, qui récita peu après, en séance publique, des vers à la louange du roi ; Gilles Boileau [4], l'ami de Cotin et l'ennemi de Despréaux, son frère ; puis Furetière, Charpentier, l'abbé Tallemant, Perrault, le vieux Bois-Robert, Quinault, Regnier, Desmarais, Benserade et d'autres moins connus. C'étaient alors les coryphées de l'Académie française, peuplée en majeure partie de

---

[1] SÉVIGNÉ, *Lettres* (5 février 1674), t. III, p. 335, édit. G.; t. III, p. 233, édit. M.—PAVILLON, *Œuvres*, édit. 1750, t. I, p. LXXVIII, Remarques sur Briord.

[2] Voyez *Lettres de* Louis XIV au comte de Briord, la Haye, 1726, pet. in-12, 209 pag.; pièces justificatives, 50 pag.

[3] PAVILLON, *Œuvres*, édit. 1750, t. I, p. 154. Conférez t. I, p. 146, 148, 152, 157, 165, et t. II, p. 202, 205, 284.

[4] D'OLIVET, *Histoire de l'Académie françoise*, édit. in-4°, 1729, t. II, p. 158.

grands seigneurs, loués par leurs confrères en vers et en prose. Ceux-ci formaient une ligue en faveur des médiocrités intrigantes; ils exaltaient le siècle présent, et dépréciaient tous les siècles qui l'avaient précédé. Leur règne allait cesser. A la vérité Despréaux et la Fontaine devaient attendre dix ans encore leur admission à l'Académie; mais déjà depuis deux ou trois ans l'ennemi avait commencé à pénétrer dans la place. Bossuet avait été reçu de l'Académie en 1671, Racine et Fléchier en 1673, le savant Huet, qui écrivait des poëmes charmants dans la langue de Virgile, en 1674. Benserade, sans beaucoup d'avantages pour l'illustre compagnie, allait y remplacer Chapelain. Madame de Sévigné ne manque pas de donner à madame de Grignan des nouvelles de ce dernier, si connu d'elle et de toute sa famille : « M. Chapelain se meurt; il a une manière d'apoplexie qui l'empêche de parler; il se confesse en serrant la main; il est dans sa chaise comme une statue : ainsi Dieu confond l'orgueil des philosophes. Adieu, ma bonne [1]. »

On est étonné du peu d'affection que manifeste en cette circonstance madame de Sévigné pour l'ancien précepteur des MM. de la Trousse, ses parents; pour celui qui, avec Ménage, lui avait donné à elle-même des leçons dont elle avait si bien profité. Mais Chapelain, qui avait été une des grandes notabilités littéraires chez la marquise de Sablé [2], dans les réunions

---

[1] Sévigné, *Lettres* (13 novembre 1673), t. III, p. 223, édit. G.; t. III, p. 139, édit. M. — Chapelain ne mourut que plusieurs mois après cette lettre, le 22 février 1674.

[2] Tallemant des Réaux, *Historiettes*, t. II, p. 399, 416, édit. in-8°; t. IV, p. 152, 170, édit. in-12. — D'Olivet, *Histoire de l'Académie françoise*, édit. 1729, in-4°, t. II, p. 124.

hebdomadaires de mademoiselle de Scudéry et à l'hôtel de Rambouillet, où Arnauld d'Andilly l'avait introduit [1], où ses liaisons avec les solitaires de Port-Royal lui donnaient de l'importance; cet auteur tant prôné, si magnifiquement récompensé par les ducs de Longueville et de Montausier; ce juge souverain en matière de goût, selon Balzac [2], était devenu ridicule par la publication de son grand poëme et par son avarice [3]. On convenait que Boileau Despréaux, pour répondre aux reproches que lui adressait le spirituel de Coupeauville [4] d'avoir si maltraité le chantre malencontreux de la célèbre Pucelle, avait eu raison de dire : « Mais je n'ai été que le secrétaire du public; je ne suis coupable que d'avoir dit en vers ce que tout le monde dit en prose [5]. » Madame de Sévigné fut tout étonnée de voir le satirique « s'attendrir pour le pauvre Chapelain, » et elle lui pardonnait de s'être montré si cruel en vers, puisqu'il était si tendre en prose [6]. Elle admirait plus que personne le

---

[1] SAINTE-BEUVE, *Port-Royal*, t. III, p. 470.

[2] *Vie de Costar*, t. VI, p. 263 des *Historiettes* de TALLEMANT DES RÉAUX, et *ibid.*, p. 264 et 265. Lettres autographes d'Arnauld d'Andilly et de Chapelain.

[3] D'OLIVET, *Histoire de l'Académie françoise*, édit. in-4°, t. II, p. 128.

[4] CLAUDE DUVAL DE COUPEAUVILLE, abbé de la Victoire, mort en 1676. Conférez sur ce personnage SÉVIGNÉ, *Lettres* (27 février 1671), éd. G.; t. I, p. 265, édit. M. (M. M. a corrigé sa note ailleurs.) — TALLEMANT DES RÉAUX, *Historiettes*, t. II, p. 303-332 (et la note 1 à la page 330), édit. in-8°; t. IV, p. 87, 88, et la note 1.—*Ménagiana*, t. II, p. 1; t. III, p. 79.

[5] *Œuvres de* BOILEAU DESPRÉAUX, édit. de Saint-Marc, 1747, t. I, p. 154. Note sur le vers 203 de la satire IX.

[6] SÉVIGNÉ, *Lettres* (15 décembre 1673), t. III, p. 264, édit. G.; t. III, p. 173, édit. M.

talent de Despréaux, et recherchait les réunions où il faisait des lectures de son *Art poétique*, qui devait bientôt paraître et faire époque dans la littérature française.

Le 15 décembre (1673), elle écrit : « Je dînai hier avec M. le Duc, M. de la Rochefoucauld, madame de Thianges, madame de la Fayette, madame de Coulanges, l'abbé Têtu, M. de Marsillac et Guilleragues, chez Gourville. Vous y fûtes célébrée et souhaitée; et puis on écouta la *Poétique* de Despréaux, qui est un chef-d'œuvre [1]. »

Elle n'entendit cette fois qu'une portion du poëme; car, un mois après, elle écrit encore : « De Pomponne m'a priée de dîner demain avec lui et Despréaux, qui doit lire sa *Poétique*. » Le surlendemain, elle commence ainsi une autre lettre : « J'allai donc dîner samedi chez M. de Pomponne, comme je vous avais dit; et puis [on dînait alors à midi], jusqu'à cinq heures, il fut enchanté, enlevé, transporté de la perfection des vers de la *Poétique* de Despréaux. D'Hacqueville y était. Nous parlâmes deux ou trois fois du plaisir que j'aurais de vous la voir entendre [2]. »

J'ai dit que madame de Sévigné entendit la lecture de l'*Art poétique* en entier. En effet, ce poëme était achevé, puisque Boileau l'inséra dans la première édition de ses œuvres, dont il devait bientôt faire commencer l'impression et qui parut six mois après la date de la lettre de madame de Sévigné. Il y a cependant des vers, dans ce poëme, que l'auteur ne composa qu'après la lecture

---

[1] SÉVIGNÉ, *Lettres* (15 décembre 1673), t. III, p. 262, édit. G.; t. III, p. 171, édit. M.

[2] SÉVIGNÉ, *Lettres* (13 et 15 janvier 1674), t. III, p. 307, édit. G.; t. III, p. 209, édit. M.

qu'il en avait faite chez M. de Pomponne : ce sont ceux où la conquête de la Franche-Comté est célébrée. Cette conquête ne fut commencée que six semaines après cette lecture et terminée seulement cinq jours après l'impression des *Œuvres diverses du sieur D****. [Despréaux].

Condé, qui, lorsqu'il s'était révolté, avait servi et commandé chez les Espagnols, connaissait leurs hommes d'État et leurs guerriers ; il lui fut donc facile de préparer la seconde conquête de la *comté de Bourgogne*[1]. Rentrée, par le traité d'Aix-la-Chapelle, sous la domination espagnole, cette province était mécontente des dons gratuits et des subsides que l'Espagne avait exigés d'elle pour le rétablissement des fortifications détruites par la France et pour l'entretien des garnisons que la guerre forçait d'y placer. Mais cette fois aussi, mieux fortifiée, plus garnie de troupes et préparée depuis longtemps pour l'état de guerre, on ne pouvait plus la surprendre ; et la conquérir était devenu plus difficile. Louis XIV empêcha très-habilement les Suisses, qui craignaient de devenir les voisins de la France, de se joindre aux Espagnols, en offrant au roi d'Espagne de déclarer la neutralité de la Franche-Comté. Il s'y refusa, quoique sollicité par les Suisses, qui s'étaient joints à Louis pour cette négociation. Dès lors l'état de guerre qui existait entre l'Espagne et la France légitima l'attaque de la Franche-Comté, et les Suisses n'eurent aucune raison valable pour s'y opposer. Gourville, l'homme de Condé, Bouchu, l'intendant de la Bourgogne, le marquis de Vaubrun préparèrent les succès de cette attaque par leurs secrètes négociations avec le prince d'Aremberg,

---

[1] Voyez la 3ᵉ partie de ces *Mémoires,* p. 82, ch. v.

le marquis de Listenay et don Guignones [1]. Le maréchal de Navailles commença l'invasion ; il prit Gray en trois jours, le 1ᵉʳ mars; Vesoul, le 10 [2]. Le siége de Besançon, fait par le roi en personne, fut pénible : cette place ne se rendit qu'après huit jours de tranchée, le 15 mai ; et la citadelle, le 22. Dôle ouvrit ses portes le 6 juin, après sept jours de tranchée; et la Feuillade entra dans Salins le 22 juin, après un siége de sept jours. Mais la conquête de la Franche-Comté ne fut complétée que le 5 juillet, lorsque le marquis de Renel (ami et allié de Bussy) eut pris Lure et Fauconier [3].

Comme le volume des œuvres diverses de Despréaux ne fut achevé d'imprimer que le 10 juillet, et qu'après les vers où il célèbre la conquête de la Franche-Comté près des deux tiers de son volume étaient à imprimer, et que le privilége du roi est daté du 12 juin, il en résulte que ce fut après avoir livré son manuscrit à l'imprimeur, c'est-à-dire après le 22 juin, et sur les épreuves mêmes de son ouvrage, que Boileau, sans craindre qu'on lui révoquât son privilége, ajouta les vers suivants, adressés, comme ceux qui les précèdent, aux auteurs qui voudront célébrer les victoires de Louis XIV :

> Mais tandis que je parle une gloire nouvelle
> Vers ce vainqueur rapide aux Alpes vous appelle.

[1] GRIFFET, *Recueil de lettres pour servir d'éclaircissements à l'histoire militaire de Louis XIV*, 1760, in-12, t. II, p. 262 et 270. Depuis le 7 janvier 1674 jusqu'au 11 mars, toutes ces lettres sont à tort datées de 1673 ; c'est 1674 qu'il faut lire. Ces fautes ne sont pas corrigées dans la table.

[2] *Mémoires du duc* DE NAVAILLES *et* DE LA VALETTE, 1702, in-12, p. 285. — DU LONDEL, *Fastes des rois*, 1697, in-8°, p. 213, 214.

[3] GRIFFET, *Recueil de lettres pour servir à l'éclaircissement de l'histoire militaire de Louis XIV*, t. II, p. 320.

> Déjà Dôle et Salins sous le joug ont ployé;
> Besançon fume encor sur son roc foudroyé.

Remarquons que ce fut au détriment du poëme que ces quatre vers furent intercalés. Les vers qui les suivent étaient, avant cette intercalation, à la suite de ceux sur le passage du Rhin et de la conquête de la Hollande, et s'appliquaient mieux à ce passage et à cette conquête qu'au siége de Besançon et de Salins. Quel auteur, dit le poëte,

> Chantera le Batave, éperdu dans l'orage,
> Soi-même se noyant pour sortir du naufrage;
> Dira les bataillons sous Mastricht enterrés,
> Dans ces affreux assauts du soleil éclairés?
> . . . .
> Où sont ces grands guerriers dont les fatales ligues
> Devaient à ce torrent apporter tant de digues?
> Est-ce encore en fuyant qu'ils pensent l'arrêter
> Fiers du honteux honneur d'avoir su l'éviter[1].

Quand Despréaux écrivit ces vers, on était à la fin de l'année 1673. Le Rhin avait été passé le 12 juin 1672, et Maestricht s'était rendu au roi le 29 juin 1673. Ces exploits, quoique récents, étaient déjà anciens; ils avaient fatigué les muses adulatrices, et ces vers, au moment de leur publication, formaient un anachronisme. Louis XIV, dès la fin d'octobre de l'année précédente, pour mieux attaquer l'Espagne, avait commencé à retirer ses troupes de la Hollande : le *Batave éperdu*, au lieu de fuir, rentrait dans ses foyers. Les forces qui avaient envahi la répu-

---

[1] *Œuvres diverses* du sieur D***, avec le *Traité du sublime* de Longin; Paris, chez Denis Thierry, 1674, in-4°, p. 140 et 141. (Au dernier feuillet : « Achevé d'imprimer pour la première fois le 10 juillet 1674). »

blique étaient postées sur le haut Rin ; et Bonne, mal fortifiée, avait capitulé le 12 novembre 1673, après huit jours de siége. La conquête de la Franche-Comté, célébrée par le poëte avant même d'être achevée, avait pour les lecteurs le mérite si grand de la nouveauté ; mais les vers qui suivaient, depuis l'évacuation des places conquises sur la Hollande, n'étaient plus d'accord avec l'histoire. Le *Batave*, ligué avec toute l'Europe, après avoir fait rebrousser le torrent dévastateur, espérait l'anéantir ou lui imposer des digues qu'il ne pourrait franchir : il ne parvint alors qu'à en détourner le cours. Condé, à la tête d'une poignée de troupes, soutint, dans les plaines des Pays-Bas, le choc des puissances armées ; Luxembourg, son disciple, leur ferma les passages de la Suisse ; Turenne, ceux de l'Alsace, et il les rejeta au delà du Rhin [1]. Louis XIV, couvert par l'habileté de ses grands capitaines, put, en achevant la conquête de la Franche-Comté, compléter ainsi le sol de la France, depuis maintenu par la Providence dans son intégrité, malgré soixante ans de délire révolutionnaire et d'usurpations insensées [2].

---

[1] Desormeaux, *Histoire de Louis, prince de Condé*, 1769, in-12, p. 380. — Ramsay, *Histoire du vicomte de Turenne*, 1773, in-12, t. II, p. 240 à 304. — Deschamps, *Dernières campagnes de M. de Turenne*, dans l'*Histoire du vicomte de Turenne*, t. III, p. 306-406. — Pellisson, *Histoire de Louis XIV*, Paris, 1749, in-12, t. III, p. 227-228.

[2] Louis XIV, *Œuvres, fragment sur la conquête de la Franche-Comté*. — Et le général Grimoard, *Précis sur la conquête de la Franche-Comté*, dans les *Œuvres de Louis XIV*, t. III, p. 453 et 473. — *Recueil de lettres pour servir d'éclaircissement à l'histoire militaire de Louis XIV*, 1760, in-12, t. II, p. 273, 286.

CHAPITRE VII.

1674 — 1675.

M. et madame de Grignan viennent à Paris.—M. de Grignan retourne en Provence.—Madame de Grignan reste avec madame de Sévigné pendant quinze mois. — Correspondance de madame de Sévigné avec Guitaud et avec Bussy.—Bussy obtient la permission de venir à Paris, et vit pendant six mois dans la société de madame de Sévigné et de madame de Grignan.—Ouverture de l'assemblée des communautés de la Provence le 3 novembre.— L'évêque de Toulouse forme opposition à M. de Grignan. —Grignan est soutenu par Guitaud, gouverneur des îles Sainte-Marguerite.—Correspondance de Bussy et de madame de Sévigné.—Détails sur la femme et les enfants de Bussy. — Sur l'aîné de ses fils, Nicolas, marquis de Bussy.—Sur Marie-Thérèse de Bussy, marquise de Montalaire.— Sur Michel-Celse-Roger de Bussy, évêque de Luçon.—Sur Louise de Rouville de Clinchamps, seconde femme du comte de Bussy-Rabutin.—Sur Diane de Rabutin, chanoinesse.—Sur Louise-Françoise de Bussy.—Sur le mariage de celle-ci avec Gilbert de Langheac, marquis de Coligny. — Coligny est tué. — Sa veuve se remarie. — Elle ne prend pas le nom de son nouveau mari, et se fait nommer comtesse de Dalet.—Son fils, le comte de Langheac, meurt sans postérité mâle.

Ce fut dans cette belliqueuse année, et lorsque la France était assiégée par cette multitude d'ennemis que lui avaient faits l'ambition et la despotique arrogance de son monarque, que madame de Sévigné put goûter, plus complétement qu'elle ne l'avait fait depuis longtemps, les douceurs de l'amour maternel et celles de l'amitié. Elle en éprouvait le besoin pour se consoler de l'ennui et de la fatigue qu'entraînent avec eux les plaisirs du monde, les liaisons passagères de la société et les intrigues de la cour.

Elle était enfin parvenue à obtenir un congé pour M. de Grignan [1]; il arriva à Lyon avec sa femme au commencement de février [2] et à Paris vers le 15 du même mois (1674).

Le comte de Grignan retourna au mois de mai suivant en Provence [3], mais madame de Grignan ne se sépara de sa mère qu'un an après : leur commerce de lettres fut donc interrompu pendant quinze mois entiers [4]. Dans cet intervalle de temps, madame de Sévigné entretint une correspondance active avec son cousin Bussy, le comte de Guitaud et M. de Grignan. Elle n'eut pas non plus, durant toute cette année et les six premiers mois de l'année suivante, besoin d'écrire à celui qu'elle nommait son *bon cardinal*. Retz résida pendant tout ce temps à Paris, passant de longues heures avec madame de Sévigné et avec sa fille [4], dont il préférait la société à toutes les autres. De son côté, madame de Sévigné trouvait qu'il était l'homme de France dont la conversation était la plus agréable, l'homme le

---

[1] SÉVIGNÉ, *Lettres* (19 janvier 1674), t. III, p. 315, édit. G.; t. III, p. 217, édit. M.

[2] SÉVIGNÉ, *Lettres* (5 février 1674), t. III, p. 336, édit. G.; t. III, p. 235, édit. M.

[3] SÉVIGNÉ, *Lettres* (22 mai 1674), t. III, p. 341, édit. G.; t. III, p. 237, édit. M.; t. III, p. 19 et 20 de l'édit. de 1754.

[4] SÉVIGNÉ, *Lettres* (27 mai et 15 juin 1674), t. III, p. 393-409, édit. G.; t. III, p. 237, édit. M.—*Ibid.* (25 mai et 19 juin 1675), t. III, p. 386, 391 et 422, édit. G.; t. III, p. 267, 272, 299, édit. M —*Suite des Mémoires de* BUSSY, ms. (lettre à madame de Grignan, datée du 12 mai). C'est la même que celle qui est datée du 10 mai dans les édit., t. III, p. 386.

plus charmant qu'on pût voir ; et ce qui contribuait surtout à le lui faire trouver tel, c'est qu'il semblait partager son admiration pour madame de Grignan et sympathiser à ses faiblesses maternelles [1]. Sévigné était à l'armée, mais il venait par intervalle se réunir à sa mère et à sa sœur et jouir avec elles des plaisirs de la cour [2]. Le petit-cousin de Coulanges et Corbinelli *le fidèle Achate,* l'officieux d'Hacqueville étaient aussi alors à Paris ; et Gourville et Guilleragues, et les hommes de lettres qui fréquentaient les hôtels des la Rochefoucauld et des Condé, et toute la brillante jeunesse de ces sociétés montraient d'autant plus d'empressement encore à se rapprocher de madame de Sévigné qu'ils étaient certains de rencontrer toujours près d'elle la belle comtesse de Grignan, la reine de la Provence, si longtemps regrettée, si ardemment attendue.

Il semble que rien ne manquait au bonheur de madame de Sévigné ; mais elle était arrivée à un âge où les joies les plus vives sont amorties par tout ce que l'existence humaine a de triste et de sérieux. Elle n'avait que quarante-huit ans ; et aux souhaits que, selon l'usage, sa fille lui exprimait au premier jour de l'an (1674) elle répondit [3] :

« Vous me dites mille douceurs sur le commencement de l'année : rien ne peut me flatter davantage ; vous

---

[1] Sévigné, *Lettres* (15 octobre 1674), t. III, p. 361, édit. G.; t. III, p. 248 (27 mai 1675), p. 394, édit. M.

[2] Sévigné, *Lettres* (2 février 1674), t. III, p. 333, édit. G.; t. III, p. 232, édit. M. — *Ibid.* (22 mai 1674), t. III, p. 238, édit. M.; t. III, p. 343, édit. G.; t. III, p. 275, édit. M. — *Ibid.* (5 février 1674), t. III, p. 337, édit. G.; t. III, p. 235, édit. M.

[3] Sévigné, *Lettres* (8 janvier 1674), t. III, p. 297, édit. G.; t. III, p. 201, édit. M.

m'êtes toutes choses, et je ne suis appliquée qu'à faire que tout le monde ne voie pas toujours à quel point cela est vrai. J'ai passé le commencement de l'année assez brutalement; je ne vous ai dit qu'un pauvre petit mot; mais comptez, mon enfant, que cette année et toutes celles de ma vie sont à vous : c'est un tissu, c'est une vie tout entière qui vous est dévouée jusqu'au dernier soupir. Vos moralités sont admirables; il est vrai que le temps passe partout, et passe vite. Vous criez après lui, parce qu'il vous emporte quelque chose de votre belle jeunesse; mais il vous en reste beaucoup. Pour moi, je le vois courir avec horreur, et m'apporter en passant l'affreuse vieillesse, les incommodités et enfin la mort. Voilà de quelle couleur sont les réflexions d'une personne de mon âge; priez Dieu, ma fille, qu'il m'en fasse tirer la conclusion que le christianisme nous enseigne. »

Quoique madame de Grignan, pour sa propre tranquillité, blessât souvent le cœur de madame de Sévigné en tâchant de renfermer dans de justes bornes les soins et les inquiétudes maternelles, pour elle gênantes et importunes, cependant il est probable qu'elle ne fit jamais de bien ferventes prières pour la guérir entièrement de cette tendance passionnée et pour la lui faire reporter vers Dieu, comme le christianisme le lui ordonnait; ou si elle fit de telles prières, elles eurent bien peu d'efficacité : nous en avons la preuve dans la seule lettre qui soit restée de madame de Sévigné à sa fille pendant le séjour que celle-ci fit auprès d'elle [1]. Voici quelle fut l'occasion de cette lettre :

---

[1] Conférez la 3ᵉ partie de ces *Mémoires*, ch. xviii, p. 348 et 349.

Madame de Grignan, aussitôt son arrivée à Paris, devint grosse, fit une fausse couche, et mit au monde au bout de sept mois un enfant qui ne naquit pas viable [1]. Dans les deux derniers mois qui précédèrent cet accouchement, madame de Grignan fut souvent souffrante et langoureuse, et madame de Sévigné, moins que jamais, ne pouvait être disposée à la quitter d'un seul instant. Cependant le *Bien bon*, qui suivait partout madame de Sévigné, s'en était séparé pour se transporter à Lyvry, où il se trouvait à la fin de mai avec sa société, composée de plusieurs de ses parents et de ses amis. Madame de Grignan, que le monde et les affaires retenaient à Paris, sachant bien que sa mère ne restait en ville qu'à cause d'elle, la pressait toujours d'aller à Livry, comme elle avait coutume de faire dans la belle saison. Madame de Sévigné s'y détermina, et c'est alors qu'elle écrivit à sa fille [2] :

---

[1] Conférez *Suite des Mémoires du comte* DE BUSSY-RABUTIN, ms. autographe de l'Institut, p. 79 verso (lettre du 16 août 1674 à madame de Sévigné). —BUSSY-RABUTIN, *Lettres* (16 août 1674), t. I, p. 127, édit. de 1737, in-12.—SÉVIGNÉ, *Lettres* (16 août 1673), t. III, p. 242, édit. M. ; t. III, p. 351, édit. G. Dans ces deux dernières éditions cette lettre est tronquée. — *Lettres inédites de madame* DE SÉVIGNÉ, Paris, Klosterman, 1814, in-8°, t. III et IV, p. 8 et 10.— *Ibid.*, Paris, in-12, édit. Bossange et Masson (Paris, juin et juillet 1674), fausse date, p. 8 et 9.—SÉVIGNÉ, *Lettres* (18 juin et 10 juillet, vraie date), t. III, p. 347 et 348, édit. G.

[2] SÉVIGNÉ, *Lettres* (1er juin 1674), t. III, p. 343, édit. G. ; t. III, p. 239, édit. M.—*Lettres de madame* DE RABUTIN-CHANTAL (samedi, juin 1674), la Haye, Gosse, 1726, in-12, t. II, p. 7.—*Ibid.* (à Livry, ce 1er juin 1674), édit. 1726, sans nom de lieu, dite de Rouen, t. II, p. 23. La date du samedi de l'édition de la Haye, si on la complétait par l'édition de Rouen, reporterait cette lettre à l'année 1675, ce qui n'est pas ; il faut mettre : Vendredi 1er juin 1674.

« De Livry, le 1ᵉʳ juin 1674. »

« Il faut, ma bonne, que je sois persuadée de votre fonds pour moi, puisque je vis encore. C'est une chose bien étrange que la tendresse que j'ai pour vous ! Je ne sais si, contre mon dessein, j'en témoigne beaucoup ; mais je sais bien que j'en cache encore davantage. Je ne veux pas vous dire l'émotion et la joie que m'ont données votre laquais et votre lettre. J'ai eu même le plaisir de ne point croire que vous fussiez malade ; j'ai été assez heureuse pour croire ce que c'était. Il y a longtemps que je l'ai dit : quand vous voulez, vous êtes adorable ; rien ne manque à ce que vous faites. J'écris dans le milieu du jardin, comme vous l'avez imaginé ; et les rossignols et les petits oiseaux ont reçu avec un grand plaisir, mais sans beaucoup de respect, ce que je leur ai dit de votre part ; ils sont situés d'une manière qui leur ôte toute sorte d'humilité. Je fus hier deux heures toute seule avec les hamadryades ; je leur parlai de vous ; elles me contentèrent beaucoup par leur réponse. Je ne sais si ce pays tout entier est bien content de moi, car enfin, après avoir joui de toutes ses beautés, je n'ai pu m'empêcher de dire :

> Mais, quoi que vous ayez, vous n'avez point Caliste ;
> Et moi je ne vois rien quand je ne la vois pas.

Cela est si vrai que je repars après dîner avec joie. La bienséance n'a nulle part à tout ce que je fais ; c'est ce qui est cause que les excès de liberté que vous me donnez me blessent le cœur. Il y a deux ressources dans le mien que vous ne sauriez comprendre. Je vous loue d'avoir gagné vingt pistoles ; cette perte a paru légère, étant suivie d'un grand honneur et d'une bonne collation. J'ai fait vos compliments à nos oncles et cousins. Ils vous adorent, et sont ravis de la relation... »

Il est probable que les oncles et les cousins dont parle ici madame de Sévigné sont l'abbé de Coulanges, son frère de Chezière, de Coulanges, sa femme, le comte et la comtesse de Sanzei et madame d'Harouis.

Le principal motif du voyage de M. et de madame de Grignan à Paris avait été d'obtenir, du roi et des ministres, des gardes comme lieutenant général gouverneur et une allocation de fonds pour cette dépense. Mais tout le crédit de madame de Sévigné, de tous les Grignan et du comte de Guitaud échoua contre l'opposition de Forbin d'Oppède, évêque de Toulon, opposition qui fut aussi forte et aussi efficace qu'avait été celle de Forbin-Janson, évêque de Marseille, alors absent [1].

Le comte de Guitaud était plus fortement dévoué aux intérêts de madame de Sévigné depuis le voyage qu'elle avait fait à Bourbilly [2]. Il est dans la vie des époques où l'amitié fait plus de progrès en quelques heures que durant le grand nombre d'années d'une liaison que la communauté des intérêts, les liens de parenté ou les convenances ont prolongée sans la renforcer, sans l'affaiblir et sans la rompre. C'est lorsqu'après des joies inespérées ou des malheurs accablants, une circonstance fortuite ou les loisirs de la solitude forcent des personnes ainsi unies selon le monde à se rapprocher, et déterminent

---

[1] SÉVIGNÉ, *Lettres*, t. III, p. 357, 359, 361 et 362.
[2] Voyez ci-dessus, ch. I, p. 8-17, et dans les précédentes parties, t. I, p. 195, 198, 203, 365, 429 ; t. II, p. 35, 295 ; t. III, p. 94, 410 ; t. IV, p. 68, 127, 132.

entre elles des explications franches, des confidences intimes, de longs et sympathiques entretiens où le cœur se dénude, où l'âme s'exhale, où rien de nos craintes, de nos projets, de nos espérances, de nos aversions, de nos préférences, de nos qualités, de nos défauts n'y est dissimulé. Alors l'estime se fonde sur le respect qu'inspire la loyauté du caractère; la confiance s'établit, et l'amitié se fortifie par une tendresse mutuelle que l'on sait être capable de dévouement. Tel était l'effet qu'avait produit sur le comte et la comtesse de Guitaud le court séjour de madame de Sévigné. Leur correspondance le prouve [1].

Le comte de Guitaud avait été nommé gouverneur des îles Sainte-Marguerite; il avait donc, comme tel, de l'influence en Provence, et il s'en servait pour soutenir le parti du lieutenant général gouverneur. Non-seulement son amitié pour madame de Sévigné et pour M. de Grignan l'y portaient, mais il y était encore excité par un intérêt personnel. Il était en procès avec un Forbin : il n'en fallait pas tant pour réveiller dans le cœur de madame de Sévigné son antipathie contre les Forbin. Elle les appela toujours *les Fourbins* [2], et le procès que Forbin avait avec Guitaud et les oppositions de l'évêque de Toulon étaient pour elle de la *Fourbinerie* [3].

Le comte de Guitaud avait vu les choses plus froide-

---

[1] Sévigné, *Lettres inédites*, 1814, in-8° (lettres de M. le comte de Guitaud, p. 1 à 110, à la comtesse de Guitaud), p. 111, 196 ; éd. 1819, p. 1-110, et p. 111 à 194.

[2] *Lettres inédites de madame* de Sévigné, édit. 1819, in-12, p. 7. —Sévigné, *Lettres* (28 avril 1674), t. III, p. 341.

[3] *Lettres inédites*, édit. 1819, p. 11.— Sévigné, *Lettres* (30 juin ? 1675), t. III, p. 349, édit. G. Cette lettre est à tort datée de 1674 dans l'édition des lettres inédites et dans l'édition de G. de S.-G.

ment : il pensait que M. de Grignan devait se borner à demander aux états les cinq mille francs de gratification, et qu'il avait tort d'insister sur l'allocation des gardes d'honneur. Guitaud croyait, par l'abandon de cette somme, prévenir l'opposition de l'évêque de Toulon [1]. Cet évêque avait besoin du comte de Grignan pour une affaire où les Forbin étaient intéressés et qui ressortissait de l'autorité du lieutenant général gouverneur. Mais celui-ci résista ; et, dans une lettre du 14 octobre 1674, datée de Grignan, il dit à Guitaud : « L'affaire de mes gardes est une affaire d'honneur ; si je la perds, ces messieurs doivent compter que je ne saurai jamais revenir pour eux. Ce n'est pas les cinq mille francs [2] qui me tiennent au cœur, comme vous pouvez croire ; car je les rendrai à la province dans le moment, pourvu qu'il paraisse que j'en ai été absolument le maître. Je serai encore ici jusqu'à la Toussaint. »

L'assemblée des communautés de Provence s'ouvrit le 23 novembre (1674) par un discours de l'intendant de Rouillé, comte de Meslay, contenant les éloges ordinaires du roi et de ses victoires. Garidel, l'assesseur, parla ensuite au nom de M. de Grignan ; il demanda le don de cinq cent mille francs pour le roi, et qu'il fût pourvu au payement des gardes d'honneur et à une somme de cinq mille francs comme supplément au traitement de dix-huit mille francs fixé, par les délibéra-

---

[1] Confér. la 3ᵉ partie de ces *Mémoires*, ch. xvi, p. 307, et la 4ᵉ partie, ch. ix, p. 245.

[2] SÉVIGNÉ, *Lettres* (14 octobre 1674), t. III, p. 357, édit. de Gault de Saint-Germain. On lit *cent mille francs*, mais c'est une faute de copiste ou d'imprimeur : il faut lire *cinq mille*.

tions des années précédentes, pour le payement des gardes d'honneur[1].

L'évêque de Toulon (Louis Forbin d'Oppède), procureur-joint pour le clergé, s'opposa au payement des gardes d'honneur et au supplément de cinq mille francs. Il déclara qu'il protestait d'avance contre toute délibération qui interviendrait pour accorder une de ces deux sommes. L'assemblée refusa les gardes d'honneur; elle accorda la somme de cinq mille francs, non comme supplément de traitement, mais à titre de gratification et sans tirer à conséquence pour l'avenir[2].

Quoique le résultat des délibérations de cette assemblée fût loin de satisfaire les prétentions que le comte de Grignan avait manifestées dans sa lettre au comte de Guitaud, cependant il paraît que celui-ci contribua à faciliter la décision de l'autorité en faveur de M. de Grignan, dont l'intendant fit l'éloge dans son discours. Nous apprenons cela par une lettre de madame de Sévigné, écrite pendant la tenue de l'assemblée des communautés et adressée au comte de Guitaud, alors dans le château des îles Sainte-Marguerite : « Parlons des merveilles que vous avez faites en Provence; vous n'avez pensé qu'aux véritables intérêts de M. et de madame de Grignan. J'ai trouvé fort dure et fort opiniâtre la vision de M. de Toulon pour les cinq mille francs à l'assemblée. Je crois que la permission que donne le roi d'opiner sur cette gratification ôtera l'envie de s'y opposer. M. de Pom-

---

[1] *Abrégé des délibérations prises en l'assemblée générale des communautés*, tenue à Lambesc dans les mois de novembre et décembre 1674; Aix, Charles David, 1675, in-4°, p. 4 et 13.

[2] *Abrégé des délibérations*, etc., p. 4.—Conférez la 4ᵉ partie de ces *Mémoires*, ch. IX, p. 250.

ponne a fait régler aussi le *monseigneur* qu'on doit dire à M. de Grignan[1] en présence de l'intendant, quand on vient lui rendre compte de l'assemblée ; et comme ce règlement donnera sans doute quelque chagrin à M. de Rouillé[2], je crois que M. de Pompoune ne l'enverra qu'à la fin. »

Pendant tout le temps du séjour de madame de Grignan à Paris, la correspondance de Bussy avec madame de Sévigné devint plus active. Bussy reprit ce ton de galanterie aimable et familière qu'avec elle, dans sa jeunesse, il ne quittait jamais, et qu'autorisaient l'étroite parenté qui les unissait et le goût qu'ils avaient l'un pour l'autre. Le séjour que Bussy faisait à Paris lui avait permis de jouir, pendant l'espace de six semaines, de la société de madame de Sévigné et de madame de Grignan. Le souvenir du plaisir que lui avait causé la conversation de la mère et de la fille se manifeste dans ses lettres, malgré les retranchements faits, par les éditeurs, de tous les passages inspirés par une jovialité un peu crue. Scrupule étrange, puisqu'ils ont imprimé sans aucun changement la réponse de madame de Sévigné, qui, bien loin de se fâcher de ces gravelures, répond sur le même ton. Bussy avait entendu dire que sa cousine était tourmentée de vapeurs : il lui écrit que, d'après un habile médecin qu'il a consulté, son mal ne vient que d'un excès de sagesse et de vertu ; et il lui conseille, afin de vivre longtemps, de prendre un amant : « Cela vaudra mieux, dit-il, que du vin émétique. » Il

---

[1] Conférez la 4ᵉ partie de ces *Mémoires*, ch. x, p. 278-280.
[2] SÉVIGNÉ, *Lettres* (novembre 1674), t. III, p. 362, édit. G. de S.-G. Il y a dans l'édition *M. de Bouilli*. Gault de Saint-Germ., qui a donné le premier cette lettre d'après l'autographe, n'a pas bien su la lire.

ajoute : « Mon conseil, ma chère cousine, ne saurait vous paraître intéressé; car si vous aviez besoin de vous mettre dans les remèdes, étant, comme je suis, à cent lieues de vous, ce ne serait pas moi qui vous en servirait. » Elle lui répond : « Le conseil que vous me donnez n'est pas si estimable qu'il l'aurait été du temps de notre belle jeunesse; peut-être qu'en ce temps-là auriez-vous eu plus de mérite [1]. »

L'intérêt se joignait au plaisir que Bussy avait à correspondre avec madame de Sévigné; presque toute sa famille, à Paris, était en quelque sorte sous la direction ou la protection de sa cousine. Bussy jugeait le moment favorable pour la faire agir. De tout temps madame de Sévigné avait été bien avec le prince de Condé : il était au pouvoir de ce prince de faire cesser l'exil de Bussy, et madame de Sévigné avait, pour la seconder dans ses sollicitations, le cardinal de Retz et la belle comtesse de Grignan.

Le 15 octobre 1674, madame de Sévigné avait écrit à Bussy : « J'ai donné à dîner à mon cousin votre fils et à la petite chanoinesse de Rabutin, sa sœur, que j'aime fort. Leur nom touche mon cœur, et leur jeune mérite me réjouit. Je voudrais que le garçon eût une bonne éducation : c'est trop présumer que d'espérer tout du bon naturel [2]. »

---

[1] *Lettres de messire* ROGER DE RABUTIN, Paris, Delaulne, 1726, in-12, t. I, p. 117 (Chaseu, ce 16 août 1674), date conforme dans cette édition au ms. (n° 231, in-4°) de la *Suite des Mémoires*, p. 78 verso. Bussy prétend, dans ses *Mémoires*, qu'il avait entendu dire que madame de Sévigné avait failli mourir d'apoplexie. Celle-ci dément cette nouvelle.—SÉVIGNÉ, *Lettres* (16 août et 5 septembre 1674), t. III, p. 350 et 352, édit. G.; t. III, p. 241 et 242, édit. M.,

[2] SÉVIGNÉ, *Lettres* (15 octobre 1674), t. III, p. 359, édit. G.; t. III, p. 247, édit. M.

CHAPITRE VII.

Ce fils (Amé-Nicolas de Bussy-Rabutin) était l'aîné des fils de Bussy, mais du second lit. C'est lui que madame de Sévigné allait voir quand il était écolier au collége de Clermont[1]. Il eut, à son entrée dans le monde, le titre de marquis de Bussy. Le roi lui donna la compagnie de cavalerie dans le régiment de Cibours[2]; ce fut en considération du père que cette faveur fut accordée au fils. Le comte de Bussy avait raison de dire que les offres réitérées de service qu'il faisait au roi à l'entrée de chaque campagne et les lettres qu'il lui écrivait, tant admirées de madame de Sévigné, ne déplaisaient point et lui seraient un jour comptées. Il parut à la cour lorsque les causes qui forçaient le roi à le tenir éloigné eurent disparu. Louis XIV accorda au comte de Bussy une pension de quatre mille francs, une de deux mille francs pour son fils aîné[3], et des bénéfices au cadet. Madame de Sévigné n'avait pas en vain pressenti les défauts d'éducation du jeune Bussy. Quelques années après elle avertit son père que le jeune homme passait dans le monde « pour être trop violent et trop avantageux en paroles. » C'étaient précisément les défauts de son père, qui prit assez mal cet avertissement. Quoique Bussy désirât qu'avec la raison et l'esprit qui le distinguaient son fils améliorât son caractère, il ne lui en voulut pas trop d'avoir mis, comme il le dit, « sur la chaleur des Rabutin une dose de la férocité des Rouville[4]. » Malgré ses défauts, le marquis

---

[1] SÉVIGNÉ, *Lettres* (24 avril 1672), t. II, p. 475, édit. G.; t. II, p. 400, édit. M.

[2] SÉVIGNÉ, *Lettres* (13 décembre 1677), t. V, p. 464, édit. G.; t. V, p. 288, édit. M.

[3] BUSSY, *Lettres*, édit. 1737, in-12 (3 mars 1680), t. IV, p. 425. —(13 novembre 1688), t. VI, p. 317.—SÉVIGNÉ, *Lettres* (25 février et 3 novembre 1688), t. VIII, p. 156 et 414, édit. G.

[4] SÉVIGNÉ, *Lettres* (4 octobre 1680), t. VII, p. 231, édit. G. —

de Bussy fut un brave militaire, qui se concilia la faveur du Dauphin et de ses supérieurs et parcourut sa carrière d'une manière plus brillante que son cousin le baron de Sévigné. Malgré l'excellente éducation que celui-ci avait reçue, malgré son esprit, son savoir, sa bravoure et les puissants amis de sa mère, il fut obligé d'acheter son grade; du vivant de madame de Sévigné, il renonça à l'état militaire sans avoir obtenu aucun avancement; puis, marié et veuf, il termina ses jours dans l'obscurité d'une pieuse solitude [1]. Quand madame de Sévigné, le comte et la comtesse de Bussy eurent disparu du monde, Amable de Bussy, s'abandonnant à tous les défauts de son caractère, força le roi à lui faire subir la même peine qui avait été infligée à son père: il fut exilé dans ses terres, où il mourut [2].

Sa sœur, Marie-Thérèse de Bussy-Rabutin, était filleule de madame de Sévigné; Bussy l'avait fait recevoir chanoinesse au chapitre de Remiremont; elle était pour lui un correspondant très-habile. Six semaines avant le dîner dont parle madame de Sévigné dans sa lettre du 14 octobre, Marie-Thérèse avait écrit de Paris à son père pour lui rendre compte de la sanglante victoire remportée par le prince de Condé à Senef; elle le fit avec une exactitude de détails qu'auraient enviée le plus soigneux

---

Ibid. (25 février 1686), t. VIII, p. 231, édit. G.; t. VII, p. 365, édit. M.

[1] Sévigné, *Lettres* (5 février 1690), t. X, p. 232, et tome I, p. cix, édit. G. — (5 novembre 1691), t. IX, p. 486, édit. M ; t. X, p. 423, édit. G. — (10 mai et 7 juil'et 1703), t. XI, p. 345 et 394, édit. M.

[2] La Beaumelle, *Mélanges*, mss. cités par Monmerqué dans Sévigné, *Lettres*, t. VII, p. 366.

gazetier et l'écrivain le plus exercé aux narrations des batailles. Ce fut elle qui annonça à Bussy que Sévigné avait été, dans ce combat, blessé à la tête, et qu'à cause du grand nombre d'officiers et de soldats tués on devait convoquer l'arrière-ban [1]. Marie-Thérèse, en 1677, fut mariée à Louis de Madaillan de Lesparre, seigneur de Montataire, marquis de Lassay. Bussy eut à se louer de son gendre, quoique son caractère parût s'accorder peu avec le sien [2]. Par sa capacité pour les affaires madame de Montataire fut, avant et depuis son mariage, très-utile à sa mère, particulièrement dans l'important procès que celle-ci eut à soutenir contre Gabrielle d'Estrées de Longueval, veuve du maréchal d'Estrées, et Françoise de Longueval, chanoinesse de Remiremont, pour partager des biens de son aïeul maternel [3].

Le jeune frère de madame de Montataire et du marquis de Bussy (Michel-Celse-Roger de Rabutin), qui n'était

---

[1] Bussy, *Lettres* (14 août 1674), t. IV, p. 136.—*Suite des Mémoires de* Bussy, ms., p. 80. Avant de transcrire dans ses *Mémoires* cette lettre tout à fait historique et très-instructive, Bussy dit : « Deux jours après que j'eus écrit cette lettre (la lettre à madame de Sévigné du 16 août 1674, qu'on a mutilée), je reçus celle-ci de ma fille de Rabutin, dame de Remiremont. »

[2] Bussy, *Discours à ses enfants*; 1694, in-12, p. 441.—Sévigné, *Lettres* (2 juillet 1690), t. IX, p. 389, édit. M.

[3] Voyez Monmerqué dans les notes sur Sévigné, t. VI, p. 355; t. VII, p. 108; et t. VIII, p. 71 et 417, édit. G.; p. 138, édit. M. (26 juin et 14 novembre 1688).—Saint-Simon, *Œuvres complètes*, t. X, p. 77.—Saint-Simon, *Mém. authentiques*, 1829, in-8°, t. V, p. 305.— Sévigné, *Lettres*, édit. G., t. V, p. 5; VI, 355; VII, 84; X, 291. L'arrêt du 30 mai et du 31 janvier 1689 donna gain de cause à la comtesse de Bussy.

au temps dont nous parlons âgé que de six à sept ans, appartient plutôt au dix-huitième siècle qu'au siècle de Louis XIV. C'est cet homme aimable et spirituel, ami de Voltaire et de Gresset, renommé comme le *Dieu de la bonne compagnie* (de cette époque!), qui fut académicien sans œuvre et évêque sans piété. Élevé au séminaire, il fut peu connu de madame de Sévigné. Bussy apprend à sa cousine que le roi a donné à ce fils un prieuré de deux mille livres; qu'il a soutenu sa thèse en Sorbonne avec l'approbation générale et qu'il a surtout obtenu le suffrage du P. la Chaise[1]. Ce fut ce fils de Bussy qui, devenu évêque de Luçon, contribua le plus à la publicité des lettres de madame de Sévigné à sa fille[2] : il devait trouver place dans ces Mémoires.

Ces trois enfants de Bussy étaient nés de Louise de Rouville de Clinchamp, sa seconde femme, qu'il avait épousée en 1650. Louise de Rouville était peu goûtée de madame de Sévigné, probablement parce qu'elle montrait peu d'esprit et qu'elle s'occupait uniquement de ses enfants et des intérêts de sa famille[3]. Madame de Sévigné négligeait même de répondre aux lettres qu'elle en recevait, ou n'y répondait qu'indirectement dans les lettres qu'elle adressait à Bussy. Quand une seule fois elle en agit autrement, c'est pour lui témoigner sa sur-

---

[1] SÉVIGNÉ, *Lettres* (5 mars 1690), t. X, p. 237, édit. G.; t. IX, p. 339, édit. M.

[2] MONMERQUÉ, *Notice bibliographique des différentes éditions des Lettres de madame de Sévigné*, dans l'édition de Sévigné, 1820, in-8°, t. I, p. 23.

[3] BUSSY, *Discours à ses enfants*, 1694, Paris, in-12, p. 240. — Conférez *Mémoires sur Sévigné*, 2ᵉ édit., I, 204-205; II, 351.

prise d'avoir reçu d'elle, en si bons termes, une invitation de s'arrêter dans son château lorsqu'elle traversait la Bourgogne pour aller en Provence, et c'est avec ce ton d'assurance et de supériorité d'une femme de la cour s'adressant à une provinciale : « Est-ce ainsi que vous écrivez, madame la comtesse ? Il y a du Rouville et du Rabutin dans votre style. » La comtesse de Rabutin ménageait beaucoup madame de Sévigné, à cause des bontés qu'elle avait pour son fils aîné et du bien qu'elle en disait alors [1]. Madame de Sévigné a eu le tort de méconnaître le mérite de la comtesse de Bussy : c'était une épouse dévouée, une excellente mère et une femme d'une rare capacité pour les affaires ; sollicitant sans cesse pour désarmer les ennemis de son mari, et attentive à exécuter toutes ses volontés [2] ; suivant avec persévérance de longs et difficiles procès, et sachant les gagner. Bussy lui rendait justice, et il sait la lui faire rendre par sa cousine. Celle-ci lui avait écrit qu'elle craignait que la comtesse de Bussy ne se tirât mal d'une vente considérable de biens qu'elle avait à faire. Bussy répond :

« La peine que vous avez, ma chère cousine, à croire que madame de Bussy puisse faire vendre le bien de la maréchale d'Estrées, vient de ce que vous croyez que celle-ci a plus d'esprit que l'autre ; et, en effet, il en pourrait être quelque chose : elle sait mieux vivre et parler ; mais cela ne paye pas les dettes d'une maison,

---

[1] SÉVIGNÉ, *Lettres* (7 juillet 1672), t. III, p. 93 et 94, édit. G.; t. III, p. 27 et 28, édit. M.

[2] *Suite des Mémoires* de Bussy (ms. de l'Institut), p. 116. Lettre de Bussy à Pellisson (25 mai 1675).

et madame de Bussy sait mieux les affaires, parce qu'elle s'y est plus appliquée¹. »

Nos lecteurs se rappellent qu'outre les trois enfants de Louise de Rouville Bussy avait eu trois filles de sa cousine Gabrielle de Toulongeon², qu'il avait épousée le 8 avril 1643 et qu'il perdit quatre ans après³. Cette femme jolie, aimable et spirituelle, enlevée au monde à la fleur de l'âge, fut vivement regrettée de son mari et de madame de Sévigné, qui, par cette raison, eut pour ces ainées des enfants de Bussy une préférence que justifièrent leurs aimables qualités. Une de ces trois filles, Charlotte, était morte probablement en bas âge. Il en restait deux, qui, sous tous les rapports, faisaient honneur à la famille des Rabutin. Nous ne dirons rien de la plus âgée, Diane de Rabutin : celle-là, de tous les siens, avait « certes choisi la meilleure part. » Faite pour plaire par son esprit, par l'élégance et la gentillesse de ses manières, elle s'était consacrée à Dieu; elle était cette pieuse religieuse de Sainte-Marie de la Visitation⁴ dont madame de Sévigné disait : « Je me hâte de l'aimer beaucoup, afin de n'être pas obligée de trop la respecter⁵. » La plus jeune des filles de Bussy issues de Ga-

---

¹ Sévigné, *Lettres* (4 octobre 1680), t. VII, p. 231, édit. G.; t. VI, p. 478, édit. M.

² 1ʳᵉ partie des *Mémoires sur madame de Sévigné*, p. 101, ch. VII; 2ᵉ partie, p. 407, et 4ᵉ partie, p. 195 et 452.

³ Bussy, *Discours à ses enfants*, p 207.—*Ibid.*, *Mémoires*, édit. d'Amsterdam, 1721, t. I, p. 93 et 125.

⁴ *Nouvelles Lettres du comte* de Bussy, t. V, p. 163.

⁵ Sévigné, *Lettres* (17 mai 1671), t. II, p. 73, édit. G. (24 mai 1672), t. II, p. 75, édit. G., et t. II, p. 61 et 62, édit. M. — *Ibid.* (24 et 28 janvier 1672), t. II, p. 351 et 359; t. II, p. 303 et 304. — *Ibid.* (6 août 1675), t. III, p. 488, édit. G.; t. II, p. 372, édit. M.

brielle de Toulongeon était Louise-Françoise, que nous avons fait connaître à nos lecteurs dans la quatrième partie de ces Mémoires¹. Par les qualités de son esprit, par l'amabilité de son caractère, c'était, de toutes les filles de Bussy, la plus brillante, celle qui, par les charmes de sa conversation et de son style épistolaire, ressemblait le plus à madame de Sévigné. Elle a une large part dans la correspondance de Bussy avec sa cousine ; et c'est afin que tout ce que nous dirons d'elle par la suite soit bien compris des lecteurs que nous nous sommes livré à ces détails sur tous les personnages qui composaient la famille de Bussy. On se rappelle comment Louise-Françoise (qu'on nommait exclusivement mademoiselle de Bussy parce qu'elle était l'aînée de toutes les filles de Bussy, pouvant être mariée) faisait tout l'agrément de la maison paternelle. Une passion funeste, dont nous aurons à considérer les phases sous leur véritable point de vue, lui acquit, à une certaine époque, une courte, mais malheureuse célébrité. Le séducteur qui en fit sa victime, dans un libelle écrit avec l'intention avouée de la diffamer² et de la rendre odieuse, a cependant tracé de Louise-Françoise, alors veuve du marquis de Coligny, le portrait suivant : « Madame de Coligny est de la plus belle taille du monde ;

---

¹ Conférez la 4ᵉ partie des *Mémoires sur madame* DE SÉVIGNÉ, p. 309, ch. IX. Nous avons dit dans cet endroit *la fille aînée de Bussy*, en parlant de Louise-Françoise, parce qu'elle était l'aînée de ses autres filles à marier ; mais Diane de Rabutin, la religieuse, était de dix-huit mois plus âgée qu'elle.

² DE LA RIVIÈRE, réponse à Bussy, dans le *Recueil de pièces fugitives sur des sujets intéressants*, Rotterdam, Bradshaw, 1743, in-12, page 21. Nous aurons à réformer l'opinion commune sur la Rivière.

son air est modeste, doux et majestueux. Rien ne déplaît de ce qu'elle montre, et tout ce qu'elle cache coûte à sa beauté. On la respecte quand on la voit, on l'aime dès qu'on la connaît ; et les gens qui ne lui ont pas trouvé l'art de plaire n'avaient pas de quoi sentir qu'elle plaît sans art. »

Nos lecteurs n'ont pas oublié comment le marquis de Coligny, qui s'était présenté pour épouser Louise-Françoise, fut écarté pour faire place aux prétentions du comte de Limoges, qui plut encore moins que Coligny à mademoiselle de Rabutin[1]. Après la mort du jeune comte de Limoges, Coligny, malgré le refus qu'il avait éprouvé, se remit sur les rangs ; et Bussy, jugeant qu'il ne fallait pas laisser passer le temps opportun pour marier sa fille (elle avait vingt-huit ans et demi), agréa les propositions du jeune marquis. Madame de Sévigné eut indirectement connaissance de cette intention de Bussy, et elle interrogea son cousin pour savoir ce qui en était ; il lui répondit[2] : « L'époux donc, ma cousine, est presque aussi grand que moi ; il a plus de trente ans, l'air bon, le visage long, le nez aquilin et le plus grand du monde ; le teint un peu plombé, assez de

---

[1] Conférez la 4ᵉ partie de ces *Mémoires*, p. 310.—Sévigné, *Lettres* (3 avril 1675), t. III, p. 377, édit. G. ; t. III, p. 260, édit. M.—Bussy-Rabutin, *Suite de ses Mémoires*, ms. de l'Institut, p. 114. Cette lettre est datée du 8 avril 1675, et dans ces Mémoires tout le commencement est supprimé.

[2] Sévigné, *Lettres* (lettre de Bussy, 7 avril 1675), t. III, p. 381, édit. G. ; t. III, p. 262, édit. M.—*Suite des Mémoires du comte de Bussy de Rabutin*, ms. de l'Institut, p. 114. Mais la lettre est datée de Chaseu, du 12 avril 1675 ; le commencement manque dans le ms. comme pour la lettre précédente. Les éditeurs ont peut-être réuni deux lettres en une seule ; cela expliquerait la différence des dates.

la couleur de celui de Saucourt (chose considérable [1] en un futur). Il a dix mille livres de rentes sur la frontière du comté de la Bresse, dans les terres de Cressia, de Coligny, d'Andelot, de Valfin et de Loysia, desquelles il jouit présentement par la succession de Joachim de Coligny, frère de sa mère. Le comte de Dalet, son père, remarié, comme vous savez, avec mademoiselle d'Estaing, jouit de la terre de Dalet et de celle de Malintras, et après sa mort elles viennent au futur par une donation que son père et sa mère firent, dans leur contrat de mariage, de ces deux terres à leur fils aîné : elles valent encore dix mille livres de rente et plus. Une de ses tantes vient de lui faire donation d'une terre de trois mille livres de rente après sa mort. Son intention est de prendre emploi aussitôt qu'il sera marié. Sa maison de Cressia, qui sera sa demeure, est à deux journées de Chaseu et à trois de Bussy. J'ai donné à ma fille tout le bien de sa mère dès à présent, et je ne la fais pas renoncer à ses droits paternels. »

Ainsi Bussy avait tout arrangé et tout prévu pour le bonheur de sa fille chérie : aussi madame de Sévigné, à qui on demanda, par préférence, son consentement à ce mariage, le donna-t-elle de grand cœur [2] ; et à Chaseu, le 5 novembre 1675, fut célébré le mariage du marquis de Coligny de Gilbert de Langheac, comte de Dalet, avec Louise-Françoise de Rabutin, qui devint ainsi la marquise de Coligny [3].

---

[1] Le vrai nom est Soyecourt ; pour le sens de cette phrase de Bussy, voyez ces *Mémoires*, I, 244 et 288 ; II, p. 416.

[2] SÉVIGNÉ, *Lettres* (9 octobre 1675), t. V, p. 136. — *Ibid.* (9 octobre 1675), p. 142, édit. G.; t. IV, p. 29, édit. M. — *Ibid.* (3 août 1679), t. VI, p. 105, édit. G.

[3] *Lettres choisies de* M. DE LA RIVIÈRE, 1751 ; in-12, t. I, p. 25, note 14.

Elle eut un fils dès la première année de son mariage, et les vaniteuses espérances de Bussy, partagées par madame de Sévigné, parurent ainsi se réaliser. Ils étaient tous deux flattés de voir le beau nom des Coligny greffé sur celui des Rabutin. Le petit-fils de Bussy (Marie-Roger) fut d'abord nommé d'Andelot [1]. Joli de figure, aimable et spirituel, il fut un objet de tendresse et d'orgueil pour son grand-père, qui, toujours frivole jusque dans sa vieillesse, fit des vers pour favoriser les premières amours de cet adolescent avec une jeune et jolie fille de la maison de Damas [2]. Avant même que Françoise de Rabutin fût accouchée de d'Andelot [3], Coligny était mort, peu regretté de sa femme, qu'il avait quittée aussitôt après son mariage, pour se rendre à l'armée du maréchal de Schomberg, où il fut tué [4]. Sa veuve hérita de l'usufruit de tous ses biens. Elle aliéna bientôt le beau nom de Coligny, sans vouloir porter celui que lui imposait un second mariage, dont nous aurons à raconter les romanesques circonstances. Elle prit par la suite le nom de son beau-père, avec lequel

---

[1] Sévigné, *Lettres* (20 février 1687), t. VIII, p. 320, édit. G.; t. VIII, p. 425, édit. M.

[2] Sévigné, *Lettres* (31 janvier 1692), t. X, p 429, édit. G.— *Ibid.*, (2 juillet 1690), t. X, p. 311, édit. G.

[3] Madame de Grignan à Bussy, dans Sévigné, *Lettres* (15 mars 1676), t. IV, p. 368, et dans la *Suite des Mémoires de* Bussy, p. 164 verso, ms. de l'Institut.

[4] Il fut tué devant Condé et enterré dans le chœur de la grande église de cette ville. Voyez la lettre de Bussy fils à son père, en date du 7 juillet 1676, p. 177 verso de la *Suite des Mém. de* Bussy, ms. de l'Institut. — Bussy, *Lettres* (8 juillet 1676, lettre de Schomberg), t. IV, p. 268.— Sévigné, *Lettres* (6 juillet 1676), t. V, p. 4, édit. G.; t. IV, p. 367, édit. M.

elle eut un procès, qu'elle gagna, et se fit appeler comtesse de Dalet ¹. Ce fut sous ce nom qu'elle publia les Mémoires de son père, décédé. Son fils, qui avait pris le nom de Coligny-Saligny, le changea pour celui de Langheac, qui était le nom de famille de son grand-père ²; et comme il n'eut que des filles par son mariage avec Jeanne-Palatine de Dio de Montpeyroux, le nom même de Langheac, qui, quoique moins illustre que celui de Coligny, rappelait une très-ancienne noblesse, disparut de la postérité mâle des Bussy. Ainsi le temps se joue de la présomption de ceux qui s'efforcent d'échapper à son pouvoir ³!

¹ Sévigné, *Lettres* (2 août 1679), t. VI, p. 105, édit. G.; t. V, p. 417, édit. M.—(31 mai 1690), t. IX, p. 379, édit. M.; t. X, p. 291, édit. G. — (31 janvier 1692), t. IX, p. 491, édit. M.; t. X, p. 429, édit. G.

² Sévigné, *Lettres* (5 mars et 2 juillet 1690), t. X, p. 236 et 311, édit. G. — Monmerqué, *Notice sur le comte de Coligny-Saligny,* dans les Mémoires du comte de Coligny-Saligny, 1841, in-8°, p. xl.

³ Marie-Roger, comte de Langheac, petit-fils de Bussy de Rabutin par madame de Coligny, sa fille, mourut à Avignon en 1746. Voyez Monmerqué, dans Sévigné, *Lettres* (5 août 1676), t. IV, p. 414, édit. M., note *b*.

CHAPITRE VIII.

1675.

Tristesse de madame de Sévigné. — Mort de son oncle Chésières. — Départ de madame de Grignan pour la Provence, et de Retz pour la Lorraine. — Retz fait faire son portrait pour madame de Grignan. — Il donne sa démission du cardinalat. — Elle n'est pas acceptée. — Portrait de Retz par la Rochefoucauld. — Amitié de madame de Sévigné pour Retz. — Elle se rend chez M. de Caumartin pour recevoir ses adieux. — Retz veut donner une cassolette d'argent à madame de Grignan. — Madame de Grignan la refuse. — Douleur qu'éprouve madame de Sévigné de se séparer de Retz.—Différence du caractère de madame de Grignan et de celui de madame de Sévigné.—Madame de Sévigné se décide à quitter Paris pour se rendre en Bretagne.

A la gaieté qu'avaient introduite dans la correspondance de madame de Sévigné les lettres de Bussy et de Guitaud et au plaisir qu'elle éprouvait de se trouver réunie avec ceux qui lui étaient chers succéda l'expression de la tristesse la plus accablante.

Madame de Sévigné perdit son oncle Chésières [1] ; sa fille retourna en Provence; Retz, son bon cardinal, la quitta pour aller en Lorraine, et son fils alla rejoindre son régiment. « Je n'ai pas vécu depuis six semaines, écrivait-elle au comte de Guitaud. L'adieu de ma fille m'a désolée et celui du cardinal de Retz m'a achevée. Il y a des circonstances, dans ces deux séparations, qui m'ont assommée [2]. »

---

[1] Sévigné, *Lettres* (30 avril et 10 mai 1675), t. III, p. 383 et 385, édit. G.—*Ibid.* (28 mai 1675), t. III, p. 391 et 422, édit. G.

[2] Sévigné, *Lettres*, t. III, p. 346, n° 370, édit. G. Cette lettre est

Louis de la Tour-Coulanges, seigneur de Chésières, troisième fils de l'aïeul maternel [1] de madame de Sévigné, son premier tuteur, mourut en avril, après une courte maladie de dix jours, lorsqu'il était encore plein de vie [2] : il fut regretté de Bussy, de madame de Sévigné et des nombreux amis qu'il s'était faits.

Peu après, madame de Grignan partit de Paris ; sa mère la conduisit jusqu'à Fontainebleau. En cette ville, à l'auberge du *Lion d'or*, qu'elle prit en aversion [3], madame de Sévigné s'en sépara le 24 mai [4], jour à jamais néfaste pour elle et qu'elle rappelle bien souvent avec douleur [5]. Elle écrivit alors à Bussy : « Les sentiments que j'ai pour la *Provençale*, il faut les cacher à la plupart du monde, parce qu'ils ne sont pas vraisemblables [6] ; » puis, après sa séparation, elle se réfugie seule à Livry, et sa correspondance avec madame de

déplacée, elle est à tort datée *juin* 1674 ; elle doit être transposée à la page 393, après la lettre n° 388, et datée du 18 juin 1675.—Conférez *Lettres inédites de madame* DE SÉVIGNÉ, 1814, p. 8 et 9, où cette lettre ne porte aucune date. La date fausse commence avec l'édition stéréotype, 1819, in-12, p. 7.

[1] Ceci rectifie une erreur que nous avons commise, t. I, p. 9 de ces *Mémoires*.

[2] SÉVIGNÉ, *Lettres* (12 mai 1675), ms. de l'Institut, p. 118. — (10 mai 1675), t. III, p. 385, édit. G.—(30 avril 1675), t. III, p. 383, édit. G. ; t. III, p. 264 et 266, édit. M.

[3] SÉVIGNÉ, *Lettres* (26 juin 1676), t. IV, p. 504, édit. G. ; t. IV, p. 355, édit. M.

[4] SÉVIGNÉ, *Lettres* (16 mai 1675), *suite des Mémoires de* BUSSY, ms. de l'Institut, p. 120. t. III, p. 389, édit. G., mal datée du 14 mai.

[5] SÉVIGNÉ, *Lettres* (28 mai 1676), ms. de l'Institut ; t. IV, p. 462, édit. G.—(26 août 1675), t. I, p. 5, édit. G. — (7 août 1675), t. III, p. 506, édit. G.

[6] SÉVIGNÉ, *Lettres* (12 mars 1675), *Suite des Mémoires de* BUSSY, ms. de l'Institut, p. 104, t. III, p. 369, édit. G. ; t. III, p. 254, édit M.,

Grignan recommence par ces mots : « Quel jour, ma fille, que celui qui ouvre l'absence¹ ! » et elle soulage, comme de coutume, sa peine par l'expression de sa vive tendresse. Elle entretient madame de Grignan du cardinal de Retz, qui alors faisait faire son portrait par un religieux de Saint-Victor, dans le dessein d'en faire cadeau à la *Provençale*.

Madame de Sévigné, ainsi que je l'ai déjà dit², ignorait qu'alors Retz se préparât à donner un grand exemple au monde. Quand elle connut sa résolution, son attachement pour lui s'accrut en même raison que son admiration et ses regrets. Par nature et par habitude, Retz ne pouvait se passer d'exercer l'activité de son esprit. Les loisirs forcés de sa retraite de Commercy avaient pesé lourdement sur son existence. Il avait cherché une distraction à son ennui en écrivant le récit des événements de la Fronde. C'était retracer l'histoire de sa jeunesse si brillante et si scandaleuse, alors que le bouillonnement des passions et l'effervescence de l'imagination marquaient tous ses jours par une variété de plaisirs, d'agitation et d'intrigues. Le souvenir s'en était gravé dans sa mémoire en traces ineffaçables ; les déposer sur le papier et les laisser après sa mort était pour lui un besoin ; il y trouvait du charme ³. Mais il

datée, dans les deux éditions, du 24 janvier 1675. Cette date est fausse. — *Ibid.*, *Lettres* (25 mai 1675), t. III, p. 273, édit. M. ; t. III, p. 391, édit. G.

¹ SÉVIGNÉ, *Lettres* (27 mai 1675), t. III, p. 27, édit. M. ; t. III, p. 393, édit. G. (7 août 1675), t. III, p. 506, édit. G. ; t. III, p. 366-7, édit. M.

² *Mémoires touchant la vie et les écrits de madame* DE SÉVIGNÉ *durant les premières conquêtes de Louis XIV*, 3ᵉ partie, p. 112 et 114.

³ DUMONT, *Histoire de la ville et des seigneurs de Commercy*, t. II, p. 166 et 168.

semble que cette tâche fut la dernière satisfaction qu'il voulut accorder à son orgueil ; car lorsqu'il l'eut terminée il parut comme subitement touché de la grâce et décidé à mener une vie de religieux et de pénitent. C'est au même temps qu'il s'apprêtait à quitter Paris pour aller se renfermer dans le monastère de Saint-Mihiel qu'on apprit qu'il avait écrit au roi pour se démettre de son cardinalat [1]. Quoi qu'il en puisse être (car à Dieu seul appartient de sonder jusque dans les plus profonds replis de la conscience humaine), madame de Sévigné crut à la conversion de Retz; elle s'alarma des suites qu'elle pourrait avoir. Le 7 juin, elle écrit à sa fille : « Je vis hier les Villars, dont vous êtes révérée. Nous étions en solitude aux Tuileries ; j'avais dîné chez M. le cardinal, où je trouvai bien mauvais de ne vous voir pas. J'y causai avec l'abbé de Saint-Mihiel [dom Hennezon], à qui nous donnons, ce me semble, comme en dépôt, la personne de Son Éminence. Il me parut un fort honnête homme, un esprit droit et tout plein de raison, qui a de la passion pour lui, qui le gouverne même sur sa santé, et l'empêchera de prendre le feu trop chaud sur la pénitence. Ils partiront mardi, et ce sera encore un jour douloureux pour moi, quoiqu'il ne puisse être comparé à celui de Fontainebleau [2]. » Personne, parmi les amis des Sévigné, ne craignit comme

---

[1] Lettres de Louis XIV au duc de Pomponne et au cardinal d'Estrées en date des 3, 19 et 27 juin, 12 juillet, 20 et 23 septembre et 11 octobre 1675, au duc et au cardinal d'Estrées, à l'abbé Servien, *Mémoires du cardinal de Retz*, Paris. 1836, in-8°, p. 612 à 614, tome Ier de la *Collection des Mémoires sur l'histoire de France*, édit. Michaud et Poujoulat.

[2] Sévigné, *Lettres* (7 juin 1675), t. III, p. 410, édit. G. ; t. IV, p. 299, éd. M.

elle que Retz ne prit « le feu trop chaud sur la pénitence ; » on ne voulut pas croire à la sincérité de conversion de celui qui, cependant, avait été élevé par le pieux Vincent de Paul. La Rochefoucauld fit, à cette occasion, un portrait de Retz qui est un des morceaux les plus ingénieux, les mieux peints et les mieux écrits qui soient sortis de sa plume. Sévigné en transmit une copie à madame de Grignan ; ce portrait se termine ainsi : « La retraite que Retz vient de faire est la plus fausse action de sa vie : c'est un sacrifice qu'il fait à son orgueil sous prétexte de dévotion ; il quitte la cour, où il ne peut s'attacher, et il s'éloigne du monde, qui s'éloigne de lui [1]. »

Mais s'éloigner du monde quand le monde s'éloigne de nous est déjà un acte de sagesse auquel bien des sages ne peuvent se résoudre. Et ce qui montre dans Retz un esprit supérieur, dompté par la religion et élevé par elle au-dessus des rivalités et des rancunes de parti qui l'avaient dominé si longtemps, c'est que madame de Sévigné, qui le connaissait et savait l'apprécier, ne craignit pas de lui communiquer le portrait que la Rochefoucauld avait tracé de lui, et qu'il en fut satisfait. Dans cette peinture, qu'il ne devait pas être censé connaître, il ne fit attention qu'aux traits conformes à la vérité qui lui étaient favorables, et bien saisis, bien touchés par son satirique adversaire [2].

Madame de Sévigné ne doutait donc pas que son ami, son parent Retz ne fût mû par les motifs les plus respectables. Elle écrivait à Bussy, en lui parlant de ce cher

---

[1] Sévigné, *Lettres* (19 juin 1675), t. III, p. 428, édit. G.; t. III, p. 304, édit. M.

[2] Sévigné, *Lettres* (3 juillet 1675), t. III, p. 316, édit. M.; t. III, p. 443, édit. G.

cardinal : « Le monde, par rage de ne pouvoir mordre sur un aussi beau dessein, dit qu'il en sortira. Hé bien, envieux, attendez donc qu'il en sorte ! et, en attendant, taisez-vous. Car, de quelque côté qu'on puisse regarder cette action, elle est belle ; et si l'on savait comme moi qu'elle vient purement du désir de faire son salut et de l'horreur de sa vie passée, on ne cesserait de l'admirer [1]. »

Lorsque madame de Sévigné écrivait des Rochers ces lignes, Pomponne avait mandé au cardinal d'Estrées que « le roi ne voulait pas que cet ambassadeur fît aucune instance auprès du pape pour l'engager à rétracter le refus qu'il avait fait d'accepter la démission de Retz ; et il lui donnait ordre, au contraire, d'assurer à Sa Sainteté que Sa Majesté ne pourrait voir qu'avec satisfaction qu'un sujet de ce mérite fût conservé dans le sacré collége [2]. »

Ainsi Retz resta cardinal, et même le pape lui donna l'ordre de sortir de sa retraite de Saint-Mihiel. Il alla de nouveau résider à Commercy ; il reprit ses insignes et le train de vie d'un prince de l'Église, mais non avec le même luxe [3]. Madame de Sévigné en avertit sa fille, et lui mande qu'elle peut lui écrire avec la liberté permise à un grand dignitaire ecclésiastique ; et même de ne pas s'interdire avec lui quelques *chamarrures* qu'elle eût été

---

[1] SÉVIGNÉ, *Lettres* (9 octobre 1675), t. IV, p. 142, édit. G.; t. IV, p. 31, édit. M.

[2] *Lettres de* POMPONNE *au cardinal d'Estrées* (en date des 23 septembre et 11 octobre 1675). Dans les *Mémoires* DE RAIS, *Nouvelle Collection des Mémoires pour servir à l'histoire de France*, 1836, in-8°, p. 614.

[3] SÉVIGNÉ, *Lettres* (23 octobre 1675), t. IV, p. 54, édit. M.; t. IV, p. 165, édit. G.

forcée de supprimer s'il avait continué à vivre en cénobite¹.

Cependant Retz ne donna aucun lieu de croire que la résolution qu'il avait prise ne fût pas sincère. Il édifia par sa piété, se fit aimer des pauvres par sa bienfaisance et des riches par sa bonté ; sa modération, sa douceur, l'égalité de son humeur et les charmes de sa conversation lui firent des amis de tous ceux qui l'approchaient. A Saint-Mihiel et à Commercy il avait inspiré une telle vénération au peuple que tout le monde, hommes, femmes et enfants, se mettait à genoux sur son passage².

Madame de Sévigné se rendit à la maison de campagne de M. de Caumartin pour faire ses adieux à Retz le 18 juin³ ; et alors elle écrit à sa fille :

« Je vous assure, ma très-chère, qu'après l'adieu que je vous fis à Fontainebleau, et qui ne peut être comparé à nul autre, je n'en pouvais faire un plus douloureux que celui que je fis hier au cardinal de Retz chez M. de Caumartin, à quatre lieues d'ici... Madame de Caumartin [c'est à elle que Retz avait adressé ses Mémoires] arriva de Paris, et, avec tous les hommes qui étaient restés au logis, elle vint nous trouver dans le bois. Je voulus m'en retourner à Paris ; ils m'arrêtèrent à coucher sans beaucoup de peine. J'ai mal dormi ; le matin, j'ai

---

¹ SÉVIGNÉ, *Lettres* (19 et 23 octobre ; 6 et 13 novembre 1675), t. IV, p. 35, 54, 74, 75, 86, édit. M.—*Ibid.*, t. IV, p. 146, 169, 192, 205, édit. M.

² DUMONT, *Histoire de la ville et des seigneurs de Commercy*, t. II, p. 172.

³ SÉVIGNÉ, *Lettres* (mercredi 19 juin 1675), t. III, p. 422, édit. G.; t. III, p. 299, édit. M. — *Ibid.* (10 juillet 1675), t. III, p. 325, édit. M.

embrassé notre cher cardinal avec beaucoup de larmes et sans pouvoir dire un mot aux autres. Je suis revenue ici, où je ne puis me remettre encore de cette séparation : elle a trouvé la fontaine assez en train ; mais, en vérité, elle l'aurait rouverte quand elle aurait été fermée. »

Retz voulait faire présent d'une cassolette d'argent à madame de Grignan, qui, malgré les instances de sa mère, la refusa obstinément, et mécontenta ainsi par sa hauteur le cardinal et madame de Sévigné [1]. Et cependant, sans sa fin prématurée, Retz, qui comme cardinal devait encore être utile à Louis XIV, aurait été le protecteur du jeune marquis de Grignan, ainsi que, dans le temps de sa grande puissance de factieux, il l'avait été du jeune marquis de Sévigné, son parent, quand il épousa Marie de Rabutin-Chantal [2]. Aussi madame de Sévigné écrit-elle à sa fille précisément à ce sujet : « Vous ne trouverez personne de votre sentiment, et vous devez vous défier de vous quand vous êtes seule de votre avis. »

Retz avait bien annoncé à madame de Sévigné son projet de retraite à Saint-Mihiel et sa démission du cardinalat ; mais il lui avait caché les efforts que le cardinal d'Estrées, ambassadeur de France à Rome, faisait pour que le pape et le sacré collége ne refusassent point cette démission. Elle apprit tout cela par d'Hacqueville, et ses inquiétudes furent d'autant plus vives qu'on lui

---

[1] SÉVIGNÉ, Lettres (26 juin, 22 août 1675), t. III, p. 431 ; t. IV, p. 47, édit. G.; t. III, p. 307 et 421, édit. M —Ibid. (9 septembre 1675), t. IV, p. 90, édit. G.; t. III, p. 460, édit. M.

[2] SÉVIGNÉ, Lettres (11 et 13 mai 1680), t. VI, p. 269, édit. M., et la note.— Ibid. (25 août 1680), t. VI, p. 433, édit. M.; t. VI, p. 489, édit. G., et t. VII, p. 179, édit. G.

dit aussi que le roi avait le dessein de donner ce chapeau si délaissé par Retz à Forbin-Janson [1], l'évêque de Marseille, qu'elle considérait comme l'ennemi de M. de Grignan. Aussi sa joie fut grande lorsqu'elle apprit que Retz était, comme elle dit, *recardinalisé* [2].

« D'Hacqueville [écrit-elle à sa fille] m'a fait grand plaisir, cette dernière fois, de m'ôter la colère que j'avais contre le cardinal d'Estrées. Il m'apprend que le nôtre [le cardinal de Retz] a été refusé en plein consistoire, sur sa propre lettre, et qu'après cette dernière cérémonie il n'a plus rien à craindre; de sorte que le voilà trois fois cardinal malgré lui, du moins les deux dernières; car pour la première, s'il m'en souvient, il ne fut pas trop fâché [3]. Écrivez-lui pour vous moquer de son chagrin. D'Hacqueville en est ravi : je l'en aime. Je reçois souvent de petits billets de ce cher cardinal; je lui en écris aussi. Je tiens ce léger commerce mystérieux et très-secret : il m'en est plus cher. »

Ce qui attache le plus à madame de Sévigné quand on lit ses lettres, ce qui devait la rendre adorable, c'est moins le brillant de son esprit que les qualités de son cœur. On lui pardonne volontiers son amour extravagant pour sa fille en faveur de sa vivacité, de sa franchise, de sa constance en amitié. Elle était aussi expansive, aussi affectueuse que sa fille était froide et réservée. Dans une lettre où madame de Sévigné se montre

---

[1] SÉVIGNÉ, *Lettres* (5 juin 1675), t. III, p. 402, édit. G.; t. IV, p. 26.

[2] SÉVIGNÉ, *Lettres* (23 octobre 1675), t. IV, p. 54, édit. M.; t. IV, p. 169, édit. G.

[3] SÉVIGNÉ, *Lettres* (13 octobre 1675), t. IV, p. 150, édit. G.; t. IV, p. 37 et 38, édit. M.

toujours plus charmée de sa correspondance avec madame de Grignan, elle manifeste bien clairement la différence qui existait entre elles deux et comment l'excès de sa tendresse mettait obstacle aux jouissances de leur réunion, comment elles ne pouvaient s'accorder sur la nature des sentiments que l'une et l'autre ressentaient pour Dieu et pour leurs amis.

« Vous ne sentez pas, dit-elle, l'agrément de vos lettres; il n'y a rien qui n'ait un tour surprenant. Nous avons bien compris votre réponse au capucin : *Mon père, qu'il fait chaud!* et nous ne trouvons pas que, de l'humeur dont vous êtes, vous puissiez jamais aller à confesse : comment parler à cœur ouvert à des gens inconnus? C'est bien tout ce que vous pouvez faire à vos meilleurs amis... Je vous remercie, ma fille, de la peine que vous prenez de vous défendre si bien d'avoir jamais été oppressée de mon amitié; il n'était pas besoin d'une explication si obligeante; je crois de votre tendresse pour moi tout ce que vous pouvez souhaiter que j'en pense : cette persuasion fait le bonheur de ma vie. Vous expliquez très-bien aussi cette volonté que je ne pouvais deviner, parce que vous ne vouliez rien ; je devais vous connaître ; et sur cet article je ferai encore mieux que je n'ai fait, parce qu'il n'y a qu'à s'entendre. Quand mon bonheur vous redonnera à moi, croyez, ma bonne, que vous serez encore plus contente de moi mille fois que vous ne l'êtes. Plût à Dieu que nous fussions déjà à portée de voir le jour où nous pourrons nous embrasser[1] ! »

Madame de Grignan, qui n'avait pas, comme sa mère

---

[1] Sévigné, *Lettres* (26 juin 1675), t. III, p. 433, édit. G.; t. III, p. 309, édit. M.

la conscience timorée d'une janséniste, ne comprenait pas comment madame de Sévigné, à cause de la tendresse qu'elle lui portait, n'osait s'approcher de la sainte table, et elle l'avait raillée sur ses scrupules. Madame de Sévigné lui répond :

« Vous riez, mon enfant, de la pauvre amitié ; vous trouverez qu'on lui fait trop d'honneur de la prendre pour un empêchement de la dévotion ; il ne lui appartient pas d'être un obstacle au salut. On ne la considère jamais que par comparaison ; mais je crois qu'il suffit qu'elle remplisse tout le cœur pour être condamnable ; et quoi que ce puisse être qui nous occupe de cette sorte, c'est plus qu'il n'en faut pour n'être pas en état de communier. Vous voyez que l'affaire du syndic [la nomination du marquis de Maillane [1]] m'avait mise hors de combat ; enfin, c'est une pitié que d'être si vive : il faut tâcher de calmer et de posséder un peu son âme ; je n'en serai pas moins à vous, et j'en serai un peu plus à moi-même. Corbinelli me priait fort d'entrer dans ce sentiment ; il est vrai que son absence me donne une augmentation de chagrin : il m'aime fort, je l'aime aussi ; il m'est bon à tout ce que je veux. Mais il faut que je sois dénuée de tout pendant mon voyage en Bretagne ; j'ai tant de raisons pour y aller que je ne puis pas y mettre la moindre incertitude [2]. »

Pauvre mère ! combien ce voyage de Bretagne, qui l'éloignera de sa fille, lui pèse ! Ni ses judicieuses ré-

---

[1] Voyez ci-dessus, ch. II et III de cette 5ᵉ partie de ces *Mémoires*, p. 18 et 36 ; et DEPPING, *Correspondance administrative sous le règne de Louis XIV*, in-4°, 1950, p. 407. — *Lettre* de l'évêque de Marseille à Colbert, en date du 17 décembre 1672.

[2] SÉVIGNÉ, *Lettres* (26 juin 1675), t. III, p. 436.

flexions ni les conseils de Corbinelli ne lui servent de rien ; et elle est encore obligée de demander pardon à la *philosophie* de sa fille de lui faire voir tant de faiblesse. « Mais [ajoute-t-elle], une fois entre mille, ne soyez point fâchée que je me donne le soulagement de vous dire ce que je souffre si souvent sans en rien dire à personne. Il est vrai que la Bretagne nous va encore éloigner ; c'est une rage : il semble que nous voulions nous aller jeter chacune dans la mer, et laisser toute la France entre nous deux. Dieu nous bénisse [1] ! »

Elle ne put se résoudre à partir pour la Bretagne sans avoir terminé les affaires de sa fille [2]. Elle fut aussi fort occupée de son fils. Sévigné s'ennuyait de ne point obtenir d'avancement ; il voulait résigner son grade de guidon des gendarmes et devenir colonel d'un régiment ; il espérait avoir celui du comte de Sanzei, son parent, tué à l'affaire de Consabrick [3]. Madame de Sévigné sollicitait cette place pour son fils. La veuve du comte de Sanzei était Anne-Marie de Coulanges, sœur d'Emmanuel de Coulanges et par conséquent la cousine de madame de Sévigné : il semble donc que ce régiment appartenait à la famille des Coulanges et des Sévigné. Malgré les sollicitations du vicomte de Marsilly, que madame de Sévigné nommait son résident auprès de Louvois, on ne donna point ce régiment à Sévigné, qui fut très-mécontent de

---

[1] SÉVIGNÉ, *Lettres* (3 juillet 1675), t. III, p. 440, édit. G.; t. III, p. 315, édit. M.

[2] SÉVIGNÉ, *Lettres* (26 juin 1675), t. III, p. 436, édit. G.; t. III, p. 311, édit. M.

[3] SÉVIGNÉ, *Lettres* (19, 28 et 30 août 1675), t IV, p. 32, 34, 69, 75, édit. G. — *Ibid.* (4 septembre), p. 77 et 78, édit. G. — *Ibid.*, t. III, p. 396, 402, 408, 426, 447, 449, édit. M.

ce refus ¹. Sa mère désirait le marier et l'arracher à ses intrigues d'amour, qui nuisaient à sa santé et l'empêchaient de s'occuper de son avancement ².

Tandis que la cour abandonnait Fontainebleau, où elle avait passé tout l'été, madame de Sévigné se décidait à quitter la capitale pour se rendre en Bretagne ³. Elle n'ignorait pas que cette province était en révolte ouverte; mais elle était entraînée par la nécessité de ses affaires ⁴.

---

¹ Sévigné, *Lettres* (7, 21, 26 août 1675), t. III, p. 494 et 499; t. IV, p. 24, édit. G.; t. III, p. 360, 419, 426, édit. M.

² Sévigné, *Lettres* (7 août 1675), t. III, p. 504, édit. G.; t. III, p. 125, édit. M.

³ Sévigné, *Lettres* (3 juillet 1675), t. III, p. 442, édit. G.; t. III, p. 317, édit. M.

⁴ Sévigné, *Lettres* (31 juillet et 2, 6, 7, 9, 16, 19, 27 et 28 août), t. III, p. 475, 480, 487, 492; t. IV, p. 9 25 27, 57, 64 à 73, édit. G.

CHAPITRE IX.

1674-1675.

Madame de Grignan s'alarme du projet de madame de Sévigné d'aller en Bretagne. — Succès de Louis XIV ; conquête de la Franche-Comté, du Roussillon. — Bataille de Senef. — Accroissement des impôts. — Misère du peuple, qui se révolte en Bretagne et en Guienne. — Le duc de Chaulnes quitte Cologne et se rend en Bretagne. — On annonce qu'on va y envoyer des troupes. — Le duc de Chaulnes s'y oppose. — Une émeute à Rennes. — Madame de Sévigné diffère son voyage. — Elle se décide à aller à Nantes. — Forbin conduit six mille hommes en Bretagne. — Le duc de Chaulnes, détesté des Bretons, sévit contre eux. — Madame de Sévigné veut qu'on agisse avec énergie contre les révoltés, mais désapprouve le despotisme de Louis XIV. — Refus fait à madame de Froulay. — Tragique histoire d'un passementier à Paris. — Les états de Bretagne s'assemblent à Dinan. — Sommes accordées. — Madame de Sévigné s'indigne du servilisme des députés. — Elle blâme l'évêque de Saint-Malo. — Libertés de la province violées par l'envoi des troupes. — Remontrances au roi à ce sujet. — Madame de Sévigné manifeste ses sentiments désapprobateurs. — Elle approuve son fils, qui les partage. — D'Harouis, trésorier des états. — Mauvaise situation de ses affaires. — Inquiétudes de madame de Sévigné à ce sujet. — Elles se réalisent par la suite — Les comptes de d'Harouis sont examinés. — Vers de la Fontaine à ce sujet. — D'Harouis est condamné à une prison perpétuelle. — Il est plaint et secouru.

Aussitôt que madame de Grignan eut appris que sa mère se disposait à se rendre en Bretagne, elle s'alarma, et lui écrivit pour la détourner de faire ce voyage. Madame de Sévigné lui répondit :

« Vous êtes bonne sur vos lamentations de Bretagne ; je voudrais avoir Corbinelli ; vous l'aurez à Grignan. Je vous le recommande ; et moi j'irai voir ces coquins qui jettent des pierres dans le jardin du patron [du duc de Chaulnes, gouverneur de Bretagne]. On dit qu'il y a cinq ou six cents bonnets bleus en Bretagne qui auraient bon besoin d'être pendus, pour leur apprendre à parler. La haute Bretagne est sage, et c'est mon pays[1]. »

Elle se trompait. Il est bien vrai que partout Louis XIV triomphait. La conquête de la Franche-Comté était achevée. Le comte de Schomberg avait défait les Espagnols et les avait chassés du Roussillon[2]. La flotte des Hollandais, commandée par Ruyter, avait été repoussée de Belle-Ile[3] et de la Martinique[4]. Le prince d'Orange, après le sanglant combat de Senef[5], avait été forcé de lever le siége d'Oudenarde. Turenne avait battu les Allemands à Ensisheim[6], à Mulhausen[7], à Turkheim[8]. Vaubrun avait pris Dachstein[9]. Vivonne, après avoir dispersé l'armée navale d'Espagne, était entré dans Messine[10] et d'Estrades avait mis une garnison dans la citadelle de Liége[11]. Dinan s'était rendu au maréchal de Créquy[12], Huy au marquis de Rochefort[13], Limbourg au duc d'Enghien[14]. La Suède fait

---

[1] Sévigné, *Lettres* (30 août 1675), t. IV, p. 73.

[2] *Relation de ce qui s'est passé en Catalogne*, 1678, in-12, Paris, Quinet, 194 pages. Il prit Bellegarde le 27 juillet 1675.

[3] Le 28 juin 1674.

[4] Le 21 juillet 1674. Ruyter avait quarante-six vaisseaux.

[5] Le 11 août 1674.

[6] Le 4 octobre 1674.

[7] Le 29 décembre 1674.

[8] Le 5 janvier 1675.

[9] Le 29 janvier 1675.

[10] Le 11 février 1675.

[11] Le 27 mars 1675.

[12] Le 29 mai 1675.

[13] Le 6 juin 1675.

[14] Le 21 juin 1675.

une diversion en faveur de la France¹. Les colonies nouvellement fondées prospèrent, et le roi nomme le premier évêque de Québec². Sobieski s'assied sur le trône de Pologne par l'influence de Louis XIV, et la femme de la cour du grand monarque qu'il avait épousée devient reine de la Pologne³. Enfin madame de Sévigné écrivait : « Rien n'égale le bonheur des Français. » Et cependant c'est alors qu'il y eut des révoltes alarmantes en Guienne et en Bretagne, et qu'on craignit pour la Normandie, où les ennemis de la France entretenaient des intelligences. L'accroissement des impôts et la nécessité d'appesantir le joug du despotisme, qui en était la conséquence, furent la cause de ces troubles. Les dépenses de la guerre, les constructions de Versailles, le luxe de la cour, les largesses faites aux courtisans, aux maîtresses, aux ministres forcèrent Colbert, qui avait aussi part à ces largesses, de recourir à des taxes inaccoutumées, nuisibles à l'agriculture et au commerce. On afferma ces nouveaux impôts à des traitants, qui les rendaient, par leurs exactions, plus odieux au peuple. Les taxes sur le papier timbré et sur la vaisselle d'étain offensèrent surtout la Guienne ; celles sur le tabac parurent intolérables aux paysans bretons⁴. Ces mécontentements étaient sourdement excités par les parlements, que Louis XIV avait contraints (février 1673) à enregistrer sans délibération ses édits avant de s'occuper d'aucune autre affaire ; ce qui les réduisait à n'être plus que des cours de justice, et leur ôtait toute importance poli-

---

¹ Vers le milieu de janvier 1675.
² Le 23 avril 1675.
³ Le 21 mai 1674.
⁴ *Nouvelles ou Mémoires historiques*, in-12 (par mad. Daulnois), t. I, p. 185 et 186.

tique. Le feu de la rébellion était aussi attisé par les membres du tiers état, qui étaient punis par l'exil ou par la prison s'ils se permettaient de parler avec liberté dans les assemblées provinciales ou lorsqu'ils se montraient opposés aux demandes du gouvernement. Le duc de Chaulnes, qu'on avait tiré du congrès de Cologne pour l'envoyer dans son gouvernement de Bretagne, avait averti Colbert du danger que courait l'ordre public si on ne renonçait pas à l'exécution stricte et rigoureuse des impôts, si on ne remédiait pas aux vexations des traitants. Mais Colbert, qui voulait partout une comptabilité uniforme, répondit que les édits étaient exécutés en Languedoc et en Bourgogne; et il enjoignit au duc de Chaulnes de faire en sorte qu'il en fût de même en Bretagne[1]. Comme il y avait eu une légère émeute à Rennes, on donna ordre aux archers de Normandie de se rendre dans cette ville. De Chaulnes écrivit que l'exécution d'une telle mesure était le moyen de faire soulever Rennes et toute la province. Il espérait, si on révoquait cet ordre, pouvoir assurer la tranquillité. Il était parvenu à la rétablir sans rigueur et sans violence. « Il n'y a, écrivait-il, qu'en l'évêché de Quimper où les paysans s'attroupent tous les jours; et toute leur rage est présentement contre les gentilshommes, dont ils ont reçu de mauvais traitements[2]. Il est certain que la noblesse a traité fort rude-

---

[1] Forbonnais, *Recherches sur les finances de la France*, édit. de 1758, in-12, t. II, p. 105, 123, 131.—Clément, *Hist. de Colbert*, p. 344, 348, 365.

[2] Le duc de Chaulnes, *Lettres à Colbert* (30 juin 1675), dans Depping, *Correspondance administr. sous le règne de Louis XIV*, in-4°, 1850, p. 54, 348, 545, 546, 561.—Clément, *Histoire de la vie et de l'administration de Colbert*, in-8°, 1846, p. 370.

ment les paysans; ils s'en vengent présentement, et ont exercé déjà, vers cinq ou six, de très-grandes barbaries, les ayant blessés et pillé leurs maisons, et même brûlé quelques-unes[1]. » Le duc de Chaulnes ne se maintint pas longtemps dans ces dispositions bienveillantes; il y eut, le 18 juillet[2], une nouvelle émeute à Rennes, et madame de Sévigné la raconte ainsi à sa fille :

« On a recommencé, dit-elle, à piller un bureau à Rennes; madame de Chaulnes est à demi morte des menaces qu'on lui fait tous les jours. On me dit hier qu'elle était arrêtée, et que même les plus sages l'ont retenue, et ont mandé à M. de Chaulnes, qui est au Fort-Louis, que, si les troupes qu'il a demandées font un pas dans la province, madame de Chaulnes court risque d'être mise en pièces. Il n'est cependant que trop vrai qu'on doit envoyer des troupes; et on a raison de le faire, car, dans l'état où sont les choses, il ne faut pas de remèdes anodins[3]. »

La légèreté avec laquelle madame de Sévigné parle des souffrances du peuple blesse avec raison les sentiments des lecteurs modernes et lui a été souvent reprochée. Il est bien vrai que, redoutant pour ses amis et pour elle-même les suites de la révolte, elle désirait qu'elle fût réprimée avec énergie; mais elle blâmait, elle détestait la tyrannie qui rendait cette répression nécessaire et les cruelles rancunes du gouverneur, son ami. Cette

---

[1] Le duc DE CHAULNES, dans DEPPING, *Correspondance administrative de Louis XIV*, 1850, in-4°, t. I, p. 547.

[2] CLÉMENT, *Vie de Colbert*, p. 371.

[3] SÉVIGNÉ, *Lettres* (24 juillet 1675), t. III, p. 459, édit. G.; t.III, p. 334, édit. M.—FEUQUIÈRES, *Lettres inédites*, 1845, in-8°, t. II, p. 169.

insensibilité qui nous surprend n'est qu'apparente, et le ton léger avec lequel elle s'exprime est une amère ironie. Nombre de fois, dans sa correspondance, elle manifeste toute l'indépendance d'une janséniste, d'une ancienne frondeuse, du parti sous les drapeaux duquel avaient lutté, avaient combattu les Condé, les la Rochefoucauld, les Retz, qui étaient restés ses amis. Elle se moque et elle bafoue la servilité des courtisans, l'immoralité des gens d'Église, l'avidité des ministres et des gens en place, la facilité des états de Bretagne à prodiguer l'argent des contribuables ; et, malgré son admiration sincère pour Louis XIV, elle déteste en lui son arrogante domination et sa dureté despotique.

« La royauté [écrit-elle à madame de Grignan] est établie au delà de ce que vous pouvez vous imaginer ; on ne se lève plus, on ne regarde plus personne. L'autre jour, une pauvre mère tout en pleurs, qui a perdu le plus joli garçon du monde, demandait cette charge à Sa Majesté, elle passa. Ensuite, et tout à genoux, cette pauvre madame de Froulay [elle réclamait le prix de la charge de maréchal des logis qu'elle avait achetée pour son fils, tué à la guerre] se traîna à ses pieds, lui demandant avec des cris et des sanglots qu'elle eût pitié d'elle : Sa Majesté passa sans s'arrêter[1]. »

Madame de Sévigné annonce ainsi le prochain départ du roi : « Je vous ai mandé, ma très-chère, comme nos folies de Bretagne m'arrêtaient pour quelques jours. M. de Forbin [le bailli de Forbin, capitaine-lieutenant de la première compagnie des mousquetaires et lieute-

---

[1] Sévigné, *Lettres* (22 août 1675), t. IV, p. 46, édit. G. ; t. III p. 21, édit. M. ; t. II, p. 58, édit. de la Haye, 1726, in-12.

nant général] doit partir avec six mille hommes pour punir notre Bretagne, c'est-à-dire la ruiner. Ils s'en vont par Nantes; c'est ce qui fait que je prendrai la route du Mans avec madame de Lavardin. » Cependant elle se décida à passer par Nantes, et put se convaincre qu'on faisait plus que ruiner la province [1].

« Nos pauvres Bas-Bretons [mande-t-elle à sa fille quand elle fut arrivée au terme de son voyage] s'attroupent quarante, cinquante par les champs; et dès qu'ils voient les soldats ils se jettent à genoux, et disent *Mea culpa;* c'est le seul mot de *français* qu'ils sachent, comme nos Français disaient qu'en Allemagne le seul mot de *latin* qu'on disait à la messe, c'était *Kyrie, eleison*. On ne laisse pas de pendre ces pauvres Bas-Bretons; ils demandent à boire et du tabac, et qu'on les dépêche [2]. »

C'est alors même que madame de Sévigné annonce qu'on a fait filer les troupes en Bretagne et que M. de Pomponne a donné à M. de Forbin les noms des terres de son fils pour qu'elles fussent ménagées qu'elle fait connaître à sa fille les affreuses conséquences de l'énormité des taxes dans les provinces, dans la capitale, dans les villes, aussi bien que dans les campagnes. « Voici, dit-elle, une petite histoire qui se passa il y a trois jours. Un pauvre passementier, dans le faubourg Saint-Marceau, était taxé à dix écus pour un impôt sur les maîtrises; il ne les avait pas. On le presse et represse; il demande du temps, on le lui refuse; on prend son pauvre lit et sa pauvre écuelle.

---

[1] SÉVIGNÉ, *Lettres* (31 juillet 1675), t. III, p. 472, édit. G.; t. III, p. 345, édit. M.

[2] SÉVIGNÉ, *Lettres* (24 septembre 1675 t. IV, p. 113, édit. G; t. IV, p. 6, édit. M.

Quand il se vit en cet état, la rage s'empara de son cœur; il coupa la gorge à trois de ses enfants qui étaient dans sa chambre; sa femme sauva le quatrième et s'enfuit. Le pauvre homme est au Châtelet; il sera pendu dans un jour ou deux. Il dit que tout son déplaisir c'est de n'avoir pas tué sa femme et l'enfant qu'elle a sauvé. Songez, ma fille, que cela est vrai comme si vous l'aviez vu, et que depuis le siége de Jérusalem il ne s'est pas vu une telle fureur[1]. »

L'assise des états de Bretagne s'ouvrit, cette année, le 9 novembre (1675), dans la salle des Jacobins de Dinan; elle fut close le 12 décembre. Les trois millions demandés au nom du roi et les gratifications au duc de Chaulnes, au marquis de Lavardin et à l'évêque de Saint-Malo (président de l'Église), etc., furent accordés sans difficulté. Cependant, malgré la terreur qui pesait sur les états, ils osèrent envoyer des commissaires au roi, pour s'opposer à ce qu'on mit en Bretagne des troupes en quartier d'hiver : ils représentèrent que c'était une mesure illégale et contraire aux droits et aux franchises de la province. Je transcrirai ici ce qui est dit à ce sujet dans le procès-verbal de l'assise sur la réponse faite au nom du roi :

« *Du* 10 *décembre* 1675. Monseigneur le duc de Chaulnes est entré en l'assemblée, et a dit qu'ayant écrit à Sa Majesté que la province était alarmée de ce que Sa Majesté, au préjudice des contrats faits entre Sa Majesté et elle, y avait envoyé des troupes en quartier d'hiver, il avait reçu une lettre de Sa Majesté par laquelle elle l'assurait que ce qu'elle en avait fait était

---

[1] Sévigné, *Lettres* (31 juillet 1675), t. III, p. 472-73, édit. G.; t. III, p 345, édit. M.

par nécessité, se trouvant chargée d'une infinité de troupes qu'elle avait été obligée de distribuer dans les provinces; que cela ne tirerait à conséquence, et que Sa Majesté conserverait toujours les priviléges de la province[1]. »

Madame de Sévigné cette fois, animée d'un vrai patriotisme breton, fait bien ressortir tout ce que cette réponse à la protestation avait de dérisoire, et montre en même temps combien elle ressentait vivement le malheur des populations; mais quoiqu'elle blâme ses amis, ce n'est pas sur eux qu'elle dirige les traits les plus acérés de sa critique. Ceux-ci, le duc de Chaulnes et le marquis de Lavardin étaient cependant les premiers exécuteurs des ordres du roi et de ses ministres; mais, dans les intervalles de ces orages passagers de la politique, les deux premiers couvraient madame de Sévigné de leur protection et la garantissaient de toutes vexations : dans les temps calmes, ils la comblaient de soins, de louanges, de politesse, et ils ajoutaient infiniment aux agréments de son séjour aux Rochers. Elle n'accusait pas non plus d'Harouis, qui, en qualité de trésorier des états, était le surintendant des finances, le Fouquet de la Bretagne; de même que Fouquet, fastueux, grand, généreux, prodigue des richesses, peu scrupuleux sur les moyens d'en acquérir, et, comme lui, se précipitant aussi par la ruine dans la prison. Madame de Sévigné ne voyait en d'Harouis qu'un parent qui lui était dévoué, qu'un ami désintéressé, toujours prêt à venir à son secours dans tous ses embarras d'af-

---

[1] *Recueil ms. de la Bibl. nat. de la tenue des états de Bretagne,* p. 379.

faires; et elle avait autant d'amitié pour lui qu'elle en avait eu pour Fouquet, avec plus d'admiration encore [1].

C'est sur un autre parent des Sévigné, sur Sébastien de Guémadeuc, évêque de Saint-Malo, qu'elle se plaît à épancher tout le fiel de sa censure. Cependant il n'avait eu que la plus petite part aux maux dont elle se plaignait; il avait été envoyé en qualité de commissaire près du roi pour faire des représentations contre la mise des troupes en quartier d'hiver, et avait eu le malheur de rapporter cette réponse dont elle se plaint avec juste raison. Quoique cette fois les états se tinssent loin d'elle, elle était parfaitement bien informée de tout ce qui s'y passait, et elle en instruit madame de Grignan.

« Voici, dit-elle, des nouvelles de notre province; j'en ai reçu un fagot de lettres : les Lavardin, les Boucherat et les d'Harouis me rendent compte de tout. M. de Harlay demanda trois millions [2], chose qui ne s'est jamais donnée que quand le roi vint à Nantes; pour moi, j'aurais cru que c'eût été pour rire. Ils promirent d'abord, comme des insensés, de les donner; et en même temps M. de Chaulnes proposa de faire une députation au roi pour l'assurer de la fidélité de la province et de l'obligation qu'elle lui a d'avoir bien voulu envoyer des troupes pour la remettre en paix, et que sa noblesse n'a eu aucune part aux désordres qui sont arrivés. M. de Saint-

---

[1] SÉVIGNÉ, *Lettres* (24 septembre 1675), t. IV, p. 112, édit. G.; t. IV, p. 7, édit. M. — Sur d'Harouis, voy. 4ᵉ partie, 29, 33.

[2] Dans le procès-verbal de l'assise de ces états, il est dit simplement, sous la date du 11 novembre 1675 : « MM. les commissaires « sont rentrés... M. de Harlay a demandé trois millions pour le roy, « et les états les ont accordés. » *Recueil*, etc., ms. de la Bibl. nat., p 377.

Malo se botte aussitôt pour le clergé; Tonquedec voulait aller pour la noblesse; mais M. de Rohan [président des états] a voulu aller, et un autre pour le tiers [1]. Ils passèrent tous trois avant-hier à Vitré; il est inouï qu'un président de la noblesse ait jamais fait une pareille course... On ne voit point l'effet de cette députation ; pour moi, je crois que tout est réglé et joué, et qu'ils nous rapporteront quelque grâce. Je vous le manderai ; mais jusqu'ici nous n'en voyons pas davantage [2]. »

Puis elle continue trois semaines après, et dit :

« M. de Lavardin est mon résident aux états; il m'instruit de tout; et comme nous mêlons quelquefois de l'italien dans nos lettres, je lui avais mandé, pour lui expliquer mon repos et ma paresse ici :

> . . . . D'ogni oltraggio e scorno
> La mia famiglia e la mia greggia illese
> Sempre qui fur, ne strepito di Marte
> Ancor turbò questa remota parte [3].

« A peine ma lettre a-t-elle été partie qu'il est arrivé à Vitré huit cents cavaliers, dont la princesse [de Tarente] est bien mal contente : il est vrai qu'ils ne font que passer ; mais ils vivent, ma foi, comme dans un pays de con-

---

[1] Cet autre, que madame de Sévigné ne daigne pas nommer, était M. de la Gascherie-Charette, maire de Nantes. (*Rec. ms.*, p. 377.)

[2] SÉVIGNÉ, *Lettres* (17 novembre 1675), t. IV, p. 210, édit. G.; t. IV, p. 90, édit. M.

[3] TASSO, *Ger. liber.*, canto VII, st. 8. Mad. de Sévigné venait alors de relire le Tasse avec Charles de Sévigné, comte de Montmoron, doyen du parlement de Bretagne, parent des Sévigné, homme d'esprit, grand amateur de devises et qui faisait des vers. Voyez les lettres du 17 novembre 1675, du 20 octobre 1675 et du 15 septembre 1680. Le comte de Montmoron mourut le 31 septembre 1684 (voyez la lettre du 4 octobre 1684).

quête, nonobstant notre bon mariage avec Charles VIII et Louis XII. Les députés sont revenus de Paris ; M. de Saint-Malo, qui est Guémadeuc, votre parent, et sur le tout une *linote mitrée*, comme disait madame de Choisy, a paru aux états, transporté et plein des bontés du roi et surtout des honnêtetés particulières qu'il a eues pour lui, sans faire attention à la ruine de la province, qu'il a apportée agréablement avec lui ; ce style est d'un bon goût à des gens pleins, de leur côté, du mauvais état de leurs affaires. Il dit que Sa Majesté est contente de la Bretagne et de son présent ; qu'elle a oublié le passé, et que c'est par confiance qu'on envoie ici huit mille hommes, comme on envoie un équipage chez soi quand on n'en a que faire [1]. »

Et précédemment elle avait dit :

« Nos députés, qui étaient courus si extravagamment porter la nouvelle du don, ont eu la satisfaction que notre présent a été reçu sans chagrin ; et, contre l'espérance de toute la province, ils reviennent sans rapporter aucune grâce. Je suis accablée des lettres des états ; chacun se presse de m'instruire : ce commerce de traverse me fatigue un peu. On tâche d'y réformer les libéralités et les pensions, et l'on reprend de vieux règlements qui couperaient tout par la moitié ; mais je parie qu'il n'en sera rien ; et comme cela tombe sur nos amis les gouverneurs, lieutenants généraux, commissaires du roi, premiers présidents et autres, on n'aura ni la hardiesse ni la générosité de rien retrancher [2]. »

---

[1] Sévigné, *Lettres* (8 décembre 1675), t. IV, p. 236, édit. G. ; t. IV, p. 113, édit. M.

[2] Sévigné, *Lettres* (27 novembre 1675), t. IV, p. 222, édit. G. ; t. IV, p. 101, édit. M.

Elle se trompait encore, et elle se trouva bientôt dans l'heureuse nécessité d'annoncer à sa fille qu'elle a trop mal jugé ses compatriotes.

« Nos états sont finis [1]; il nous manque neuf cent mille francs de fonds; cela me trouble à cause de M. d'Harouis. On a retranché toutes les pensions et qualifications à moitié. M. de Rohan n'osait, dans la tristesse où est cette province, donner le moindre plaisir; mais M. de Saint-Malo, *linote mitrée*, âgé de soixante ans, a commencé, vous croyez que c'est les prières de quarante heures; c'est le bal à toutes les dames et un grand souper : ç'a été un scandale public. M. de Rohan, honteux, a continué. C'est ainsi que nous chantons en mourant, semblables au cygne; car mon fils le dit, et il cite l'endroit où il l'a lu : c'est sur la fin de Lucrèce [2]. »

Ce n'était pas seulement à sa fille qu'elle manifestait ces sentiments, c'était encore dans les visites qu'elle faisait à Vitré et dans les cercles de hauts personnages des états, dans ses entretiens avec la femme du gouverneur, la duchesse de Chaulnes; et elle applaudissait aux discours de son fils, qui soutenait les mêmes opinions [3]. Pour ce dernier, ce n'était pas le moyen d'avancer ni d'être bien en cour; mais, indépendamment des motifs de bien

---

[1] SÉVIGNÉ, *Lettres* (15 décembre 1675), p. 252, édit. G.; t. IV, p. 128.

[2] Il y a dans toutes les éditions de Sévigné Quinte-Curce; mais il est certain qu'il faut lire Lucrèce (Lucretius Carus), qui en effet, au vers 547 du IVe chant de son poëme, parle du chant du cygne. Quinte-Curce n'en fait pas mention, et les autres auteurs qui en ont parlé sont Callimaque, Eschyle, Théocrite, Euripide, Ovide, Properce.

[3] SÉVIGNÉ, *Lettres* (25 décembre 1675), t. IV, p. 114, édit. M.; t. IV, p. 271, édit. G. — *Ibid.* (22 décembre 1675), t. IV, p. 270, édit. G.; t. IV, p. 143, édit. M.

public et d'intérêt particulier qui faisaient désapprouver à madame de Sévigné la facilité des députés de Bretagne à voter d'aussi fortes contributions sur le pays où elle avait sa plus grande propriété, une autre cause agissait fortement sur elle : c'était l'amitié qu'elle avait pour d'Harouis, son cousin germain, qui avait contracté mariage avec Madeleine de Coulanges, morte en 1662. La mauvaise situation pécuniaire de ce financier était un secret qui commençait à se divulguer, et l'on doutait qu'il pût réaliser la somme de trois millions qui avait été votée.

Le 11 décembre, madame de Sévigné avait écrit à sa fille :

« Je crois que nous ne laisserons pas de trouver ou du moins de promettre toujours les trois millions, sans que notre ami [M. d'Harouis] soit abîmé ; car il s'est coulé une affection pour lui dans les états qui fait qu'on ne songe qu'à l'empêcher de périr [1]. » Cela était impossible. D'Harouis était un homme sans ordre, qui se faisait beaucoup de partisans en donnant l'argent sans compter avec lui-même ni avec l'État. De l'aveu même de madame de Sévigné (qui changea d'opinion sur son compte), « cette passion d'obliger tout le monde sans mesure et sans raison, offusquant toutes les autres, le rendait injuste [2]. » L'affection qu'on avait pour lui, dont parle madame de Sévigné, était grande, et l'empêcha de faire faillite à cette époque où

---

[1] SÉVIGNÉ, *Lettres* (11 décembre 1675), t. IV, p. 242, édit. G.; t. IV, p. 119, édit. M.

[2] SÉVIGNÉ, *Lettres* (19 février 1690), t. X, p. 267, édit. G. Conférez cette lettre avec celle du 24 septembre 1675, t. IV, p. 7 édit. M.; t. IV, p. 114, édit. M.—*Ibid.* (29 janvier 1692), t. IX, p. 326, édit. M. — *Ibid.* (19 février 1690), t. IX, p. 364, édit. M.

sa perte paraissait certaine [1]. Mais en fermant les yeux sur son désordre on rendit son malheur plus infaillible, et on fit perdre beaucoup d'argent à la province. Il put cependant vivre ainsi durant douze ans encore, et était devenu le créancier de madame de Sévigné [2]; mais en 1687 il fut fait un nouveau règlement général par les états de Bretagne réunis à Saint-Brieuc, afin de remédier aux abus qui s'étaient introduits pendant les années de négligence; et le chapitre XIV de ce règlement, concernant uniquement le trésorier général et ses commis, soumit ces comptables à un contrôle rigoureux [3]. D'Harouis se trouva dans l'impossibilité de rendre ses comptes. C'est alors que l'on nomma la Briffe, conseiller d'État [4], pour examiner la gestion du trésorier des états de Bretagne, qui fut arrêté et interrogé; et c'est peu de temps après que la Fontaine, écrivant au prince de Conti, lui disait [5] :

> La Briffe est chargé des affaires
> Du public et du souverain.
> Au gré de tous il sut enfin
> Débrouiller ce chaos de dettes
> Qu'un maudit compteur avait faites.

D'Harouis, *ce maudit compteur,* fut complétement

---

[1] SÉVIGNÉ, *Lettres* (20 novembre 1675), t. IV, p. 90, édit. M.

[2] SÉVIGNÉ, *Lettres* (1ᵉʳ mars 1684), t. IV, p. 139, édit. M.

[3] *Registre ms. de la tenue des états de Bretagne de* 1629 à 1703. (Bl.-Mant., 75, p. 472, ch. XIV du règlement intitulé *du Trésorier des états et de ses commis,* ms. de l'Institut.)

[4] *Lettres inédites de madame de* GRIGNAN *à son mari;* Paris, décembre 1830, p. 11 (12 p. publiées par M. Monmerqué).

[5] LA FONTAINE, *Œuvres,* Paris, Lefèvre, 1827, t. VI, p. 180. (Lettre au prince de Conti, novembre 1689.)

ruiné et mis à la Bastille, où il mourut le 10 novembre 1699 [1]. Il justifia, dans sa disgrâce, la tendresse que madame de Sévigné avait pour lui. D'Harouis a joui du bonheur bien rare de conserver dans l'infortune les amis qu'il s'était acquis dans sa prospérité ; et Saint-Simon, dans ses Mémoires [2], fait à ce sujet cette remarque : « C'est, je crois, l'unique exemple d'un comptable de deniers publics avec qui ses maîtres et tout le public perdent sans que sa probité en ait reçu le plus léger soupçon. Les perdants même le plaignirent ; tout le monde s'affligea de son malheur ; ce qui fit que le roi se contenta d'une prison perpétuelle. Il la souffrit sans se plaindre, et la passa dans une grande piété, fort visité de beaucoup d'amis et secouru de plusieurs. » Presque toujours la religion recevait dans ses bras les hommes de ce siècle, les consolait dans leur infortune et, par l'attente du bonheur éternel, les rattachait à la vie !

[1] Voyez extrait du *Journal de France* dans la note de M. Monmerqué sur SÉVIGNÉ, t. X, p. 227, édit. 1820, in-8°.
[2] SAINT-SIMON, *Mémoires authentiques*, t. II, p. 372.

CHAPITRE X.

1675-1676.

L'opinion du peuple se tourne contre Louis XIV, et attribue les malheurs publics à ses amours avec madame de Montespan.—Le parti religieux cherche à se séparer d'elle.—Un prêtre refuse l'absolution à madame de Montespan.—Le curé et Bossuet sont consultés, et déclarent tous deux que le prêtre a fait son devoir.—Bossuet et Bourdaloue profitent de cette circonstance pour persuader au roi et à madame de Montespan de se séparer.—Ils le promettent.—Le roi et madame de Montespan communient tous deux le jour de la Pentecôte.—Le roi écrit à Colbert pour qu'il pourvoie aux dépenses de madame de Montespan, et fasse en sorte de la distraire.—Elle construit Clagny.—Le roi revient de l'armée, et ordonne que madame de Montespan soit réintégrée à Versailles, mais avec l'intention de ne pas renouer son commerce avec elle.—Madame de Montespan cherche à le faire changer de résolution.—Elle y parvient.—Son triomphe est complet.—La cour reprend sa splendeur et ses plaisirs.—Racine fait jouer *Iphigénie.*—Boileau compose l'épître à Seignelay contre les flatteurs. — On rejoue l'opéra de *Thésée.*—Le ministre de Pomponne mène madame de Sévigné à ce spectacle.—Vers du Prologue : ils sont tout entiers à la louange du roi.

Madame de Sévigné, en donnant à sa fille de désastreuses nouvelles, ajoute : « Le peuple dit que c'est à cause de *Quantova* [madame de Montespan [1]]. »

Ce peu de mots nous apprend que l'opinion publique, qui s'était montrée si favorable à la jeunesse de Louis XIV, se tournait contre lui. Ses amours avec la Vallière, sur

---

[1] SÉVIGNÉ, *Lettres* (31 juillet 1675), t. III, p. 473, édit. G.; t. III, p. 338, édit. M.

lesquelles se reflétaient les premiers rayons de sa gloire, avaient trouvé plus de sympathie que de blâme. La mémoire de Henri IV, plus récente et plus populaire que celle de saint Louis, avait habitué la nation à considérer le libre commerce avec la beauté comme un des priviléges et presque une des qualités d'un roi français. Mais la prolongation des guerres engagea de plus en plus le gouvernement dans la voie du despotisme. Par les impôts excessifs les fortunes privées furent anéanties, et les populations appauvries par le sang versé sur les champs de bataille. Les provinces étaient mécontentes, et ne pouvaient pardonner à Louis XIV son luxe, ses prodigalités et le scandale de sa liaison avec une femme mariée. Il se forma à la cour un parti composé d'hommes sincèrement attachés au monarque et à la monarchie, dans l'espoir d'opérer une réforme salutaire. Ce parti, qu'on pouvait appeler le parti pieux, parce que ses principaux chefs se faisaient remarquer par leur zèle pour la religion, était peu considérable; mais il était puissamment soutenu par les dignitaires ecclésiastiques et par le contraste que présentaient alors les mœurs sévères des magistrats, des bourgeois industrieux, économes et rangés et la classe licencieuse, besoigneuse, des nobles grands seigneurs, des courtisans et des militaires. Dès que ce parti s'aperçut que la pensée du salut acquérait tous les jours plus de force dans l'esprit du roi, il espéra le rendre tout entier à sa *bonne petite Espagnole*, à la reine, que, par intérêt pour sa dynastie, par attachement, par conscience d'honnête homme, le roi n'avait jamais entièrement négligée[1]. Bour-

---

MADAME, duchesse d'Orléans, *Fragments de lettres*, 1788, in-12.

dalouc et Bossuet, qui donnaient les appuis de la raison à la foi, et à la piété la chaleur du sentiment, considéraient tous deux comme l'acte le plus méritoire envers Dieu et le plus utile à l'humanité, de soumettre aux préceptes de la religion et aux lois de l'Église le plus puissant souverain du monde. Ils employaient pour y parvenir tous les moyens qui n'étaient pas incompatibles avec leurs scrupules religieux. La victoire qu'ils avaient remportée sur la Vallière leur permettait d'en espérer une plus décisive encore ; mais ce second triomphe était plus difficile à obtenir. Ils n'avaient pas, il est vrai, à combattre dans Montespan ce sentiment profond, inaltérable, sincère, désintéressé qui faisait de la Vallière une victime disposée à quitter la vie plutôt qu'à renoncer à son amour ; mais cet amour de la Vallière était sans joie, sans consolation, sans espérance, et torturait le cœur de celle qu'il subjuguait, par le supplice incessant de la jalousie. On put donc persuader à cette infortunée qu'elle échapperait au désespoir en se jetant au pied de la croix, et que là le calme de ses sens, les extases de l'amour divin lui feraient anticiper, dès cette vie même, les pures délices que Dieu, dans la vie éternelle, réserve à ses élus.

Bien différente était Montespan, qui, en devenant la maîtresse de Louis XIV, avait moins cédé à l'amour qu'à la séduction. Si, en public, elle se conformait à tout ce qu'exigeaient d'elle l'étiquette de la cour et son titre de dame d'honneur ; quand Louis était chez elle, le roi disparaissait, elle ne voyait plus que l'amant. Voluptueuse

---

t. I, p. 175, 176.—*Mémoires*, édit. 1732, in-8°, p. 45 et 90.—*Mémoires sur Sévigné*, 3ᵉ partie, ch. v, p. 166.

et tendre, capricieuse et fière, par sa conversation pleine d'à-propos, de verve et de gaieté, par ses saillies, qu'on n'oublie pas et qu'on répète, elle ne permettait pas à l'ennui de se glisser dans ces longs tête-à-tête. Elle satisfaisait son amour-propre et la haute opinion que Louis XIV avait de lui-même en faisant ressortir par des mots piquants les ridicules et les faiblesses de ceux qui l'approchaient. Elle avait avec lui des rapports de ressemblance dans ses qualités et dans ses défauts, qui devaient contribuer à la force et à la durée de leur mutuel attachement. Comme lui elle aimait le faste, le luxe et la grandeur ; plus que lui elle avait le goût et le sentiment des arts et de la poésie ; elle prenait intérêt à tout ce qui pouvait augmenter la gloire de la France, et ses idées sur la politique et les affaires d'État étaient justes et élevées. De toutes les femmes que Louis XIV a aimées, elle fut certainement la seule qui obtint sur lui un véritable empire, la seule qui força les ministres à compter avec elle, la seule qui ait osé combattre les préventions justes ou injustes du monarque toutpuissant et qui, en toute circonstance, ait lutté courageusement en faveur de ses amis ou de ceux qu'elle avait pris sous sa protection. Aussi fut-elle, de toutes les maîtresses de Louis XIV, la seule que les courtisans aient regrettée.

Montespan était encore trop enivrée de l'orgueilleux plaisir de l'avoir emporté sur sa rivale pour qu'on pût espérer que ses scrupules lui donnassent la force de rompre ses liens. Ceux qui entreprenaient de faire d'elle une maîtresse répudiée et de lui ôter le seul dédommagement du sacrifice de son honneur, sacrifice que la noble fierté de sa naissance et les vertueux penchants de sa jeunesse lui avaient rendu pénible[1], ceux-là devenaient nécessairement ses ennemis déclarés. En travaillant à la conversion de la Vallière lorsque Louis XIV était épris de Montespan, on n'avait pas la crainte de déplaire et de s'attirer une disgrâce à laquelle personne alors n'était insensible; mais la pieuse ligue qui entreprenait d'enlever au roi celle qui le charmait par son esprit autant que par ses grâces et sa beauté pouvait craindre les terribles effets de son ressentiment.

Les hommes religieux qui formaient cette ligue ne pouvaient être retenus par de telles considérations; ils savaient que Louis et Montespan, en cédant à la force de leur passion, ne renonçaient pas pour cela à l'héritage de Jésus-Christ, mais qu'ils considéraient comme un privilége de leur rang de pouvoir s'écarter de quelques-uns de ses divins commandements, pourvu qu'ils se soumissent à ceux plus impérieusement exigés par l'Église. Cette aberration, qui leur était commune avec un grand nombre de catholiques peu fervents, moins élevés qu'eux en dignités, ne les aveuglait pas au point qu'à l'approche des grandes fêtes leur conscience ne fût troublée et leur repos intérieur détruit par de puissants scrupules.

Le jeudi saint 11 avril (1675), madame de Montespan se présenta au tribunal de la pénitence devant un prêtre de sa paroisse, se croyant assurée d'obtenir l'approbation nécessaire pour communier le jour de Pâques (14 avril). Le prêtre[2] lui refusa l'absolution. L'orgueil de Montespan fut révolté d'une telle audace. Elle s'en

---

[1] Saint-Simon, *Mémoires authentiques*, 1829, in-8°, t. V, p. 403.
[2] Il se nommait Lecuyer.

plaignit au roi, qui fit venir le curé [1]. Celui-ci déclara que le prêtre avait fait son devoir. Le roi appela près de lui Bossuet; et Bossuet non-seulement approuva la conduite du prêtre, mais il dit au roi que l'Église avait toujours décidé [2] « que, dans des circonstances semblables, une séparation entière et absolue était une disposition indispensable pour être admis à la participation des sacrements. » Le roi fut singulièrement troublé en apprenant, de la bouche du prélat qui avait toute sa confiance, qu'alors qu'il se disposait à affronter à la guerre de nouveaux périls il ne pouvait faire ses pâques, à moins de se soumettre aux décisions de l'Église. Bossuet saisit cette occasion pour agir fortement sur l'esprit du monarque : Louis XIV consentit à tout. Le prélat fut chargé d'aller annoncer à madame de Montespan la résolution du roi, de faire ses efforts pour la persuader à en prendre volontairement une semblable et à s'éloigner de la cour. « Mes paroles, écrivait Bossuet au roi, ont fait verser à madame de Montespan beaucoup de larmes; et certainement, sire, il n'y a point de plus juste sujet de pleurer que de sentir qu'on a engagé à la créature un cœur que Dieu veut avoir. Qu'il est malaisé de se retirer d'un funeste engagement! Mais cependant, sire, il le faut; ou il n'y a point de salut à espérer [3]. »

Madame de Montespan parut décidée à se conformer aux intentions du roi et comme lui se soumettre aux

---

[1] Thibault.
[2] Bossuet, *Lettres*, t. XXXVII, p. 86, 92, 98.—De Bausset, *Histoire de Bossuet*, 4ᵉ édit. in-12, t. II, p. 45 et 55.
[3] Bossuet, *Œuvres*, t. XXXVII, p. 82 et suiv.

injonctions de Bossuet. Elle se retira à Clagny, et Louis XIV s'empressa de donner des ordres à Colbert [1] pour qu'il pourvût à toutes les dépenses qu'elle voudrait y faire. Le roi enjoignit au ministre de prévenir les désirs de celle qu'il lui était si pénible d'affliger et de lui procurer toutes sortes de distractions. Madame de Montespan usa largement des dons du roi. A l'aide de Mansart et de Le Nôtre et des habiles artistes qu'ils appelèrent à leur aide, elle fit de Clagny un magnifique séjour, une miniature de Versailles ; et les sommes auxquelles Colbert dut pourvoir pour cette résidence excédèrent de beaucoup celles que le roi avait, l'année précédente, paru honteux d'exiger du sage administrateur de ses finances. Par une lettre écrite de son camp près de Dôle [2], Louis XIV donnait ordre à Colbert de commander pour madame de Montespan un collier de belles perles, des boucles d'oreilles, des bracelets, des boutons et des boîtes ornées en diamants, d'autres en pierres de toutes couleurs. Avant de faire cette commande, qui est minutieusement détaillée dans sa lettre, Louis XIV commence par dire au ministre : « Madame de Montespan ne veut pas absolument que je lui donne des pierreries ; cela paraît extraordinaire, mais elle ne veut pas entendre raison sur les présents. Je veux avoir de quoi lui prêter à point nommé ce qu'elle désirera. »

Dans sa nouvelle et élégante retraite, madame de

---

[1] Louis XIV, *Lettres* (28 mai et 8 juin 1675), t. V, p. 533, 536, 537 des *Œuvres*, 1806, in-8°. — CHAMPOLLION-FIGEAC, *Documents hist. sur l'hist. de France*, 1843, in-4°.

[2] Lettre de Louis XIV à Colbert (9 juin 1674), dans les *Documents historiques inédits* publiés par Champollion-Figeac, 1843, in-4°, p. 526 et 527.

Montespan reçut de fréquentes visites de la reine ; toute la cour s'empressa autour d'elle, et jamais elle ne fut comblée de plus d'honneurs, ne parut jouir de plus de crédit et de puissance [1] que depuis qu'elle sembla vouloir renoncer à toutes les grandeurs du monde et à tout attachement illégitime.

Le roi était parti de Saint-Germain le samedi 11 mai, pour rejoindre son armée de Flandre. Il n'avait pas manqué à la promesse faite à Bossuet, et il autorisa le prélat à lui écrire pour l'entretenir dans les pieuses dispositions qu'il lui avait inspirées. Ce fut alors que l'illustre précepteur de l'héritier du trône transmit au roi lui-même, pour son usage personnel, des instructions qui sont d'admirables monuments de son zèle apostolique [2]. Pénétré de l'importance de sa mission, Bossuet écrivait en même temps au maréchal de Bellefonds : « Priez Dieu pour moi, je vous en conjure; et priez-le pour qu'il me délivre du plus grand poids dont un homme puisse être chargé, et qu'il fasse mourir tout l'homme en moi, pour n'agir que pour lui seul [3]. »

Bossuet, qui comprenait que le succès de cette grande œuvre dépendait principalement de madame de Montespan, ne la négligeait pas. Il écrivait au roi, à son sujet : « Je vois autant que je puis madame de Montespan, comme Votre Majesté me l'a commandé. Je la trouve assez tranquille ; elle s'occupe beaucoup de bonnes œu-

---

[1] Sévigné, *Lettres* (12 et 14 juin 1675), t. III, p. 416, 418 et 419, édit. G.; t. III, p. 295, 296 et 297, édit. M.

[2] De Bausset, *Histoire de Bossuet*, 4ᵉ édit. in-12, t. II, p. 52, 54 et 55, liv. v, viii, ix et x. — Bossuet, *Œuvres*, t. XXXVII, p. 52.

[3] De Bausset, *Histoire de Bossuet*, 4ᵉ édit. in-12, p. 49 (lettre du 20 juin 1675).

vres, et je la vois fort touchée des vérités que je lui propose, qui sont les mêmes que je dis à Votre Majesté. Dieu veuille les mettre à tous deux dans le fond du cœur et achever son ouvrage, afin que tant de larmes, tant de violence, tant d'efforts que vous avez faits sur vous-même ne soient pas inutiles [1] ! »

Par sa docilité à suivre les conseils de Bossuet, madame de Montespan put communier le 2 juin, jour de la Pentecôte [2], deux jours avant la profession de foi de madame de la Vallière [3]. Le roi communia le même jour, dans son camp de Latines [4], « avec beaucoup de marques de piété, » dit Pellisson. Il avait près de lui son nouveau confesseur. C'était le P. la Chaise, jésuite. La Chaise était un gentilhomme, âgé de cinquante-un ans, auteur d'un excellent abrégé de philosophie. On le disait sévère, et Bossuet avait fondé de grandes espérances sur son concours : il se trompait. Il eût été mieux servi par le confesseur janséniste de madame de Sévigné, qui lui refusa de la laisser communier, comme firent le roi et madame de Montespan, le jour de la Pentecôte, parce que la préoccupation de sa fille l'empêchait d'être suffisamment à Dieu; rigueur que madame de Sévigné approuva, en bonne janséniste. « Je me suis trouvée si uniquement occupée et remplie de vous, dit-elle, que, mon cœur n'étant capable de nulle autre pensée, on m'a dé-

---

[1] BOSSUET, Œuvres, t. XXXVII, p. 92 et 98 (lettre au roi, 1675).

[2] SÉVIGNÉ, Lettres (7 juin 1675), t. III, p. 411, édit. G.; t. III, p. 290, édit. M.

[3] SÉVIGNÉ, Lettres (5 juin 1675), t. III, p. 403, édit. G.; t. III, p. 283, édit. M.

[4] PELLISSON, Lettres historiques, 1729, in-12 (3 juin 1675), t. II, p. 276.— SÉVIGNÉ, loc. cit.

fendu de faire mes dévotions à la Pentecôte; et c'est savoir le christianisme[1]. »

Le roi revint, non pas tel qu'il était à son départ : les pieuses exhortations de Bossuet ne s'étaient pas entièrement effacées de son esprit. Le prélat avait fait promettre une séparation absolue comme condition essentielle du salut, et par conséquent demandé, exigé [2] que madame de Montespan fût expulsée de la cour. A cet égard l'auteur du *Traité de Philosophie*, le P. la Chaise, se montra moins rigoureux que Bossuet. Les courtisans amis de madame de Montespan qui étaient à l'armée avec le roi tournèrent en ridicule l'exigence de l'évêque. Était-il possible de bannir entièrement de la cour une dame d'honneur de la reine, que l'exercice de sa charge y attachait nécessairement? Et qui ne voyait qu'en croyant éviter un scandale le prélat en causait un plus grand, dont tout le monde se préoccuperait? Le roi, persuadé par ces discours, se décida à ne pas tenir sa promesse. Bossuet, informé de son changement de résolution, voulut encore tenter un dernier effort. Il alla résolûment de lui-même au-devant de Sa Majesté, et la joignit à huit lieues de Versailles. Sans être appelé, Bossuet parut inopinément devant Louis XIV. Son visage était triste et sévère : « Ne me dites rien! lui cria le roi dès qu'il l'aperçut de loin. J'ai donné des ordres pour qu'on préparât au château le logement de madame de Montespan. »

« Le roi [écrit à sa fille madame de Sévigné, qui ignorait tout ce qui s'était passé entre Bossuet et

---

[1] Sévigné, *Lettres* (5 juin 1675), t. III, p. 405, édit. G.; t. III, p. 285, édit. M.
[2] De Bausset, *Histoire de Bossuet*, 1824, in-12, t. II, p. 60.

Louis XIV] arriva dimanche matin à Versailles [21 juillet 1675]; la reine, madame de Montespan et toutes les dames étaient allées, dès le samedi, reprendre tous leurs appartements ordinaires. Un moment après être arrivé, le roi alla faire ses visites. La seule différence, c'est qu'on joue dans les grands appartements que vous connaissez¹. » Cette différence était grande : elle indiquait que, bien que la séparation absolue exigée par Bossuet au nom de l'Église n'eût pas eu lieu, cependant Louis XIV hésitait encore, et qu'il se contentait de jouir de la présence et de la société d'une femme dont les grâces, l'enjouement, l'esprit, l'élévation des sentiments, les sympathies pour sa gloire étaient devenus pour lui un dédommagement indispensable aux peines et aux soucis de la royauté. Tout n'était donc pas perdu pour madame de Montespan; et ce qui le prouve c'est ce qu'écrit madame de Sévigné à sa fille quatre jours après : « La cour s'en va à Fontainebleau; c'est MADAME qui le veut. Il est certain que l'*ami de Quantova* [Louis XIV] a dit à sa femme et à son curé par deux fois : « Soyez persua-
« dés que je n'ai pas changé les résolutions que j'avais
« en partant; fiez-vous à ma parole, et instruisez les
« curieux de mes sentiments². »

Dominé par l'influence des habitudes de sa jeunesse, Louis XIV, on le savait, ne pouvait se contraindre : il s'abandonnait sans résistance et sans scrupule aux sé-

---

¹ SÉVIGNÉ, *Lettres* (mercredi 24 juillet 1675), t. III, p. 456, édit. G.; t. III, p. 331, édit. M.—BUSSY, *Suite des Mémoires*, ms. de l'Institut, p. 129 et 130 (lettre à madame de Scudéry, du 20 juillet 1675).—*Supplément aux Mémoires et Lettres de M. le comte* DE BUSSY-RABUTIN, t. I, p. 189.

² SÉVIGNÉ, *Lettres*, t. III, p. 470, édit. G.; t. III, p. 343, édit. M.

ductions des belles femmes de sa cour, par lesquelles il était sans cesse assiégé ; mais aucune de celles qui avaient profité des intervalles laissés à ses désirs par les grossesses ou les courtes absences de madame de Montespan n'avait pu parvenir à toucher son cœur, à intéresser son esprit. Toutes n'avaient obtenu que le facile et honteux triomphe d'être pendant quelques mois, ou même quelques heures, l'objet préféré du caprice des sens ; toutes n'avaient fait que fortifier, par la comparaison, le vif attachement qu'il avait pour sa maîtresse. Si, par tous les moyens qu'elle possédait d'agir sur son esprit, elle était restée à la cour dans l'unique but de seconder le parti religieux et de rendre à la reine son époux, madame de Montespan, majestueuse et belle, serait devenue l'objet de l'admiration générale ; elle eût exercé sur les affaires d'État une salutaire influence, que, du vivant de Louis XIV, aucune femme à la cour n'a su obtenir ; elle eût paru incorporée à la gloire du grand siècle comme une divinité bienfaisante : elle eût régné !

Telle avait été, après les communions de la Pentecôte, l'espérance du parti moral et religieux, de Montausier, du maréchal de Bellefonds, des Colbert, des duchesses d'Albret, de Richelieu. On apprend, par les lettres de madame de Sévigné, quelle brillante et honorable existence pour madame de Montespan cet espoir seul avait fait naître. Madame de Sévigné écrit à sa fille, tandis que le roi était encore à l'armée au camp de Nerhespen[1] : « Vous jugez très-bien de *Quantova*. Si elle

---

[1] Sévigné, *Lettres* (28 juin 1675), t. III, p. 439, édit. G. ; t. III, p. 314, édit. M. — Pellisson, *Lettres historiques* (28 juin 1675), t. II, p. 334.

ne peut point reprendre ses vieilles brisées, elle poussera son autorité et sa grandeur au-dessus des nues; mais il faudrait qu'elle se mît en état d'être aimée toute l'année sans scrupule. En attendant, sa maison est pleine de toute la cour; les visites se font alternativement, et sa considération est sans bornes. »

Cependant dès lors même on doutait de la constance du roi et de madame de Montespan à garder la résolution qu'ils avaient prise. A propos de la grande-duchesse de Toscane [Marguerite-Louise d'Orléans], qui, après quinze ans de séjour, avait quitté son mari et venait en France[1] dans l'espoir de plaire à Louis XIV, le même jour où la vue du saint sacrement qu'on portait à deux soldats suisses qui allaient être fusillés comme déserteurs donna au roi l'idée de leur faire grâce[2], madame de Sévigné écrit à sa fille : « Je suis persuadée qu'elle aimerait fort cette *maison* [c'est-à-dire le cœur du roi], qui n'est point à louer. Ah! qu'elle n'est point à louer! et que l'autorité et la considération seront poussés loin si la conduite du retour est habile! Cela est plaisant, que tous les intérêts de *Quanto* et toute sa politique s'accordent avec le christianisme, et que le conseil de ses amis ne soit que la même chose avec celui de M. de Condom. Vous ne sauriez vous représenter le triomphe où elle est au milieu de ses ouvriers [à Clagny], qui sont au nombre de douze cents; le palais d'Appollidon[3] et les jardins d'Armide en sont une légère description. La femme

---

[1] SAINT-SIMON, *Mémoires complets et authentiques*, 1829, in 8°, t. XVIII, chap. XXVI, p. 400.

[2] Conférez PELLISSON, *Lettres historiques* (3 juillet 1675), t. II, p. 344.

[3] Conférez MICHEL-HARDOUIN MANSART, *Livre de tous les plans,*

de son ami solide [*la reine*] lui fait des visites, et toute la famille tour à tour ; elle passe nettement devant toutes les duchesses ; et celle qu'elle a placée [*madame de Richelieu*] témoigne tous les jours sa reconnaissance par les pas qu'elle fait faire[1]. » Et, dans une lettre du mois précédent, elle avait écrit : « La reine alla hier faire collation à Trianon ; elle descendit à l'église, puis à Clagny, où elle prit madame de Montespan dans son carrosse, et la mena avec elle à Trianon[2]. »

La séparation du roi et de madame de Montespan ne pouvait être connue à la cour sans l'être aussi à Paris et dans la province. Madame de Scudéry en écrivit en ces termes à Bussy-Rabutin : « Le roi et madame de Montespan se sont quittés, dit-on, s'aimant plus que leur vie, purement par principe de religion ; on dit qu'elle retournera à la cour sans être logée au château et sans voir jamais le roi que chez la reine... La douce et tranquille amitié suffit pour bien remplir un cœur. Pour moi, je trouve que madame de Montespan aura deux paradis au lieu d'un : elle sera toujours aimée, et elle saura qu'il n'y aura que Dieu au-dessus d'elle dans son cœur[3]. »

Mais on apprend, par la réponse de Bussy, que lui ne se laissait point abuser par ces belles apparences ; il en était de même de madame de Sévigné : elle prévit quel

---

coupes, profils et élévations du château de Clagny, 1680, in-folio. —SÉVIGNÉ, *Lettres* (7 août 1675), t. III, p. 499 et 500.

[1] SÉVIGNÉ, *Lettres* (3 juillet 1675), t. III, p. 316, édit. M. ; t. III, p. 442, édit. G.

[2] SÉVIGNÉ, *Lettres* (12 juin 1675), t. III, p. 418, édit. G.; t. III, p. 296.

[3] *Supplément aux Mémoires et Lettres de M. le comte* DE BUSSY-RABUTIN, t. I, p. 184-187.

serait le dénoûment de cette amoureuse épopée. Deux jours après, écrivant encore à sa fille, elle revient sur cette remarquable visite de la reine à madame de Montespan, et dit : « La reine fut voir madame de Montespan à Clagny le jour que je vous avais dit qu'elle l'avait prise en passant; elle monta dans sa chambre, où elle fut une demi-heure ; elle alla dans celle de M. du Vexin[1], qui était un peu malade, et puis emmena madame de Montespan à Trianon, comme je vous l'avais mandé. Il y a des dames qui ont été à Clagny : elles trouvèrent la belle si occupée des ouvrages et des enchantements que l'on fait pour elle que, pour moi, je me représente Didon qui fait bâtir Carthage. La suite de cette histoire ne se ressemblera pas[2]. »

Madame de Montespan parut quelque temps vouloir participer à la bonne résolution du roi et se montrer satisfaite « d'être aimée toute l'année sans scrupule. » Bossuet lui-même crut à cet effort de sa raison, et c'est peut-être ce qui le fit relâcher de la décision rigoureuse qu'il avait donnée, au nom de l'Église, de la nécessité d'une séparation absolue. Il prononça, dit-on, que rien n'empêchait madame de Montespan de rester à la cour, d'y remplir sa charge de dame d'honneur de la reine et d'y vivre aussi chrétiennement qu'ailleurs[3].

[1] Louis-César de Bourbon, comte du Vexin, second fils de Louis XIV et de madame de Montespan, né le 20 juin 1672; il n'avait alors que trois ans. Il avait été légitimé en novembre 1673, et mourut en 1683.

[2] SÉVIGNÉ, *Lettres* (14 juin 1675), t. III, p. 419, édit. G. ; t. III, p. 297, édit. M.

[3] CAYLUS, *Souvenirs*, collect. des Mémoires relatifs à l'histoire de France, édit. de Petitot et Monmerqué, 1828, in-8°, t. LXVI, p. 89. —Et la note de Monmerqué, t. III, p. 269 des *Lettres de* SÉVIGNÉ (14 mai 1675).

On peut suivre dans les lettres de madame de Sévigné, qui mit toujours beaucoup d'empressement à se faire initier, autant qu'elle le pouvait, dans le secret des petits appartements du roi et à en instruire sa fille, cette phase curieuse de la liaison des amours de Louis XIV et de madame de Montespan.

« Toutes les dames de la reine sont précisément celles qui font compagnie à madame de Montespan : on y joue tour à tour, on y mange ; il y a des concerts tous les soirs ; rien n'est caché, rien n'est secret ; les promenades en triomphe. Cet air déplairait encore plus à une femme qui serait un peu jalouse [allusion à la reine] ; tout le monde est content. Nous fûmes à Clagny : que vous dirai-je ? c'est le palais d'Armide ; le bâtiment s'élève à vue d'œil ; les jardins sont faits. Vous connaissez la manière de Le Nôtre : il a laissé un petit bois sombre qui fait fort bien ; il y a un bois d'orangers dans de grandes caisses ; on s'y promène ; ce sont des allées où l'on est à l'ombre ; et, pour cacher les caisses, il y a des deux côtés de petites palissades à hauteur d'appui, toutes fleuries de tubéreuses, de roses, de jasmins et d'œillets. C'est assurément la plus belle, la plus surprenante, la plus enchantée nouveauté qui se puisse imaginer : on aime fort ce bois[1]. »

Madame de Sévigné avait déjà dit, en parlant de *Quantova :* « L'attachement est toujours extrême ; on en fait assez pour fâcher le curé et tout le monde, et peut-

---

[1] SÉVIGNÉ, *Lettres* (7 août 1675), t. III, p. 499 et 500, édit. G. ; t. III, p. 361. Conférez MICHEL-HARDOUIN MANSART, *Les plans, profils et élévations du château de Clagny*, 1680. Voyez le plan général, qui est le meilleur commentaire de cette lettre.

être pas assez pour elle ; car dans son triomphe extérieur il y a un fonds de tristesse¹. »

C'est que ce triomphe n'était pas complet. Il ne suffisait pas à madame de Montespan d'avoir été, contre le vœu de Bossuet et du parti pieux, réintégrée au château, d'y faire sa charge, d'être estimée et considérée de la reine et de toute la cour : tous ces honneurs, toute cette pompe ne pouvaient la distraire de ses désirs. Louis XIV avait trente-sept ans, madame de Montespan n'en avait que trente, et, comme lui, elle était encore dans toute la force, dans tout l'éclat de la beauté. La vive impression du passé pesait trop fortement sur elle et sur le roi pour que le présent ne leur devînt pas insupportable. Bussy, qui était instruit de tout par madame de Scudéry, prédisait avec certitude que madame de Montespan ne pourrait demeurer à la cour que comme maîtresse. « On ne remporte, disait-il, la victoire sur l'amour qu'en fuyant. Si, ayant quitté le roi, elle avait encore du plaisir à s'en croire aimée, elle ne serait pas selon le cœur de Dieu. » — « Il est vrai (ajoutait-il avec ce solide jugement que donne l'expérience) que le bon sens voudrait qu'on ne se chargeât point d'une grande passion, puisqu'on sait bien qu'elle finira avant la mort ; mais chacun se flatte ; on ne veut pas trouver des raisons qui empêchent de faire une chose agréable. Il est certain que l'amitié est bien plus solide ; mais il n'y a que des gens qui ne sont plus propres à l'amour qui en soient capables². »

---

¹ SÉVIGNÉ, *Lettres* (31 juillet 1675), t. III, p. 473, édit. G.; t. III, p. 346.

² *Supplément aux Mémoires et Lettres du comte* DE BUSSY-RABUTIN, t. I, p. 185.

Habitués depuis longtemps à se comprendre sans proférer une seule parole, Louis et Montespan connurent par leurs regards, dès les premiers moments de leur entrevue, que leur amour mutuel s'était accru par l'absence et par la contrainte. Alors Montespan, par son attitude, ses paroles, ses manières, annonça qu'elle avait renoncé au rôle froid qu'on avait voulu lui imposer, et montra la ferme volonté d'être rétablie dans tous ses droits et dans la double puissance d'amante et de favorite.

Le roi subissait l'influence de tout le parti pieux. Retenu par la promesse faite à Bossuet, il résistait encore; mais les charmes séducteurs de celle dont le son de voix seul suffisait pour l'émouvoir, les amusants sarcasmes de son brillant esprit, sa folle gaieté, sa tristesse et ses larmes domptèrent un courage qu'avaient seuls pu soutenir les dangers et les distractions de la guerre. Le triomphe de Montespan fut complet; et sa faveur, sa puissance parurent plus grandes et plus affermies que jamais. Tout prit alors à la cour un aspect plus gai et plus conforme aux mœurs et aux habitudes qui y régnaient. L'année put se terminer comme elle avait commencé, lorsque, pendant le carnaval, au retour de la seconde conquête de la Franche-Comté, on représenta le dernier ballet où Louis XIV avait dansé et l'opéra de *Thésée*, par Quinault et Lulli. Malgré les traits satiriques dirigés contre Lulli et Quinault par Despréaux[1], dans son

---

[1] BOILEAU, épître à Seignelay, vers 1, 91, 93, 134, 140, 146, 170, 174.—*Œuvres* DE BOILEAU DESPRÉAUX, épître IX, 1747, in-8°, édit. de Saint-Marc, p. 380-393; édit. 1830, in-8°, de Berriat Saint-Prix, t. II, p. 105 à 119.

épître à Seignelay, récemment publiée (et cette épître avait pour but de stigmatiser les flatteurs), on reprit les représentations de cet opéra; et pour cette reprise on négligea *Iphigénie*[1], nouveau et admirable chef-d'œuvre de Racine. A ce brillant spectacle Pomponne conduisit l'abbé Arnauld, son frère, revenu de Rome, madame de Sévigné, madame de Vins, M. de la Troche et d'Hacqueville[2]. Le prologue tout entier était consacré aux louanges du roi, et la décoration représentait les jardins et la façade du palais de Versailles. Louis XIV entendit encore chanter les vers suivants :

VÉNUS.
Vénus répand sur lui tout ce qui peut charmer.
MARS.
Malheur, malheur à qui voudra contraindre
Un si grand héros à s'armer!
VÉNUS.
Tout doit l'aimer.
MARS.
Tout doit le craindre.
VÉNUS ET MARS.
Tout doit le craindre,
Tout doit l'aimer.
MARS ET VÉNUS.
Qu'il passe, au gré de ses désirs
De la gloire aux plaisirs,
Des plaisirs à la gloire!
Venez, aimables dieux, venez tous dans sa cour.
Mêlez aux chants de la victoire
Les douces chansons de l'amour.

---

[1] RACINE, *Iphigénie*, Paris, Barbin, 1675, in-12 (72 pages).
[2] SÉVIGNÉ, *Lettres* (26 juillet 1675), t. III, p. 468, édit. G.; t. III, p. 341, édit. M.—L'abbé ARNAULD, *Mémoires*, coll. Petitot, t. XXXIV, p. 358.

LE CHOEUR.
Mêlons aux chants de la victoire
Les douces chansons de l'amour[1].

Ce n'étaient pas là les exhortations de Bossuet, ce n'était pas avec de tels vers,

De morale lubrique,
Que Lulli réchauffait des sons de sa musique,

que Despréaux, accusé à tort d'être un flatteur, louait le grand monarque. C'est depuis même que l'auteur de *Thésée* était le plus comblé des dons de la faveur royale que le courageux législateur du Parnasse français n'a cessé de flétrir ses fades adulations[2] et de condamner l'opéra comme un spectacle immoral[3].

---

[1] Félibien, *Relation des divertissements de Versailles* donnés par le roi à toute la cour, au retour de la conquête de la Franche-Comté, l'année 1674, in-4°(5 pages). — Cinquième journée du samedi 18 août, p. 426 à 428. — Les frères Parfaict, *Histoire du Théâtre françois*, t. XI, p. 318.—De Beauchamp, *Recherches sur les théâtres*, t. III, p. 172 et 207.—Quinault, *Théâtre*, édit. 1715, Paris, in-12, t. IV, p. 200 et 201. — Opéra de *Thésée*, représenté devant Sa Majesté à Saint-Germain en Laye (le dixième jour de janvier 1675 ; Paris, Ballard, in-4°, p. 5).

[2] Boileau, satires II, 20 ; III, 195 ; IX, 98 ; IX, 288.—Lutrin, II, 92-8.

[3] Boileau, satire X, 131, 141-2.

CHAPITRE XI.

1675-1676.

Le parti pieux espère dans l'influence de madame de Maintenon.— Explication des causes qui font qu'à partir de cette époque madame de Sévigné ne parle plus de madame de Maintenon qu'avec un esprit de dénigrement.—Nécessité de jeter une vue rétrograde sur la vie de madame de Maintenon.—Pourquoi les historiens se sont égarés à son sujet.—Sa pauvreté, son mariage, sa figure.— Ce qui la défendait contre la séduction. — Sa naissance. — Son éducation.—Son désir de s'attirer la considération et des éloges.— Son impuissance à s'en corriger.—Éducation des filles pauvres.— Fondation des couvents d'Ursulines. — Françoise d'Aubigné d'abord mise aux Ursulines à Niort, à Paris, ensuite aux Ursulines de la rue Saint-Jacques.—Elle abjure la religion protestante.—Elle se forme dans cette maison aux vertus et aux talents qu'elle a déployés par la suite.—Sa tante Neuillant obtient la permission de la faire mener dans le monde.—Elle va chez Scarron.—Elle devient sa femme.—Bonheur dont elle a joui pendant les huit années de son union. —A la mort de Scarron, la reine donne et augmente pour sa veuve la pension qu'elle faisait à celui-ci. — Madame Scarron se retire au couvent des Hospitalières.—On veut la marier à un vieux duc.—Elle refuse.— Elle est désapprouvée.—Ninon et madame de Villarceaux.—Étroite liaison de madame Scarron avec ces deux femmes.—Villarceaux veut la séduire, et n'y peut parvenir.—Elle perd sa pension par la mort de la reine. — Refuse de nouveau de se marier.—S'apprête à suivre la reine de Portugal.—Madame de Montespan s'y oppose. — Sa pension est rétablie par le crédit de Montespan. — Le roi confie à madame Scarron l'éducation de ses enfants issus de madame de Montespan, — Influence de madame Scarron sur Montespan. — Madame Scarron achète un marquisat, et le roi la nomme marquise de Maintenon. — Contrariée par Montespan, elle est prête à se retirer.—Se brouille avec Montespan. — Obtient de correspondre directement avec le roi.—Revient de Baréges, et est rétabli à la cour sur le même pied qu'autrefois.— Durée du règne de madame de Montespan.—Les sentiments que madame de Maintenon inspirait au roi différaient de ceux qu'il avait pour les autres femmes.

Par le triomphe de madame de Montespan, le parti pieux ne fut découragé ni vaincu ; il ne pouvait pas l'être. Sans doute le petit nombre de personnes qui le composaient n'étaient point indifférentes à la fortune et aux honneurs ; mais il n'était pas non plus formé d'ambitieux sans principes et de courtisans sans conscience, se faisant de la religion un honorable moyen d'acquérir du crédit, du pouvoir et des richesses. Les chefs de ce parti étaient parfaitement convaincus des vérités de la foi ; ils savaient que le roi et sa maîtresse, malgré l'indulgence qu'ils accordaient à leurs passions, avaient, ainsi qu'eux, de sincères convictions ; et la piété bien connue de la gouvernante des enfants de madame de Montespan, l'amitié que celle-ci avait pour elle avaient fait concevoir des espérances par l'ascendant qu'on lui connaissait sur l'esprit de la favorite : ces espérances avaient été détruites par la faiblesse du monarque et la mollesse du P. la Chaise ; mais d'autres plus fortes avaient succédé. Les enfants du roi que madame de Montespan avait confiés à madame de Maintenon étaient ceux que Louis XIV chérissait de préférence. Par les soins que leur prodiguait cette gouvernante, par l'éducation qu'elle leur donnait, ils n'avaient pour celle qui les avait mis au jour qu'une soumission et une tendresse de commande ; leurs sentiments les plus affectueux, les plus tendres se reportaient sur celle qui leur avait servi de mère. Les dons du roi furent la juste récompense d'une sollicitude si paternelle et si éclairée. Alors la gouvernante, devenue plus indépendante, contrariée dans son système d'éducation, se prévalut de la condition qu'elle avait faite de n'être obligée de se soumettre qu'aux ordres et aux volontés du roi dans ce qui concernait les enfants qui lui étaient confiés. L'orgueil de Montespan fut blessé ; la défiance et la jalousie firent disparaître l'attachement que des sympathies communes avaient formé entre elles. Il n'y eut pas rivalité, mais désunion. Ce désaccord procura à madame de Maintenon toute la confiance du parti pieux. Elle en avait été jusqu'alors le principal appui ; elle en devint l'âme, elle en fut le chef.

J'ai souvent eu occasion de parler dans ces Mémoires [1] de Françoise d'Aubigné, qui, dès qu'elle fut unie à Scarron, fut aimée et recherchée par madame de Sévigné. Mais dans les lettres de celle-ci, à partir de l'époque où nous sommes parvenus, on voit succéder aux louanges qu'elle lui accordait un esprit de dénigrement qui étonne. En cela madame de Sévigné n'exprimait pas ses sentiments personnels, elle n'était que l'écho de madame de Coulanges, des anciennes amies et protectrices de madame de Maintenon et de toute la cour, à l'exception de ce petit nombre de personnes unies entre elles pour arracher le roi au scandale donné à ses sujets par ses adultères amours. Il est nécessaire, pour l'intelligence des lettres de madame de Sévigné et encore plus pour la parfaite connaissance de l'histoire du siècle de Louis le Grand, d'éclaircir les causes

---

[1] *Mémoires sur Sévigné*, I, 74, 463, 466, 467, 469 ; II, 127, 172, 448, 450, 451, 452 ; III, 62, 95, 96, 212, 219, 279 ; IV, 88, 89, 91, 93, 94, 96, 144, 270, 314.

d'un tel changement envers une femme justement célèbre, que la considération et la faveur générales entourèrent, dès son entrée dans le monde et pendant toute sa jeunesse, d'une auréole lumineuse qui disparut aussitôt qu'elle eut obtenu toute la confiance de Louis le Grand. Les nuages qui, depuis cette époque, la voilèrent aux regards des contemporains ne se sont pas encore dissipés et ont causé cette divergence dans l'opinion, ces jugements contradictoires qui ont égaré les historiens quand ils ont voulu scruter les causes des événements qu'ils avaient à raconter. Les personnes qu'on croit être parvenues à un rang élevé par l'exercice d'un pouvoir occulte sont rarement jugées avec impartialité; on les apprécie moins par ce qu'elles ont dû et pu être que par ce qu'on eût désiré qu'elles fussent. Leurs vertus et leurs qualités tournent contre elles dans notre esprit, parce qu'elles sont autres que celles dont nous eussions voulu les décorer ou incompatibles avec elles. Les historiens, pour de telles personnes, aiment mieux s'efforcer de les imaginer que les peindre, de les deviner que les définir; ils en tracent des portraits fantastiques, sans ressemblance comme sans vérité.

Cependant nulle complication dans la vie de Françoise d'Aubigné; nulle contradiction entre ses discours, ses actions et ses écrits; nulle aberration dans sa conduite. Rien de plus uniforme, de plus certain que les motifs qui la firent agir. Son caractère ne se démentit jamais; le monde changea souvent autour d'elle et pour elle, mais elle ne changea point; dans la pauvreté et dans la richesse, dans l'abaissement et dans les grandeurs, durant les années glorieuses du règne de Louis XIV et durant ses désastres, elle fut toujours la même. Madame de Maintenon est le personnage historique sur lequel on possède le plus de documents émanés de sa bouche ou tracés par sa plume : il est donc à regretter que les historiens, même les plus judicieux, aient préféré des satires contemporaines, quelques *pastiches* maladroits des lettres de Coulanges et de Sévigné, des mémoires rédigés d'après des bruits de cour et des traditions mensongères aux témoignages certains et authentiques fournis par elle-même, et qu'ils aient converti une simple et intéressante histoire en un vulgaire et incompréhensible roman.

Je n'ai pas sans doute le projet de recommencer l'histoire si souvent écrite de madame de Maintenon ; elle n'appartient qu'en partie au sujet qui m'occupe ; mais je dois éclaircir les particularités qui la concernent, intéressantes à connaître pour les lecteurs de ces Mémoires.

Quoique la vie de madame de Sévigné se soit en partie écoulée dans les mêmes lieux et au milieu des mêmes sociétés que celle de madame de Maintenon, ces deux vies, si on les écrivait avec les mêmes intentions que j'ai eues en composant ces Mémoires, sont des sujets qui n'ont presque aucune connexité. La vie de madame de Sévigné se termine avec la gloire du grand siècle ; celle de madame de Maintenon s'est prolongée au delà même des jours de Louis XIV, qui a malheureusement survécu à son siècle. C'est durant les vingt années qui s'écoulèrent entre la mort de madame de Sévigné et celle du roi que madame de Maintenon apparaît comme une des figures principales que l'historien doit retracer entières au milieu d'événements que madame de Sévigné n'a point connus, de personnes qu'elles n'a pas vues ou qui de son temps ne figuraient point encore sur la grande scène du monde. Il me suffira donc de jeter un regard rétrospectif sur les premières années de la vie de madame de Maintenon et de bien apprécier la nature de son intimité avec Louis XIV et de ses rapports avec madame de Montespan lorsque celle-ci était plus que jamais heureuse et fière de l'amour qu'elle inspirait au roi.

Cette belle *pauvresse*[1], qu'à l'âge de seize ans l'avarice d'une parente livrait à la merci d'une jeunesse ardente, de grands seigneurs, d'hommes de lettres et d'éminents artistes qui se rassemblaient chez Scarron, avait les cheveux châtain clair ; ses beaux yeux noirs brillaient d'un doux éclat, mais s'assombrissaient soudainement lorsque quelque émotion pénible traversait son âme[2]. La grâce, l'esprit, la raison s'unissaient en elle dans une juste mesure pour plaire à l'enfance, à l'âge viril, à la vieillesse. Naturellement impatiente, vive, enjouée[3], formée à la rude école de l'adversité, elle devint calme, réfléchie et d'une grande égalité d'humeur. Fière et orgueilleuse, le besoin de se faire des protecteurs la rendit insinuante et complaisante. La religion, à laquelle (selon les expressions mêmes d'un de ses plus grands détracteurs[4]) elle savait faire parler un langage doux,

---

[1] MAINTENON, *Lettres à la princesse des Ursins* (29 avril 1713), t. II, p. 380, édit. de 1765.—LA BEAUMELLE, t. VIII, p. 289-293.

[2] *Mémoires sur Sévigné*, 1re partie, 2e édit., p. 464.

[3] SAINT-SIMON, *Mémoires authentiques*, t. XIII, p. 109, ch. VIII.

[4] MADAME DU PÉROU, *Mémoires sur madame* de Maintenon, recueillis par les dames de Saint-Cyr ; Paris, Olivier Fulgence, éditeur, 1846, in-12, p. 1-12. — Le P. LAGUILLE, *Fragments de Mémoires sur la vie de madame* DE MAINTENON, dans les *Archives littéraires de* VANDERBOURG, vol. XII, trimestre d'octobre 1806, p. 363 à 370, Lisez *Navailles* au lieu de Noailles, et *Neuillant* au lieu de Neuillans.—*Mémoires sur Sévigné*, 1re partie, p. 464.

juste, éloquent et court, inspirait à son cœur de généreuses résolutions. L'infortune lui ravit l'âge des illusions, et la fit avancer toute jeune dans celui de la réflexion et de l'expérience que donne le monde. Ce qu'on appelle le monde, le beau monde, est un *diorama*. Vu de loin, vous y contemplez un ciel brillant, des paysages délicieux, des palais enchantés et dorés : approchez, voyez et touchez; tout cela n'est plus qu'une toile salie par des couleurs. Françoise d'Aubigné put se convaincre de cette triste vérité presque au sortir de l'enfance. C'était l'époque du règne des précieuses, de l'amour platonique et d'une licencieuse galanterie; le culte de la beauté occupait encore plus les esprits que la politique; on se déclarait sans ridicule amant d'une femme; elle vous accueillait comme tel sans se compromettre. Les poëtes surtout, amoureux par état et auxquels toute liberté en vers était permise, célébrèrent donc sans façon la belle gorge[1] de la jeune *Indienne*, ses belles mains, sa taille élancée, le parfait ovale de sa figure, sa physionomie fine et spirituelle, son beau teint[2]; et comme on savait que l'infirme vieillard dont elle était devenue la compagne avait bien pu l'épouser, mais non en faire réellement sa femme, les plus brillants, les plus renommés, les plus dangereux séducteurs d'alors s'empressèrent autour d'elle, et la regardèrent[3] comme une proie facile à saisir. Une triple force la défendait contre leurs attaques : la religion,

---

[1] Poésies de LA MESNARDIÈRE, in-folio, pièce intitulée *Galanterie*, et dans LA BEAUMELLE, *Mémoires*, t. VI, p. 54 et 55.

[2] Conférez la 1re partie de ces *Mémoires sur Sévigné*, p. 464-69, et la 2e partie, p. 448, 449, 450, 451 à 453.

[3] Du PÉROU, *Mémoires sur madame de Maintenon*, 1846, in-12, p. 273.

l'orgueil de son nom et de ses vertus et le besoin de s'attirer des éloges. Pour lutter avec succès contre l'adversité, la nature lui avait donné tous les moyens de séduire, et pour résister à la séduction ce que je ne puis exprimer autrement que par l'aptitude négative de son tempérament[1]. Elle était du nombre de celles qui, très-sensibles aux caresses que les femmes aiment à se prodiguer entre elles en témoignage de leur mutuelle tendresse et qu'avec plus de réserve elles échangent avec l'autre sexe, ont une répugnance instinctive à se soumettre à ce qu'exige d'elles l'amour conjugal pour devenir mères, moins par la persistance d'une primitive pudeur que par l'effet d'une nature qui leur a refusé ce qu'elle a accordé à tant d'autres avec trop de libéralité[2]. Françoise d'Aubigné eut souvent besoin d'être rassurée par son confesseur sur les scrupules que lui firent naître ses complaisances aux contrariantes importunités de son royal époux à un âge où elle ne pouvait plus espérer d'engendrer de postérité[3]. L'ancienneté non contestée de sa noblesse et l'illustration qu'elle avait reçue de son grand-père lui valurent d'être tenue sur les

---

[1] *Lettres de messire* GODETZ DES MARAIS *à madame de Maintenon,* Bruxelles, 1755, in-8°, p. 108 et *passim.* C'est le t. IX de la collection des lettres données par la Beaumelle, et t. XV de toute sa collection sur Maintenon ; conférez encore t. VI, p. 79 des *Mémoires.*

[2] MAINTENON, *Lettres* (8 janvier 1680, lettre de l'abbé Gobelin), t. II, p. 69 de l'édit. gr. in-12 ; Amsterdam, 1656, Dresde, 1753, petit in-12, p. 142 ; Nancy, 1752, t. I, p. 158 ; Paris, 1806, p. 81.—DU PÉROU *Mémoires sur madame de Maintenon,* 1846, in-12, p. 273.

[3] MAINTENON, *Conversations,* 3ᵉ édit., 1828, in-18, p. 239.—Mademoiselle D'AUMALE, *Mémoires,* ms. cité par la Beaumelle, t. I; p. 150 et 151 des *Mém. p. s. à l'hist. de M. et dus. de Louis XIV.*—Conférez ci-après les notes et éclaircissements.

fonts de baptême par la femme du gouverneur de la ville où elle naquit et par le gouverneur de la province. Sa mère, femme instruite, de courage et de vertu, devenue veuve et réduite à la misère, fut obligée de gagner sa subsistance par le travail de ses doigts, et commença pour sa fille cette éducation qui devait développer splendidement tous les germes d'une heureuse nature. Aussitôt qu'elle put tenir une aiguille, Françoise d'Aubigné apprit à travailler, et acquit, pour tous les ouvrages de femme, une adresse de fée et une application infatigable. Enfant, elle charmait les yeux maternels par sa prévoyante et courageuse activité à remplir les tâches les plus difficiles, comme les plus humbles, d'un ménage pauvre. Par la suite, lorsqu'elle eut équipage et gens à ses ordres, pour qu'un secret important fût bien gardé, elle arrangea de ses propres mains, comme aurait pu le faire un tapissier exercé, la chambre où elle élevait la royale postérité qui lui était confiée. Elle devint, très-jeune, savante dans les détails les plus minutieux de l'économie domestique, et put parfaitement, lorsqu'elle fut grande dame, former des servantes et bien choisir les intendants et les serviteurs de la grande maison de Saint-Cyr. Dès qu'elle sut lire, elle apprit dans les Vies de Plutarque[1], dans les écrits de Théodore-Agrippa d'Aubigné, son grand-père, le rang qu'elle aurait pu tenir dans le monde sans les honteux désordres de son père, et elle pressentit ce qu'elle pourrait devenir un jour. De là cette soif orgueilleuse de considération et de bonne renommée, qui fut le mobile de toute sa vie[1] et

---

[1] Mesdames DU PÉROU et GLAPION, *Mémoires sur madame de Maintenon*, 1846, in-12, p. 5.

la principale cause de son élévation. Ce sentiment, auquel se joignit ensuite le désir ardent du salut, ne l'abandonna jamais. Ces deux penchants se fortifièrent en elle avec l'âge et devinrent ses uniques passions; passions inconciliables, et qui ne tendaient pas au même but : elle le savait, et ses résolutions furent livrées à deux impulsions contraires. Jamais elle ne put assurer le triomphe complet de celle qui l'élevait vers le ciel sur celle qui l'entraînait vers l'abîme. L'humilité de ses aveux, si souvent répétés, de ne pouvoir parvenir « à l'*écrasement de l'amour-propre* » constate l'impuissance de ses efforts. C'est que la religion, qui lui commandait ce sacrifice, était elle-même la cause qui l'empêchait de l'accomplir[1]. En lui assignant une place éminente dans l'estime de ceux qui alors formaient l'opinion du monde, la religion entretenait en elle une ambition de s'élever sans cesse, et madame de Maintenon ne pouvait se repentir des succès dus aux vertus qu'elle pratiquait avec amour. Lorsqu'elle fut assise près du trône, quand elle fut devenue la compagne du grand monarque, Fénelon, dans un avis sur ses défauts, qu'elle avait transcrit de sa main, lui reprochait « d'être trop sensible au plaisir de soutenir sa prospérité avec modération et à celui de paraître par le cœur au-dessus de la place qu'elle occupait[2]. » Mais n'est-ce pas rendre le christianisme impossible que d'exiger ce genre de perfection de l'humanité? Doit-on expulser du monde la vertu, en lui refusant d'être sensible à

---

[1] MAINTENON, *Entretien III*, dans LA BEAUMELLE, *Mémoires*, etc., édit. 1756, t. VI, p. 174-176.

[2] Avis de M. DE FÉNELON à madame de Maintenon, dans les *Lettres de madame* DE MAINTENON, t. III, p. 212, édit. de LA BEAUMELLE, Amsterdam, 1756.

la seule recompense que le monde peut lui accorder?

Tout concourut dans Françoise d'Aubigné à soumettre sa raison aux vérités de la religion et à imprégner son âme de la foi de ses promesses. Les misères de son enfance, l'adversité si longtemps combattue reportaient sans cesse ses pensées et ses espérances de bonheur vers le ciel. Elle avait une mère catholique ; mais une tante riche la prit avec elle, et profita de son esprit précoce pour lui donner une forte instruction religieuse. Née dans la religion protestante, cette tante (madame de Villette) voulut lui donner une éducation protestante, et elle s'attacha surtout à lui faire connaître les vérités fondamentales du christianisme ; elle grava dans sa jeune âme, elle insinua dans son esprit naturellement réfléchi tout ce qui pouvait raffermir la croyance de la révélation contre les attaques des incrédules. Mais le zèle du catholicisme de sa mère et d'une parente dure et avare l'arracha à la tendresse et aux soins de cette tante, qu'elle chérissait : on la mit au couvent pour la forcer à abjurer la religion qu'on lui avait enseignée.

Dans les premières années du dix-septième siècle, deux femmes instruites[1] et pieuses, dont les noms mériteraient d'être plus connus, avaient, dans l'intention de s'opposer aux invasions du protestantisme, fondé à Paris, dans la rue Saint-Jacques, une maison d'instruction qui devint bientôt célèbre par l'excellence de l'éducation que les jeunes filles pauvres y recevaient. Des religieuses ur-

---

[1] Demoiselle Avrillot, femme d'Acaric, maître des requêtes, et dame Madeleine L'Huillier, veuve de M. le Roux de Sainte-Beuve.— Voyez JAILLOT, *Recherches sur Paris, quartier Saint-Benoît*, p. 141 et 157, t. V. On a un portrait, gravé en 1673, de Madeleine L'Huillier, décédée le 29 août 1640.

sulines séculières et ensuite des ursulines cloîtrées dirigèrent cette maison, qui fut la pépinière et le modèle des nombreux couvents du même ordre répandus dans toute la France. Les ursulines de Niort, où Françoise d'Aubigné fut mise, émanaient de celles de Paris; mais elles n'étaient ni aussi éclairées ni aussi habiles. Françoise d'Aubigné s'attacha la maîtresse des pensionnaires; et, quoique âgée seulement de onze ans, elle la suppléait dans ses fonctions, faisait lire, écrire, travailler ses compagnes et avait soin de les tenir propres. Cette instruction et ces soins ennuyaient sa maîtresse, qui aimait à se livrer à des occupations moins fastidieuses[1]. La vanité de la jeune d'Aubigné fut singulièrement enflée par la confiance qui lui était accordée; et quand les religieuses voulurent lui faire abjurer les dogmes de sa croyance, elle résista. Alors on voulut l'intimider; on lui fit un crime de ses raisonnements et de ses pratiques protestantes, on la soumit aux plus serviles fonctions, et, ne pouvant vaincre sa résistance, on la rendit à sa mère, qui était dans l'impossibilité de payer pour elle une pension. Un sentiment profond de sympathie pour ses condisciples pauvres comme elle, et l'orgueil blessé d'avoir été méconnue, laissa dans l'âme de la jeune d'Aubigné une empreinte ineffaçable. Sa mère la plaça à Paris dans la maison principale des ursulines de la rue Saint-Jacques. Ce fut là que Françoise d'Aubigné trouva des supérieures qui surent apprécier toutes les ressources que présentait, pour une facile conversion, la précoce intelligence de cette jeune fille. Sans se scandaliser, comme les religieuses de Niort, de ses manières d'adorer Dieu,

---

[1] Du Pérou et Glapion, *Mémoires sur madame de Maintenon*, recueillis par les dames de Saint-Cyr, 1846, in-12, p. 7 et 8.

sans gêner sa liberté, les ursulines de Paris firent comprendre à leur jeune élève, par le bel ordre qui régnait dans leur maison, celui qui était nécessaire au maintien de la bonne harmonie de la société chrétienne. On lui enseigna comment Jésus-Christ avait lui-même institué l'ordre de son Église en donnant à ses apôtres la mission de répandre et d'interpréter sa doctrine et d'instituer leurs successeurs; que par conséquent le premier devoir de tout croyant qui voulait être un parfait chrétien était de se soumettre, en matière de foi et d'actes religieux, à ses supérieurs ecclésiastiques, à ceux auxquels avait été déléguée, par transmission successive, la puissance apostolique. Françoise d'Aubigné, convaincue, abjura, et fit avec toute la ferveur d'une néophyte sa première communion. Elle fut reconnaissante envers celles qui lui avaient enseigné cette belle et féconde doctrine de l'Église catholique. En elle était déjà le germe de la femme qui traça, d'après le modèle de cette maison des Ursulines, les *Constitutions* de Saint-Cyr[1]; qui écrivit l'*Avis à madame la duchesse de Bourgogne*, tant admiré de Louis XIV[2], les admirables lettres à l'*abbesse de Gomer-Fontaine* et aux *dames de Saint-Louis*[3], l'*Es-*

---

[1] *Les Souvenirs de madame* DE CAYLUS *sur les intrigues amoureuses de la cour*, avec les notes de M. DE VOLTAIRE, au château de Ferney, 1770, in-12, p. 112.—*Ibid.*, Paris, 1806, Renouard, in-12, p. 193.—*Ibid.*, collection des *Mémoires* de Petitot et Monmerqué, t. LXVI, p. 448. Dans ces trois éditions il y a une faute grave : c'est d'avoir mis Noisy-le-Sec au lieu de Noisy (le berceau de Saint-Cyr). Cette faute est copiée de la Beaumelle.

[2] *Avis de madame* DE MAINTENON *à madame la duchesse de Bourgogne.* LA BEAUMELLE, *Lettres de madame de Maintenon*, Amsterdam, 1756, t. III, p. 201-10.—LÉOPOLD COLLIN, *Lettres de madame de Maintenon*, t. VI, p. 114, édit. 1806.

[3] *Ibid.*, t. III, p. 1-10.

prit de l'institut des Filles de Saint-Louis[1], les *Conversations*, les *Proverbes* composés pour ses élèves chéries[2].

C'est en recueillant les bienfaits d'une instruction supérieure à celle qu'elle avait reçue et en mangeant le pain de la charité que, jeune fille pauvre, Françoise d'Aubigné éprouva par la suite le besoin de partager son nécessaire avec de jeunes filles pauvres, de leur procurer le bonheur par l'instruction morale et religieuse. Ainsi la grande dame qui fonda et dirigea à Saint-Cyr un si haut et si complet enseignement se plaisait encore, lors des voyages de Fontainebleau, à faire le catéchisme aux *pauvresses* dans l'église d'Avon. Ce goût pour les fonctions d'institutrice de la jeunesse, Françoise d'Aubigné le conserva toute sa vie. Agée de plus de soixante ans, elle écrivait à l'évêque d'Autun avec le style de Montaigne : « Quand vous auriez envie de me plaire, vous ne me parleriez pas mieux sur mes inclinations, qui sont toutes portées à l'instruction et au potage[3]. »

Les religieuses de la rue Saint-Jacques, en élevant avec tant de soin la jeune orpheline, espéraient faire pour leur ordre une acquisition précieuse. Sa pauvreté ne lui laissait (elles le croyaient) d'autre ressource que le cloître.

---

[1] MAINTENON, *l'Esprit*, etc., 1699, in-12; 1711, 1808, in-12 et in-18.
[2] *Conversations de madame la marquise* DE MAINTENON, publiées par M. de Monmerqué, 1 vol. in-18, 1818, 3ᵉ édit.—*Conversations inédites de madame* DE MAINTENON, précédées d'une notice par M. de Monmerqué, 1828, in-18.—*Mémoires de madame* DE MAINTENON; Paris, édit. Fulgence, 1846, in-12, p. 402, ch. XXII.
[3] *Lettres de madame* DE MAINTENON *à M. de Caylus, évêque d'Autun* (26 juin 1709).—Dans les *Mélanges* publiés par la Société des bibliophiles français, 1827, in-8°, p. 3. — MAINTENON, *Lettres à madame de Glapion*, t. III, p. 181.

Son avare parente, qui ne voulait pas l'avoir à sa charge, lui déclara qu'elle ne devait pas hésiter à prendre ce parti. Mais l'influence qu'elle avait acquise sur ses compagnes, qui toutes la prenaient pour amie et pour conseil, lui avait donné le sentiment de sa supériorité. Elle aurait bien consenti à rester dans un couvent, pourvu qu'elle en fût l'abbesse. Active d'esprit et de corps, persévérante et réfléchie, d'un caractère énergique, plus la fortune faisait peser sur elle sa main de plomb, plus elle se refusait à ployer sous le joug de la dure nécessité, plus elle répugnait à aliéner son indépendance. Si l'éducation et le malheur lui avaient donné de l'aptitude pour se renfermer dans les asiles de la prière, elles l'avaient encore mieux préparée aux agitations et aux intrigues du monde. C'est dans le château de Mursay qu'élevée avec sa cousine de Villette elle avait commencé son instruction profane. A Niort, et peut-être aussi à Paris, un gentilhomme de sa province, vaniteux, mais spirituel, écrivain disert et châtié [1], ami des plus célèbres précieuses [2], des littérateurs et des savants, savant lui-même [3], se plut de bonne heure à lui donner des leçons ; et lorsqu'elle fut sortie de l'adolescence, il les lui continua avec ce zèle intéressé que donne l'amour dont ne peut se défendre un homme qui, dans la force de l'âge, reçoit

---

[1] Conférez MÉRÉ, *Œuvres*, 1692, in-12, t. I, p. 107, 126, 135, 162, 326, 333, 370. Lettres à Mitton, le plus grand puriste, en fait de langage, de cette époque.—Conférez ces *Mémoires sur Sévigné*, t. II, p. 255, 419.

[2] Conférez MÉRÉ, *Œuvres*, t. I, p. 96, 97, 115, 116, 149, 156, etc. Lettres à mesdames de Sablé, de Lesdiguières, à M¹ᴸᵉ de Scudéry, etc.

[3] Conférez MÉRÉ, *Œuvres*, t. I, p. 6, 84, 145, 150, 159, 215. Lettres à Balzac, Ménage, Simon, Saint-Pavin, etc.—*Ibid.*, t. I, p. 60, 159. Lettres à Pascal et à Bourdelot.

fréquemment des témoignages de reconnaissance d'une innocente et gracieuse beauté à laquelle il prodigue ses soins.

Pendant que Françoise d'Aubigné était aux Ursulines de la rue Saint-Jacques, sa tante Neuillant, glorieuse d'avoir contribué à la conversion de sa nièce, avait obtenu la permission de la mener avec elle dans la société, et elle la conduisait fréquemment chez Scarron. On sait le reste [1]. Le plus hideux, le plus célèbre, le plus populaire des auteurs de ce temps fut charmé de son esprit en lisant une de ses lettres, ravi de sa figure en la voyant ; et Françoise d'Aubigné, pour échapper au cloître, épousa ce poëte, ce philosophe cynique, mais pourtant vraiment philosophe, et même philosophe stoïcien, par cet indomptable courage avec lequel il luttait gaiement contre les souffrances et la mort. Il se faisait de sa plume un moyen d'existence, écrivant, selon l'occasion et le besoin, facilement, agréablement, des pièces de théâtre, des contes, des romans, des épîtres, des satires, des stances, des rondeaux, des lettres en vers et en prose, de grands poëmes en style burlesque ; style qu'il mit à la mode, style détestable, mais original, que lui seul a su bien manier, en se jouant toujours heureusement de sa muse, des lecteurs et de lui-même ; encore plus empressé de plaire au public en général qu'aux grands et aux délicats de la haute société, qu'il amusait néanmoins par son enjouement et les jeux de son esprit [2].

[1] Voyez ci-dessus, *Mémoires sur Sévigné*, t. 1, p. 228-31, ch. xvi, et p. 466-469, ch. xxxiv.

[2] SCARRON, *les dernières Œuvres*, 1700, in-12, t. I, p. 229. Héro et Léandre, ode burlesque.— *Ibid.*, Œuvres de M. SCARRON, Amsterdam, 1737, in-12, t. VIII, p. 339. — Conférez la *Prison* de M. D'ASSOUCY, Paris, 1674, p. 10.

Dans tout le cours d'une vie qui pour Françoise d'Aubigné se prolongea jusqu'à l'âge de quatre-vingt-quatre ans, la période la plus heureuse fut celle des neuf années que cette gracieuse beauté passa dans son union avec Scarron, qui, en l'épousant, fut obligé de renoncer à un canonicat, portion notable de son modique revenu ; mais elle jeta un rayon doré sur les dernières et douloureuses années de cet infirme et généreux vieillard. Il l'avait adoptée moins comme son épouse que comme sa secourable fille. C'est dans ces neuf années que se développèrent les éminentes qualités qu'on admire en elle. Madame de Maintenon se retrouve tout entière dans madame Scarron ; c'est la même femme qui se continue bienfaisante et chérie jusqu'au dernier souffle de sa longue existence. Elle savait être à la fois à Dieu et au monde. Toutes les personnes que Scarron aimait ou qui avaient de l'affection pour lui, tous ceux qui se plaisaient dans sa société et s'étaient déclarés ses amis ou ses protecteurs restèrent en tout temps les amis de Françoise d'Aubigné. Ceux qu'elle fréquenta dans sa jeunesse furent ceux qu'elle protégea dans son âge mûr [1]. Elle avait bien raison de se comparer à la cane qui regrette sa bourbe quand lui revenait en souvenance l'appartement qu'elle occupait chez Scarron. Cette salutaire contrainte qu'elle recommande tant aux élèves de Saint-Cyr [2] ne l'empêchait pas de s'abandonner à la gaieté de son âge et aux joyeux entre-

---

[1] Conférez SCARRON, *Œuvres*, Amsterdam, 1637, in-18, t. I, p. 32, 35, 43, 45, 47, 62, 64, 78, 90-9, 101-29, 124, 163, 167. Lettres de Scarron à la comtesse de Fiesque, à mademoiselle de Neuillant, à la marquise de Sévigné, à madame Renaud de Sévigné, au marquis et à la marquise de Villarceaux, au comte de Vivonne, au maréchal d'Albret.

[2] MAINTENON, *Conversations*, 3ᵉ édit., 1828, in-18, p. 184 à 192.

tiens de l'aimable et spirituelle société qu'elle recevait chez elle. Elle jouissait alors de l'amitié de tous, sans rien perdre de l'estime, de la considération et du respect qui lui étaient dus. Quand elle quittait son modeste logis et qu'elle cédait aux invitations, elle se retrouvait à l'aise dans le salon de Ninon, dans les jardins de Vaux, « où l'on pense, disait-elle, avec tant de raison, où l'on badine avec tant de grâce [1]. » Elle se dédommageait ainsi de l'ennui qu'elle s'imposait pour plaire à ses puissantes protectrices dans les hôtels d'Albret et de Richelieu.

Lorsque Scarron mourut, Françoise d'Aubigné se trouva de nouveau dénuée de toute fortune; mais la reine mère lui continua la pension qu'elle faisait à son mari, et même l'augmenta d'un quart. Elle donna ce quart aux pauvres [2]. Elle n'avait plus d'époux à soutenir, plus d'autres besoins que les siens. A toutes les époques de sa vie, l'économie fit sa richesse. Elle s'isola des grandes dames ses protectrices. En ayant auprès d'elles la même assiduité qu'avant son veuvage, elle se serait exposée à refuser leurs largesses; nulle ne sut mieux qu'elle conserver avec dignité son indépendance en vivant de peu. Elle se retira chez les ursulines de la rue Saint-Jacques, et ensuite elle alla demeurer chez les religieuses de la Charité-Notre-Dame. Ce couvent, fondé par Anne d'Autriche [3] pour soigner les pauvres femmes

---

[1] MAINTENON, *Lettres* (25 mai 1648, à madame Fouquet), t. I, p. 25, édit. L. B. 1756. Conférez 1re partie de ces *Mémoires sur Sévigné*, ch. XXXIV, p. 464.

[2] MAINTENON, *Lettres* (1660), t. I, p. 34, édit. 1756.—*Ibid.*, t. I, p. 32, Nancy, 1752, in-12.—*Ibid.*, Dresde, 1753, p. 28, in-12.

[3] JAILLOT, *Recherches sur Paris*, quartier Saint-Antoine, p. 88, et HURTAUT, *Dictionnaire de la ville de Paris*, t. III, p. 230.

malades, était près de la Place-Royale et de la rue des Tournelles, où elle avait demeuré [1]. Elle se trouvait ainsi dans le voisinage de ses plus intimes connaissances. Dans cet asile, âgée alors de vingt-cinq ans et dans tout l'éclat de sa beauté, elle parut oublier le monde; le monde vint la chercher [2]. Lorsqu'elle était la femme de Scarron, elle payait par d'utiles services les bienfaits qu'elle recevait; elle avait su, en se rendant agréable à tous, devenir nécessaire à plusieurs. Quand les libéralités ne purent plus profiter qu'à elle seule, elle les refusa, alléguant que son modique revenu lui suffisait avec luxe [3], et elle parut vouloir se consacrer uniquement à la piété et aux œuvres de charité. Cela ne pouvait convenir aux sociétés qui perdaient de leur agrément par son absence. On voulut la reprendre et l'arracher à sa retraite. On s'ingéra pour lui donner un rang et une existence. A l'instigation de ses protectrices et de ses amies, un vieux duc se proposa pour l'épouser [4]. Il était riche, mais débauché, sans esprit: elle le refusa. On se choqua; on ne put comprendre que la femme qui s'était déterminée à épouser Scarron pût dédaigner un tel parti; il fut décidé qu'elle était orgueilleuse et ingrate, et le monde se retira d'elle. Mais Ninon l'approuva. Ninon avait été la meilleure amie de Scarron [5], qui demeurait dans son voisinage

[1] Du Pérou, *Mémoires de madame de Maintenon*, p. 49 et 50.
[2] Tallemant des Réaux, *les Historiettes*, t. V, p. 263, édit. in-8°, et t. IX, p. 129, édit. in-12. Historiette du petit Scarron.
[3] Madame du Pérou, *Mémoires sur madame de Maintenon*, p. 19. — La Beaumelle, *Mémoires pour servir à l'hist. de madame de Maintenon*, t. II, p. 110.
[4] *Mémoires sur Sévigné*, 1re partie, p. 231, ch. xvi.
[5] Maintenon, *Lettres*, t. I, p. 37 et 38, édit. 1756; *ibid.*, t. I, p. 37, édit. 1752; *ibid.*, p. 30 et 31, édit. 1753.

et se faisait souvent transporter chez elle pour y dîner[1]. La marquise de Villarceaux, qui s'était montrée « toute bonne, toute généreuse » pour le pauvre Scarron, sut gré à sa veuve d'avoir refusé le vieux duc, et la vit plus souvent[2]. Le marquis de Villarceaux, l'admirateur, l'ami et le bienfaiteur de Scarron, était l'amant de Ninon, et fut le seul qu'elle ait aimé de cœur. La veuve de Scarron ne demandait rien à personne, mais elle était jalouse de la considération qu'on lui avait toujours et partout témoignée; et elle ne se vit pas sans peine désapprouvée et délaissée de tous ceux qui avaient été ses protecteurs et ses amis. Les témoignages d'affection qu'elle reçut alors de Ninon et de madame de Villarceaux la touchèrent vivement. Elle répondit par un redoublement d'attentions et de complaisances. Elle accepta les invitations de Ninon comme celles de madame de Villarceaux. Ninon et madame Scarron partagèrent occasionnellement le même lit[3]. Comme les Soyecourt, les Vardes, les Bussy, les du Lude, les Villeroi, le mari de madame de Villarceaux passait pour un

---

[1] Scarron, *Œuvres*, 1737, t. I, p. 48. — *Les dernières Œuvres de Monsieur* Scarron (*sic*), t. I, p. 34, Paris, 1669, in-12 (lettre au marquis de Villarceaux).

[2] Scarron, *Œuvres*, t. I, p. 46 (lettre à la marquise de Villarceaux, p. 48, lettre au marquis de Villarceaux).— *Ibid.*, *les dernières Œuvres de M.* Scarron, 1669, in-12, p. 25 et 31.

[3] Maintenon, *Lettres* (8 mars 1666), *ibid.*, édit. d'Amsterdam, chez Sweares, t. I, p. 32; édit. 1756, t. I, p. 37 et 38, Amsterdam, aux dépens de l'éditeur.— *Ibid.*, édit. de Nancy, 1752, in-12, p. 37 ; édit. de Dresde, in-12, p. 31 ; édit. de Léopold Collin, Paris, 1806, t. I, p. 33. — Dret, *Mémoires de madame de Lenclos*, 1751, in-18, p. 74, à tort condredit par la Beaumelle, *Mémoires sur Maintenon*, t. I, p. 217.— Douxmesnil, *Mémoires et Lettres de Lenclos*, 1751, p. 22. —Tallemant, t. I, p. 130.

des hommes de la cour qui réussissait le plus facilement à se faire aimer des dames; il désira vivement pouvoir mettre dans la galerie de celles dont il avait triomphé la belle Françoise d'Aubigné. Chez sa femme, chez Ninon, chez Scarron, Villarceaux eut tout le loisir de mettre à profit ses moyens de séduction, et Françoise d'Aubigné, dans une intimité journalière, devint constamment l'objet des soins empressés, des discours flatteurs et passionnés de l'amant de Ninon[1]. Ainsi que Ninon, et selon les mœurs et les habitudes de ce temps, Françoise d'Aubigné acceptait comme amis ceux qui se déclaraient ses amants. Parmi eux Villarceaux était un des plus aimables, un de ceux qui lui plaisaient le plus. Personne alors, même parmi ceux qui s'adonnaient le plus à répandre de scandaleuses médisances, ne fut tenté d'entacher l'honneur de la femme de Scarron. La réputation de sa vertu, la constante amitié de Ninon et de madame de Villarceaux[2] eussent ôté toute vraisemblance à de telles imputations. Ce ne fut qu'après que l'étonnante élévation de Françoise d'Aubigné l'eut exposée aux traits acérés de l'envie et de la haine[3] que la calomnie put jeter des doutes injurieux sur cette femme[4] si aimée et si

---

[1] Conférez *Mémoires sur Sévigné*, 2⁰ partie, p. 468-9, ch. XXXIV.— TALLEMANT DES RÉAUX, *Historiettes*, t. V, p. 262, édit. 1834; t. IX, p. 128, édit. in-12.—VOLTAIRE, *Œuvres*, t. XXXIX, p. 404.

[2] MAINTENON, *Lettres*, t. I, p. 28, édit. 1756 (27 août 1607, à madame de Villarceaux).

[3] TALLEMANT DES RÉAUX, *Historiettes*, édit. in-12. Historiette de Scarron, t. IV, p. 128; t. V, p. 262 de l'édition in-8°.

[4] CAYLUS, *Mém.*, collect. Petitot, t. LXVI, p. 420.—*Ibid.*, édit. de Voltaire, au château de Ferney, 1770, p. 76 et 77, et la note de Voltaire.—*Ibid.*, édit. Renouard, 1806, in-12, p. 148.

respectée de tous durant tout le temps de son humble fortune.

Singulier mélange de contrastes et de ressemblances que les destinées de Françoise d'Aubigné et de Ninon de Lenclos! Toutes deux parvinrent à un grand âge, toutes deux restèrent longtemps unies, et durent cesser de se voir sans cesser de ressentir l'amitié qui les avait rapprochées. Leurs attraits, leur art de plaire, leur rare esprit de conduite, la sûreté de leur commerce, firent le charme des sociétés de leur temps. Toutes deux devinrent célèbres et se concilièrent, à des degrés divers et par des moyens différents, la considération du monde. L'une ne s'est jamais départie de la philosophie épicurienne, qui permettait tout aux passions; l'autre fut constamment fidèle à la religion, qui ne leur permettait rien. L'une fut le modèle de son sexe; malheur à toute femme qui, séduite par le succès de l'autre, oserait la prendre pour modèle[1]!

La mort de la reine mère, au mois de janvier 1666, enleva à madame Scarron la pension qu'elle recevait, et la misère retomba sur elle de tout son poids. Elle se vit forcée d'avoir recours à ses anciennes protectrices. Toutes s'employèrent pour obtenir le rétablissement de sa pension. Louis XIV fut fatigué des sollicitations des femmes de sa cour en faveur de la veuve de Scarron. Colbert était là, et le jeune roi ferme encore dans la résolution que le ministre lui avait inspirée de ne pas charger le trésor de dépenses inutiles et improfitables. Le nom de l'auteur de la *Mazarinade*[2] faisait d'ailleurs sur le monarque une désa-

---

[1] Conférez ces *Mémoires sur Sévigné*, 4ᵉ partie, p. 111; *ibid.*, 1ʳᵉ partie, p. 236-243, 254-263.

[2] Scarron, *Œuvres*, édit. 1737, t. IX, p. vi, vii.

gréable impression : il refusa. Le grand personnage qui avait voulu épouser Françoise d'Aubigné crut l'occasion favorable pour s'offrir de nouveau[1], et elle se trouva encore, comme avant son mariage avec Scarron, forcée de choisir entre le couvent ou un époux. Elle rejeta l'un et l'autre. Pour ne recevoir de dons de personne, elle se détermina à prendre un parti violent qui lui coûtait beaucoup, puisqu'il lui enlevait son indépendance, rompait toutes ses habitudes et des liens d'amitié qui lui étaient chers : elle résolut de s'exiler. La princesse de Nemours allait épouser Alphonse VI, roi de Portugal : Françoise d'Aubigné consentit à la suivre à Lisbonne, en se plaçant sous les ordres de sa *donna cameira* [2], ou dame d'honneur. La nouvelle de ce départ émut ses nombreux amis « de la Place-Royale et de Saint-Germain, » c'est-à-dire de la ville et de la cour.

Madame de Montespan, que sa sœur madame de Thianges, le maréchal d'Albret et Villeroi avaient informée de ce départ, s'y opposa. Elle obtint pour madame Scarron le rétablissement de sa pension et un gracieux accueil du roi [3], qui doublait le prix de cette faveur. La reconnaissance de Françoise d'Aubigné pour madame de Montespan fut proportionnée au service qu'elle lui avait rendu. Madame Scarron n'avait pas sans terreur prévu les privations qu'elle s'imposait en quittant

---

[1] LA BEAUMELLE, *Mémoires pour servir à l'hist. de madame de Maintenon*, liv. VI, c. IV, t. II, p. 109.

[2] MAINTENON, *Lettres*, t. I, p. 41, édit. 1656 ; *ibid.*, p. 38, édit. 1758 ; *ibid.*, t. I, p. 35, Nancy, 1752 ; *ibid.*, p. 41, Dresde, 1753 ; *ibid.*, t. I, p. 39, édit. de 1806. Dans les éditions seules de 1752 et 1753 la lettre est complétement datée (30 juin 1666), et il y a *dona almera*.

[3] *Mémoires sur Sévigné*, 3ᵉ partie, p. 95 à 97.

la France, en s'éloignant de tout ce qui lui faisait aimer la vie. Quoique sa piété se fût accrue par la douleur d'avoir perdu sa protectrice et avec elle ses moyens d'existence, elle ne pouvait, même avec le secours du sévère confesseur [1] qu'elle s'était choisi, dompter cette coquetterie naturelle aux femmes que leur beauté ou les charmes de leur esprit ont habituées aux douceurs d'une société aimable et polie, dont elles accroissent la joie par leur seule présence. Françoise d'Aubigné pratiquait trèsbien, par des moyens dont la pureté d'intention lui déguisait le danger, cet art que l'exemple de Ninon, plus âgée et plus avancée qu'elle dans la science du monde, lui avait enseigné, de désintéresser ceux qu'elle désirait s'attacher, en les forçant de préférer à l'enivrement produit par ses grâces et ses attraits la douce séduction de l'estime et de la confiance que leur inspiraient son esprit, son abandon aimable et sa solide raison.

Madame de Montespan avait travaillé pour elle-même en obligeant madame Scarron ; celle-ci lui plut par ses entretiens enjoués, par sa discrétion, son tact délicat des convenances, son aversion pour les grandes affaires de la politique, son éloignement pour les intrigues de cour, qui étaient pour madame de Montespan une occupation principale [2]. Ce qui surtout, dans Françoise d'Aubigné, charmait madame de Montespan, c'était

---

[1] Maintenon, *Lettres*, édit. 1756, t. II, p. 1 à 96 (à l'abbé Gobelin). —Madame du Pérou, *Mém. de madame de Maintenon*, p. 54 à 58.

[2] Caylus, *Souvenirs*, p. 66, édit. Raynouard, 1806 ; collect. Petitot, t. LXVI, p. 270 ; *ibid.*, p. 13 de l'édition de Voltaire, du château de Ferney, 1770, in-12.—Madame du Pérou, *Mémoires de madame de Maintenon*, 1846, p. 44, 47 et 48.—Maintenon, *Lettres à la princesse des Ursins*, 30 septembre 1713, t. II, p. 440.

cette morale toute chrétienne, stricte, mais non austère, qu'elle se plaisait à considérer comme un refuge assuré dans un avenir lointain. Françoise d'Aubigné avait moins de brillant, moins de soudaineté et d'originalité dans l'esprit que Montespan, mais plus de justesse, de discernement et de finesse. Dégagée qu'elle était du joug des passions, elle avait dans les idées et dans les sentiments une netteté, une sûreté de jugement, une constance et une rectitude d'action que ne possédait pas madame de Montespan, sans cesse en proie aux agitations et aux inquiétudes de l'amour, de la jalousie, de l'ambition. Montespan d'ailleurs était moins instruite que Françoise d'Aubigné, qui écrivait avec cette facilité et cette grâce particulières à plusieurs femmes de ce temps et avec l'exactitude grammaticale d'un académicien. Par ce talent, par ses connaissances pratiques de la science domestique, par ses qualités essentielles comme par celles qui sont frivoles, madame Scarron se rendit indispensable à madame de Montespan, qui ne s'en séparait qu'avec peine. Tant que dura l'éducation du duc du Maine et avant qu'à l'âge de dix ans il fût remis entre les mains des hommes, madame Scarron demeura à la cour, dans les appartements de madame de Montespan[1], et fut initiée à tous les secrets de sa vie intérieure, à toutes les particularités de sa liaison avec le roi, et souvent consultée avec fruit. Elle sut profiter de la confiance qu'elle avait obtenue pour favoriser l'élévation des grands personnages qui l'avaient aidée au temps de sa détresse. Les d'Albret, les Richelieu, les Montche-

---

[1] Du Pérou, *Mém. sur madame de Maintenon*, p. 44-8, 235. — Maintenon, *Lettres à la princesse des Ursins*, Paris, 1806, in-8° (10-11 septembre 1805), t. III, p. 218.

vreuil et autres¹ usèrent avantageusement de la facilité qu'elle avait de se faire écouter. On peut même affirmer que jamais son influence sur Louis XIV ne fut plus grande que lorsqu'elle s'exerçait par le crédit d'une autre. On ne l'ignorait pas ; et jamais on ne fut plus empressé auprès d'elle, jamais elle ne se fit plus d'amis et ne rendit plus de services que lorsqu'elle ne pouvait rien par elle-même et ne voulait rien pour elle-même. Le roi, qu'importunait sa présence lorsqu'il aurait désiré être seul avec sa maîtresse, ne s'habitua que difficilement, et non sans une sorte de jalousie, à voir madame de Montespan prendre tant de plaisir dans le commerce intime d'une femme si bien connue pour la sévérité de ses principes². Les premiers dons de Louis XIV à Françoise d'Aubigné, après le rétablissement de sa pension, ne furent dus qu'à l'importunité de Montespan ; ce fut elle qui insista fortement, et sans y être excitée par personne, pour que son amie, sa protégée reçût, par l'achat et la possession d'une terre, un titre et un nom plus convenable que celui de veuve Scarron³.

Mais alors tout était changé pour Françoise d'Aubigné ; elle s'était chargée d'élever les enfants du roi et de Montespan. Sa destinée fut fixée⁴ selon ses désirs, selon ses goûts, selon sa vocation. Elle était par là appelée à faire le meilleur emploi de ses éminentes facultés, à donner tous les soins d'une tendre mère aux en-

---

¹ Madame DU PÉROU, *Mémoires de madame de Maintenon*, 1846, in-12, p. 21 et 22.

² Conférez *Mémoires sur Sévigné*, 3ᵉ partie, p. 62-95-97-279.

³ SAINT-SIMON, *Mémoires complets et authentiques*, édit. 1829, t. XIII, p. 102 et 103.

⁴ Conférez *Mémoires sur Sévigné*, 3ᵉ partie, p. 213-215.

fants de son roi¹, à leur inculquer les vérités de la foi, à diriger leurs premiers penchants, à guider leurs premiers pas dans ce monde splendide et corrompu où ils devaient apparaître, à recueillir enfin pour récompense, pour prix des soins qu'elle leur donnait l'affection et le respect de leur âge mûr. Elle se promettait, par leur moyen, d'obtenir un salutaire ascendant sur l'esprit de leur mère, de cette belle Mortemart, qu'elle avait connue autrefois si jeune, si vertueuse, si fortement imbue des principes de religion qu'elle conservait encore. Françoise d'Aubigné espérait payer ainsi les bienfaits qu'elle pourrait recevoir de Louis XIV par des bienfaits plus grands, et devenir un des humbles instruments que Dieu avait choisis pour ramener dans la voie du salut le plus grand des souverains.

Tels étaient les projets de la veuve Scarron ; on sait le courage et l'habileté qu'elle mit à les exécuter. Les commencements répondirent à ses ambitieuses espérances : l'éducation du jeune duc du Maine fut, de la part du roi, récompensée par des dons qui mirent pour toujours Françoise d'Aubigné à l'abri du besoin dont elle avait si longtemps souffert. Elle put acheter (le 27 décembre 1674) la terre de Maintenon², qui était un marquisat ; le roi lui donna lui-même le titre de marquise de Maintenon. Sous l'éclat de ce dernier nom disparut alors celui de Scarron : il ne servit plus qu'à marquer dans l'histoire la distance prodigieuse qu'a franchie Françoise

---

¹ Conférez *Mémoires sur Sévigné*, 4ᵉ partie, p. 144.

² MAINTENON, *Lettres* (Saint-Germain, le 10 novembre 1674), t. I, p. 106, édit. 1756.—*Ibid.* (16 juillet 1674), t. II, p. 6. Lettre à l'abbé Gobelin.—Duc DE NOAILLES, *Histoire de madame de Maintenon*, 1848, in-8°, t. I, p. 485.

d'Aubigné pour parvenir à la miraculeuse élévation où elle s'est trouvée portée.

Elle avait réussi du côté du roi dans le plan qu'elle s'était tracé ; mais c'est à l'époque même de ses premiers succès qu'elle fut sur le point d'échouer et qu'elle parut résolue à quitter la cour, à se renfermer dans son château ou dans une maison religieuse, à faire une retraite qui ne lui fît rien perdre des éloges et de la considération du monde, dont elle était de plus en plus jalouse[1].

Madame de Montespan, comme toutes les femmes que leurs passions, leurs plaisirs ou leur ambition entraînent dans le mouvement rapide du monde, prenait peu de souci de ses enfants, et trouvait très-bon qu'ils préférassent à leur mère celle qui s'occupait d'eux sans cesse et qui les élevait avec un zèle éclairé. Françoise d'Aubigné, d'ailleurs, avait soin d'assujettir ses élèves aux démonstrations d'une tendresse respectueuse envers leurs augustes parents ; mais l'accomplissement de ce devoir ressemblait peu à l'amoureuse soumission qu'ils témoignaient pour leur gouvernante. Elle se montra très-habile à inspirer à l'aîné de ces enfants les saillies charmantes d'un esprit enfantin ; et on peut juger avec quelle mesure, quelle délicatesse elle savait se servir de l'intelligence précoce de cet enfant pour flatter sa mère quand on a lu les quelques pages intitulées : *OEuvres diverses d'un auteur de sept ans*, qu'elle fit imprimer à un petit nombre d'exemplaires, et dont elle composa l'épître dédicatoire adressée à madame de Montespan[2].

---

[1] MAINTENON, *Lettres* (Saint-Germain, 31 octobre 1674), t. II, p. 21 et 22 de l'édit. 1806; *ibid.*, t. II, p. 11 et 12, édit. 1756.

[2] *OEuvres diverses d'un auteur de sept ans, ou recueil des ou-*

L'accord de madame de Montespan et de Françoise d'Aubigné fut parfait tant que les enfants restèrent en bas âge et lorsqu'ils ne réclamaient que des soins matériels; mais il n'en fut pas de même lorsque le secret de leur naissance eut été dévoilé et quand le duc du Maine, ayant paru à la cour, eut attiré l'attention du roi; quand la gouvernante lui eut donné le Ragois, neveu de son confesseur, pour précepteur, et eut annoncé l'intention de diriger entièrement son éducation. Madame de Montespan voulut s'en mêler ; elle éprouva de la résistance. Françoise d'Aubigné soutenait qu'elle ne devait compte qu'au roi de ses enfants, parce qu'elle n'avait consenti à se charger de leur éducation qu'à cette condition. Madame de Montespan, qui jusqu'ici avait traité en amie la gouvernante, voulut avec hauteur exercer son autorité. Françoise d'Aubigné faisait en quelque sorte partie du ménage du roi et de madame de Montespan. Le roi, qui avait l'habitude de les voir ensemble toujours unies, fut surpris et ennuyé de leurs fréquentes altercations[1]; et quoiqu'il eût plus qu'aucun homme au monde un tact sûr pour discerner promptement tous les genres de mérite et qu'il eût conçu de celui de la gouvernante une idée supérieure encore aux éloges qu'on lui en avait faits,

---

vrages de M. le duc DU MAINE, *qu'il a faits pendant l'année* 1677 *et dans le commencement de l'année* 1678, Paris, in-4°. — Conférez *Nouvelles de la république des lettres*, février 1685, t. IV, 2ᵉ édit., 1686, p. 203 à 209. L'épître dédicatoire se trouve dans les *Lettres* DE MAINTENON, édit. 1806, t. I, p. 54.

[1] MAINTENON, *Lettres*, édit. de Dresde, 1753, in-12, p. 48 et 50 (à l'abbé Gobelin, 6 mai et 16 juin 1671, lisez 1673); *ibid.*, édit. de Nancy, 1752, petit in-12, t. I, p. 54 et 57 ; *ibid.*, édit. in-12, 1756, grand vol., p. 9-12-14 (31 octobre et novembre 1674); édit. 1806, t. I, p. 18-23. Les dates de l'année sont inexactes.

cependant, comme il était dans le paroxysme de son amour pour Montespan, il préféra donner à celle-ci la permission de la renvoyer. Mais il n'était pas facile à madame de Montespan d'user de cette faculté : désormais elle avait plus besoin de madame de Maintenon que madame de Maintenon n'avait besoin d'elle [1].

Madame de Montespan comprenait très-bien qu'elle causerait un chagrin profond à ses enfants si elle les privait d'une gouvernante aussi tendrement aimée et qu'il eût été impossible de remplacer. Mais c'était surtout pour elle-même qu'elle désirait garder celle qu'elle avait été habituée à considérer comme son amie, celle qui l'aidait toujours à détruire dans l'esprit du roi le mauvais effet de ses caprices et de ses humeurs, à rompre la monotonie des tête-à-tête et à dissiper les ennuis et les tristesses de son intérieur.

D'ailleurs, quoique le parti religieux fût contraire à madame de Montespan, il la ménageait précisément à cause de l'étroite liaison qui existait entre elle et madame de Maintenon ; et celle-ci, par cette intimité même, avait acquis à la cour une importance au-dessus du rang qu'elle y occupait : en la disgraciant, madame de Montespan eût mécontenté le parti qu'elle désirait ménager dans l'intérêt de sa conscience et de celle du roi. Ainsi madame de Montespan renonça à l'idée de renvoyer la gouvernante ; mais elle résolut de l'éloigner de la cour en lui procurant un établissement. Elle détermina le vieux duc de Villars-Brancas à demander sa main [1]. Françoise d'Aubigné refusa ce parti. Madame de Montespan dissimula, et continua, en présence du roi, à traiter

---

[1] SAINT-SIMON, *Œuvres complètes*, t. XIII, p. 104.

madame de Maintenon en amie ; elle chercha à la réduire à plus d'obéissance et de soumission par le moyen du roi lui-même. Elle avait observé que, malgré son humilité chrétienne, Françoise d'Aubigné ambitionnait surtout l'approbation et l'estime du roi, et que les éloges qu'il lui donnait ou qu'il faisait de son élève le duc du Maine « chatouillaient de son cœur l'orgueilleuse faiblesse. »

Ce ne fut plus qu'en l'absence du roi que Montespan se permit envers elle ces hauteurs insultantes et ces exigences humiliantes qui la blessaient au cœur ; de sorte qu'il fut facile à la favorite, quand elle était mécontente de la gouvernante, de lui donner tous les torts dans l'esprit du monarque. C'est ainsi que, selon que Montespan était satisfaite ou mécontente, la gouvernante recevait de Louis XIV un accueil plus ou moins gracieux, plus ou moins froid, ou tout à fait glacial. Ainsi agitée par des alternatives de crainte et d'espérance, et dans l'incertitude de savoir si elle plaisait ou si elle déplaisait [1], Françoise d'Aubigné, dont la fierté se révoltait de voir ses services méconnus, résolut de saisir la première occasion pour avoir une explication franche et hardie avec Louis XIV [2], de demander à se retirer de la cour et à

---

[1] MADAME DU PÉROU, *Mém. de madame de Maintenon*, p. 19. — LA BEAUMELLE, *Mém. p. s. à l'hist. de madame de Maintenon*, t. II, p. 110. — Monmerqué, SÉVIGNÉ, t. VI, p. 240 et 379, note sur la lettre du 19 avril 1680. — TALLEMANT DES RÉAUX, *Historiettes*, II, 139, édit. in-8°; *ibid.*, III, édit. in-12, p. 135. — MADAME DU PÉROU, *Mém. sur madame de Maintenon*, p. 19. — LA BEAUMELLE, *Mémoires pour servir à l'histoire de madame de Maintenon*, t. II, p. 110.

[2] MAINTENON, *Lettres* (14 juillet, 31 octobre 1674), t. II, p. 21 et 22 de l'édit. 1806 ; *ibid.*, t. II, p. 11 et 12 de l'édit. d'Amsterd., 1756.

cesser de diriger l'éducation des princes si elle restait sous la dépendance de madame de Montespan, ou à continuer de faire sa charge si elle avait permission de n'obéir qu'au roi et de correspondre directement avec lui. Cette occasion se trouva, cette explication eut lieu[1] à la grande satisfaction du roi : Françoise d'Aubigné, devenue madame de Maintenon, redoubla d'égards envers madame de Montespan, et leur amitié ne parut en rien altérée. La passion du roi pour cette dernière continuait toujours aussi vive, et la division qui existait entre elle et madame de Maintenon se déroba longtemps aux regards jaloux et envieux des courtisans.

Ce secret ne commença à percer que lors du voyage de madame de Maintenon et du duc du Maine à Baréges.

Le duc du Maine avait eu pendant sa dentition des convulsions qui lui avaient raccourci une jambe. Il fut décidé qu'on conduirait le jeune prince à Anvers pour consulter un médecin renommé de cette ville. Françoise d'Aubigné prit le nom de marquise de Surgères, et partit incognito avec son élève. Elle arriva à Anvers au milieu d'avril 1674. De là elle écrivit à madame de Montespan et au roi, et revint s'installer à Versailles[2]. Le jeune prince revint d'Anvers plus boiteux qu'il n'était avant de partir, ce qui nécessita deux voyages à

---

[1] Mesdames DU PÉROU et GLAPION, *Mémoires sur madame* DE MAINTENON, recueillis par les dames de Saint-Cyr, 1846, in-12, p. 22.

[2] MAINTENON, *Lettres* (18 avril 1674), édit. 1756, t. I, p. 52 et 53. —*Mémoires de madame* DE MAINTENON, recueillis par les dames de Saint-Cyr, 1846, in-12, p. 17.—MONTPENSIER, *Mémoires*, collection Petitot, t. XLIII, p. 403 —CAYLUS, *Souvenirs*, t. LXVI, p. 391.—Les

Baréges qui eurent le plus heureux succès. Dans ces deux voyages, madame de Maintenon rendait compte de la santé du prince au roi et à sa mère. C'est par cette correspondance que Louis XIV put apprécier tout l'esprit et le talent d'écrire de madame de Maintenon. Ce roi, si habile à discerner dans ceux qui l'approchaient tous les genres de mérite, reconnut que cette gouvernante était capable de développer dans celui de ses fils qu'il chérissait le plus, non-seulement les grâces de l'enfant, mais aussi les qualités de l'homme, et de le rendre par là digne du rang qu'il devait occuper. Louis XIV sut comprendre que la nécessité, cette mère des grands succès, et la religion, cette consolatrice de l'âme, ne formèrent jamais de femme plus judicieuse, plus instruite, plus énergique, plus involontairement gracieuse, plus naturellement vertueuse que celle qu'avait choisie Montespan pour élever les enfants qu'il avait eus d'elle.

En l'année 1675, le mercredi des Cendres, ou l'ouverture du carême, était le 27 février, et Pâques le 14 avril; c'est dans cet intervalle qu'a eu lieu le refus d'absolution dont nous avons raconté les circonstances.

Madame de Maintenon était aux eaux de Baréges lorsqu'elle apprit ce qui se passait à la cour et dans le camp du roi, le projet de séparation des deux amants et leurs pieuses résolutions ; il n'est pas douteux qu'elle dut alors en féliciter madame de Montespan et le roi

---

Mémoires manuscrits de mademoiselle D'AUMALE, cités à cet endroit par M. Monmerqué, *ibid.*, p. 40 de l'édit. de Voltaire, au château de Ferney, 1770, édit. in-12.

lui-même, auquel elle rendait compte, dans des lettres qui quelquefois avaient huit ou dix pages, de tout ce qui concernait les voyages entrepris pour la santé du duc du Maine[1]. Elle écrivit à plusieurs personnes, on n'en peut douter, sur ce sujet important pour elle-même et pour l'intérêt de ses élèves, qu'elle chérissait comme une mère[2]; on la désabusa, et on lui apprit que Montespan cherchait de nouveau à passionner le roi. Ce fut alors que commença à percer un secret jusqu'ici caché soigneusement à toute la cour : ce secret était le désaccord de madame de Montespan et de madame de Maintenon et la révélation de la cause qui avait produit cette mésintelligence. Madame de Sévigné se hâta, aussitôt qu'elle le connut, d'en instruire sa fille.

« Je veux vous faire voir un petit dessous de cartes qui vous surprendra : c'est que cette belle amitié de *Quantova* [madame de Montespan] et de son amie [madame de Maintenon] qui voyage est une véritable aversion depuis près de deux ans; c'est une aigreur, une antipathie; c'est du blanc, c'est du noir. Vous demandez d'où vient cela? C'est que l'amie est d'un orgueil qui la rend révoltée contre les ordres de *Quanto*; elle n'aime pas à obéir; elle veut bien être au père, mais non pas à la mère; elle fait le voyage à cause de lui, et point du tout pour l'amour d'elle; elle rend compte à l'un, et point à l'autre : on gronde l'ami [le roi] d'avoir trop d'amitié pour cette glorieuse; mais on ne croit pas que cela dure, à moins que l'aversion ne se change ou que le bon suc-

---

[1] Pellisson, *Lettres historiques* (3 juin 1675, du camp de Latines), t. II, p. 277.

[2] Maintenon, *Lettres à l'abbé Gobelin* (8 mai 1675), in-12, t. II, p. 32.

cès d'un voyage ne fît changer ces cœurs. Ce secret roule sous terre depuis plus de six mois; il se répand un peu, et je crois que vous en serez surprise. Les amis de l'amie en sont assez affligés¹. »

Les amis de madame de Montespan, comme ceux de madame de Maintenon, étaient également intéressés à déguiser cette désunion et à la nier. Le crédit des uns et des autres s'affaiblissait par celui que madame de Maintenon cessait d'avoir auprès de madame de Montespan, et par l'atteinte que portait au pouvoir de celle-ci, sur l'esprit du roi, la désapprobation de madame de Maintenon, estimée de toute la cour.

Quinze jours après cette lettre, madame de Sévigné apprend à sa fille que les amis de madame de Maintenon nient qu'il y ait aucune altercation sérieuse entre elle et Montespan; et ceci indique les progrès que faisait cette dernière pour enflammer de nouveau le roi lorsqu'il allait lui rendre visite.

« Les amis de la *voyageuse*, voyant que le dessous des cartes se répand, affectent fort d'en rire et de tourner cela en ridicule, ou bien conviennent qu'il y a eu quelque chose, mais que tout est accommodé. Je ne réponds ni du présent ni de l'avenir dans un tel pays; mais du passé, je vous en assure... Pour la souveraineté, elle est établie comme depuis Pharamond. Madame de Montespan joue en robe de chambre avec les dames du château [les dames du palais, dont elle faisait partie], qui se trouvent trop heureuses d'être reçues et qui souvent sont chassées par un clin d'œil qu'on fait à la femme de chambre². »

---

¹ SÉVIGNÉ, *Lettres* (7 août 1675), t. III, p. 501, édit. G.; t. III, p. 362, édit. M.

² *Lettres de madame* DE RABUTIN-CHANTAL, *marquise* DE SÉVIGNÉ,

Les dernières nouvelles que madame de Sévigné transmet à sa fille prouvent qu'au commencement de septembre madame de Montespan n'était pas encore parvenue à faire changer le roi de résolution et qu'elle craignait, en pressant trop vivement la conclusion de son rappel à la cour, de perdre la confiance et l'estime du monarque.

« Il est certain, dit madame de Sévigné, que l'ami et *Quanto* sont véritablement séparés ; mais la douleur de la demoiselle est fréquente, et même jusqu'aux larmes, de voir à quel point l'ami s'en passe bien ; il ne pleurait que sa liberté, et ce lieu de sûreté contre la dame du château [la reine] : le reste, pour quelque raison que ce puisse être, ne lui tenait plus au cœur. Il a retrouvé cette société qui lui plaît ; il est gai et content de n'être plus dans le trouble, et l'on tremble que cela ne veuille dire une diminution, et l'on pleure ; et si le contraire était, on pleurerait et on tremblerait encore : ainsi le repos est banni de cette place. Voilà sur quoi vous pouvez faire vos réflexions, comme sur une vérité ; je crois que vous m'entendez [1]. »

Cette situation ne pouvait durer. Les charmes séducteurs de Montespan, le son de sa voix, le feu de ses regards, les amusants sarcasmes de son brillant esprit, sa folle gaieté, sa tristesse et ses larmes domptèrent bientôt le courage de Louis XIV. Les divertissements du

---

à madame la comtesse de Grignan, sa fille; la Haye, 1726, in-12, t. II, p. 55, mercredi 19 août (*corrigez* 21 août) 1675. Dans toutes les autres éditions, sans exception, le texte de cet important passage est faux ou défiguré. Les notes de ces éditions doivent disparaître.

[1] SÉVIGNÉ, *Lettres* (11 septembre 1675), t. IV, p. 94, édit. G. ; t. III, p. 464, édit. M.

théâtre, auquel il ne voulut jamais renoncer ; la musique de Lulli, les vers de Quinault, les danses voluptueuses de leurs drames magiques, l'indulgence intéressée du P. la Chaise facilitèrent le triomphe de Montespan, qui fut enfin complet. La date et la durée de ce triomphe furent révélées au monde le 9 mai 1677 par la naissance de la seconde mademoiselle de Blois, depuis femme du régent, qui fut si laide, et, le 6 juin 1678, par celle du comte de Toulouse, qui fut si beau. La naissance de mademoiselle de Tours, morte jeune, venue à terme au mois de janvier 1676, prouva aussi que l'intimité de madame de Montespan avec Louis XIV était aussi forte après son retour de l'armée qu'avant le départ.

Tout était donc ramené sur l'ancien pied lorsque la *voyageuse* revint avec son élève le duc du Maine. Comme elle n'avait jamais varié dans sa conduite et dans son langage, elle se retrouva aussi bien établie à la cour que lorsqu'elle l'avait quittée, et même mieux. Son absence lui avait profité en nécessitant une correspondance directe avec le roi. L'espoir que le parti religieux avait fondé sur son influence s'accrut encore par la part qu'elle avait eue dans le succès momentané de ce parti. On connaissait Louis XIV, dont rien n'ébranlait l'opinion pour ceux qui avaient su mériter son estime. On savait que la nature de sentiments exempts de toute faiblesse que lui inspirait madame de Maintenon était entièrement étrangère à celle qui, par une force irrésistible, l'entraînait vers madame de Montespan ou vers toute autre femme.

CHAPITRE XII.
1675—1676.

Turenne est tué.—Effet que produit cette nouvelle.—Lettres écrites par madame de Sévigné à ce sujet.—La guerre se rallume.—On crée de nouveaux maréchaux. — Le marquis de Rochefort est nommé, par l'influence de sa femme, maréchal de France, avec sept autres lieutenants généraux.—Il meurt.—Détails sur la maréchale de Rochefort. — Elle devient la maîtresse de Louvois. —Son crédit à la cour.—La révolte continue à Rennes.—Madame de Sévigné se décide à partir. — Motifs des regrets qu'elle a de quitter Paris.—Dérangement de sa santé.—Elle consulte Bourdelot.—Elle va revoir Livry.—Elle recommence ses lamentations sur la mort de Turenne.—Elle se rend à Orléans.— S'embarque sur la Loire. —Entrevue au château de l'abbé d'Effiat.—Elle arrive à Nantes. —Souvenirs que ce voyage lui rappelle.—Elle avait mis sa fille au couvent à Nantes. — Souvenirs devant Blois. — Elle arrive à la Seilleraye. — Récit rétrospectif. — Faits importants relatifs à la jeunesse de madame de Sévigné rectifiés à propos de ces souvenirs. —Dates de la naissance et de la mort de Sévigné le fils. — Date de la naissance de madame de Grignan.—Celle-ci est née avant son frère. — Date du premier voyage de madame de Sévigné à Nantes. —Age qu'avait mademoiselle de Sévigné quand elle parut dans le ballet des Arts et quand elle épousa le comte de Grignan.—Duel de Sévigné avec du Chastellet.—Célébration du mariage de Sévigné avec Marie de Rabutin-Chantal. — Liaison de la famille d'Ormesson et de celle de madame de Sévigné. — Madame de Sévigné va aux Rochers et revient à Paris.—S'occupe d'un procès, —de ses plaisirs, — de l'Opéra, — et est lancée dans les intrigues de la Fronde.—Détails fournis par les Mémoires d'Ormesson sur cette époque de la vie de madame de Sévigné et sur les événements. — Récit sur un des domestiques de madame de Sévigné qui devint fou furieux, et sur lequel on opéra la transfusion du sang.

Le vif intérêt qu'excitait dans le grand monde la nou-

CHAPITRE XII. 247

velle de la dissension des deux femmes qui approchaient le plus souvent le roi fut tout à coup absorbé par une autre nouvelle, désastreuse, terrible, qui frappa de stupeur la France entière et retentit aussitôt dans toute l'Europe[1]. Ce fut celle de ce boulet qui, tiré au hasard près du village de Sasbach, dans l'État de Bade, le 27 juillet 1675, frappa Turenne et le tua[2].

Ce ne fut pas à sa fille, ce ne fut pas à une femme, mais à des hommes, à des militaires, à Bussy, au comte de Grignan que madame de Sévigné adressa ces admirables lettres où elle peint sa douleur, celle du roi, les larmes de toute la cour, la tristesse de Bossuet, l'abasourdissement des habitants de Paris, s'attroupant à l'entour de l'hôtel du héros[3]; la consternation et la fureur de sa brave armée; la terreur des campagnes des bords du Rhin, tranquilles et rassurées par Turenne contre les invasions de l'ennemi, désormais exposées à ses féroces représailles; l'effroi de la France entière, et cette vive, cette universelle émotion causée par la perte d'un seul homme. « Mais cet homme, disait madame de

---

[1] L'annonce dans la *Gazette* est du 9 août 1675, n° 78, p. 582. Il est dit que le roi en avait reçu la nouvelle le 29 juillet, à Versailles.

[2] S.-H*** (SAINT-HILAIRE), *Mémoires*, 1756, in-12, t. I, p. 104.— *Recueil de lettres pour servir d'éclaircissements à l'histoire militaire du règne de Louis XIV*, 1761, in-12, t. III, p. 216.—RAMSAY, *Histoire du vicomte de Turenne*, 1773, in-12, liv. VI, t. II, p. 342; *id.*, 1735, in-4°, t. I, p. 581. — RAGUENET, *Histoire de Turenne*, 1732, in-12, t. II, p. 105.

[3] Cet hôtel, construit sur le plan de Gomboust et indiqué comme appartenant en 1652 à un M. de Levassier, était rue Saint-Louis, au Marais, au coin de la rue Saint-Claude. (Voy. Jaillot, *Recherches sur Paris*, quartier du Temple, p. 18.)

Sévigné, était le plus grand capitaine et le plus honnête homme du monde [1]. »

« Dès le lendemain de cette nouvelle, dit encore madame de Sévigné, M. de Louvois proposa au roi de réparer cette perte en faisant huit généraux au lieu d'un : c'est y gagner. En même temps on fit huit maréchaux de France, savoir : M. de Rochefort, *à qui les autres doivent un remerciment ;* MM. de Luxembourg, Duras, la Feuillade, d'Estrades, Navailles, Schomberg et Vivonne : en voilà huit bien comptés. Je vous laisse à méditer sur cet endroit [2]. » Ainsi madame de Sévigné insinue à sa fille que ces huit maréchaux, que madame de Cornuel appelait spirituellement la monnaie de M. de Turenne, n'avaient été nommés que parce que la marquise de Rochefort (Madeleine de Laval, devenue de Bois-Dauphin), qui était aimée de Louvois, exigea que son mari fût fait maréchal de France, ce qui ne se pouvait qu'en proposant sept autres lieutenants généraux plus anciens que lui. Irrité de cette promotion, le comte de Gramont, son ennemi, lui envoya ce laconique et insolent billet que madame de Sévigné a rapporté. Rochefort ne jouit pas longtemps du grade éminent qu'il avait obtenu. Quoique homme d'esprit et de courage, il s'en montra peu digne en ne secourant [3]

---

[1] Sévigné, *Lettres* (31 juillet 1675), t. III, p. 477 et 478, édit. G.; idem, t. III, p. 348 et 349, édit. M. — Louis XIV, *Œuvres*, t. V, p. 451.

[2] Sévigné, *Lettres* (31 juillet 1675), t. III, p. 350, édit. M.; t. III, p. 478, édit. G.

[3] Pellisson, *Lettres historiques* (24 septembre 1676), t. III, p. 154. — La Fare, *Mémoires*, collect. Petitot, t. LXV, p. 223-225. — *Œuvres diverses du marquis* de la Fare, 1750, p. 145.

pas à temps le brave du Fay, assiégé dans Philisbourg. Rochefort mourut moins d'un an après sa nomination, le 22 mai 1676 [1], âgé seulement de quarante ans : sa haute dignité ne profita qu'à sa veuve, qui acquit ainsi à la cour un rang favorable à l'influence qu'elle ambitionnait d'exercer. C'était une beauté piquante, née pour le grand monde, l'intrigue et la galanterie. Elle était liée avec madame de Grignan, dont l'âge se rapprochait du sien et qui avait alors trente ans. Elle se donna à Louvois, et remplaça dans l'existence de ce ministre, jusqu'à sa mort, madame Dufrénoy. La Fare s'en était cru amoureux avant de se persuader qu'il l'était de madame de la Sablière [2]; mais l'adroite coquette ne parut vouloir écouter la Fare que pour mieux captiver Louvois, ce qui empêcha la Fare d'obtenir aucun avancement, et l'obligea de quitter le service [3].

La maréchale de Rochefort, par l'art facile à certaines natures de se rendre utiles aux grands et aux puissants, sut, sans beaucoup d'esprit ni d'efforts, se maintenir toujours bien en cour. Elle fut l'amie, la confidente de toutes les femmes que Louis XIV s'attacha, de mademoiselle de la Vallière comme de madame de Montespan ; et ce fut elle qui, d'accord avec Bontemps, servit admirablement les mystérieuses amours de Louis XIV et de la duchesse de Soubise, et en déroba longtemps la

---

[1] SÉVIGNÉ, *Lettres* (1ᵉʳ juin 1676), t. IV, p. 466, 467, édit. G.; t. III, p. 321, édit. M.

[2] SÉVIGNÉ, *Lettres* (19 février 1672), t. II, p. 396. — Conférez la 4ᵉ partie de ces *Mémoires*, chap. x, p. 287, et la note p. 366.

[3] *Œuvres diverses du marquis* DE LA FARE; Amsterdam, 1650, in-12. — LA FARE, *Mémoires* (1675), collect. Petitot, t. LXV, p. 223.

connaissance au duc son époux, et même, ce qui était plus difficile, à madame de Montespan. La maréchale de Rochefort se maintint dans une convenable intimité avec madame de Maintenon ; elle fut goûtée de son élève, la duchesse de Bourgogne, comme elle l'avait été de la seconde Dauphine [1]. Par une conduite habile, elle contribua pendant longtemps à donner de la force au parti de Louvois, qui, dans les conseils et à la cour, disputait au parti de Colbert l'influence sur l'esprit et les résolutions du monarque ; et elle parvint à conserver tout son crédit lorsque la mort lui eut enlevé l'appui du grand ministre.

Quand, le lundi, la nouvelle de la mort de Turenne arriva à Versailles, « on allait, dit madame de Sévigné, à Fontainebleau s'abîmer dans la joie [2] ; » mais cet événement changea les dispositions de tout le monde, et fit hésiter madame de Sévigné elle-même sur son voyage de Bretagne, qui devenait plus dangereux. Ainsi la mort d'un seul homme ébranlait l'État, et dérangeait tous les projets de plaisirs ou d'occupations sérieuses. La guerre, qu'on

[1] SAINT-SIMON, *Mémoires complets et authentiques*, t. I, 29 et 389; II, 171.—LA FARE, *Mémoires*, collect. Petitot, p 223 (année 1676). —*Ibid.*, *Œuvres diverses*, Amsterdam, 1750, p. 141 et 142.—SÉVIGNÉ, *Lettres* (19 mai 1673), t. II, p. 196; t. III, p. 153, édit. G.— *Ibid.* (1er janvier 1674), t. III, p. 188, édit. G. — *Ibid.* (11 septembre 1674), t. IV, p. 467 ; t. V, p. 117, édit. G. — *Ibid.* (25 décembre 1679), t. VI, p. 265, édit. G. ; t. III, p. 81, 194, édit. M.; t. IV, 341, 449 et 460, édit. G.; t. IV, 73, édit. M.

[2] SÉVIGNÉ, *Lettres* (30 et 31 juillet, 2, 6, 7, 9, 11, 12, 16, 19, 21, 22, 26, 27 et 28 août, 1er et 9 septembre), t. III, p. 471, 475, 480, 483, 489, 499, 504; t. IV, p. 3, 5, 7, 10, 13, 16, 19, 20, 21, 27, 41, 47, 54, 59, 65, 73, 76, 79, 87, 92, 135, 186, du ms. de l'Institut.— Dans la *Suite des Mémoires* DE BUSSY, et dans l'édit. Monmerqué, 1820, in-8°, t. III, p. 346, 347, 353, 369, 372, 375, 377, 387, 388, 390, 397, 404, 416, 427, 430, 437 (1er septembre), 438, 448, 453, 457.

croyait devoir être bientôt terminée, se ralluma avec une nouvelle ardeur; il n'y avait plus d'espoir pour madame de Sévigné d'avoir de longtemps son fils avec elle, et sa fille l'invitait fortement à profiter de l'intervalle de la suspension forcée de toutes choses pour faire le voyage de Provence. Elle en fut très-tentée; mais ses propres affaires l'appelaient en Bretagne [1], et elles étaient d'une telle gravité qu'elle se vit forcée de céder aux conseils de son tuteur, l'abbé de Coulanges. Après deux mois d'hésitation, elle partit. Ce n'est qu'alors qu'elle cessa de s'entretenir, dans ses lettres, de M. de Turenne, de revenir sans cesse sur ses admirables qualités, de varier l'expression de ses regrets, de prévoir les tristes conséquences de sa mort. Le dîner qu'elle fit chez le cardinal de Bouillon avec madame d'Elbeuf [2] et madame de la Fayette, pour pleurer ensemble le héros, fut pour elle cependant une nouvelle occasion de recommencer ses lamentations sur ce triste sujet; et elle ne cessa d'en parler que quand elle eut fait connaître la douleur de tous les amis du héros, la profonde affliction de Pertuis, son capitaine des gardes, qui voulut se démettre de sa place de gouverneur de Courtray; et enfin quand elle eut décrit la cérémonie des funérailles à Saint-Denis, où elle assista [3].

Effrayée par les nouvelles qu'elle recevait, madame de Sévigné différa donc son départ; elle aurait bien voulu le différer plus longtemps, et profiter de cet empêche-

---

[1] SÉVIGNÉ, *Lettres* (7 et 25 août 1675), t. III, p. 504; t. IV, p. 55; édit. G. — *Ibid.* (26 janvier 1689), t. IX, p. 122. — Conférez la 4e partie de ces *Mémoires*, p. 333.

[2] SÉVIGNÉ, *Lettres* (28 août et 4 septembre 1675), t. IV, p. 65, 76 et 92, édit. G.

[3] Lettres de Louis XIV aux abbés et religieux de Saint-Denis, RAMSAY, *Vie de Turenne*, t. IV, p. 372, in-12.

ment pour faire le voyage de Provence ; mais quand on sut qu'on s'était décidé à envoyer des troupes contre les révoltés et que la lettre de Louis XIV pour la tenue des états de Bretagne allait être transmise au duc de Chaulnes [1], on crut la tranquillité publique assurée. L'abbé de Coulanges, qui ne s'épouvantait de rien lorsque la nécessité des affaires réclamait sa présence, détermina enfin madame de Sévigné à partir : cependant elle n'y consentit que quand le *bon abbé* lui eut promis de ne pas vouloir passer l'hiver aux Rochers. « Au reste, ma fille, l'abbé croit mon voyage si nécessaire que je ne puis m'y opposer. Je ne l'aurai pas toujours ainsi ; je dois profiter de sa bonne volonté. C'est une course de deux mois ; car le bon abbé ne se porte pas assez bien pour aimer à passer là l'hiver. Il m'en parle d'un air sincère, dont je fais vœu d'être toujours la dupe : tant pis pour ceux qui me trompent [2] ! »

Elle-même avoue qu'elle avait tant de raisons pour aller en Bretagne qu'elle ne pouvait y mettre la moindre incertitude, « et qu'elle y avait mille affaires [3]. » Cependant, cette fois, ce voyage ressemblait peu à ceux qu'elle faisait depuis longtemps, presque chaque année, pour aller se délasser des fatigues du grand monde

---

[1] *Correspondance administrative sous le règne de Louis XIV*, 1850, in-4°, *Lettres*, t. I, p. 551. Lettre de l'évêque de Saint-Malo à Colbert, en date du 28 août 1675.

[2] Sévigné, *Lettres* (28 août 1675), t. IV, p. 70, édit. G.

[3] Sévigné, *Lettres* (7 et 26 août 1675), t. III, p. 504 ; t. IV, p. 55. —*Ibid.* (26 janvier 1689), t. IX, p. 122.—Conférez la 4ᵉ partie de ces *Mémoires*, p. 333. Les lettres de convocation pour la tenue des états de Bretagne sont datées du 16 septembre 1675. *(Recueil ms.*, etc., de la Bibl. nat., p. 371.) Madame de Sévigné partit le 9 du même mois.— Sévigné, *Lettres* (26 juin 1675), t. III, p. 434, édit. G ; t. III, p. 309, édit. M.—*Ibid.* (6 août 1675), t. III, p. 487, édit. G.

dans sa terre des Rochers, y faire des embellissements, et jouir de ses livres et d'elle-même, en la société de son fils, de sa fille et du petit nombre d'amis qui venaient la voir. Elle ne pouvait non plus se promettre aucun plaisir de la réunion des états, qui, lorsqu'elle avait lieu à Vitré, lui attirait les hommages de toutes les personnes les plus aimables et les plus considérables de la Bretagne, que lui conciliait la réputation qu'elle s'était acquise à la cour par son esprit, ses attraits personnels, les agréments de son commerce, et surtout par les égards, l'amitié, les déférences que lui témoignaient les la Trémouille, les Rohan, les Chaulnes, les Lavardin. Les chefs de ces deux dernières familles étaient investis de toute l'autorité du gouvernement ; les la Trémouille et les Rohan étaient en possession de présider presque alternativement les assises des états de Bretagne, Rohan à titre de baron de Léon, la Trémouille comme baron de Vitré. Cette fois les états ne tenaient pas leurs assises à Vitré, mais à Dinan, ce qui éloignait de madame de Sévigné tous les membres de cette assemblée, et donnait de l'importance à l'évêque de Saint-Malo, qu'elle n'aimait pas. Accoutumée dès sa jeunesse à scruter les actes du pouvoir, elle n'avait jamais vu qu'avec déplaisir et avec les sentiments d'une ancienne frondeuse l'obséquiosité des états en Bourgogne et en Bretagne et leur déplorable facilité à voter l'argent des contribuables. Ce secret penchant au blâme et à la résistance s'était encore accru par les derniers événements. La manière dont madame de Sévigné mande à sa fille qu'à Rennes on a jeté des pierres au duc de Chaulnes, lorsqu'il voulut haranguer le peuple pour apaiser l'émeute, prouve qu'elle n'était nullement contristée de l'avanie qu'avait éprouvée le gouverneur : « Il y a eu même à Rennes une *colique pierreuse*. M. de Chaulnes voulut, par sa présence, dissiper le peuple; il fut repoussé chez lui à coups de pierres. Il faut avouer que cela est bien insolent [1]. »

Cette fois ce n'était pas même sur la route facile de Rennes, de Vitré et des Rochers qu'elle devait voyager; c'était vers Nantes et au delà de la Loire que l'urgence de ses affaires l'appelait. Enfin sa vigueur commençait à s'altérer par l'annonce des infirmités qui assiègent souvent les femmes de son âge; elle avait quarante-neuf ans [2]. Elle déguise autant qu'elle peut à sa fille ces perturbations de son tempérament; mais à Bussy elle dit : « J'ai bien eu des vapeurs, et cette belle santé, que vous avez vue si triomphante, a reçu quelques attaques, dont j'ai été humiliée comme si j'avais reçu un affront [3]. » Elle fut obligée d'avoir recours à la science du docteur Bourdelot (Pierre Michon), ce célèbre médecin des Condé et de la reine Christine. Madame de Sévigné aimait les soins qu'il prenait d'elle; mais il l'ennuyait par les vers détestables

---

[1] Sévigné, *Lettres* (19 juin 1675), t. III, p. 424, édit. G.; t. III, p. 300, édit. M.

[2] Sévigné, *Lettres* (24 juillet 1675?), t. III, p. 448, 467, édit. G.; t. III, p. 339, édit. M.—*Ibid.* (10 juillet 1675), t. III, p. 448, édit. G.; t. III, p. 323 et 324, édit. M. — *Ibid.* (19 août 1675), t. IV, p. 35, édit. G.; t. III, p. 411, édit. M.

[3] Sévigné, *Lettres* (6 août 1675), t. III, p. 487, édit. G.; t. III, p. 371, édit. M.—*Ibid.* (5, 10 et 24 juillet 1675), t. III, p. 435, 448 et 467, édit. G.; t. III, p. 439, édit. M.

qu'il composait à sa louange et à celle de madame de Grignan [1].

Depuis la mort de Turenne, madame de Sévigné avait des craintes qu'elle tâchait sagement de réprimer, mais qui lui faisaient redouter l'isolement et la solitude des Rochers : « J'emporte, dit-elle à madame de Grignan, du chagrin de mon fils ; on ne quitte qu'avec peine les nouvelles de l'armée. Je lui mandais comme à vous, l'autre jour, qu'il me semblait que j'allais mettre ma tête dans un sac, où je ne verrais ni n'entendrais rien de tout ce qui va se passer sur la terre [2]. »

Ce qui ajouterait encore à toutes les contrariétés qu'éprouvait madame de Sévigné en faisant ce voyage de Bretagne, c'est qu'elle l'avait tant différé que sa femme de chambre Hélène, qui était enceinte, avait atteint son neuvième mois et ne pouvait la suivre; elle prit le parti, pour la désennuyer pendant son absence, de lui laisser le soin de *Marphise*, sa chienne favorite, et se contenta, pour son service, d'une jeune fille nommée Marie, qui jetait sa gourme, et fît cependant aussi bien qu'Hélène [3]. Tous ces contre-temps la rendaient si triste qu'elle refusa, trois jours avant son départ, une invitation qui lui fut faite par les Condé d'aller passer quelques jours à Chantilly : elle préféra au palais, aux jardins enchanteurs, à la princière société de cette splendide résidence la solitude sauvage de Livry, remplie des souvenirs de

---

[1] SÉVIGNÉ, *Lettres* (4 et 22 décembre 1675), t. IV, p. 233 et 267, édit. G.; t. IV, p. 111 et 141, édit. M.

[2] SÉVIGNÉ, *Lettres* (11 et 14 septembre 1675), t. IV, p. 93 et 101, édit. G.; t. III, p. 463 et 469, édit. M.

[3] SÉVIGNÉ, *Lettres* (11 et 29 septembre 1675), t. IV, p. 97-117, édit. G.; t. IV, p. 10, édit. M.

sa fille et du bonheur dont elle avait joui en la possédant. « Je fus avant-hier, toute seule [dit-elle], à Livry, me promener délicieusement avec la lune ; il n'y avait aucun serein ; j'y fus depuis six heures du soir jusqu'à minuit, et je me suis fort bien trouvée de cette petite équipée. Je devais bien cette honnêteté à la belle Diane et à l'aimable abbaye. Il n'a tenu qu'à moi d'aller à Chantilly en très-bonne compagnie ; mais je ne me suis pas trouvée assez libre pour faire un si délicieux voyage : ce sera pour le printemps qui vient [1]. »

Après avoir vu, dans la matinée, du Lude, grand maître de l'artillerie, depuis peu fait duc, et madame de la Fayette ; après s'être laissé conduire à la messe par la bonne madame de la Troche, madame de Sévigné partit le lundi 9 septembre, sans autre compagnie que l'abbé de Coulanges et cette fille Marie dont nous venons de parler [2]. La Mousse était à Autry, chez madame de Sanzei, et Coulanges s'en alla à Lyon. Madame de Sévigné se dirigea d'abord sur Orléans ; son carrosse était attelé de quatre chevaux. Elle n'oublia pas d'emporter avec elle son *petit ami,* c'est-à-dire le portrait de sa fille [3]. Avant de monter en voiture, elle écrit à celle-ci une longue lettre pleine de nouvelles et de faits intéressants. Elle parodie plaisamment trois vers de l'opéra de *Cadmus :*

---

[1] SÉVIGNÉ, *Lettres* (6 septembre 1675), t. IV, p. 85, édit. G.; t. III, p. 455, édit. M.

[2] SÉVIGNÉ, *Lettres* (24 septembre 1675), t. IV, p. 117, édit. G.; t. IV, p. 7, édit. M.

[3] SÉVIGNÉ, *Lettres* (9 et 11 septembre 1675), t. IV, p. 87, 94, édit. G.; t. III, p. 463, édit. M. — *Ibid.* (20 septembre 1675), t. IV, p. 107 et 109, édit. G.; t. IV, p. 475, édit. M.

« Je vais partir, belle Hermione ;
Je vais exécuter ce que l'*abbé* m'ordonne,
Malgré le péril qui m'attend.

C'est pour dire une folie, car notre province est plus calme que la Saône[1]. » Cela n'était pas exact ; elle le savait, mais elle voulait rassurer sa fille.

Puis elle revient aussitôt aux pensées sérieuses que lui inspire le service de Turenne, que l'on exécutait en grande pompe dans le moment où elle écrivait : « Le cardinal de Bouillon et madame d'Elbeuf vinrent hier me le proposer ; mais je me contente de celui de Saint-Denis : je n'en ai jamais vu de si bon. N'admirez-vous pas ce que fait la mort de ce héros et la face que prennent les affaires depuis que nous ne l'avons plus ? Ah ! ma chère enfant, qu'il y a longtemps que je suis de votre avis ! rien n'est bon que d'avoir une belle âme : on la voit en toute chose, comme au travers d'un cœur de cristal. On ne se cache point : vous n'avez point vu de dupes là-dessus. On n'a jamais pris l'ombre pour le corps. Il faut être si l'on veut paraître. Le monde n'a point de longues injustices. Vous devez être de cet avis pour vos propres intérêts. »

Elle se délassait dans sa voiture, pendant tout le cours de son voyage, de la société un peu ennuyeuse du *bon abbé* en lisant la *Vie du cardinal Commendon*, que

---

[1] SÉVIGNÉ, *Lettres* (9 septembre 1675), t. IV, p. 92, édit. G.; t. III, p. 461, édit. M. — *Cadmus et Hermione*, tragédie, acte II, scène IV. — Le *Théâtre* de M. QUINAULT (1735), t. IV, p. 95. — Madame de Sévigné a pu assister à la représentation de cet opéra, dont la musique était de Lulli. Il fut joué sur le théâtre du Bel-Air en 1672, et le 17 avril 1673 sur le théâtre du Palais-Royal, après la mort de Molière. Voyez la *Vie de Quinault*, t. I, p. 35 des *Œuvres*.

Fléchier avait récemment traduite du latin [1], et aussi les lettres qu'elle recevait de sa fille sur l'*Histoire des croisades*, « qui est très-belle pour ceux qui ont lu le Tasse, » et la *Vie d'Origène*, par un auteur janséniste [Pierre-Thomas des Fossés], et qu'elle trouvait divine [2]. Mais, par des motifs moins exempts de blâme, le ridicule que madame de Grignan versait sur madame de la Charce et sur Philis, sa fille aînée, la faisait rire aux larmes [3].

Madame de Sévigné coucha à Orléans ; et le lendemain (10 septembre) elle s'embarqua sur la Loire, munie d'une lettre de sa fille, qu'elle reçut au moment de se mettre en bateau, et remplie d'admiration en voyant les rives de ce fleuve, « si belles, si agréables, si magnifiques. »

Cette navigation était pour elle toute volontaire. « Le temps et les chemins, dit-elle, sont admirables : ce sont de ces jours de cristal où l'on ne sent ni chaud ni froid. Notre équipage nous amènerait fort bien par terre ; c'est pour nous divertir que nous allons sur l'eau [4]. »

Le détail de son embarquement, qu'elle donne à son cousin de Coulanges, nous prouve que cette manière de se rendre d'Orléans à Nantes était plus commune dans ce siècle qu'elle ne l'a été dans le nôtre, où la voie de transport de terre est préférée.

« A peine sommes-nous descendus ici [Orléans] que voilà vingt bateliers autour de nous, chacun faisant valoir la qualité des personnes qu'il a menées et la bonté de

---

[1] Sévigné, *Lettres* (11 septembre 1675), t. IV, p. 96, édit. G.
[2] Sévigné, *Lettres* (17 septembre 1675), t. IV, p. 105, édit. G.
[3] Sévigné, *Lettres* (9 et 11 sept. 1675), t. IV, p. 91, 93, édit. G.
[4] Sévigné, *Lettres* (11 et 14 septembre 1675), t. IV, p. 97, 98 et 100, éd. G.

son bateau. Jamais les couteaux de Nogent ni les chapelets de Chartres n'ont fait plus de bruit. Nous avons été longtemps à choisir : l'un nous paraissait trop jeune, l'autre trop vieux ; l'un avait trop d'envie de nous avoir, cela nous paraissait d'un gueux dont le bateau était pourri ; l'autre était glorieux d'avoir mené M. de Chaulnes. Enfin la prédestination a paru visible sur un grand garçon fort bien fait, dont la moustache et le procédé nous ont décidés[1]. »

Elle débarqua à deux lieues de Tours, à Mont-Louis ; et de là, traversant par terre l'espace de quatre kilomètres qui sépare la Loire et le Cher, elle alla coucher (le 13 septembre) à Veretz[2], dans le château originairement bâti par Jean de la Barre, comte d'Étampes, et qui appartenait alors à l'abbé d'Effiat[3], connu de nos lecteurs par l'impôt qu'il préleva sur la marquise de Courcelles[4].

« J'ai couché cette nuit à Veretz. M. d'Effiat savait ma marche ; il me vint prendre sur le bord de l'eau, avec l'abbé [de Coulanges]. Sa maison passe tout ce que vous avez jamais vu de beau, d'agréable, de magnifique, et le pays est le plus charmant *qu'aucun autre qui soit sur la terre habitable :* je ne finirais pas. M. et madame de Dangeau y sont venus dîner avec moi, et s'en vont à Valence. M. d'Effiat vient de nous ramener ici [c'est à Tours, d'où la lettre est datée] ; il n'y a qu'une lieue et demie d'un chemin semé de fleurs... Nous reprenons

---

[1] Sévigné, *Lettres* (11 septembre 1675), t. IV, p. 98, 99, édit. G.

[2] Sévigné, *Lettres* (14 septembre 1675), t. IV, p. 100, édit. G.; t. III, p. 467, édit. M.

[3] Sévigné, *Lettres* (14 et 17 septembre), t. IV, p. 100-103, édit. G.; t. III, p. 469, édit. M.

[4] *Mémoires sur madame de Sévigné*, 4ᵉ partie, p. 160.

demain notre bateau, et nous allons à Saumur [1]. . . . .
. . . .

« Je vous ai mandé comme j'avais vu l'abbé d'Effiat dans sa belle maison ; je vous écrivis de Tours. Je vins à Saumur, où nous vîmes Vineuil ; nous repleurâmes M. de Turenne..... Il y a trente lieues de Saumur à Nantes[2]. Dans ce dessein, nous allâmes hier deux heures de nuit ; nous nous engravâmes, et nous demeurâmes à deux cents pas de notre hôtellerie, sans pouvoir aborder. Nous revînmes au bruit d'un chien, et nous arrivâmes à minuit dans un *tugurio* [une cabane] plus pauvre, plus misérable qu'on ne peut vous le représenter ; nous n'y avons trouvé que deux ou trois vieilles femmes qui filaient, et de la paille fraîche sur quoi nous avons tous couché sans nous déshabiller ; j'aurais bien ri sans l'abbé, que je meurs de honte d'exposer ainsi à la fatigue d'un voyage. Nous nous sommes rembarqués à la pointe du jour, et nous étions si parfaitement bien établis dans notre gravier que nous avons été près d'une heure avant de prendre le fil de notre discours. Nous voulons, contre vent et marée, arriver à Nantes ; nous ramons tous. »

En passant, à la poste d'Ingrande, madame de Sévigné met la lettre qu'elle vient d'écrire, et deux jours après elle est à Nantes. Là elle se hâte d'annoncer son arrivée à sa fille [3] : « Je vous ai écrit sur la route et même du bateau, autant que je l'ai pu. J'arrivai ici à neuf

---

[1] Sévigné, *Lettres* (14 septembre 1675), t. IV, p. 100 et 101, édit. G. ; t. III, p. 469, édit. M.

[2] Sévigné, *Lettres* (17 septembre 1675), t. IV, p. 103 et 104, édit. G. ; t. III, p. 472, édit. M.

[3] Sévigné, *Lettres* (20 septembre 1675), t. IV, p. 106, édit. G. ; t. III, p. 473, édit. M.

heures du soir, au pied de ce grand château que vous connaissez, au même endroit où se sauva notre cardinal [de Retz]. On entend une petite barque; on demande : *Qui va là?* J'avais ma réponse toute prête ; et en même temps je vois sortir par la petite porte M. de Lavardin, avec cinq ou six flambeaux de poing devant lui, accompagné de plusieurs nobles, qui vient me donner la main et me reçoit parfaitement bien. Je suis assurée que, du milieu de la rivière, cette scène était admirable; elle donna une grande idée de moi à mes bateliers. Je soupai fort bien; je n'avais ni dormi ni mangé depuis vingt-quatre heures. J'allai coucher chez M. d'Harouis. Ce ne sont que festins au château et ici. M. de Lavardin ne me quitte pas ; il est ravi de causer avec moi [1]. »

«... Nous allons à la Seilleraye [2], M. de Lavardin m'y vient conduire; et de là aux Rochers, où je serai mardi. »

Elle resta sept jours à Nantes, et d'Harouis la conduisit lui-même après dîner à son beau château de la Seilleraye, à quatorze kilomètres à l'est de Nantes [3], où elle resta deux jours ; elle partit le 15 septembre. M. de Lavardin la mit en carrosse, et M. d'Harouis l'accabla de provisions. Elle arriva le jour suivant aux Rochers [4]. De la Seilleraye à Vitré, par la route directe de Châteaubriant et la Guerche, on mesure dix myriamètres, ou vingt-cinq lieues de

---

[1] Sévigné, *Lettres* (1er octobre 1654), t. I, p. 34, édit. G. ; t. I, p. 27, édit. M. ; et 2e partie de ces *Mémoires*, 2e édit., p. 9 et 10.

[2] Sévigné, *Lettres* (20 et 24 septembre 1675), t. IV, p. 106 et 114, édit. G. ; t. III, p. 475, édit. M.

[3] Sévigné, *Lettres* (24 septembre 1675), t. IV, p. 111 et 112, édit. G. ; t. IV, p. 1. édit. M.

[4] Sévigné, *Lettres* (29 septembre 1675), t. IV, p. 115 et 117, édit. G. ; t. IV, p. 10, édit. M.

poste; et madame de Sévigné, pour franchir cet espace en un jour, a dû d'avance envoyer des chevaux de relais sur la route, ce qui lui était facile, puisqu'elle avait amené avec elle six chevaux et deux hommes; et au besoin, si ses équipages n'eussent pas suffi, elle eût eu recours à ceux du lieutenant général et du trésorier de Bretagne.

Voilà les seuls détails que nous avons pu recueillir sur ce voyage de madame de Sévigné, qui, avec juste raison, inquiéta si fort ses amis. « Ils ont fait, écrit-elle, l'honneur à la Loire de croire qu'elle m'avait abimée : hélas! la pauvre créature! je serais la première à qui elle eût fait ce mauvais tour. Je n'ai eu d'incommodité que parce qu'il n'y avait pas assez d'eau dans cette rivière. » Et, en effet, bien loin de s'en trouver plus mal, le violent exercice qu'elle se donna lui rendit la santé, que les remèdes des médecins de Lorme et Bourdelot[1] avaient peut-être contribué à détruire. « Ma santé, dit-elle, est comme il y a six ans; je ne sais d'où me revient cette fontaine de Jouvence[2]. » Ces paroles prouvent que ce n'était pas par raison de santé que madame de Sévigné préféra les tracas, les fatigues, les dangers d'une aventureuse navigation aux douceurs d'une pérégrination faite en calèche richement attelée, roulant sur une belle route par un temps chaud, pur et serein et avec l'escorte de deux serviteurs à cheval.

Ses lettres nous révèlent les véritables motifs de cette équipée et ce qui se passait dans son âme. Elle était

---

[1] Sévigné, *Lettres* (7 août 1675), t. III, p. 503, édit. G.; t. III, p. 363, édit. M.

[2] Sévigné, *Lettres* (29 septembre 1675), t. IV, p. 117, édit. G.; t. IV, p. 10, édit. M.

contrariée de la nécessité d'être obligée de quitter Paris, de la pauvreté provinciale[1] où allait être réduite sa correspondance avec sa fille, de l'inquiétude que lui causaient pour son fils les nouvelles de l'armée[2]. Elle était triste, vaporeuse[3]. De tous les maux qui assiègent la vie, l'ennui est celui auquel les femmes du grand monde sont le plus exposées, qu'elles redoutent le plus et qu'elles savent le moins supporter; pour y échapper elles ne reculent devant aucune extravagance. Madame de Sévigné craignait surtout l'atteinte de ce mal durant un trajet lent et long, seule avec le bon et vieil abbé, sans son fils, sans la Mousse, sans Corbinelli, sans même son Hélène, enfin sans aucun des êtres qui avaient coutume de causer avec elle, de l'intéresser, de la distraire. Elle avait autrefois navigué sur la Loire; elle avait conduit sa fille au couvent des Filles-Sainte-Marie, à Nantes. Dès cette époque, elle adorait cette enfant belle et gracieuse, âgée de dix ans, et elle l'avait mise en pension chez les pieuses filles de l'ordre fondé par son aïeule, afin qu'elle y reçût les instructions chrétiennes pour sa première communion. C'était le beau temps de la jeunesse de madame de Sévigné, et elle eut un désir extrême de contempler de nouveau les rives qui devaient lui retracer avec vivacité de si agréables et de si touchants souvenirs. Aussi, sans se déguiser ce que sa résolution présentait de difficultés et d'inconvénients et ce qu'elle avait de téméraire, au moment de quitter le

---

[1] SÉVIGNÉ, *Lettres* (20 septembre 1675), t. IV, p. 107, édit. G.; t. III, p. 470, édit. M.
[2] SÉVIGNÉ, *Lettres* (11 et 14 sept. 1675), t. IV, p. 93, 100 et 102.
[3] SÉVIGNÉ, *Lettres* (6 août 1675), t. III, p. 487, édit. G.; t. III, p. 371, édit. M.

rivage elle fut saisie d'une sorte d'ivresse joyeuse, bientôt suivie d'un léger repentir ; ce qui ne l'empêcha pas d'exécuter son projet avec courage et gaieté.

« C'est une folie, dit-elle, de s'embarquer quand on est à Orléans, peut-être même à Paris ; il est vrai cependant qu'on se croit obligé de prendre des bateliers à Orléans, comme à Chartres d'acheter des chapelets... »

« *Je suis dans un bateau, dans le courant de l'eau, fort loin de mon château ;* je pense que je puis achever, *Ah ! qu'elle folie !* car les eaux sont si basses et je suis si souvent engravée que je regrette mon équipage, qui ne s'arrête pas et qui va toujours. On s'ennuie sur l'eau quand on y est seule ; il faut un petit comte des Chapelles et une mademoiselle de Sévigné. » Et à son cousin de Coulanges elle dit : « Nous allons voguer sur la belle Loire ; elle est un peu sujette à déborder, mais elle en est plus douce[1]. »

Immédiatement avant d'entrer en bateau elle avait écrit à madame de Grignan : « Enfin, ma fille, me voilà prête à m'embarquer sur notre Loire ! Vous souvient-il du joli voyage que nous y fîmes[2] ? »

Pour elle, ce souvenir ne la quitte pas ; et toujours il lui faut parler de ce voyage quand elle passe devant le lieu qui lui en rappelle quelques circonstances :

« Je me ressouvins, dit-elle, l'autre jour, à Blois, d'un endroit si beau, où nous nous promenions avec le petit comte des Chapelles, qui voulait retourner le sonnet d'Uranie :

Je veux finir mes jours dans l'amour de MARIE. »

---

[1] Sévigné, *Lettres* (17 septembre 1675), t. IV, p. 103 (11 septembre), t. IV, p. 99, édit. G.

[2] Sévigné, *Lettres* (11 septembre 1675), t. IV, p. 99, édit. G.

Et de Nantes elle écrit à sa fille : « J'ai vu nos sœurs de Sainte-Marie, qui vous adorent encore, et se souviennent de toutes les paroles que vous prononçâtes chez elles¹. »

« Des sept jours que j'ai été à Nantes, j'ai passé trois jours après-dîner chez nos sœurs de Sainte-Marie. Elles ont de l'esprit, elles vous adorent et sont charmées du *petit ami* ², que je porte toujours avec moi. »

Et quand elle est à la Seilleraye, elle écrit : « Me voici, ma fille, dans ce lieu où vous avez été un jour avec moi ; mais il n'est pas reconnaissable : il n'y a pas pierre sur pierre de ce qu'il était en ce temps-là ³. »

Les émotions produites par la vue des lieux où madame de Grignan avait passé son enfance s'accrurent dans le cœur de sa mère à la vue des Rochers. « J'ai trouvé ces bois, dit-elle, d'une beauté et d'une tristesse extraordinaires : tous les arbres que vous avez vus petits sont devenus grands et droits, et beaux en perfection. Ils sont élagués, et font une ombre agréable ; ils ont quarante ou cinquante pieds de hauteur. Il y a un petit air d'amour maternel dans ce détail : songez que je les ai tous plantés, et que je les ai vus, comme disait M. de Montbazon, *pas plus grands que cela.* [M. de Montbazon avait l'habitude de dire cela de ses propres enfants.] C'est ici une solitude faite exprès pour y bien rêver : j'y pense à vous à tout moment ; je vous regrette, je vous souhaite. Votre

---

¹ Sévigné, *Lettres* (20 et 24 septembre 1675), t. IV, p. 107 et 114, édit. G.; t. III, p. 474, et t. IV, p. 7, édit. M.—Les sœurs de Sainte-Marie logeaient à Nantes, près de la cour de Saint-Pierre.

² Le portrait de madame de Grignan. Voyez ci-dessus, p. 256.

³ Sévigné, *Lettres* (24 septembre 1675), t. IV, p. 111, édit. G.; t. IV, p. 1, édit. M.

santé, vos affaires, votre éloignement, que pensez-vous que tout cela fasse entre chien et loup? J'ai ces vers dans la tête:

> Sous quel astre cruel l'avez-vous mis au jour
> L'objet infortuné d'une si tendre amour?

« Il faut regarder la volonté de Dieu bien fixement pour envisager sans désespoir tout ce que je vois, dont assurément je ne vous entretiendrai pas..... Je trouvai l'autre jour une lettre de vous où vous m'appelez *ma bonne maman;* vous aviez dix ans, vous étiez à Sainte-Marie, et vous me contiez la culbute de madame Amelot, qui de la salle se trouva dans une cave. Il y a déjà du bon style à cette lettre. J'en ai trouvé mille autres, qu'on écrivait autrefois à mademoiselle de Sévigné. Toutes ces circonstances sont bien heureuses pour me faire souvenir de vous; car sans cela où pourrais-je prendre cette idée [1]? »

Ce singulier voyage de madame de Sévigné à Nantes, ses souvenirs, ses regrets donnent le désir de connaître à quelle époque elle fit celui qui n'a point été raconté dans ces Mémoires, et dans quelles circonstances elle mit sa fille au couvent. Puisque des documents nouveaux jettent un jour inattendu sur les premières années de cette tendre mère, imitons-la, complétons ses souvenirs, et rétrogradons jusqu'au temps où elle devint enceinte de cette fille bien-aimée.

Une lettre de madame de Sévigné annonçant à Bussy la naissance de Sévigné fils et la réponse de Bussy, mal

---

[1] SÉVIGNÉ, *Lettres* (29 septembre 1675), t. IV, p. 116-118, édit. G.; t. IV, p. 9-10, édit. M.— *Ibid.* (2 octobre 1675), t. IV, p. 124, édit. G.; t. IV, p. 14, édit. M.

datées, placées par le P. Bouhours et par la comtesse Dalet (ou par Bussy lui-même, car la partie inédite de ses Mémoires, écrite de sa main, offre un exemple d'une aussi forte distraction et d'une si étrange erreur), ont produit la confusion qui a existé pendant longtemps sur les dates de la naissance du frère et de la sœur [1].

Le fils de madame de Sévigné est mort le 26 mars 1713, et les témoins les plus capables d'être bien informés (Simiane de Mauron, d'Harouis, l'abbé de la Fayette[2]) attestent qu'il avait alors soixante-cinq ans ; il était donc né en mars 1648, époque que l'on croyait être celle de la naissance de sa sœur. Des fragments des Mémoires autographes d'Ormesson, récemment publiés, constatent que madame de Sévigné accoucha, à Paris, de sa fille le 10 octobre 1646 [3]. Ainsi il est certain que madame de Grignan était l'aînée et âgée d'un an et demi de plus que son frère. Il résulte de ce fait qu'en l'année 1675, dont nous nous occupons, madame de Grignan avait près de vingt-neuf ans, et Sévigné au plus vingt-sept ; et aussi que lorsque l'abbé Arnauld vit madame de Sévigné avec ses deux enfants, et qu'il fut frappé de la beauté de la mère, de la fille et du fils, mademoiselle de Sévigné avait onze ans et demi, et Sévigné seulement neuf ans [4]. Ces dates ne peuvent être regardées comme indifférentes lorsque l'on considère que l'esprit et le cœur échappent bien plus vite aux langes de

---

[1] Voyez la 1re partie de ces *Mémoires*, 2e édit., p. 120 et 121, et la note 2. — Les deux lettres doivent être datées du 15 mars et du 12 avril 1648, et non 1647.

[2] *Lettre inédite de* SÉVIGNÉ, publiée par M. Monmerqué, p. 23.

[3] *Journal* d'ORMESSON, dans CHÉRUEL, p. 215.

[4] Deuxième partie de ces *Mémoires*, 2e édit., p. 101.

l'enfance chez le sexe le plus faible et le plus délicatement organisé ; et ainsi s'explique comment, dès son plus jeune âge, Sévigné s'habitua à reconnaître la supériorité de sa sœur en toutes choses, et eut pour elle en toute occasion cette déférence, je dirai presque cette vénération, qu'il manifeste admirablement dans la lettre où il lui exprime ses dernières volontés [1]. Les premières opinions, les premiers jugements formés par la raison ont sur certaines natures une influence indélébile.

Nous venons d'apprendre par madame de Sévigné qu'elle avait conservé les lettres de sa fille depuis son enfance, et que celle-ci avait dix ans quand elle écrivit la lettre où elle racontait à sa mère l'accident arrivé à madame Amelot. Ceci nous reporte à l'année 1656. C'est donc lorsque, à la fin de septembre de l'année 1654, madame de Sévigné se rendit à sa terre des Rochers, qu'elle fit une première fois cette navigation d'Orléans à Nantes, où elle mit alors sa fille au couvent des sœurs Sainte-Marie, de cette dernière ville. Ce fut dans les années 1654 à 1657 que madame de Sévigné fut le plus préoccupée de son cousin Bussy [2]. Cependant, avant la fin de 1656, elle avait retiré sa fille du couvent; et, dans le mois d'octobre de cette même année, elle l'emmena avec elle à Bourbilly et à Monjeu, où elle vit Bussy et Jeannin de Castille [3]. Après un séjour de quel-

---

[1] *Lettre inédite du marquis* DE SÉVIGNÉ *à la comtesse de Grignan sa sœur*, publiée par M. Monmerqué ; Paris, 1847, in-8°.

[2] Conférez 1re part. de ces *Mémoires*, 2e édit., chap. XXXVIII, XXXIX, p. 513, 520, et la 2e partie, chap. I, II, III, IV et V, pag. 1 à 48.— SÉVIGNÉ, *Lettres* (datée des Rochers, le 1er octobre 1654), t. I, p. 34, édit. G.; t. I, p. 27, édit. M.

[3] Conférez 2e partie de ces *Mémoires*, ch. VII et VIII, p. 73. —

ques semaines, elle retourna à Paris; et au commencement de l'année 1657, accompagnée de ses deux enfants, elle vit pour la première fois, chez leur oncle, l'abbé Arnauld, qui dans ses Mémoires a exprimé l'admiration que lui fit éprouver la beauté de la mère, de la fille et du fils [1].

Les attraits de mademoiselle de Sévigné se développèrent rapidement et excitèrent la verve des poëtes. Elle avait à peine treize ans lorsqu'elle commença à inspirer heureusement la muse badine de Saint-Pavin [2]; elle en avait dix-sept quand Ménage lui adressa un madrigal en italien, qui fut imprimé dans la cinquième édition de ses poésies [3]; elle était âgée d'environ dix-neuf ans lorsque la Fontaine lui dédia en vers gracieux sa fable du *Lyon amoureux* [4], publiée deux ans après dans le recueil du fabuliste : cet hommage dut donner à sa beauté une renommée populaire. Mais ce qui acquit très-vite à mademoiselle de Sévigné une célébrité qui faillit ternir pour toujours sa réputation, fut son apparition dans les ballets du roi. On crut alors qu'elle était devenue l'objet des préférences de Louis XIV. C'est dans sa seizième année qu'elle fut produite, en 1663, aux dangereux re-

---

4ᵉ partie, ch. VII, p. 194.—SÉVIGNÉ, *Lettres* (22 juillet 1672), t. III, p. 108, édit. G.—BUSSY, *Mémoires*, édit. Amst., 1721, t. II, p. 84.

[1] Conférez 2ᵉ partie de ces *Mémoires*, 2ᵉ édit., ch. VIII, p. 101.

[2] Voyez *Poésies de* SAINT-PAVIN *et* CHARLEVAL, 1759, in-12, p. 68 à 110.— *Recueil des plus belles pièces de poésie française*, 1692, t. IV, p. 325.

[3] MENAGII *Poemata*, septima editio, 1680, p. 305.—Octava editio, 1687, p. 337.

[4] *Fables choisies mises en vers par M.* DE LA FONTAINE ; Paris, Claude Barbin, 1668, p. 143, liv. IV, fable 1ʳᵉ; t. I, p. 177 de l'édit. in-8°, 1827.

gards du monarque ¹. On l'admira dans le ballet où le roi était déguisé en berger, et toutes les beautés de la cour y figuraient, ainsi qu'elle, en bergères ¹. Elle reparut, l'année suivante, en Amour déguisé en nymphe maritime; et elle avait dix-huit ans quand elle joua le rôle d'*Omphale*, dans le ballet de la *Naissance de Vénus* ². La lettre qu'elle écrivit à l'abbé le Tellier, que nous avons fait connaître, prouve qu'à vingt et un ans elle liait librement des correspondances avec les beaux esprits du temps ³.

Enfin, lorsque Françoise-Marguerite de Sévigné épousa François-Adhémar, comte de Grignan, le 29 janvier 1668, elle avait vingt-deux ans et quatre mois, ce qui réduit à moins de quinze années la différence d'âge qui existait entre elle et le comte de Grignan. Le mariage se fit à l'église de Saint-Nicolas des Champs, paroisse où habitait madame de Sévigné; et, le jour même, les deux époux allèrent coucher à Livry ⁴.

Après ces rectifications essentielles sur la fille, revenons à la mère, à Marie de Rabutin-Chantal. A l'âge de dix-huit ans elle quitta les ombrages de l'abbaye de Livry, où s'était terminée son éducation; et elle entra dans le monde

---

¹ Benserade, *Œuvres*, 1697, in-12, t. II, p. 288.

² *Ibid.*, t. II, p. 316; et dans la 2ᵉ partie de ces *Mémoires*, chapitres XXII et XXIII, p. 325 à 333.

³ Voyez 3ᵉ partie de ces *Mémoires*, p. 80, ch. IV.—Sévigné n'avait que vingt et un ans lorsqu'il revint de son expédition de Candie (6 mars 1669), et vingt-trois lors de sa liaison avec Ninon.—*Ibid.*, p. 124.

⁴ Troisième partie de ces *Mémoires*, 2ᵉ édit., p. 127, et l'extrait des *Mémoires* d'Olivier d'Ormesson, dans Chéruel, *De l'administration de Louis XIV*, p. 322.

pour se marier, et elle se maria [1]. Le séduisant et jovial marquis de Sévigné, gentilhomme breton, présenté par le cardinal de Retz, son parent, est préféré par la jeune héritière de Bourgogne. Le 27 mai 1644, les articles du contrat furent arrêtés par André d'Ormesson et le président Barillon [2], tous deux pères de ceux qui, sous ces mêmes noms, furent par la suite les constants amis de madame de Sévigné. Deux jours après que le contrat eut été rédigé et qu'on parlait de prendre jour pour le signer, Sévigné eut une querelle avec du Chastellet, son compatriote. Sévigné l'arrêta sur le Pont-Neuf, et lui donna des coups de plat d'épée pour quelques propos que celui-ci avait tenus. Un duel s'ensuivit, qui eut lieu au Pré-aux-Clercs [3]. Sévigné reçut une blessure à la cuisse, qui mit sa vie en danger. Du Chastellet était de l'ancienne famille de Hay de Bretagne, qui se vantait d'être sortie, il y a six cents ans, des comtes de Castille. Le père de du Chastellet avait été avocat au parlement de Rennes, et ensuite conseiller d'État [4] : ainsi son fils était de robe, tandis que Sévigné était d'épée. Cela explique l'arrogance de ce dernier ; il en fut sévèrement puni. Le père de du Chastel-

---

[1] Première partie de ces *Mémoires*, ch. II, p. 9 et 10. Mais il y a une erreur à l'égard de Philippe de la Tour de Coulanges, le premier tuteur de madame de Sévigné. Il était son aïeul, et non pas son oncle maternel, et il était le père et non le frère de Christophe de Coulanges, abbé de Livry, le second tuteur de madame de Sévigné.

[2] *Mémoires d'*Olivier d'Ormesson, dans Cheruel, *De l'administration de Louis XIV*, p. 213.

[3] *Ibid*, p. 214.

[4] Pellisson, *Histoire de l'Académie française*, édit. 1729, in-4°, p. 193-198, et aussi 28, 80, 86.

let s'illustra dans les lettres, et son fils, dans toutes les occasions importantes, montra autant de talent et d'esprit que de courage ; il devint par la suite un publiciste distingué [1], et nous retrouvons son nom ou celui de son fils, trente et quarante ans après ce duel, sur les listes de ceux qui siégèrent aux états de Bretagne, avec le nom du fils de madame de Sévigné [2]. Près de deux mois et demi se passèrent avant que Henri de Sévigné fût guéri de sa blessure, et son contrat de mariage ne put être signé que le 1er juillet. Il le fut sans témoins. Le lundi soir 1er août, les fiançailles se firent en présence du P. de Gondy, de l'Oratoire ; du coadjuteur (Retz), et des évêques d'Alby et de Châlons ; de la duchesse de Retz et de plusieurs autres dames. Le mariage fut célébré le jeudi 4 août, à deux heures du matin. Cette heure tardive explique pourquoi l'acte de mariage, qu'on a retrouvé dans le registre de l'ancienne paroisse de Saint-Gervais, n'est signé ni du curé ni du vicaire qui le dressèrent. Ils remirent au lendemain [3] pour compléter leur ouvrage,

---

[1] *Traité de la politique de France*, par monsir P. H. (Paul Hay), marquis de C. (Chastellet) ; Cologne (Elzeviers), chez Pierre Marteau, 1669 (264 pages) ; 2e édit., 1670 ; 3e édit., 1677 ; 4e édit., 1680. — Barbier, dans son *Dictionnaire des Anonymes*, donne les titres des autres ouvrages de du Chastellet.

[2] *Recueil manuscrit des états de Bretagne dans diverses villes de cette province*, Bl.-Mant., 75, p. 419, 481 verso, 507, 523, 535, 549.—A toutes ces pages, dans les états tenus à Nantes, à Dinan, à Rennes, à Vannes, à Vitré, depuis 1681 jusqu'en 1699, on trouve le nom du marquis de Sévigné et celui de M. Paul Hay, marquis du Chastellet.

[3] Partie 1re de ces *Mémoires*, ch. II, 2e édit., p. 18.—*Mémoires* d'OLIVIER D'ORMESSON, dans CHERUEL, *Administration de Louis XIV*, p. 214. — Acte du mariage de Henri de Sévigné et de Marie de

et, comme il arrive souvent, ce qui avait dû être fait la veille fut oublié le jour d'ensuite.

Les deux conjoints partirent huit à dix jours après pour la Bretagne, se rendirent à leur terre des Rochers, et ne revinrent à Paris qu'en décembre de l'année suivante. Ainsi les souvenirs du séjour de madame de Sévigné aux Rochers se trouvaient liés à l'acte le plus important de sa vie et à cette année qu'elle passa seule avec celui qu'elle aimait, corrigé, pendant quelque temps du moins, de sa brutale insolence et de ses fougueux emportements par la dure leçon qui lui avait été donnée par du Chastellet.

Dès cette époque, on aperçoit dans madame de Sévigné le désir qu'elle manifeste, à l'égard de son cousin Bussy, de son fils et de sa fille, de voir ceux des deux familles auxquelles elle appartenait parvenir à de hautes fonctions et à un rang élevé dans le monde; et comme cette ambition ne put réussir que par sa fille, son amour maternel pour le premier fruit d'une union enfanté dans les délices d'une passion qu'aucune autre ne remplaça fut encore accru par le contentement de l'amour-propre satisfait[1]. Avant de partir pour les Rochers, elle avait prié son ami Olivier d'Ormesson de s'informer si M. de Rogmont voulait vendre sa charge de cornette des chevau-légers; car il ne paraît pas, ainsi qu'on l'a dit, qu'au moment de son mariage Sévigné eût encore été revêtu du grade de maréchal de camp. Des négociations, qui durèrent deux ans, furent entamées pour lui procurer une

---

Rabutin-Chantal, dans MONMERQUÉ, *Billet italien de madame de Sévigné;* Paris, 1844, in-8°, p. 8 et 9, *notes.*

[1] Conférez la 1re partie de ces *Mémoires*, 2e édit., ch. III, p. 22.

charge ; elles échouèrent, parce que madame de Sévigné ne put obtenir de son tuteur l'abbé de Coulanges et de ses frères de servir de caution à M. de Sévigné. Ces hommes judicieux avaient aperçu les graves défauts de ce jeune éventé, et regrettaient que leur nièce lui eût donné la préférence sur ses rivaux. L'abbé de Coulanges se plaignait hautement de ce que, par tendresse pour la mariée, lui et madame de la Trousse s'étaient engagés, contre leur intention, plus qu'ils n'auraient dû le faire [1].

Madame de Sévigné, privée de sa mère et n'ayant jamais eu de sœur, n'eut auprès d'elle, pour l'assister dans son premier accouchement, que la mère et la femme d'Olivier d'Ormesson, son ami intime, son conseil. L'enfant qui devait bientôt remplir d'amour et de tourments toute l'existence de madame de Sévigné l'occupa faiblement : ce n'était qu'une fille. Mais, seize mois après la naissance de cette fille, une lettre qu'elle écrit à Bussy [2] nous montre l'orgueilleuse mère triomphante d'avoir donné un fils à son mari. Elle était trop entièrement dominée par sa tendresse conjugale pour qu'elle pût encore en reporter une grande part sur ses enfants. Le cœur est exclusif, et sent qu'il affaiblit ses forces en les partageant. Toujours l'amour d'une femme pour son mari faiblit quand le sentiment maternel se développe en elle avec énergie. La raison resserre, il est vrai, les nœuds qui l'unissent au père de ses enfants ; mais quand

---

[1] OLIVIER D'ORMESSON, *Mémoires*, dans CHERUEL, *Administration de Louis XIV*, p. 215.

[2] Première partie de ces *Mémoires*, 2ᵉ édit., t. I, p. 120. Mais il faut rectifier la date de la lettre de Bussy, et mettre : 15 *mars* 1648.

la raison domine il n'y a plus de passion, il n'y a plus d'amour.

D'ailleurs, dans l'intervalle de ses deux accouchements, pendant l'hiver de 1646 à 1647 et dans le cours de cette dernière année, madame de Sévigné fut occupée d'un procès qui la concernait personnellement, ce qui la rapprocha encore plus d'Olivier d'Ormesson et de sa famille. Elle résida donc à Paris avec son mari, et le procès ne les empêcha pas de goûter les plaisirs de la capitale; ils invitaient fréquemment à dîner M. Olivier d'Ormesson, avec leur oncle Renaud de Sévigné, qui arrivait d'Italie.

Dans le journal d'Olivier d'Ormesson, du 27 février 1647, on lit[1] : « Je fus dîner chez M. de Sévigné. Je fus, avec M. et madame de Sévigné, chez M. du Verger pour leur affaire; ils soupèrent ce soir-là au logis, et fûmes voir après souper, chez M. Novion [le président], le *Ballet des Rues de Paris*, qui n'est pas grand'chose[2]. »

La journée du samedi 2 mars 1647 dut se graver aussi dans la mémoire de madame de Sévigné; car, après avoir été avec d'Ormesson chez ses hommes d'affaires, elle se rendit ensuite avec lui au Palais-Royal pour voir la représentation de la *Grande Comédie*[3]. Cette grande comédie, dont parle Olivier d'Ormesson, lui parut ennuyeuse, parce qu'il ne connaissait pas l'italien. Elle dut, par une raison contraire, intéresser la jeune élève de Ménage et de Chapelain. C'est le premier opéra italien qui ait été

---

[1] OLIVIER D'ORMESSON, *Mémoires*, dans CHERUEL, p. 216.
[2] Sur le président de Novion, conférez MOTTEVILLE, *Mémoires*, t. XXXVIII, p. 129, et RETZ, *Mémoires*, t. XLVI, p. 13.
[3] Ballet en dix-neuf entrées. Conférez DE BEAUCHAMPS, *Recherches sur les théâtres de France*, t. III, p. 121.

joué en France. Il fait époque dans l'histoire de notre théâtre. Ceux qui le connaissent savent qu'il s'agit ici du *Mariage d'Orphée et d'Eurydice*[1], pièce pour laquelle Mazarin fit de si grandes dépenses. Transcrivons le récit que fait madame de Motteville de la première représentation de cette pièce. Il peint si bien la cour et les courtisans et l'époque heureuse de la régence d'Anne d'Autriche, il nous initie si parfaitement au temps de la jeunesse de madame de Sévigné, que l'on ne peut, sans l'avoir lu, se faire une idée des souvenirs dont la dame des Rochers aimait à entretenir sa vive imagination durant les journées passées dans sa champêtre solitude[2].

« Sur la fin des jours gras (le 2 mars 1747), le cardinal Mazarin donna un grand régal à la cour, qui fut beau et fortement loué par les adulateurs qui se rencontrent en tout temps. C'était une comédie à machines et en musique à la mode d'Italie, qui fut belle et qui nous parut extraordinaire et royale. Il avait fait venir les musiciens de Rome avec de grands soins, et le machiniste aussi, qui était un homme de grande réputation pour ces sortes de spectacles. Les habits en furent magnifiques, et l'appareil tout de même sorte. Les mondains s'en divertirent, les dévots en murmurèrent; et ceux qui, par un esprit déréglé, blâment tout ce qui se fait ne manquèrent pas, à leur ordinaire, d'empoisonner ces plaisirs, parce qu'ils ne respirent pas l'air sans chagrin et sans rage. Cette comédie ne put être prête que les

---

[1] D'Ormesson, *Mémoires*, dans Cheruel, p. 216.—De Beauchamps, *Recherches sur les théâtres de France*, t. III, p. 127 (il cite la *Gazette* de 1647, n° 27, p. 201).

[2] Motteville, *Mémoires*, collection Petitot, t. XXXVII, p. 216.

derniers jours de carnaval ; ce qui fut cause que le cardinal Mazarin et le duc d'Orléans pressèrent la reine pour qu'elle se jouât dans le carême ; mais elle, qui conservait une volonté pour tout ce qui regardait sa conscience, n'y voulut pas consentir. Elle témoigna même quelque dépit de ce que la comédie, qui se représenta le samedi pour la première fois, ne pût commencer que tard, parce qu'elle voulait faire ses dévotions le dimanche gras, et que, la veille des jours qu'elle voulait communier, elle s'était accoutumée à se retirer de meilleure heure, pour se lever le lendemain plus matin. Elle ne voulut pas perdre ce plaisir, pour obliger celui qui le donnait ; mais, ne voulant pas aussi manquer à ce qu'elle croyait être son devoir, elle quitta la comédie à moitié, et se retira pour prier Dieu, pour se coucher et souper à l'heure qu'il convenait, pour ne rien troubler à l'ordre de sa vie. Le cardinal Mazarin en témoigna quelque déplaisir ; et quoique ce ne fût qu'une bagatelle qui avait en soi un fondement assez sérieux et assez grand pour obliger la reine à faire plus qu'elle ne fit, c'est-à-dire à ne la point voir du tout, elle fut néanmoins estimée d'avoir agi contre les sentiments de son ministre ; et, comme il témoigna d'en être fâché, cette petite amertume fut une très-grande douceur pour un grand nombre d'hommes. Les langues et les oreilles inutiles en furent occupées quelques jours, et les plus graves en sentirent des moments de joie qui leur furent délectables. »

Nul doute que madame de Sévigné, lorsqu'elle voyait ce spectacle magique de l'Opéra tel que Louis XIV et les grands artistes d'alors l'avaient créé, ne se ressouvint souvent de la *Grande Comédie* et des événements qu'elle précéda presque immédiatement.

Madame de Sévigné, après avoir passé tranquillement les premiers mois de 1648 chez son oncle l'évêque de Châlons, dans sa belle campagne de Ferrières, revint à Paris; et le 11 décembre suivant elle était dans la lanterne « avec d'Ormesson pour entendre plaider un procès, lorsque les députés des enquêtes envahirent la grand'-chambre, et demandèrent l'assemblée générale[1]. » Puis, le lendemain du repas de famille, le 6 janvier 1649, elle apprit que le roi était parti dans la nuit, que la porte Saint-Honoré était gardée, que le peuple avait forcé le bagage du roi. La guerre civile commença : tous les Sévigné y prirent part, et suivirent le parti de Retz. Le marquis de Sévigné se sépara de sa femme, et suivit le duc de Longueville en Normandie. Renaud de Sévigné se fit battre à Longjumeau ; et madame de Sévigné, malgré cet échec, se réjouissait des progrès de la Fronde, en haine du ministre, qui était l'ennemi de Gondi. Son naturel, enclin à la gaieté, la portait à se laisser distraire des inquiétudes et des tourments que lui causait l'absence de son mari par la société et les lettres de Bussy, et surtout par le jovial et spirituel chansonnier que d'Ormesson rencontrait toujours chez elle lorsqu'il y allait. C'était Marigny, fougueux frondeur, qui, non content de rimer des épigrammes et des chansons, joignait l'action aux paroles, et souffletait un membre du parlement (Boislesve) qui l'avait insulté par ses propos[2]. Ce fut alors aussi qu'elle s'occupa le plus de musique, de vers

---

[1] Voyez la première partie de ces *Mémoires*, 2ᵉ édit., p. 450, chap. XI.

[2] *Mémoires* d'OLIVIER D'ORMESSON, dans CHÉRUEL, p. 217. — Sur Boislesve et sa fille, voy. MOREAU, *Bibliographie des Mazarinades*, t. III, p. 199, et t. II, p. 241.

italiens et de littérature, et qu'elle mit à profit, pour son instruction, l'inclination qu'avait pour elle Ménage, jeune encore, quoique déjà célèbre [1]. L'amitié qu'Olivier d'Ormesson avait pour madame de Sévigné et l'influence qu'elle exerçait sur ce magistrat étaient si bien connues qu'à la cour et dans sa propre famille on le soupçonnait, dans le célèbre procès de Fouquet, dont il était rapporteur, de ne se conduire que par les conseils de madame de Sévigné [2].

L'intimité des deux familles de Rabutin, de Coulanges et des d'Ormesson fut entretenue par Olivier après la mort de son père. « Le jour de Pâques (5 avril 1665), dit celui-ci dans ses Mémoires, nous donnâmes, le soir, à souper, suivant l'usage de mon père, à toute la famille ; et s'y trouvèrent MM. de Colanges, Sanzé et d'Harouis, mesdames de Sévigné mère et fille. » Le 12 octobre suivant, nous apprenons de ces mêmes Mémoires que « d'Ormesson se rendit à Livry pour voir madame de Sévigné, qui s'était blessée à l'œil [3]. » D'Ormesson a bien soin de noter sur son journal que, le mercredi 3 février 1666, madame de Sévigné lui amena Pellisson et mademoiselle de Scudéry, qui lui témoignèrent toute l'estime et l'amitié possibles sur l'histoire du procès de Fouquet ; qu'au mois d'août de la même année madame de Sévigné partit pour la Bretagne ; et qu'enfin, le 25 août de l'année suivante (1667), « il alla à Livry voir l'abbé

---

[1] SÉVIGNÉ, *Lettre à Ménage* (aux Rochers, 12 septembre 1656), publiée par M. Cousin dans le *Journal des Savants*, année 1852, p. 52.
[2] *Mémoires* d'OLIVIER D'ORMESSON, dans CHERUEL, p. 220.
[3] D'ORMESSON, *Mémoires*, dans CHERUEL, p. 221.

de Colanges et madame de Sévigné, où arrivèrent M. d'Andilly et madame Duplessis-Guénégaud [1]. »

A la fin de cette même année (1667), le nom de madame de Sévigné fut bien souvent répété dans le monde et dans les journaux scientifiques, non pas à cause d'elle ou de sa famille, mais parce qu'un de ses domestiques, nommé Saint-Amand, était devenu fou furieux ; on pratiqua sur lui une opération de thérapeutique alors très-vantée : c'était celle de la transfusion du sang. Ce fut M. de Montmort [2], ami de madame de Sévigné comme de d'Ormesson, qui apprit à ce dernier que, « le 2 décembre (1667), Saint-Amand était retombé dans sa folie pour la troisième fois ; qu'on avait tiré tout son sang, et introduit dans ses veines le sang d'un veau ; qu'il avait dormi la nuit, ce qu'il n'avait pas fait depuis six semaines, et qu'on espérait un bon succès. » Cette opération de la *transfusion du sang* était nouvelle en France lorsqu'on la pratiqua sur le domestique de madame de Sévigné. Suivant Mackensie, on l'avait essayée en Angleterre dès l'an 1648 [3]. Robert Lower s'en prétendit l'inventeur, et en 1665 il en fit l'expérience publique à Oxford [4]. Ce moyen curatif fut fort préconisé en Allemagne, et enfin pratiqué en France, pour la première fois, par Denis et Emmerets, en 1666 ; mais Lamartinière et Perrault

---

[1] *Mémoires* d'OLIVIER D'ORMESSON, dans CHERUEL, p. 221.—3ᵉ part. de ces *Mémoires*, 2ᵉ édit., p. 49, chap. III.

[2] *De l'administration de Louis XIV*, par CHERUEL ; Rouen, 1849, in-8°, p. 222, dans l'appendice.

[3] MACKENSIE, *Histoire de la santé*, cité par Rochoux dans l'article du Dictionnaire de médecine de PANCKOUCKE.

[4] FURETIÈRE, *Le grand Dictionnaire des arts et des sciences de l'Académie française*, Paris, 1696, t. IV, p. 300, au mot *Transfusion*.

attaquèrent Denis et Emmerets pour ces essais trop hardis de l'art médical ; et une sentence du Châtelet, rendue le 17 avril 1668, c'est-à-dire moins de quatre mois après l'expérience tentée sur le domestique de madame de Sévigné, défendit de pratiquer la transfusion du sang tant qu'elle n'aurait pas reçu l'approbation de la faculté de médecine de Paris ; et cette approbation ne fut jamais donnée [1]. On vient de la tenter de nouveau, au moment où j'écris ceci, en transfusant du sang humain dans les veines d'une femme expirante, et on lui a rendu la vie et la santé [2].

L'année suivante (1668) devait occuper encore plus de place que toutes celles qui l'avaient précédée dans la mémoire de madame de Sévigné. C'était le temps de la première conquête de la Franche-Comté, le temps où elle parut conduisant sa fille, éclatante de jeunesse et de beauté, aux splendides fêtes de Versailles. Madame de Sévigné se rappelait encore les jours heureux passés à Livry, pendant l'été et l'automne de cette même année, dans la société des Coulanges, de tous ses amis, de d'Ormesson et de ses fils. Ce fut à Livry que la vocation de l'un d'eux se décida pour la vie religieuse, et que mademoiselle de Sévigné et sa mère durent être étonnées de voir ce jeune homme, près d'elles, persister dans le désir de se faire génovéfain [3].

[1] Rochoux, dans le *Dictionnaire de médecine* de Panckoucke, article *Transfusion*.

[2] *De la transfusion du sang à propos d'un nouveau cas suivi de guérison*, par MM. Desray et Desgranges, *dans les comptes rendus hedbomadaires de l'Académie des sciences*, t. XXXIII, p. 657 (séance du 8 décembre 1851).

[3] *Journal de* d'Ormesson, du dimanche 14 octobre 1668, dans Chéruel, p. 222

Il était nécessaire de rappeler tout ce qui, dans les Mémoires de d'Ormesson, nous révélait des faits ignorés jusqu'ici sur madame de Sévigné et les objets des réminiscences dont elle était principalement préoccupée pendant son séjour aux Rochers durant l'année 1675. Le petit nombre de lettres qui nous restent de sa correspondance pendant la première moitié de sa vie, qui seraient les plus intéressantes à bien connaître, laissent dans sa biographie des lacunes qu'il n'est pas possible de combler, et des incertitudes qu'on ne peut faire disparaître entièrement; mais les Mémoires de d'Ormesson, en nous donnant les moyens de retracer les souvenirs dont elle était préoccupée à l'époque où nous sommes parvenus, nous ont permis d'en diminuer le nombre. Après l'avoir accompagnée dans cette course rétrograde, allons la retrouver en Bretagne, où elle jouit de la société de la princesse de Tarente.

CHAPITRE XIII.

1676.

Liaisons de madame de Sévigné avec la princesse de Tarente.—Elles aimaient à s'entretenir ensemble de leurs filles et des souvenirs de leur jeunesse.—Nouvelles du Danemark et de la cour de France, données par cette princesse à madame de Sévigné pendant son séjour aux Rochers.—Griffenfeld devient amoureux de la princesse de la Trémouille, qui le rejette.— Il se fait des ennemis ;—conspire ; —est condamné à mort ; —reçoit sa grâce ; — se marie et meurt.—Madame de la Trémouille épouse le comte d'Oldenbourg.— —Colère de la princesse de Tarente sur ce mariage.—Madame de Sévigné l'apaise.—Motifs de l'attachement que la princesse avait pour elle. — Liaison de la princesse de Tarente avec MADAME, femme de MONSIEUR, sa nièce.—Caractère de MADAME.—Rang et naissance de la princesse de Tarente et de Henri-Charles de la Trémouille, son mari.—Pourquoi celui-ci était appelé prince de Tarente.—Caractère du prince de Tarente.—Il fuit en Hollande. — Il épouse la fille du landgrave de Hesse-Cassel. — Il s'attache à Condé, et lui reste fidèle. —Rentre en France.—Influence de la maison de la Trémouille en Poitou et en Bretagne.—La baronnie de Vitré la plus ancienne de Bretagne.—Le prince de Tarente préside les états de Bretagne, notamment ceux de 1669.—Mort du prince de Tarente.— Son fils est élevé dans la religion catholique.—La princesse de Tarente devient héritière et maîtresse de tous les biens de sa maison.—Pourquoi elle avait tant d'amitié pour madame de Sévigné.—Elle lui donne un petit chien. — Confidences de la princesse. — Madame de Sévigné se décide à passer l'hiver aux Rochers.—Ses distractions.—Ses lectures.— L'opéra d'*Atys* est donné. —L'*Art poétique* de Boileau est publié. — Souvenirs du passé retrouvés dans les papiers de la princesse de Tarente.— Portrait de madame de Sévigné. — Vue rétrospective du temps de sa jeunesse.— Détails sur la duchesse de la Trémouille, belle-mère de la princesse de Tarente.

C'est avec la princesse de Tarente que madame de

Sévigné aimait à s'entretenir du beau temps de sa jeunesse. Cette bonne princesse avait des recettes curatives pour tous les souffrants et des consolations pour tous les soupirants, badinant elle-même de son *cœur de cire* [1]. Elle avait pour madame de Sévigné une véritable amitié : elle lui faisait aux Rochers de fréquentes visites, et y passait des journées entières [2].

Le pays, la langue, la religion, la naissance, le rang, le caractère, les habitudes, les manières, les mœurs, tout était différent entre la princesse de Tarente et madame de Sévigné; et cependant une singulière analogie dans leur destinée les rapprochait et établissait entre elles une grande intimité. Toutes deux étaient veuves et à peu près du même âge; toutes deux avaient une fille qu'elles aimaient avec une tendresse excessive et qu'elles préféraient à l'héritier de leur nom; leurs filles se trouvaient séparées d'elles par de grandes distances, de sorte qu'elles seules sympathisaient parfaitement quand elles se confiaient leurs inquiétudes, quand elles s'entretenaient de leurs communes douleurs [3]. Celles qui tour-

---

[1] Sévigné, *Lettres* (11 décembre 1678), t. IV, p. 243, édit G.; t. IV, p. 120, édit. M.

[2] Sévigné, *Lettres* (16 octobre 1675), t. IV, p. 155, édit. G.; t. IV, p. 44, édit. M.

[3] Sévigné, *Lettres* (2 octobre 1675), t. IV, p. 124 et 128, édit. G.; t. IV, p. 14 et 18, édit. M. — (11 décembre 1675), t. IV, p. 243, édit. G.; t. IV, p. 120, édit. M. — (25 février 1685), t. VIII, p. 20, édit. G.; t. VII, p. 244, édit. M. — Conférez *Portrait de la princesse de Tarente*, fait par elle-même à la Haye en 1656, dans Petitot, collection des *Mémoires sur l'histoire de France*, t. XLIII, p. 507-512, à la suite des *Mémoires de* Montpensier.—Il est parlé de ce portrait dans les *Mémoires de* Montpensier (année 1677),

mentaient alors la princesse de Tarente étaient grandes, et les lettres de madame de Sévigné, en nous instruisant de leur cause, nous donnent sur l'histoire de Danemark des documents précieux et certains. Voici ce qu'elle écrit à sa fille sur ce sujet[1] :

« J'ai été voir la bonne princesse ; elle me reçut avec transport. Le goût qu'elle a pour vous n'est pas d'une Allemande ; elle est touchée de votre personne et de ce qu'elle croit de votre esprit. Elle n'en manque pas, à sa manière ; elle aime sa fille et en est occupée ; elle me conta ce qu'elle souffre de son absence, et m'en parla comme à la seule personne qui puisse comprendre sa peine.

« Voici donc, ma chère enfant, des nouvelles de la cour de Danemark : je n'en sais plus de la cour de France ; mais pour celles de Copenhague, elles ne vous manqueront pas. Vous saurez donc que cette princesse de la Trémouille est favorite du roi et de la reine, qui est sa cousine germaine. Il y a un prince, frère du roi, fort joli, fort galant, que nous avons vu en France, qui est passionné de la princesse, et la princesse pourrait peut-être sentir quelques dispositions à ne le haïr pas ; mais il se trouve un rival qui s'appelle M. le comte de *Kingstoghmfell* [madame de Sévigné s'amusait, ainsi qu'elle le dit elle-même, à défigurer ridiculement tous les noms allemands, pour faire rire sa fille[2]]. Vous entendez

---

t. XLII, p. 360.—Le portrait de mademoiselle de la Trémouille est celui de la belle-sœur de la princesse de Tarente, 1657.

[1] SÉVIGNÉ, *Lettres* (2 octobre 1675), t. IV, p. 124 et 125, édit. G.; t. IV, p. 14 et 15, édit. M.

[2] SÉVIGNÉ, *Lettres* (3 et 31 mai et 2 juin 1680), t. VI, p. 459, édit. M. ; t. VII, p. 13, édit. G.—*Ibid.*, t. VI, p. 299, édit. M.

bien : ce comte est amoureux de la princesse, mais la princesse le hait. Ce n'est pas qu'il ne soit brave, bien fait et qu'il n'ait de l'esprit, de la politesse ; mais il n'est pas gentilhomme, et cette seule pensée fait évanouir. Le roi est son confident, et voudrait bien faire ce mariage ; la reine soutient sa cousine, et voudrait bien le prince ; mais le roi s'y oppose, et le favori fait sentir à son rival tout le poids de sa jalousie et de sa faveur. La princesse pleure, et écrit à sa mère deux lettres de quarante pages : elle a demandé son congé ; le roi ni la reine n'y veulent point consentir, chacun pour différents intérêts. On éloigne le prince sous divers prétextes ; mais il revient toujours. Présentement ils sont tous à la guerre contre les Suédois, se piquant de faire des actions romanesques pour plaire à la princesse. Le favori lui dit en partant : « Madame, je vois de quelle manière vous me traitez ; « mais je suis assuré que vous ne sauriez me refuser vo- « tre estime. » Voilà le premier tome ; je vous en manderai la suite, et je ne veux pas qu'il y ait dorénavant en France une personne mieux instruite que vous des intrigues de Danemark. »

Et quatre mois après elle ne donne pas encore le second volume du roman ; mais elle continue le premier, et ajoute[1] : « Disons deux mots du Danemark. La princesse est au siége de Wismar, avec le roi et la reine ; les deux amants font des choses romanesques. Le favori a traité un mariage pour le prince, et a laissé le soin à la renommée d'apprendre cette nouvelle à la jolie princesse : il fut même deux jours sans la voir. Cela n'est

---

[1] Sévigné, *Lettres* (22 décembre 1675), t. IV, p. 268, édit. G.; t. IV, p. 141, édit. M.

pas le procédé d'un sot. Pour moi, je crois qu'il se trouvera à la fin qu'il est le fils de quelque roi des Wisigoths. »

Non, ce fut toujours *Schuhmacher* [Cordonnier], Allemand d'origine, fils d'un marchand de vin à Copenhague, créé comte de Griffenfeld et grand chancelier. La reine elle-même, cédant à son influence, voulut le marier avec la fille du duc de Holstein-Augustenbourg, de la branche cadette de la maison royale, et la princesse s'était déjà mise en route pour Copenhague; mais Griffenfeld mit lui-même obstacle à ce mariage. Ce grand homme d'État, ce Richelieu du Nord, ce législateur du Danemark, qu'il gouverna longtemps admirablement, se laissa détourner des larges voies de sa noble ambition par l'espoir d'épouser cette fille de la princesse de Tarente, la charmante Charlotte-Amélie de la Trémouille. L'esprit, les grâces, la beauté de cette princesse l'avaient séduit. Rebuté par elle, il abusa de son autorité pour écarter le prince son rival, et chercha à se ménager l'appui tout-puissant de Louis XIV ; il lia avec ce monarque une correspondance coupable, en reçut de l'argent, négligea les affaires du royaume pour suivre celles qui intéressaient sa funeste passion, fut dénoncé, arrêté, mis en jugement et condamné à perdre ses biens, ses emplois et à avoir la tête tranchée. Le jour fixé pour l'exécution, il monta avec une contenance assurée sur l'échafaud ; mais au moment où l'exécuteur levait le glaive, un aide de camp du roi accourt, et crie : « Grâce, de la part de Sa Majesté, pour Schuhmacher! » Et l'aide de camp remet un papier à Schuhmacher, qui le reçut sans émotion. Il apprit, en le lisant, que sa peine était commuée en une prison perpétuelle. Schuhmacher dit froidement : « Cette grâce est plus douloureuse que la mort même. » Il redescendit lentement, et comme à regret, les degrés de l'échafaud. Il fit solliciter le roi de lui permettre de le servir comme soldat : cette faveur lui fut refusée. Détenu étroitement à Copenhague pendant quatre ans, il fut ensuite transféré au château fort de Muncholm, près de Drontheim, en Norwége ; il y resta vingt-trois ans, regretté de son souverain, qui désirait et n'osait pas l'employer. En 1698, sa captivité cessa ; mais il ne jouit pas longtemps de sa liberté, puisqu'il mourut le 11 mai 1699, âgé de soixante-quatre ans. Il avait été marié à une Catherine Nansen de Copenhague, et en eut une fille [1].

Tel est le second tome du *roman vrai* et trop malheureusement historique que madame de Sévigné avait promis à sa fille, mais qu'elle n'aurait pu lui donner complet ; car elle mourut deux ans avant ce *favori tout-puissant*, qu'elle appelle *M. le comte de Kinghstoghmfell* [2].

Le troisième et dernier tome doit nécessairement nous apprendre quel fut le sort de celle qui inspira une passion si funeste au principal personnage, et madame de Sévigné, qui nous a donné le premier, nous fournira encore celui-là. Elle nous apprend que, la princesse de la Trémouille n'ayant pu épouser le prince de Danemark, sa mère la princesse de Tarente ne trouvait personne d'assez noble. Elle était parente de la Dauphine et de deux électeurs palatins de Hesse, et elle ne voulait point déroger. Plusieurs partis se présentèrent, et furent

---

[1] CATTEAU-CALLEVILLE, *Biographie universelle*, t. XVIII, p. 477, article GRIFFENFELD.

[2] SÉVIGNÉ, *Lettres* (2 octobre 1675), t. IV, p. 125, édit. G.

refusés; mais sa fille, qui ne pensait pas comme sa mère, fit un choix sans sa participation, qui mit en courroux la princesse de Tarente [1]. C'est dans sa lettre à madame de Grignan du 3 mai 1680, écrite dans l'agitation d'un départ, que madame de Sévigné nous instruit de ce mariage : « Encore, si j'avais à vous apprendre des nouvelles de Danemark, comme je faisais il y a quatre ou ou cinq ans, ce serait quelque chose; mais je suis dénuée de tout. A propos, la princesse de la Trémouille épouse un comte d'*Ochtensilbourg* [2] [lisez comte d'Oldenbourg], qui est très-riche et le plus honnête homme du monde : vous connaissez ce nom-là. Sa naissance est un peu équivoque : toute l'Allemagne soupire de l'outrage fait à l'écusson de la bonne Tarente ; mais le roi lui parla l'autre jour si agréablement sur cette affaire, et son neveu le roi de Danemark et même l'amour lui font de si pressantes sollicitations qu'elle s'est rendue. Elle vint me conter cela l'autre jour. Voilà une belle occasion de lui écrire, et de réparer vos fautes passées. N'êtes-vous pas bien aise de savoir ce détail [3] ? »

Et dans sa lettre du 16 juillet, écrite des Rochers, madame de Sévigné continue de donner à sa fille des nouvelles de ce nouveau mariage : « J'ai vu ma voisine [la princesse de Tarente, qui était à Vitré]. Elle me fit beaucoup d'amitié, et me montra d'abord votre lettre... Elle dit qu'elle est venue ici pour faire réponse. Sa fille est

---

[1] SÉVIGNÉ, *Lettres* (25 mai 1680), t. VI, p. 511, édit. G.

[2] SÉVIGNÉ, *Lettres* (31 mai, 2 juin), t. VI, p. 299, édit. M.

[3] SÉVIGNÉ, *Lettres* (3 mai 1680), t. VI, p. 469, édit. G.; t. VI, p. 251, édit. M.—*Ibid.* (11 juin 1680), t. VI, p. 333, édit. M.

transportée de joie ; elle est en Allemagne, ravie d'avoir quitté le Danemark, charmée de son mari et de ses richesses. Elle s'est un peu précipitée de se marier avant les signatures de sa famille : la mère en est en colère ; mais je me moque d'elle[1]. »

Quinze jours après cette lettre, elle continue dans une autre[2] :

« La bonne princesse me vient voir sans m'en avertir, pour supprimer la sottise des fricassées : elle me surprit vendredi ; nous nous promenâmes fort, et au bout du mail il se trouva une petite collation légère et propre, qui réussit fort bien. Elle me conta les torts de sa fille de n'avoir pas rempli son écusson d'une souveraineté ; je me moquai fort d'elle ; je la renvoyai en Allemagne pour tenir ce discours ; et, dans le bois des Rochers, je lui fis avouer que sa fille avait très-bien fait. Elle est si étonnée de trouver quelqu'un qui ose lui contester quelque chose que cette nouveauté la réjouit. Le roi et la reine de Danemark vont voir ce comte d'Oldenbourg dans sa comté : il défraye toute cette cour, et sa magnificence surpasse toute principauté. Je vois les lettres de cette comtesse, que je trouve toutes pleines de passion pour son mari, de raison, de générosité, de dévotion et de justice. — « Eh ! madame, que pouvez-vous leur sou« haiter de plus, puisqu'avec cela elle est riche et con« tente ? » — Il semble que j'aie une pension pour soutenir l'intérêt de cette fille. »

Cette fille rentra en grâce, et madame de Sévigné

---

[1] SÉVIGNÉ, *Lettres* (7 juillet 1680), t. VI, p. 362, édit. M. ; t. VII, p. 91 et 92, édit. G.

[2] SÉVIGNÉ, *Lettres* (21 juillet 1680), t. VI, p. 384, édit. M. ; t. VII, p. 123, édit. G.

fait honneur à ses exhortations et aux lettres écrites par madame de Grignan de cette réconciliation : il est bien plus probable qu'elle fut due aux lettres de la comtesse d'Oldenbourg, si tendrement aimée de sa mère[1]. Madame de Sévigné, habituée à traiter d'égale à égale avec sa fille, à prévenir ses désirs, à lui pardonner tout et à ne se rien pardonner de ce qui avait pu lui déplaire, mesurait la force du sentiment par l'élégante énergie de l'expression, et elle ne trouvait pas que les lettres de la comtesse d'Oldenbourg fussent de nature à produire beaucoup d'effet. « Ce sont, dit-elle à madame de Grignan, des lettres d'un style qui n'est point fait ; ce sont des *chères mamans* et des tendresses d'enfant, quoiqu'elle ait vingt ans[2]. » L'éducation et les mœurs allemandes, l'étiquette sévère, l'obéissance passive des enfants envers leurs parents, exigées en Allemagne, donnaient, auprès d'une femme du rang et du caractère de la princesse de Tarente, une grande puissance à la naïve et sincère expression du sentiment filial. Dans les lettres d'Amélie de la Trémouille à sa mère, le ton familier, leste et dégagé de madame de Grignan, ses saillies plaisantes et ses spirituelles tendresses n'eussent certainement pas produit le même effet. Ce qui plaisait à la princesse de Tarente dans madame de Sévigné, dans madame de Grignan, lui eût déplu dans sa fille. On change difficilement les mœurs et les habitudes, les opinions et les croyances que l'on a reçues du pays qui nous a vu naître,

---

[1] SÉVIGNÉ, *Lettres* (18 août 1680), t. VI, p. 424, édit. M.—*Ibid.* (2 octobre 1680), t. VII, p. 10 et 11, édit. M.; t. VII, p. 168 et 239, édit. G.

[2] SÉVIGNÉ, *Lettres* (23 octobre 1675), t. IV, p. 53, édit. M.; t. IV, p. 167, édit. G.

où notre intelligence s'est développée, où nos premières passions ont rivé nos penchants à notre caractère ; mais on prend facilement les manières des personnes avec qui l'on vit, et on renonce aisément à celles qu'on nous avait données. Toute l'Europe, à cette époque, était enivrée de la richesse, de l'élégance, de la politesse de la cour de Louis XIV ; cette cour était pour toutes les autres un objet constant d'émulation, et les Françaises avaient acquis une renommée d'amabilité, de savoir-vivre qui les faisait rechercher et prendre pour modèle en tous lieux par les femmes des classes élevées. Madame de Sévigné était une des plus éminentes sous ce rapport. La princesse de Tarente fut séduite par son esprit : elle se livra sans réserve au charme d'un commerce intime, elle n'eut plus de secrets pour madame de Sévigné ; elle lui fit sur elle-même d'étranges confidences, moins étonnantes encore que la hardiesse des observations et des réprimandes de madame de Sévigné, qui, loin de déplaire, affermissait ainsi la confiance qu'avait en elle la bonne princesse [1]. Bien des causes mettaient obstacle à ce que madame de Sévigné eût pour elle la même chaleur de sentiment, la même franchise, le même abandon. Cependant les épanchements réciproques des tendresses maternelles n'étaient pas les seuls motifs qui portaient madame de Sévigné à rechercher avec empressement la société de cette princesse. Amélie de Hesse, qui avait épousé en 1647 le duc de la Trémouille, prince de Tarente, qu'elle per-

---

[1] Sévigné, *Lettres* (11 décembre 1675), t. IV, p. 243, édit. G. ; t. IV, p. 120, édit. M.

dit le 14 septembre 1672 [1], était fille de Guillaume V, landgrave de Hesse-Cassel, et tante (tante très-chérie) de la seconde MADAME (Charlotte-Élisabeth de Bavière), que Louis XIV avait, dans l'intérêt de sa politique, imposée à son frère. La nouvelle duchesse d'Orléans se distinguait à la cour par son originalité, que personne n'était tenté d'imiter; elle y vivait dans un isolement complet, en véritable Allemande, conservant ses goûts et sa rude fierté; elle ne plaisait à personne, et personne ne lui plaisait. Il faut cependant en excepter le roi, qu'elle admirait, qu'elle aimait plus qu'il ne fallait pour son repos; elle n'avait de complaisance que pour lui et pour son mari, qu'elle parvint à s'attacher par sa soumission et sa résignation. Louis XIV lui en savait gré, et respectait dans cette princesse les droits éventuels qu'elle avait sur la Bavière et le Palatinat, dont il sut tirer bon parti dans ses négociations. Quoique laide, elle ne parut pas désagréable au roi le premier jour qu'il la vit. Son gros visage, sa taille courte, ses bras massifs, ses mains fortes et mal faites étaient relevés par sa jeunesse, son air de vigueur et de santé, l'ampleur de ses formes et l'éclatante fraîcheur des femmes de son pays. Louis XIV estimait sa vertu, la loyauté de sa brusque franchise; ses goûts virils, sa passion pour les chiens, les chevaux avaient son approbation et ses sympathies [2]. Il lui savait même gré de son isolement, de sa sauvagerie, dont elle ne se départait que pour lui. Elle

---

[1] *Mémoires de Henri-Charles* DE LA TRÉMOUILLE, *prince* DE TARENTE; Liége, 1767, in-12, p. 56 et 312. — SÉVIGNÉ, *Lettres* (28 mars 1676), t. IV, p. 241, édit. M.

[2] SÉVIGNÉ, *Lettres* (28 juillet 1680), t. VII, p. 133, 134, édit. G.; t. VI, p. 394, édit. M. — ÉLISABETH DE BAVIÈRE, *duchesse* D'ORLÉANS, *Mémoires, Fragments*, édit. de 1822, p. 32.

aimait à le voir et à lui tenir compagnie. Tout le temps qu'elle ne passait pas près de lui, à la chasse et aux spectacles[1], elle l'employait à écrire à ses nobles parents d'Allemagne de longues lettres dont les fragments ont servi à former ces singuliers Mémoires où la cour de France, à l'exception du roi, est déchirée, injuriée impitoyablement ; où les anecdotes les plus scandaleuses, souvent même les plus fausses sont racontées avec un cynisme révoltant[2] ; où elle exhale sa jalouse haine contre madame de Montespan, surtout contre madame de Maintenon, à laquelle elle prodigue les épithètes de *vieille sorcière*, de *vieille truie* et autres semblables. Trois Allemandes composaient sa société habituelle ; la princesse de Tarente était de ces petites réunions, où l'on ne parlait qu'allemand. MADAME lui écrivait en langue allemande de longues lettres, que la princesse, lorsqu'elle était à Vitré, s'empressait de communiquer à madame de Sévigné en les traduisant. Par ce canal, encore plus que par celui de madame de Coulanges, madame de Sévigné parvenait à entretenir dans sa correspondance avec madame de Grignan cette variété piquante de faits curieux, d'anecdotes bouffonnes, de traits de médisance dont sa plume rapide savait déguiser le venin par un tour plaisant ou gracieux, et faire disparaître la crudité par de discrètes réticences.

[1] SÉVIGNÉ, *Lettres* (16 août 1671), t. II, p. 56, édit. M.; t. II, p. 189, édit. G.— MONTPENSIER, *Mémoires* (1671), t. XLIII (coll. Petitot), p. 334.—SAINT-SIMON, *Mémoires authentiques*, in-8°, t. X, p. 478; XII, 220 ; XX, 344.

[2] Conférez *Fragments et lettres originales de Madame* CHARLOTTE-ÉLISABETH DE BAVIÈRE, 1788, t. I, p. 67, in-12.—*Mémoires et Fragments* d'ÉLISABETH DE BAVIÈRE, etc., 1822, in-8°, *passim*.

Si la princesse de Tarente avait voulu consentir à abjurer la religion protestante, ainsi qu'avait fait Élisabeth-Charlotte de Bavière lorsqu'elle épousa le duc d'Orléans, elle eût infailliblement tenu à la cour un rang distingué; elle eût rempli près de la reine la place qu'y occupait la princesse de Monaco [1], celle de première dame ou de présidente de sa maison [2]. Mais quoique l'attachement de la princesse de Tarente pour sa religion l'empêchât d'être de la cour, elle n'en était pas moins une très-grande dame par sa naissance, par celle de son mari et par les richesses dont elle pouvait disposer. Fille d'un prince souverain et parente de la Dauphine, alliée par son mariage à la famille royale de France, elle exigea et obtint, depuis son veuvage, que dans l'occasion on la traitât d'*Altesse*. L'époux que s'était donné la fille du landgrave de Hesse-Cassel justifiait par sa naissance, et plus encore par le renom qu'il avait laissé, ces hautes prétentions. Henri-Charles de la Trémouille était fils de Henri, duc de la Trémouille, qui avait épousé en 1619 Marie de la Tour-d'Auvergne, sa cousine germaine, fille du maréchal de Bouillon, prince souverain de Sedan, et d'Élisabeth de Nassau, sa seconde femme [3]. Son père, ayant recueilli les biens de la maison de Laval, réclama en 1743 [4]

---

[1] *État de la France*, 1677, in-12, p. 452. — Sévigné, *Lettres* (8 avril 1676), t. IV, p. 308, édit. G.—*Ibid.* (8 mai 1676), t. IV, p. 249, édit. M.—*Ibid.*, t. IV, p. 388, édit. G.

[2] Sévigné, *Lettres* (28 mars 1676), t. IV, p. 379, édit. G.; t. IV, p. 241, édit. M.

[3] Griffet, *Préface historique*, p. 7 des *Mémoires du prince de Tarente*; Liége, 1767, in-12.

[4] *Ibid.*, p. xx.

les droits qu'il prétendait avoir sur la couronne de Naples comme représentant Charlotte d'Aragon, sa trisaïeule ; et il fit prendre, dans la suite, à son fils aîné le nom de prince de Tarente, que les fils aînés des ducs de la Trémouille ont toujours porté depuis sans conteste : les chefs de cette maison n'ont cessé, avec l'agrément du roi, de renouveler, pour la forme, leur réclamation¹. Si l'on excepte Louis II, cinquième aïeul, le conquérant de la Lombardie et l'époux de Gabrielle de Montpensier, princesse du sang, aucun des la Trémouille, ni avant ni depuis, ne s'est acquis une aussi grande illustration que le fils de celui qui porta le premier ce nom de prince de Tarente et qui épousa la princesse si fort affectionnée à madame de Sévigné. Nul homme de son temps, jeté au milieu d'événements où le monde était divisé en partis par la religion et la politique, n'a su mieux concilier ce qu'il devait au drapeau sous lequel il se plaçait avec ce que l'honneur, l'amitié, la conscience lui prescrivaient. Il embrassa la religion protestante, qui était celle de sa mère; et dès qu'il eut terminé ses études et ses exercices, il passa en Hollande. Il fit ses premières armes sous son grand-oncle le prince d'Orange : mis à la tête d'un régiment de cavalerie, il s'acquit chez les Hollandais la réputation

---

¹ Les réclamations de la famille la Trémouille furent faites à tous les congrès : au congrès de Nimègue, en 1678 ; de Ryswick, en 1697 ; d'Utrecht, en 1713; de Rastadt, en 1714. On sait que le vrai nom est la Trémoïlle ; mais, par un usage ancien, on prononce et on écrit la Trémouille. Cette famille subsiste encore, et l'héritier direct, Louis-Charles, né le 26 octobre 1838, réside à Paris, et porte, dans l'almanach de Gotha (1848, p. 141, et 1851, p. 130), les titres de prince de la Trémouille et de Thouars, de Tarente et de Talmont.

d'un excellent officier. Ne pouvant épouser la princesse d'Orange, qui l'aimait et dont il était amoureux [1], il céda aux conseils de sa mère, et reçut à Cassel la main de la fille du landgrave Guillaume V, « avec plus de cérémonies, dit-il dans ses Mémoires, que je n'aurais voulu [2]. »

Après son mariage, Henri-Charles de la Trémouille revint en France, comblé de faveurs par les Hollandais, qu'il avait servis pendant cinq ans avec zèle. Ils le regrettaient, et auraient voulu le conserver; mais il ne pouvait renoncer à sa patrie, et il y rentra pourvu de titres, d'honneurs et de forts émoluments. La Fronde survint; son père avait fait abjuration du calvinisme entre les mains du cardinal de Richelieu et contribué à la prise de la Rochelle en 1628 [3]. Le prince de Tarente se trouva ainsi engagé dans le parti de la cour; mais, fatigué des promesses sans effet que lui faisait Mazarin, il suivit encore les conseils de sa mère, et s'attacha au prince de Condé, dont il était parent par le mariage de Charlotte de la Trémouille avec un Condé. Tarente combattit pour la cause de ce prince dans le Midi et en Saintonge, et, comme lui, faillit périr au combat du faubourg Saint-Antoine, où il eut un cheval tué sous lui, et reçut, dit-il dans ses Mémoires, *deux coups très-favorables* [4]. Il suivit Condé en exil au commence-

---

[1] *Mémoires du prince* DE TARENTE, 1767, in-12, p. 56 et 306.

[2] *Ibid.*, p. 129, 172, 259. — GRIFFET, p. viij de la préface des *Mémoires du prince* DE TARENTE. — LA ROCHEFOUCAULD, *Mémoires*.

[3] *Mémoires du prince* DE TARENTE, p. 72 et 104.

[4] SÉVIGNÉ, *Lettres* (29 décembre 1675), t. IV, p. 275, édit. G ; t. IV, p. 152, édit. M.

ment de l'année 1653 [1], et retourna en Hollande, où il fut accueilli avec empressement : favorisé par les états généraux et le prince d'Orange, il en rapporta des sommes considérables, qui suffirent au payement des dettes qu'il avait contractées au service des princes [2].

En décembre 1654, Cromwell voulut profiter des troubles de la France pour l'affaiblir en y fomentant la guerre civile : il envoya un nommé Stouppe à Henri de la Trémouille, pour lui proposer de se mettre à la tête d'une ligue protestante. La Trémouille refusa. Il lui eût été plus difficile qu'à tout autre d'accepter une pareille offre sans manquer aux devoirs les plus sacrés. Son enfance avait été confiée aux jésuites par son père, qui depuis longtemps avait abjuré le protestantisme. Ainsi les soins paternels avaient donné à sa primitive éducation une direction toute catholique ; mais sa mère, qui était protestante, le convertit durant son adolescence à la religion qu'elle professait. S'il avait pris les armes en faveur de ses coreligionnaires, il aurait nui à sa propre fortune, il aurait agi en fils ingrat et troublé le bonheur de sa famille [3].

Tel était à l'étranger le crédit de Henri-Charles de la Trémouille que lorsque la princesse sa femme accoucha à la Haye, le 5 mai, du second prince de Tarente [4], cet enfant eut pour parrains le roi de Suède, les états généraux des Provinces-Unies et les états particuliers de la

---

[1] *Mémoires du prince* DE TARENTE, 1767, p. 110, 112, 113. — *Mémoires du duc* DE MONTAUSIER, 1731, p. 110. — LA ROCHEFOUCAULD, *Mémoires*, p. 56 et 172.

[2] *Mémoires du prince de* TARENTE, p. 129, 172, 259.

[3] *Ibid.*, p. 172.

[4] SÉVIGNÉ, *Lettres* (29 décembre 1675), t. IV, p. 279, édit. G.

province de Hollande, et reçut de ce roi et des représentants de ces états les noms de Charles-Belgique-Hollande[1].

Le prince de Tarente fut bien accueilli à son retour en France par la reine et par Mazarin[2]; l'une et l'autre firent de vains efforts pour l'attacher au parti de la cour. Mazarin, irrité de sa résistance, le fit arrêter et enfermer dans la citadelle d'Amiens[3]. Toute la province du Poitou, le landgrave de Hesse-Cassel, Turenne, son parent, sollicitèrent en vain son élargissement. Sa mère négocia avec le cardinal, et l'obtint[4]. Il ne retourna pas dans l'armée de Condé, mais il demeura attaché au parti de ce prince, alors exilé à Bruxelles[5]. Il envoya sa femme pour conférer avec lui[6] et avec l'archiduc, et se fit, par cette conduite douteuse, exiler à Auxerre[7], d'où il continua de correspondre avec Condé[8]. Il ne voulut rentrer en grâce qu'après que le prince eut fait sa paix. Depuis cette époque, il se dévoua entièrement aux intérêts du roi, et le servit d'une manière utile par ses talents et son influence dans le Poitou et dans la Bretagne, deux grandes provinces où il tenait le premier rang. Son père, Henri de la Trémouille, pair de France, duc de Thouars, prince de Talmont, comte de Montfort, baron de Vitré, etc., tenait à Thouars un grand état; et mademoiselle de Montpensier, habituée à une magnificence royale, fut, en 1657, émerveillée de la réception que lui fit le duc de la Trémouille, de l'imposant aspect de son château, du grand nombre de gentils-

---

[1] *Mémoires du prince* DE TARENTE, p. 175. — [2] *Ibid.*, p. 184. — [3] *Ibid.*, p. 188. — [4] *Ibid.*, p. 196. — [5] *Ibid.*, p. 201. — [6] *Ibid.*, p. 202. — [7] *Ibid*, p. 215. — [8] *Ibid.*, p 225.

hommes à cheval et de dames parées et de l'air noble et grandiose de son escorte[1].

Par acte du 9 avril 1661, le duc de la Trémouille avait cédé et transporté au prince de Tarente la baronnie de Vitré et le titre de premier baron de Bretagne[2]. Ce titre donnait au prince de Tarente le droit de disputer la présidence de la noblesse aux états de Bretagne au grand Condé lui-même, que Fouquet avait voulu nommer, mais qui ne consentait à accepter qu'autant que la gratification des états serait accordée au prince de Tarente[3]. « Je fis entendre, dit Tarente dans ses Mémoires, à monsieur le Prince que le rang ne se réglait en Bretagne que par l'ancienneté des baronnies; que celle de Vitré, qui était dans ma maison, précédait incontestablement celle de Châteaubrilliant. » Il avait soutenu avec succès les droits de sa maison à la présidence de la noblesse dans un procès qu'il avait eu avec le duc de Rohan-Chabot.

Alors que se préparait l'arrestation de Fouquet, le 18 août 1661, s'ouvrirent à Nantes les assises des états généraux de Bretagne[4], qui furent terminées le 21 septembre : le prince de Tarente les présida. Il présida également, mais pour la dernière fois, les états de 1669, qui s'assemblèrent à Dinan le 26 septembre[5], et se sé-

---

[1] MONTPENSIER, *Mémoires* (collection Petitot), t. XLII, p. 255 et 256.

[2] *Mémoires du prince* DE TARENTE, p. 255.

[3] *Ibid.*, p. 257.

[4] *Recueil des tenues des états de Bretagne*, mss. Bl.-Mant., n° 75, p. 273 verso, et 285.

[5] *Ibid.*, p. 323 et 327.

parèrent le 28 octobre. En 1670, il obtint du roi la permission d'aller encore faire un voyage en Hollande, et il put alors observer le misérable état de la Flandre espagnole, qui présentait une conquête facile aux armes de la France[1]. Les deux assemblées des états de Bretagne, de 1671 et de 1673, se tinrent à Vitré : pour celle de 1671, selon ce qui avait été réglé par le parlement de Rennes en 1652, entre les maisons de Rohan et de la Trémouille, c'était au duc de Rohan-Chabot à présider[2]; mais le prince de Tarente mourut à Thouars le 14 septembre 1672, à l'âge de cinquante-deux ans, et fut remplacé par son père dans la présidence des états qui eurent lieu l'année suivante[3]; le jeune prince de Tarente, second héritier de son nom et de ses titres, d'après la volonté de son aïeul et de son père, avait été élevé dans la religion catholique. Le duc Henri-Charles de la Trémouille, deux ans avant sa mort, était rentré dans le sein de l'Église romaine; sa femme et sa fille aînée, plutôt affligées que touchées de cet exemple, restèrent invariablement fidèles à la religion protestante[4]. Ce père, le duc Henri de la Trémouille, mourut deux ans après son fils le prince de Tarente; de sorte que la princesse se trouva, comme tutrice, avoir l'administration

---

[1] Prince DE TARENTE, *Mémoires*, p. 255.
[2] Prince DE TARENTE, *Mémoires*, p. 280.—*Recueil ms. des tenues des états de Bretagne*, p. 339. (Ils s'ouvrirent le 4 août et se terminèrent le 22.)
[3] Prince DE TARENTE, *Mémoires*, p. 312, et *Recueil ms.*, p. 357. (Ces états s'ouvrirent le 10 novembre 1673, et se terminèrent le 10 janvier 1674.)
[4] *Mémoires de* CHARLES-HENRI, *prince* DE TARENTE; Liége, 1767, p. 170, 306, 311.

des biens immenses de toute la maison de la Trémouille; et, comme mère, elle devint régente d'un prince âgé de dix-huit ans[1]. Elle était ainsi, depuis près d'un an, la personnification de la grandeur et de la puissance des la Trémouille lorsqu'elle se prit d'une amitié si vive pour madame de Sévigné. « Elle m'aime beaucoup, disait à sa fille madame de Sévigné. On en médirait à Paris; mais ici c'est une faveur qui me fait honorer de mes paysans. »

Ce n'était pas seulement par ses visites, par ses confidences, par les nouvelles qu'elle apportait que la princesse de Tarente se rendait agréable à madame de Sévigué; elle avait, pour la distraire et la réjouir dans sa solitude, les prévoyances et les attentions les plus aimables. Elle s'était aperçue que la dame des Rochers n'avait pas avec elle *Marphise*, sa chienne favorite, laissée à Paris avec Hélène, sa femme de chambre. Aussitôt la princesse de Tarente conçut l'idée de lui donner un petit chien pour la désennuyer[2].

« Vous êtes étonnée, dit madame de Sévigné, que j'aie un petit chien; voici l'aventure. J'appelais, par contenance, une chienne courante d'une madame qui demeure au bout du parc. Madame de Tarente me dit: Quoi! vous savez appeler un chien? Je veux vous en envoyer un, le plus joli du monde. Je la remerciai, et lui dis la résolution que j'avais prise de ne plus m'engager dans cette sottise. Cela se passe, on n'y pense

---

[1] *Mémoires du prince* DE TARENTE, p. 312.
[2] SÉVIGNÉ, *Lettres* (13 novembre 1675), t. IV, p. 201, édit. G.; t. IV, p. 83, édit. M. Ce chien fut donné en octobre. — *Ibid.* (23 octobre 1675), t. IV, p. 171, édit. G.

plus. Deux jours après, je vois entrer un valet de chambre avec une petite maison de chien toute pleine de rubans, et sortir de cette jolie maison un petit chien tout parfumé, d'une beauté extraordinaire : des oreilles, des soies, une haleine douce, petit comme une sylphide, blondin comme un blondin. Jamais je ne fus plus étonnée ni plus embarrassée; je voulus le renvoyer, on ne voulut jamais le reporter. La femme de chambre qui l'avait élevé en a pensé mourir de douleur. C'est Marie[1] qu'aime le petit chien; il couche dans sa maison et dans la chambre de Beaulieu, il ne mange que du pain; je ne m'y attache point, mais il commence à m'aimer; je crains de succomber. Voilà l'histoire que je vous prie de ne pas mander à *Marphise,* car je crains ses reproches. Au reste, une propreté extraordinaire; il s'appelle *Fidèle,* c'est un nom que les amants de la princesse n'ont jamais mérité de porter; ils ont été pourtant d'un assez bel air. Je vous conterai quelques jours ses aventures. »

D'après ces derniers mots, il y a tout lieu de croire qu'il est heureux pour la bonne princesse [2] au *cœur de cire* que les conversations orales de madame de Sévigné avec sa fille n'aient pas reçu la même publicité que ses conversations écrites. Le passage de la lettre du 11 décembre que nous avons transcrit le prouve encore; c'est dans cette lettre que l'idée de la princesse ramène madame de Sévigné à celle du chien

---

[1] Conférez ci-dessus, p. 255, chap. xii; et SÉVIGNÉ, *Lettres* (6 et 9 septembre, 23 octobre et 16 novembre), t. IV, p. 84, 87, 171 et 201, édit. G.; t. IV, p. 84 et 87, édit. M.

[2] SÉVIGNÉ, *Lettres* (11 décembre 1675), t. IV, p. 243, édit. G.; et ci-dessus, p. 284.

qui lui a été donné, et qu'elle continue ce badinage.

« Ce que vous dites de *Fidèle*, écrit-elle à madame de Grignan[1], est fort joli ; c'est la vraie conduite d'une coquette que celle que j'ai eue. Il est vrai que j'en ai la honte, et que je m'en justifie comme vous avez vu ; car il est certain que j'aspirerais au chef-d'œuvre de n'avoir aimé qu'un chien, malgré les *Maximes* de la Rochefoucauld, et je suis embarrassée de *Marphise*. Je ne comprends pas ce qu'on me fait. Quelle raison lui donnerai-je ? Cela jette insensiblement dans les menteries ; tout au moins je lui conterai bien toutes les circonstances de mon nouvel engagement. Enfin, c'est un embarras où j'avais résolu de ne jamais me trouver, car c'est un grand exemple de la misère humaine : ce malheur m'est arrivé par le voisinage de Vitré. »

Plus le séjour de madame de Sévigné aux Rochers se prolongeait, plus forte devenait l'amitié qu'avait pour elle la princesse de Tarente, et plus les confidences que madame de Sévigné faisait à son sujet à sa fille étaient explicites : « La bonne princesse et *son bon cœur* m'aiment toujours... Elle dit toujours des merveilles de vous ; elle vous connaît et vous estime. Pour moi, je crois que, par métempsycose, vous vous êtes trouvée autrefois en Allemagne. Votre âme aurait-elle été dans le corps d'un Allemand ? Non, vous étiez sans doute le roi de Suède, un de ses amants ; car la plupart *des amants sont des Allemands*[2]. » Ces derniers mots sont d'une jo-

---

[1] Sévigné, *Lettres* (11 décembre 1675), t. IV, p. 243-244, édit. G.

[2] Sévigné, *Lettres* (5 janvier 1676), t. IV, p. 298, édit. G.—*Ibid.* (1ᵉʳ mai 1671), t. II, p. 52, édit. G. ; t. IV, p. 170, et t. II, p. 43, édit. M.

lie chanson de Sarrazin, fort en vogue dans la jeunesse de madame de Sévigné[1].

La maxime de la Rochefoucauld à laquelle madame de Sévigné fait allusion dans sa plaisanterie sur *Marphise* est celle-ci : « On peut trouver des femmes qui n'ont jamais eu de galanterie; mais il est rare d'en trouver qui n'en aient jamais eu qu'une. » Une quatrième édition de ces Maximes avait paru au commencement de l'année (1675)[2], revue, corrigée et augmentée par l'auteur, qui fit de ce petit livre l'œuvre de toute sa vie; et nul doute qu'aussitôt après en avoir reçu un exemplaire madame de Sévigné ne se soit empressée de le lire. C'est aux Rochers que madame de Sévigné faisait surtout ses grandes lectures. A Paris, elle était trop distraite par le plaisir et par les affaires.

Ramenée par les événements et les malheurs de la Bretagne aux lectures sérieuses, surtout à l'histoire, son ardeur pour ce genre de distraction s'accrut encore en la trouvant partagée par son fils, revenu de l'armée pour passer avec elle l'hiver aux Rochers; elle la communiqua à sa fille, de sorte que toutes deux trouvèrent, par leur correspondance, des sujets d'entretien bien préférables à ceux que l'éloignement de Paris et de la cour leur enlevait. « C'est une belle conversation, dit madame de Sévigné, que celle que l'on fait de deux

---

[1] SARRAZIN, *Œuvres*; Paris, Cramoisy, 1694, in-12, p. 414.

[2] *Réflexions ou sentiments et maximes morales*, 4ᵉ édition, revue, corrigée et augmentée depuis la troisième; Paris, Claude Barbin, 1675, in-12 (157 pages), sans l'avis du libraire ni la table; achevé d'imprimer le 17 décembre 1674. La maxime est page 27, nᵒ 73. Dans la 3ᵉ édition (1665) elle est p. 41, nᵒ 83. Dans la 6ᵉ comme dans la 4ᵉ.

cents lieues. Nous faisons de cela ce qu'on en peut faire ¹. »

Madame de Sévigné se montre surtout ravie que sa fille ait entrepris de lire la grande histoire des Juifs de Flavius Josèphe, dont la traduction était l'œuvre la plus considérable de son vénérable ami Arnauld d'Andilly, qu'elle avait perdu depuis peu de temps (le 7 septembre 1674). Elle ne tarit pas sur les éloges qu'elle donne au grand historien du peuple juif ². Elle envoya à sa fille, par Rippert, la troisième partie des *Essais de morale de Nicole,* parmi lesquels elle a distingué trois traités : *de l'Éducation d'un prince, de la Connaissance de soi-même, de l'Usage qu'on peut faire des mauvais sermons* ³. La mère et la fille étaient du même avis sur ces excellents Essais de Nicole ; il n'en était pas de même de Sévigné, auquel le premier tome déplaisait, qui trouvait ces traités obscurs, et se plaignait que la Marans et l'abbé Têtu avaient accoutumé sa sœur aux choses fines et distillées [4] ; mais, au contraire, il défendait à juste titre le nouvel opéra de Quinault contre le dédain de madame de Grignan, et sur ce sujet il était de l'avis de sa mère [5].

---

[1] Sévigné, *Lettres* (1ᵉʳ janvier 1676), t. IV, p. 286.

[2] Sévigné, *Lettres* (8 et 13 novembre 1675), t. IV, p. 189, 193, édit. G.—*Ibid.* (1ᵉʳ décembre 1675), t. IV, p. 227, édit. G.—*Ibid.* (11 décembre 1675), t. IV, p. 245, édit. G.—*Ibid.* (27 novembre 1675), t. IV, p. 221, édit. G.

[3] Sévigné, *Lettres* (10 novembre, 11 et 18 décembre 1675, 12 janvier 1676), t. IV, p. 204, 245, 260, 307-8, édit. G. ; t. IV, p. 182, édit. M.

[4] *Ibid.* t. IV, p. 204, édit. G.; t. IV, p. 76 et 85, édit. M. — *Ibid,* (8 mars 1676), t. IV, p. 362, édit. G.

[5] Sévigné, *Lettres* (2 février 1676), t. IV, p. 331-2, édit. G.; t. IV, p. 199, édit. M. — *Ibid.* (19 janvier 1676), t. IV, p. 318, édit. G.; t. IV, p. 188, édit. M.—*Ibid.* (12 janvier 1676) , t. IV, p. 182, éd. M.; t. IV, p. 307 et 309, édit. G.—*Ibid.* (5 janvier 1676), t. IV, p. 293.

Heureuses les familles où, comme dans celle de madame de Sévigné, il n'y a pas d'autre sujet de division !

Ce nouvel opéra de Quinault était *Atys*, que ni madame de Grignan, qui était en Provence, ni Sévigné ni sa mère, qui étaient aux Rochers, n'avaient pu voir alors représenter à Saint-Germain en Laye le 10 janvier (1676), jour où, en présence de Louis XIV, il fut joué pour la première fois [1]. Mais tous les trois ils l'avaient lu, et un exemplaire de l'imprimé parvint aux Rochers neuf jours après la première représentation. Cet opéra fit grand bruit, parce qu'il parut à une époque de forte cabale contre Quinault. Parmi les gens de lettres et certaines personnes du beau monde, il était devenu de mode de déprécier les œuvres de ce poëte, trop applaudi par la cour. C'était là le premier symptôme d'une altération dans l'opinion publique, jusqu'alors si enthousiaste de la gloire de Louis XIV [2]. On était las des succès guerriers chèrement achetés par la continuation d'une lutte sanglante sur terre et sur mer ; et alors que des conférences étaient ouvertes à Nimègue et donnaient des espérances de paix, on écoutait avec déplaisir les paroles par lesquelles se terminait le prologue d'*Atys* :

> Préparons de nouvelles fêtes,
> Profitons des loisirs du plus grand des héros :
> Le temps des jeux et du repos
> Lui sert à méditer de nouvelles conquêtes [3].

---

[1] *Le Théâtre de M. Quinault*; Paris, 1715, in-12, t. IV, p. 265, 328. — Sévigné, *Lettres* (2 février 1676), t. IV, p. 332, édit. G. — *Ibid.* (19 janvier 1676), p. 318 et 319, édit. G.

[2] Germain Boffrand, *Vie de* Quinault, t. Ier, p. 41 et 42 du *Théâtre de M.* Quinault.

[3] Quinault, *Théâtre*, 1715, in-12, t. IV, p. 270.

Boileau, qui possédait à un degré suprême l'art de cadencer des vers qui se gravent dans la mémoire, ne contribuait pas peu à faire méconnaître le mérite de Quinault. La renommée du satirique était populaire, et son influence croissait à chaque nouvelle publication de ses ouvrages. Il avait donné, deux années de suite, de nouvelles éditions de ses poésies. Elles contenaient neuf de ses Satires, cinq Épîtres, son *Art poétique* et les quatre premiers livres du *Lutrin*. On voit par les citations qu'en fait madame de Sévigné qu'elle savait par cœur les beaux passages de ce dernier poëme [1]. Boileau n'avait rien retranché, dans cette nouvelle édition, des vers qu'il avait faits contre Quinault; mais, afin de montrer quelque déférence pour l'approbation que le roi donnait à l'opéra d'*Atys*, il crut devoir, dans cette dernière édition, laisser en blanc le nom de Quinault dans un vers de sa satire IX, et déguiser ce nom sous celui de *Kainaut* dans les autres satires : dans l'édition publiée l'année précédente il n'y avait, pour ce nom, ni déguisement ni suppression [2]. Mais de pareils ménagements servaient plutôt qu'ils ne contrariaient la malice du poëte.

Quoique madame de Sévigné mande à sa fille qu'elle

---

[1] SÉVIGNÉ, *Lettres* (6 novembre 1675), t. IV, p. 191, édit. G.; t. IV, p. 73, édit. M. — *Œuvres diverses du sieur* D*** (DESPRÉAUX); Paris, Louis Billaine, 1675, p. 211, 213. *Le Lutrin*, chant second.

[2] *Œuvres diverses du sieur* D***; Paris, Denys Thierry, 1674, in-4°, p. 66. — *Ibid.*, Paris, Louis Billaine, 1675, in-12, p. 26, 38, 92. M. Berriat Saint-Prix prétend qu'il y a un carton pour le feuillet où un blanc remplace le nom de Quinault : je n'ai pas trouvé de trace de ce carton dans l'exemplaire que je possède.

se livrait avec avidité à toutes sortes de lectures, histoire, morale, fictions, poésies, etc., c'est principalement par des lectures instructives qu'elle cherchait un soulagement à l'affliction que lui causaient, pendant ce calamiteux hiver, les maux qui fondaient sur sa province, et les souffrances dont elle fut affligée. Après ces *Essais de morale* de Nicole, qui la consolaient et dont elle parle sans cesse, aucune lecture ne lui plaisait plus que celle sur l'histoire de France du temps des croisades. Malgré sa répugnance pour le style du P. Maimbourg, elle y lisait avec délices les hauts faits des Castellane et des Adhémar, ancêtres de la maison de son gendre; elle ajoutait à cette lecture celle de l'histoire de son temps, si remplie du souvenir de sa jeunesse. « Le matin, dit-elle à madame de Grignan, je lis l'*Histoire de France;* l'après-dînée [c'est-à-dire après midi, on était alors en décembre], un petit livre dans les bois, comme ces *Essais* [de Nicole, dont elle vient de parler], la *Vie de saint Thomas de Cantorbéry*, que je trouve admirable, ou *les Iconoclastes ;* et le soir tout ce qu'il y a de plus gros en impression : je n'ai point d'autre règle [1]. » Pour ses lectures du soir, c'était surtout l'*Histoire de la prison et de la liberté de M. le Prince* qui obtenait la préférence. « On y parle, dit-elle, sans cesse de notre cardinal; il me semble que je n'ai que dix-huit ans; je me souviens de tout; cela divertit fort. Je suis plus charmée de la grosseur des caractères que de la bonté du style. » Cette histoire lui retraçait les temps les plus heureux et les plus agités de sa

---

[1] SÉVIGNÉ, *Lettres* (27 novembre et 1ᵉʳ décembre 1675), t. IV, p. 221, 227, édit. G.

jeunesse[1] : elle était l'œuvre d'un frondeur, de Claude Joly ; mais les faits y sont racontés, sinon avec talent, du moins avec impartialité[2].

Ce n'était pas seulement dans les livres imprimés qu'elle cherchait à raviver les souvenirs de la Fronde[3], mais encore par des documents manuscrits : « La princesse [de Tarente] et moi, dit-elle, nous ravaudions l'autre jour dans des paperasses de feu madame de la Trémouille ; il y a mille vers ; nous trouvâmes une infinité de portraits, entre autres celui que madame de la Fayette fit de moi sous le nom d'un inconnu. Il vaut cent fois mieux que moi ; mais ceux qui m'eussent aimée, il y a seize ans, l'eussent pu trouver ressemblant. »

Ainsi c'est à la fin de l'année 1659 ou dans les premiers mois de 1660 que madame de la Fayette[4] commença sa réputation de bel esprit et d'habile écrivain en traçant le portrait de son amie. C'est alors que mademoiselle de Scudéry plaçait sous le nom de *Clarinte*, entre les mains des nombreux lecteurs du célèbre roman de *Clélie*[5], un autre portrait de madame de Sévigné : elle était depuis longtemps vantée comme une des précieuses les plus célèbres dans la Gazette de Loret, dans le Dictionnaire de Somaize, et louée dans les madrigaux et les poëmes

---

[1] SÉVIGNÉ, *Lettres* (27 novembre 1675), t. IV, p. 224, édit. G.

[2] *Histoire de la prison et de la liberté de M. le Prince*; Paris, A. Courbé, 227 pages. — MOREAU, *Histoire des Mazarinades*, t. II, p. 52, 144, 227 ; t. III, p. 23, 261.

[3] SÉVIGNÉ, *Lettres* (1er décembre 1675), t. IV, p. 228.

[4] *Mémoires touchant la vie et les écrits de Marie de Rabutin-Chantal*, 1re partie, ch. VI, p. 60, et 2e partie, p. 166.

[5] *Ibid.*, 2e partie, p. 162.

de Ménage, de Montreuil, de Marigny, et enfin inscrite, avec la superlative épithète de SUBLIME, comme l'ANGE SUR LA TERRE, la GLOIRE DU MONDE, dans le singulier livre du *Mérite des Dames*, de Jean Gabriel [1]. Ainsi l'époque où madame de Sévigné se trouvait ramenée par ce portrait trouvé dans les papiers de la duchesse de la Trémouille était celle où, âgée de trente-trois ans, sans avoir rien perdu de ses attraits et de sa fraîcheur, elle avait acquis plus de connaissance du monde, plus d'instruction, d'amabilité ; où elle possédait, dans toute sa puissance, ses moyens de plaire ; où elle jouissait de sa célébrité ; c'était enfin dans un temps où le calme, les plaisirs et les fêtes avaient succédé aux troubles de la Fronde, c'était l'époque de la paix des Pyrénées, du mariage du roi et des réjouissances qui en furent la suite [2].

La duchesse de la Trémouille, mère du prince de Tarente, qui avait le goût des vers et qui avait réuni les portraits et les écrits des beaux esprits de son temps, était Marie de la Tour-d'Auvergne, cousine germaine du duc son mari et fille cadette du maréchal de Bouillon, prince souverain de Sedan, et d'Élisabeth de Nassau, sa seconde femme [3]. Marie était une femme forte et de grande capacité, qui réussissait, dit son fils, dans tout ce qu'elle entreprenait. Pendant la guerre dont nous avons parlé, elle sut déterminer son mari à lui abandonner la conduite de toutes les affaires de la maison de la Trémouille [4] ; elle

---

[1] *Mémoires sur Sévigné*, 4ᵉ partie, p. 381 et 382.

[2] *Mémoires sur la vie et les écrits de Marie de Rabutin-Chantal*, 2ᵉ partie, p. 176-187, ch. XIV.

[3] GRIFFET, dans les *Mémoires de* TARENTE, p. VII de la Préface.

[4] MOTTEVILLE, *Mémoires*, t. XXXVIII, p. 239. — Prince DE TARENTE, *Mémoires*, p. 111.

l'aidait de ses conseils, que cependant il ne suivait pas toujours, et elle parvint, dit madame de Motteville [1], à faire révolter toutes les provinces. Habile et ambitieuse, elle voulait que son mari fût prince, comme étant issu, par les femmes, de Charlotte d'Aragon, héritière du royaume de Naples. Marie de la Trémouille crut que, pour parvenir à ses desseins, il fallait faire quelque mal ou quelque peur aux ministres, et comme les la Trémouille étaient de puissants et riches seigneurs, il leur fut facile d'émouvoir des troubles dans les provinces où ils résidaient. Ces nouvelles donnèrent de l'irritation aux ministres, et M. le Prince en eut du chagrin. Il avait répondu de la famille de la Trémouille, qui avait l'honneur de lui appartenir; et afin de ne pas passer pour dupe en cette affaire, il montra dans le conseil une lettre du prince de Tarente, fils aîné du duc, qui le suppliait d'assurer le roi et la reine de sa fidélité [2]. A la même époque, la duchesse de Montausier, pendant que son mari était au lit, malade, repoussait les révoltés de la Saintonge, que la duchesse de la Trémouille avait soulevés [3].

On s'étonne du nombre de femmes remarquables par le courage, la vigueur d'esprit, la force du caractère que ce siècle a produit. Presque toutes aimaient la poésie, la littérature, les sciences; et toutes celles qui par leur rang ou leurs richesses se trouvaient en me-

---

[1] MOTTEVILLE, *Mémoires,* t. LXVIII, pag. 239. — *Mémoires du prince* DE TARENTE, p. 74 et 104, et ci-dessus, p. 295 de ces *Mémoires sur Sévigné.*

[2] *Mémoires du prince* DE TARENTE, p. 86, 92, 94; et *Mémoires sur Sévigné,* 1848, 4ᵉ partie, p. 85, chap. III.

[3] SISMONDI, *Histoire des Français,* 1840, in-8°, t. XXIV, p. 260, 261, 316, 319, 341, 348; et *Vie du duc de Montausier.*

sure de protéger les gens de lettres en adoptaient quelques-uns : ainsi la duchesse de Bouillon, Montespan, madame de Thianges, la Sablière et plus tard madame d'Hervart, prirent en quelque sorte successivement la tutelle du bon et indolent la Fontaine. Madame de la Sablière donna aussi asile à l'orientaliste d'Herbelot; elle recueillit Bernier, le voyageur philosophe, Roberval et Sauveur, mathématiciens. L'abbesse de Fontevrault et après elle madame de Maintenon eurent le bonheur de ranimer la plume de Racine. Madame de Sévigné avait Ménage, Montreuil, Marigny. La duchesse Marie de la Trémouille, dont le mari avait combattu, contre Mazarin et le roi, avec Turenne et Condé, appartenait à cette noblesse rancuneuse qui se tenait fièrement dans ses vastes domaines et n'allait point à la cour. Cependant elle était au courant de ce qui s'y passait, et savait quelles étaient les femmes qui y brillaient et les vers qu'on y composait.

CHAPITRE XIV.

1675 — 1676.

Malheurs de la Bretagne.—Le duc de Chaulnes veut s'opposer à un envoi de troupes.—Forbin marche sur cette province avec six mille hommes.—Madame de Sévigné s'indigne de la lâcheté de l'assemblée des états.—Le parlement est exilé.—Journal de ce qui s'est passé en Bretagne.—Extrait des lettres de madame de Sévigné. — Révolte. —M. de Chaulnes est insulté.—Se venge par des cruautés. — Madame de Sévigné le désapprouve. — Belle conduite du parlement de Rennes. — Date de son institution. — Tenue des états de Provence.—Contraste entre ceux-ci et ceux de Bretagne. —M. de Chaulnes est détesté. — M. de Grignan est aimé. — On envoie M. de Pommereuil comme intendant en Bretagne.—Suite des affaires de ce pays. — M. de Chaulnes vient à Vitré. — Détails sur les affaires de Bretagne et sur celles des provinces. — Madame de Sévigné va à Vitré pour recevoir le gouverneur.—Inimitiés entre M. de Chaulnes et M. de Coëtquen. — Madame de Sévigné conserve son courage et sa sérénité.—Sa liaison avec la famille Duplessis.—Ridicules de mademoiselle Duplessis.—Correspondance de madame de Sévigné avec ses amis de Paris ; avec madame de Vins. — Sévigné est dégoûté de sa charge de guidon ; n'obtient pas d'avancement ; a peu de goût pour le métier des armes.— Bien différent en cela du jeune Villars et du chevalier de Grignan. — Détails sur ceux-ci.—Madame de Grignan approuve la sévérité de M. de Chaulnes. — Elle est blâmée par sa mère.— Sa correspondance avec madame de Vins.—Madame de Sévigné se crée des occupations et des distractions par les travaux qu'elle entreprend, par ses liaisons avec ses voisins.—D'Hacqueville est l'informateur et l'agent d'affaires de madame de Sévigné et de madame de Grignan. — Liaison de madame de Sévigné avec madame de Pomponne et madame de Vins, sa sœur.—Liaison de madame de Sévigné avec madame de Villars. — Détails sur cette dame et sur le marquis de Villars.—Liaison de madame de Sévigné avec madame de Saint-Céran.—Détails sur cette dame.

Mais toutes les distractions que se donnait madame de Sévigné par ses lectures, par ses entretiens avec la princesse de Tarente ne pouvaient écarter d'elle les inquiétudes et la tristesse que lui causait la Bretagne accablée, ruinée, dévastée par les troupes du roi et devenue un objet d'horreur et de compassion par la révolte, la misère et les supplices.

Quoique madame de Sévigné vît toujours à regret l'établissement de nouveaux impôts en Bretagne, cependant elle trouvait mauvais que les Bretons se fussent révoltés pour ne pas payer. Elle sut grand gré à son ami le duc de Chaulnes de se refuser d'abord à l'introduction des troupes du roi en Bretagne; mais quand elle sut qu'il ne pouvait apaiser la sédition par les troupes municipales et par ses harangues, et qu'on l'avait grossièrement insulté, elle trouve bon que le comte de Forbin eût été envoyé avec six mille hommes à Nantes : elle espérait qu'il suffirait de montrer des uniformes pour apaiser la rébellion et assurer la tranquillité publique.

Quant à Vitré, madame de Sévigné croyait cette ville garantie de toute vexation par la présence de la princesse de Tarente, à laquelle la duchesse de Chaulnes devait venir rendre visite [1]. Mais lorsque madame de Sévigné vit que l'on s'en prenait aux hautes classes de la population, aux membres du parlement irrités par l'oppression, alors elle redevint bonne Bretonne, et elle

---

[1] Sévigné, *Lettres* (13 octobre 1675), t. IV, p. 149, édit. G.; t. IV, p. 37, édit. M.

s'expliqua ouvertement sur la lâcheté de la noblesse des états, qui votaient si facilement d'énormes dons gratuits; elle loua le courage du parlement, qui aima mieux être exilé à Vannes que de laisser bâtir une citadelle dans la ville où il résidait; elle fut offensée que, malgré les réclamations de la princesse de Tarente, appuyée par MADAME, sa nièce, on envoyât des troupes à Vitré, où l'on n'avait nulle envie de se révolter; elle s'indigna que le gouverneur songeât plus à se venger qu'à faire bonne justice; enfin elle considéra la Bretagne comme perdue à jamais, et fit entendre à sa fille qu'à l'exemple de quelques personnes qui ont exécuté leurs projets elle songe à abandonner cette province et à n'y plus conserver de séjour. La puissante ironie qui se révèle dans les récits de madame de Sévigné, par le contraste de son ton froidement léger et plaisant avec la gravité des faits qu'elle raconte, nous prouve sa profonde indignation à la vue de telles cruautés.

La gazette a gardé le silence sur ces tristes événements, et ceux qui ont eu recours aux dépêches administratives ont remarqué qu'il existait une lacune à cette époque des affaires de Bretagne [1]; de sorte que le journal tenu par madame de Sévigné dans ses lettres à sa fille est le seul document qui nous en reste. Donnons ce document, et joignons-y au besoin un commentaire qui l'éclaircisse. L'histoire ne perd rien de son importance et de son utilité, parce que dans ces *Mémoires*

---

[1] Conférez PIERRE CLÉMENT, *Histoire de la vie et de l'administration de Colbert*, 1846, in-8°, p. 371.—DEPPING, *Correspondance administrative sous le règne de Louis XIV*, 1850, in-4°. Lettres du duc de Chaulnes à Colbert, 30 juin 1675, p. 546; de l'évêque de Saint-Malo à Colbert, 28 août 1675, p. 550.

nous avons espéré y répandre quelque lueur en la rattachant aux manchettes d'une femme dont la mémoire raconte tout, dont l'esprit apprécie tout, dont l'imagination sait tout colorer.

« 9 octobre 1675.

« Le duc de Chaulnes amène quatre mille hommes à
« Rennes, pour en punir les habitants; l'émotion est
« grande dans la ville et la haine incroyable dans toute
« la province contre le gouverneur. »

Et, dans la même lettre, madame de Sévigné montre combien était grand son mécontentement contre le roi en mandant à sa fille les nouvelles les plus désavantageuses sur le gouvernement, qu'elle avait reçues de Paris et d'ailleurs. « On joue des sommes immenses à Versailles; le *hoca* est défendu à Paris, sur peine de la vie, et on le joue chez le roi; cinq mille pistoles en un matin, ce n'est rien. C'est un coupe-gorge; chassez bien ce jeu de chez vous. » « J'ai mandé à M. de Lavardin l'affaire de M. d'Ambres [celle du *monseigneur*, auquel les gouverneurs de province, comme le comte de Grignan, les lieutenants généraux étaient astreints, par décision du roi, envers les maréchaux de France [1]]. Vous voilà un peu mortifiés, MM. les grands seigneurs ! Vous jugez bien que ceux qui décident ont intérêt à soutenir les dignités : il faut suivre les siècles, celui-ci n'est pas pour vous [2]. » « Nos pauvres exilés de la Loire ne savent point

---

[1] Conférez *Mémoires sur Sévigné*, 4ᵉ partie, in-12, p. 278-280, chap. x.

[2] SÉVIGNÉ, *Lettres* (9 et 20 octobre 1675), p. 137, 138 et 165, édit. G.; t. IV, p. 26 et 51, édit. M.—*Ibid.* (5 janvier 1676), t. IV, p. 297, édit. G.; t. IV, p. 169, édit. M.—FEUQUIÈRES, *Lettres* (17 juillet 1676),

encore leur crime; ils s'ennuient fort. » Ces exilés étaient Louis de la Trémouille, comte d'Olonne, le marquis de Vassé et Vineuil [1]. Le premier est célèbre par les désordres de sa femme. Madame de Sévigné, qui l'avait vu en passant à Orléans, écrit à sa fille que le comte d'Olonne mariait son frère à mademoiselle de Noirmoutiers, et ajoute malignement : « Je n'eusse jamais cru que d'Olonne eût été propre à se soucier de son nom et de sa famille. » Et en annonçant que mademoiselle de Noirmoutiers s'appellera madame de Royan, elle répète, d'après madame de Grignan : « Vous dites vrai, le nom « d'Olonne est trop difficile à purifier [2]. » Vassé et Vineuil, déjà plusieurs fois mentionnés dans ces Mémoires, étaient deux hommes aimables, depuis longtemps amis de madame de Sévigné, tous deux connus dans leur jeunesse par leurs succès auprès des femmes. Le marquis de Vassé, compromis par son audace et son impertinence, avait depuis quelques mois rompu son ban, et était venu à Paris pour voir madame de Sévigné [3] : probablement son exil avait une toute autre cause que la politique. La

---

t. IV, p. 44.—Bussy, *Histoire amoureuse des Gaules*, dans le *Recueil des histoires galantes;* Cologne, chez Pierre Marteau, p. 82, 86, et aux p. 494 à 522.

[1] Sévigné, *Lettres* (5 janvier 1676), t. IV, p. 297, édit. G. — Bussy, *Lettres* (19 octobre), dans Sévigné, t. IV, p. 145, édit. G.; t. IV, p. 30, édit. M.— Sévigné, *Lettres* (13 novembre 1675), t. IV, p. 206, édit. G.

[2] Sévigné, *Lettres* (13 novembre 1675), t. IV, p. 206, édit. G.

[3] Sévigné, *Lettres* (12 juin 1675), t. III, p. 415, édit. G.; t. III, p. 293, édit. M. — Sur *Vassé*, conférez ces *Mémoires*, 2ᵉ édition, t. I, p. 263, 267, 275; et, dans Tallemant, les *Historiettes de la présidente* Lescaloppier, et l'*Historiette de* Vassé, t. IV, p. 19, 25, 28 de l'édit. in-8°; t. VI, p. 175, 176, 181-188 de l'édition in-12.

continuation de l'exil de Vineuil, que madame de Sévigné avait vu en passant à Saumur ¹, l'affligeait plus que l'exil de Vassé et de d'Olonne. Confident de Condé, Vineuil avait été l'ami de Turenne et écrivait la vie de ce héros; son ardeur pour les plaisirs l'avait condamné à une vieillesse précoce, et il était devenu dévot; mais il n'en était pas moins resté un homme aimable et spirituel. Sa conversation plaisait à madame de Sévigné ². Avec lui, plus encore qu'avec la princesse de Tarente, elle aimait à remonter vers son passé.

Mais continuons le journal des désastres de la Bretagne.

« 13 octobre 1675.

« M. de Chaulnes est à Rennes avec beaucoup de
« troupes; il a mandé que, si on en sortait, si l'on faisait
« le moindre bruit, il ôterait pour dix ans le parlement
« de cette ville. Cette crainte fait tout souffrir ³. »

L'institution du parlement de Bretagne n'était pas très-ancienne; elle fut précédée en 1492 par le tribunal des *grands jours*, espèce de juridiction présidiale dont on pouvait appeler au parlement de Paris. Le tribunal des grands jours fut transformé en parlement par l'édit de Henri II, au mois de mars 1553. Selon cet édit, ce parlement devait être composé de quatre présidents et de trente-deux conseillers, tous choisis par le roi; mais seize

---

¹ Voyez ci-dessus, p. 260.

² Sévigné, *Lettres* (17 septembre, 9 octobre 1675), t. III, p. 471, édit. M.; t. IV, p. 30, édit. G. — *Ibid.* (30 novembre 1676), t. V, p. 68; et dans ces *Mémoires*, 2ᵉ édit., t. I, p. 337.

³ Sévigné, *Lettres* (13 octobre 1675), t. IV, p. 149, édit. G.; t. IV, p. 36, édit. M.

des conseillers devaient être originaires de Bretagne ; les autres conseillers et présidents pouvaient être choisis dans les autres pays de l'obéissance du roi. Le parlement, d'après cette institution, devait se tenir en deux sessions de trois mois chacune, la première à Rennes, la seconde à Nantes. Cette cour fut fixée à Rennes par un édit de Charles IX, en 1560.

La famille des Sévigné avait des parents dans le parlement et dans l'administration. Dans la marine on comptait deux Sévigné, qui tous deux commandèrent des vaisseaux et dont l'un était le filleul bien-aimé de madame de Sévigné : ce fut par elle et par l'appui de M. de Grignan qu'il obtint un commandement. Enfin la terre de Sévigné était près de Rennes : ainsi les intérêts de madame de Sévigné, ses liaisons de parenté, ses affections particulières, tout la portait à prendre parti pour le parlement et la ville contre son ami le gouverneur, qui poussait alors le ministre à des mesures de rigueur. Dès le 15 juin (1675) et aussitôt après la seconde émeute qui eut lieu à Rennes, de Chaulnes avait écrit à Colbert. A tort ou à raison, il accusait le parlement d'avoir conduit la révolte. Il disait que, malgré le calme apparent, les procureurs, les conseillers et jusqu'aux présidents à mortier conseillaient au peuple de ne pas quitter les armes, et de venir demander au parlement la révocation des édits et particulièrement de celui sur le papier timbré [1]. Ce fut ainsi qu'il obtint d'a-

---

[1] Sévigné, *Lettres* (17 novembre 1675), t. IV, p. 93, édit. M.— *Ibid.* (5 août 1675), t. IV, p. 421, édit. M. — *Ibid.* (3 septembre 1677), t. V, p. 217, édit. M. — Voy. *Mémoires de* Dangeau, *abrégé de madame* de Genlis, t. I, p. 343, état sous la date du 6 juillet

CHAPITRE XIV.

vance la tenue des états et de leurs assemblées dans la ville qu'il lui plairait de choisir. Il exila le parlement à Vannes, et il traita la malheureuse Bretagne avec une barbarie que les lettres de madame de Sévigné et la correspondance administrative nous font douloureusement connaître [1].

« 16 octobre 1675.

« M. de Chaulnes est à Rennes avec les Forbin et les
« Vins et quatre mille hommes; on croit qu'il y aura
« bien de la *penderie*. M. de Chaulnes a été reçu comme
« le roi; mais comme c'est la crainte qui a fait changer
« leur langage, M. de Chaulnes n'oublie pas toutes les in-
« jures qu'on lui a dites, dont la plus douce et la plus fami-
« lière était *gros cochon*, sans compter les pierres dans
« sa maison et dans son jardin et des menaces dont
« Dieu seul a empêché l'exécution. C'est cela qu'on va
« punir [2]. »

« 20 octobre 1675.

« M. de Chaulnes est à Rennes avec quatre mille hom-
« mes; il a transféré le parlement à Vannes; c'est une

1690. Cet état n'est pas dans l'édit. de Paul Lacroix de 1830, t. I, p. 318.

[1] DEPPING, *Correspondance administrative sous le règne de Louis XIV*, in-4°, 1850, p. 546-551. (Lettre du duc de Chaulnes à Colbert, datée de Rennes, le 30 juin 1675, et l'extrait de celle du 12 juin; puis la lettre de l'évêque de Saint-Malo à Colbert, en date du 28 août 1675). — P. CLÉMENT, *Vie de Colbert*, in-8°, 1846, p. 370 (extrait d'une lettre du duc de Chaulnes à Colbert, du 12 juin 1675).

[2] SÉVIGNÉ, *Lettres* (16 octobre 1675), t. IV, p. 158, édit. G.; t. IV, p. 44, édit. M.

« désolation terrible. La ruine de Rennes emporte celle
« de la province¹. »

« 27 octobre 1675.

« Cette province a grand tort, mais elle est rudement
« punie, et au point de ne s'en remettre jamais. Il y a
« cinq mille hommes à Rennes, dont plus de la moitié y
« passeront l'hiver. On a pris à l'aventure vingt-cinq ou
« trente hommes, que l'on va pendre. On a transféré le
« parlement : c'est le dernier coup, car Rennes sans cela
« ne vaut pas Vitré². »

« 30 octobre 1675.

« Voulez-vous savoir des nouvelles de Rennes? Il y a
« présentement cinq mille hommes, car il en est venu
« encore de Nantes. On a fait une taxe de cent mille
« écus sur le bourgeois ; et si on ne trouve point cette
« somme dans les vingt-quatre heures, elle sera doublée
« et exigible par les soldats. On a chassé et banni toute
« une grande rue, et défendu de les recueillir sur peine
« de la vie; de sorte qu'on voyait tous ces misérables,
« femmes accouchées, vieillards, enfants, errer en pleurs
« au sortir de cette ville, sans savoir où aller, sans avoir
« de nourriture ni de quoi se coucher. Avant-hier on
« roua un violon qui avait commencé la danse et la pil-
« lerie du papier timbré. Il a été écartelé après sa mort,
« et ses quatre quartiers exposés aux quatre coins de la

---

¹ SÉVIGNÉ, *Lettres* (20 octobre 1675), t. IV, p. 164-166, édit. G.;
t. IV, p. 48 et 52, édit. M.
² SÉVIGNÉ, *Lettres* (27 octobre 1675), t. IV, p. 174, édit. G.; t. IV,
p. 59, édit. M.

« ville, comme ceux de *Josserau* [gentilhomme de
« Provence, de la maison de Pontiver, qui avait assassiné
« son maître à Aix]. Il [le violon] dit en mourant que
« c'étaient les fermiers du papier timbré qui lui avaient
« donné vingt-cinq écus pour commencer la sédition ; et
« jamais on n'a pu en tirer autre chose. On a pris soixante
« bourgeois ; on commence demain à pendre. Cette pro-
« vince est un bel exemple pour les autres, et surtout
« de respecter les gouverneurs et les gouvernants, de
« ne leur point dire d'injures et de ne point jeter de
« pierres dans leur jardin.

« Tous les villages contribuent pour nourrir les trou-
« pes, et l'on sauve son pain en sauvant ses denrées.
« Autrefois on les vendait, et l'on avait de l'argent ; mais
« ce n'est plus la mode, tout cela est changé. M. de
« Molac est retourné à Nantes ; M. de Lavardin vient à
« Rennes[1]. »

« 3 novembre 1675.

« M. et madame de Chaulnes ne sont plus à Rennes ;
« les rigueurs s'adoucissent ; à force d'avoir pendu, on
« ne pendra plus ; il ne reste que deux mille hommes à
« Rennes[2]. Je crois que Forbin et Vins s'en vont par
« Nantes ; Molac y est retourné. C'est M. de Pomponne
« qui a protégé le malheureux dont je vous ai parlé ; si
« vous m'envoyez le roman de votre premier président,
« je vous enverrai en récompense l'histoire lamentable
« du violon qui fut roué à Rennes. »

---

[1] SÉVIGNÉ, *Lettres* (30 octobre 1675), t. IV, p. 178-180, édit. G. ;
t. IV, p. 63-64, édit. M.

[2] SÉVIGNÉ, *Lettres* (3 novembre 1675), t. IV, p. 184, édit. G. ;
t. IV, p. 67, édit. M.

« 13 novembre 1675.

« Ce que vous dites de M. de Chaulnes est admirable.
« Il s'est hier roué vif un homme à Rennes (c'est le
« dixième), qui confessa d'avoir eu dessein de tuer ce
« gouverneur : pour celui-là, il méritait bien la mort.
« On voulait, en exilant le parlement, le faire con-
« sentir, pour se racheter, qu'on bâtit une citadelle à
« Rennes; mais cette noble compagnie voulut obéir fiè-
« rement, et partit plus vite qu'on ne voulait, car tout
« se tournerait en négociation; mais on aime mieux
« les maux que les remèdes[1]. »

L'opinion que manifeste madame de Sévigné sur le généreux dévouement du parlement, qui aime mieux souffrir que de trahir par un lâche compromis les intérêts de la province[2], prouve bien que c'est pour faire ressortir plus fortement la cruauté de M. de Chaulnes qu'elle vient de rapporter si froidement le supplice de ces deux roués, en insinuant qu'il y en avait peut-être neuf qui ne méritaient pas la mort; et ce qu'elle ajoute après, en écrivant à sa fille avec une amère ironie, nous fait pénétrer plus avant dans le secret de ses véritables sentiments.

« Vous me parlez bien plaisamment de nos misères.
Nous ne sommes plus si roués ; un en huit jours seulement, pour entretenir la justice. Il est vrai que la *penderie* me paraît maintenant un rafraîchissement; j'ai une tout autre idée de la justice depuis que je suis dans ce

---

[1] Sévigné, *Lettres* (13 novembre 1675), t. IV, p. 204, édit. G. ;
t. IV, p. 85, édit. M.
[2] Sévigné, *Lettres* (13 novembre 1675), t. IV, p. 205, édit. G.

pays : vos galériens me paraissent une société d'honnêtes gens qui se sont retirés du monde pour mener une vie douce. Nous vous en avons bien envoyé par centaines. Ceux qui sont demeurés sont plus malheureux que ceux-là [1]. »

Quand madame de Sévigné exprimait de tels sentiments, ce n'est pas qu'elle fût brouillée avec le duc de Chaulnes; au contraire, la duchesse n'avait pas manqué de venir lui rendre visite ainsi qu'à la princesse de Tarente. Elle avait cherché à excuser auprès d'elles les cruautés de son mari par la nécessité de réprimer l'insurrection par la terreur. Les terres des Rochers, de Bodegat et de Sévigné et la ville de Vitré, où était la princesse, avaient été exemptes de payer les contributions imposées sur toute la province. Nonobstant cette faveur, madame de Sévigné ressentait si vivement les blessures faites aux droits et aux libertés de la Bretagne, qu'à l'exemple de quelques-uns de ses amis, elle semble persister dans le projet qu'elle avait conçu d'abandonner pour toujours cette province, et de transporter ailleurs son principal domicile [2].

L'arbitraire et la cruauté ne faisaient qu'accroître le mal. Les prisons s'emplissaient, les supplices se multipliaient; et, sous la mauvaise administration financière du trésorier général et du parlement, les impôts, qui avaient enfanté la révolte, ne s'établissaient pas régulièrement. Plus d'agriculture, plus de commerce; l'argent avait disparu, et l'on ne trafiquait plus que par

---

[1] SÉVIGNÉ, *Lettres* (24 novembre 1675), t. IV, p. 219, édit. G.; t. IV, p. 99, édit. M.
[2] SÉVIGNÉ, *Lettres* (11 décembre 1675), t. IV, p. 240, édit. G.; t. IV, p. 117, édit. M.

échanges. D'Harouis ne pouvait par son crédit trouver les trois millions que les états avaient votés pour le roi, avec les gratifications ordinaires au gouverneur, au lieutenant général et aux présidents des états, puisqu'il ne pouvait même faire face aux engagements constractés pour satisfaire aux besoins les plus urgents de la province. Alors Colbert appliqua à la Bretagne la mesure que Richelieu avait prise pour les autres provinces de France. On sait que, pour restreindre le pouvoir des gouverneurs et l'influence des parlements, Richelieu avait créé des intendants chargés de la répartition, de la levée des impôts et de statuer sur tout ce qui était du ressort de l'administration civile. Nulle institution n'avait plus contribué à consolider le pouvoir royal en centralisant le gouvernement et en donnant la faculté d'établir une législation uniforme, assujettie à des règles constantes.

Mais Richelieu, malgré l'énergie de son despotisme, n'avait pas osé appliquer cette mesure à la Bretagne, dont les droits, lors de la réunion de ce duché à la couronne de France, avaient été si solennellement reconnus au mariage d'Anne, duchesse de Bretagne, en décembre 1491, avec Charles VIII, et, en janvier 1499, avec Louis XII. Cette puissante considération n'arrêta point Colbert; il se décida à donner un intendant à la Bretagne, mais se garda bien de supprimer le gouverneur et d'ôter à de Chaulnes cette belle charge : c'eût été affaiblir dans la province l'autorité du roi, donner plus d'espoir aux mécontents et rendre impossible l'administration de l'intendant. Il prescrivit au gouverneur d'abandonner, jusqu'au parfait établissement des impôts, l'exercice de tous ses pouvoirs. Afin que l'intendant pût exercer les siens avec une sorte de légalité, Colbert ne donna pas à cet administrateur le titre d'intendant, mais celui de commissaire du roi, et pour cette grande innovation il choisit un homme capable : il prit Pommereuil [1]. « Pommereuil, dit Saint-Simon, est le premier intendant qu'on ait hasardé d'envoyer en Bretagne et qui trouva moyen d'y apprivoiser la province... C'était celui des conseillers d'État qui avait le plus d'esprit et de capacité; d'ailleurs grand travailleur, bon homme et honnête homme, ferme, transcendant, qui avait et méritait des amis [2]. » Madame de Sévigné était de ce nombre, et fut très-satisfaite du choix qu'on avait fait de lui; elle eut connaissance du grand pouvoir qu'on lui avait confié et des instructions qui avaient été données à M. de Chaulnes.

Elle continue son journal :

« 11 décembre 1675.

« Venons aux malheurs de cette province : tout y est
« plein de gens de guerre; il y en aura à Vitré, malgré
« la princesse. Monsieur l'appelle sa bonne, sa chère
« tante; je ne trouve pas qu'elle en soit mieux traitée.
« Il en passe beaucoup par la Guerche, qui est au mar-
« quis de Villeroy, et il s'en écarte qui vont chez les
« paysans, les volent et les dépouillent. C'est une étrange
« douleur en Bretagne que d'éprouver cette sorte d'afflic-
« tion, à quoi ils ne sont pas accoutumés. Notre gouver-

---

[1] Auguste-Robert de Pommereuil fut en 1676 prévôt des marchands et en 1689 envoyé intendant en Bretagne. Il mourut en 1702.

[2] Saint-Simon, *Mémoires complets et authentiques*, 1829, in-8°, t. Ier, p. 451, ch. xxxix; t. II, p. 331, ch. xxi. Le vrai nom est Pommereuil, mais on prononçait Pommereu, et c'est ainsi que Saint-Simon écrit ce nom.

« neur a une amnistie générale ; il la donne d'une main, et
« de l'autre huit mille hommes qu'il commande comme
« vous : ils ont leurs ordres. M. de Pommereuil vient ; nous
« l'attendons tous les jours : il a l'inspection de cette
« petite armée, et il pourra bientôt se vanter d'y joindre
« un assez beau gouvernement. C'est le plus honnête
« homme et le plus bel esprit de la robe ; il est fort de
« mes amis ; mais je doute qu'il soit aussi bon à l'user
« que votre intendant [de Rouillé], que vous avez si bien
« apprivoisé [1]. »

Et onze jours après, madame de Sévigné écrit encore [2] :

« A Vitré, samedi pour dimanche 22 décembre 1675.

« Je suis venue ici, ma fille, pour voir madame de Chaul-
« nes et la petite personne, et M. de Rohan, qui s'en vont
« à Paris. Madame de Chaulnes m'a écrit pour me prier de
« lui venir dire adieu ici. Elle devait venir dès hier ; et l'ex-
« cuse qu'elle donne, c'est qu'elle craignait d'être volée
« par les troupes qui sont sur les chemins : c'est aussi que
« M. de Rohan l'avait priée d'attendre à aujourd'hui ;
« et cependant chair et poisson se perdent, car dès jeudi
« on l'attendait. Je trouve cela un peu familier, après
« avoir mandé positivement qu'elle viendrait. Madame
« la princesse de Tarente ne trouve pas ce procédé de
« bon goût, elle a raison ; mais il faut excuser les gens
« qui ont perdu la tramontane : c'est dommage que vous
« n'éprouviez la centième partie de ce qu'ils ont souf-
« fert ici depuis un mois. Il est arrivé dix mille hommes

---

[1] SÉVIGNÉ, *Lettres* (11 décembre 1675), t. IV, p. 241, édit. G. ;
t. IV, p. 118, édit. M.
[2] SÉVIGNÉ, *Lettres* (22 décembre 1675), t. IV, p. 263, édit. G. ;
t. IV, p. 127, édit. M.

« dans la province, dont ils ont été aussi peu avertis,
« et sur lesquels ils ont autant de pouvoir que vous; ils
« ne sont en état de faire ni bien ni mal à personne.
« M. de Pommereuil est à Rennes avec eux tous ; il est
« regardé comme un dieu : non pas que tous les loge-
« ments ne soient réglés dès Paris, mais il punit et em-
« pêche le désordre : c'est beaucoup. Madame de Rohan
« et madame de Coëtquen ont été fort soulagées. Madame
« la princesse de Tarente espère que MONSIEUR et MA-
« DAME la feront soulager aussi : c'est une grande jus-
« tice, puisqu'elle n'a au monde que cette terre, et qu'il
« est fâcheux, en sa présence, de voir ruiner ses habi-
« tants. Nous nous sauverons si la princesse se sauve. »

Le refroidissement qu'éprouvait madame de Sévigné pour madame la duchesse de Chaulnes était bien naturel après les actes de tyrannie et de cruauté du duc son mari ; mais ce sentiment était injuste à l'égard de la duchesse, qui n'exerçait aucune influence sur les résolutions du gouverneur, et qui était pour madame de Sévigné « une bonne, solide et vigilante amie [1]. »

Quoique l'assemblée des états eût voté, sous l'influence de la terreur exercée par le duc de Chaulnes, toutes les sommes que ce gouverneur avait exigées d'eux au nom du roi [2], cependant elle avait osé représenter que l'introduction des troupes en Bretagne était contraire aux contrats faits entre le roi et la province; et elle réclama aussi le rétablissement du parlement à Rennes. Il ne fut fait droit à aucune de ces légitimes réclamations. Ce ne

---

[1] SÉVIGNÉ, *Lettres* (7 septembre 1689), t. IX, p. 448, édit. G ; t. IX, p. 103, édit. M.

[2] *Registres mss. de la tenue des états de Bretagne* (Bl.-M., 75), p. 379 recto.

fut que douze ans après, en septembre 1689 et lorsque le duc de Chaulnes quitta la Bretagne pour se rendre à Rome comme ambassadeur du roi, que Rennes redevint de fait la capitale de la province. Le parlement fut rétabli dans cette ville, et on y tint, la même année, l'assemblée des états.

Presque en même temps que se terminait à Dinan la tenue des états de Bretagne en 1675, finissait aussi, à Lambesc, celle de l'assemblée générale des communautés de Provence. Cette assemblée avait offert un spectacle bien différent de l'autre [1]; et, sous la sage administration du comte de Grignan et de l'intendant Rouillé, le pays prospérait, les populations étaient calmes. Les villes, et surtout celle de Marseille, florissaient par les progrès toujours croissants du commerce et de l'industrie; les campagnes se plaignaient vivement de l'énormité des impôts, du passage et du séjour des gens de guerre; mais elles n'avaient nulle envie de se révolter, et manifestaient avec soumission leurs sujets de mécontentement. L'assemblée réclamait, comme tous les ans, l'exécution franche de l'édit du mois d'août 1661, qui, en augmentant la taxe sur le sel, avait promis de décharger la province des dons gratuits [2]; et elle n'en votait pas moins sans difficulté la totalité de la somme (500,000 livres) qui lui était demandée par le gouverneur pour le don gratuit. Toujours arguant la teneur de l'édit de 1639,

---

[1] SÉVIGNÉ, *Lettres* (14 septembre 1689), t. IX, p. 458 et 459, édit. G.; t. IX, p. 112, édit. M. — *Mémoires* de COULANGES, 1820, in-8°, p. 2.

[2] *Abrégé des délibérations de l'assemblée générale des communautés de Provence;* à Aix, chez Charles David, 1675, in-4°, 61 pages.

elle refusait d'imposer à la province une nouvelle surcharge pour l'entretènement des troupes du gouverneur [1] ; mais elle accordait la gratification de cinq mille livres au comte de Grignan, en considération « de tant de bons offices qu'il a rendus et qu'il rend encore à la province [2]. » Le comte de Grignan n'éprouvait plus d'opposition dans l'assemblée ni dans le pays : Forbin-Janson, ambassadeur auprès de Sobiesky, n'avait plus à s'occuper des affaires de la Provence ; Louis de Forbin d'Oppède, évêque de Toulon, était mort le 29 avril 1675 ; ainsi le puissant parti des Forbin ne formait plus d'obstacles aux ambitions de la maison de Grignan. Le clergé avait nommé pour procureur-joint aux états messire Jean de Gaillard, évêque d'Apt [3], qui n'avait aucune influence en cour, aucun intérêt à se déclarer l'antagoniste du gouverneur pour se rendre populaire dans son petit et antique évêché, auquel on ne disputait rien et qui n'avait rien à disputer à personne. D'un autre côté, le comte de Grignan vivait en parfaite intelligence avec l'intendant M. de Rouillé, dont la *justice* selon l'aveu même de madame de Grignan, était la passion dominante [4]. De Rouillé, qui présida l'assemblée des états, dans le discours d'ouverture qu'il prononça, fit l'éloge du comte de Grignan, « qui, dit-il, outre la bonté de son naturel, jointe aux grands engagements qu'il a depuis longtemps dans cette province, n'épargne ni ses soins ni son crédit pour procurer des avantages aux habitants et pour con-

---

[1] *Abrégé des délibérations*, etc. ; Aix, 1675, in-4°, p. 18 et 20.

[2] *Ibid.*, p. 25.

[3] *Ibid.*, p. 16.

[4] Sévigné, *Lettres* (28 décembre 1673), t. III, p. 281, 282, édit. G. ; t. III, p. 188, édit. M.

server leurs intérêts. » La réponse à ce discours, par le vicaire général du cardinal Grimaldi, au nom de l'archevêque d'Aix, premier procureur-né du pays, renchérit encore sur les louanges que M. de Rouillé avait faites du comte de Grignan[1].

Madame de Sévigné savait que les mêmes rigueurs qu'on exerçait sur la Bretagne avaient lieu, par les mêmes motifs, en Gascogne, en Guienne et en Languedoc[2], et c'était pour elle un grand sujet de consolation qu'il en fût tout autrement pour la Provence. Elle jouissait du contraste qui existait entre la réputation de son gendre et celle de M. le duc de Chaulnes.

Mais ce que M. et madame de Grignan ignoraient, c'est que la faveur accordée au lieutenant général gouverneur de Provence et le rejet des propositions et des dénonciations de la faction des Forbin dans le conseil du roi étaient dus à l'appui de M. de Pomponne, vivement sollicité par sa belle-sœur madame de Vins et par d'Hacqueville, en l'absence de madame de Sévigné. De Pomponne et madame de Vins ne voulaient pas se faire des ennemis des Colbert et des autres puissants amis des Forbin, surtout de l'évêque de Marseille, ambassadeur auprès de Sobiesky, également bien accrédité en France et en Pologne. Ils désiraient que les services qu'ils avaient rendus aux Grignan fussent ignorés d'eux. Mais d'Hacqueville, l'empressé d'Hacqueville ne pouvait taire une si bonne nouvelle à madame de Sévigné; et madame de Sévigné pouvait-elle avoir un secret sans le confier à sa

---

[1] *Abrégé des délibérations*, etc., p. 10 et 14.

[2] Sévigné, *Lettres* (1ᵉʳ et 11 décembre 1675), t. IV, p. 226 et 241, édit. G.; t. IV, p. 105 et 245, édit. M.

CHAPITRE XIV.

fille? Elle lui envoya donc la lettre de d'Hacqueville : « Voilà, écrit-elle, une lettre de d'Hacqueville qui vous apprendra l'agréable succès de nos affaires de Provence: il surpasse de beaucoup mes espérances... Voilà donc cette grande épine hors du pied ; voilà cette caverne de larrons détruite ; voilà l'ombre de M. de Marseille conjurée ; voilà le crédit de la cabale évanoui ; voilà l'insolence terrassée : j'en dirais jusqu'à demain. Mais, au nom de Dieu, soyez modestes dans vos victoires ; voyez ce que dit le bon d'Hacqueville : la politique et la générosité vous y obligent. Vous verrez aussi comme je trahis son secret pour vous par le plaisir de vous faire voir le dessous de cartes qu'il a dessein de vous cacher à vous-mêmes [1]. »

« Je comprends avec plaisir, dit-elle à sa fille, la considération de M. de Grignan dans la Provence après ce que j'ai vu. C'est un agrément que vous ne sentez plus ; vous êtes trop accoutumés d'être honorés et aimés dans une province où l'on commande. Si vous voyiez l'horreur, la détestation, la haine qu'on a ici pour le gouverneur, vous sentiriez bien plus que vous ne faites la douceur d'être aimés et honorés partout. Quels affronts ! quelles injures ! quelles menaces ! quels reproches ! avec de bonnes pierres qui volaient autour d'eux. Je ne crois pas que M. de Grignan voulût de cette place à de telles conditions ; son étoile est bien contraire à celle-là [2]. »

Mais madame de Grignan, dont les sympathies n'étaient nullement populaires, jugeait différemment de sa mère ; et, comme femme d'un gouverneur à qui elle aurait voulu voir surmonter les résistances par la force, elle

---

[1] SÉVIGNÉ, *Lettres* (1ᵉʳ janvier 1676), t. IV, p. 283.
[2] SÉVIGNÉ, *Lettres* (6 novembre 1675), t. IV, p. 187, éd. G. ; t. IV, p. 70, édit. M.

approuvait assez la sévérité du duc de Chaulnes. Madame de Sévigné réprime ce sentiment avec un ton d'autorité qui ne lui est pas ordinaire quand elle écrit à sa fille : « Vous jugez superficiellement, lui dit-elle, de celui qui gouverne cette province; non, vous ne feriez point comme il a fait, et le service du roi ne le voudrait pas [1]. »

Cependant *celui qui gouverne cette province*, le duc de Chaulnes, l'ami de madame de Sévigné, était loin d'être alors en disgrâce; au contraire, sa cruelle énergie envers les Bretons récalcitrants avait encore accru la faveur dont il jouissait avant la révolte. C'est ce que prouve le récit que fait madame de Sévigné de la suite qu'eut la dénonciation faite contre le duc de Chaulnes par le marquis de Coëtquen, gouverneur de Saint-Malo. Madame de Sévigné n'aimait ni Coëtquen ni sa femme, parce que celle-ci, coquette dépravée, avait trahi l'amour et la confiance de Turenne et livré ses secrets au chevalier de Lorraine [2], et que le mari avait dénoncé le premier les désordres d'Harouis à l'époque où ce financier jouissait encore de l'estime générale et de la confiance des états [3].

« Voici l'histoire de notre province [4]. On vous a mandé comme était Coëtquen avec M. de Chaulnes; il était avec

---

[1] Sévigné, *Lettres* (11 décembre 1675), t. IV, p. 245, édit. G.; t. IV, p. 121, édit. M.

[2] Sévigné, *Lettres* (19 août 1671), t. II, p. 196 et 406, édit. G.; t. II, p. 161-393 et 421, édit. M.—*Ibid.* (4 septembre 1675), t. IV, p. 82, édit. G.; t. III, p. 453, édit. M.

[3] Sévigné, *Lettres* (8 décembre 1673), t. III, p. 255, 256, édit. G.; t. III, p. 165, édit. M.

[4] Sévigné, *Lettres* (17 janvier 1676), t. IV, p. 314, édit. G.; t. IV, p. 185, édit. M.

lui ouvertement aux épées et aux couteaux ; il avait présenté au roi des mémoires contre la conduite de M. de Chaulnes depuis qu'il est gouverneur de cette province. M. de Coëtquen revient de la cour pour se rendre à son gouvernement [de Saint-Malo] par ordre du roi. Il arrive à Rennes, va voir M. de Pommereuil, et passe depuis huit heures du matin jusqu'à neuf heures du soir sans aller chez M. de Chaulnes ; il n'avait pas même dessein d'y aller, comme il le dit à M. de Coëtlogon, et se faisait un honneur de braver M. de Chaulnes dans sa ville capitale. A neuf heures du soir, comme il était à son hôtellerie et n'avait qu'à se coucher, il entend arriver un carrosse, et voit monter dans sa chambre un homme avec un bâton d'exempt : c'était le capitaine des gardes de M. de Chaulnes, qui le pria de la part de son maître de venir jusqu'à l'évêché : c'est où demeure M. de Chaulnes. M. de Coëtquen descend, et voit vingt-quatre gardes autour du carrosse, qui le mènent sans bruit et en fort bon ordre à l'évêché. Il entre dans l'antichambre de M. de Chaulnes, et y demeure un demi-quart d'heure avec des gens qui avaient l'ordre de l'y arrêter. M. de Chaulnes paraît enfin, et lui dit : « Monsieur, je vous ai envoyé querir pour vous « ordonner de faire payer les francs fiefs dans votre « gouvernement. Je sais, ajouta-t-il, ce que vous avez « dit au roi ; mais il le fallait prouver. » Et tout de suite il lui tourna le dos et rentra dans son cabinet. Le Coëtquen demeura fort déconcerté, et, tout enragé, regagna son hôtellerie. »

Madame de Sévigné trouva dans l'énergie de son caractère des moyens de ne pas se laisser abattre par la tristesse durant les malheurs qui affligeaient sa province et qui rejaillissaient sur tous les habitants, même sur ceux qui, comme elle, étaient entourés de plus de protections et d'appuis : « Il faut regarder, disait-elle à madame de Grignan, la volonté de Dieu bien fixement pour envisager sans désespoir tout ce que je vois [1]. » Elle sut se créer des distractions ; mais ses principaux soulagements furent dus sans doute à sa fille et à son fils, dont l'une par ses lettres et l'autre par ses assiduités, ses soins, sa tendresse, ses lectures, ses confidences, ses promesses de réforme étaient pour elle un sujet de joie et de bonheur. Madame de Sévigné trouva encore de douces consolations dans ses entretiens avec la duchesse de Tarente, si bien d'accord avec elle pour critiquer et blâmer tout ce qui se faisait alors, et qui, comme elle, cherchait à combattre la pénible impression du présent par le souvenir du passé. Les soins donnés par madame de Sévigné aux travaux de sa terre des Rochers et sa nombreuse correspondance remplissaient sans aucun vide toutes les heures de sa journée : assujetties à une distribution uniforme, ses occupations étaient réglées de manière à suffire à toutes. Dans le commencement de son séjour aux Rochers, sa santé était excellente ; mais vers la fin elle s'altéra, et c'est alors qu'elle montra le plus de courage et de véritable philosophie. Le 27 octobre, elle écrit à madame de Grignan :

« Les malheurs de cette province retardent toutes les affaires et achèvent de nous ruiner. Je fus coucher à ma *tour* [à sa maison de Vitré]. Dès huit heures du matin, ces deux bonnes princesse et duchesse [la princesse de

---

[1] SÉVIGNÉ, *Lettres* (29 septembre 1675), t. IV, p. 117, éd. G.; t. IV, p. 9, édit. M.

Tarente et la duchesse de Chaulnes] étaient à mon lever...
Je fus ravie de revenir ici : je fais une allée nouvelle qui m'occupe; je paye mes ouvriers en blé, et ne trouve rien de solide que de s'amuser et de se détourner de la triste méditation de nos misères. Ces soirées dont vous êtes en peine, ma fille, je les passe sans ennui; j'ai quasi toujours à écrire, ou bien je lis, et insensiblement je trouve minuit. L'abbé [de Coulanges, son tuteur] me quitte à dix, et les deux heures que je suis seule ne me font point mourir non plus que les autres. Pour le jour, je suis en affaires avec l'abbé, ou je suis avec mes chers ouvriers, ou je travaille à mon très-commode ouvrage. Enfin, mon enfant, la vie passe si vite, et par conséquent nous approchons sitôt de notre fin que je ne sais comme on peut si profondément se désespérer des affaires de ce monde. On a le temps ici de faire des réflexions; c'est ma faute si mes bois ne m'en inspirent pas l'envie. Je me porte toujours très-bien; tous mes gens vous obéissent admirablement; ils ont des soins ridicules de moi; ils viennent me trouver le soir, armés de toutes pièces, et c'est contre un écureuil qu'ils veulent tirer l'épée[1]. »

Ce n'était pas seulement la princesse et la duchesse qui faisaient diversion à la solitude des Rochers; madame de Sévigné avait encore, dans un château voisin du sien, une famille d'une noblesse obscure, mais très-ancienne, qu'elle honorait de son amitié et qui se trouvait heureuse de lui plaire. Cette liaison datait du commencement du séjour de madame de Sévigné aux

---

[1] Sévigné, *Lettres* (27 octobre 1675), t. IV, p. 175, éd. G.; t. IV, p. 60, édit. M.

Rochers[1] ; elle était devenue très-intime, puisque, malgré sa répugnance à sortir de chez elle, madame de Sévigné allait quelquefois dîner au château d'Argentré[2], et que du Plessis, le maître de ce château, se rendait quelquefois aux Rochers avec toute sa famille, et y était invité dans toutes les occasions solennelles. C'est ainsi qu'il s'y trouvait le 15 décembre, le jour où l'on dit la première messe à la chapelle construite par madame de Sévigné[3]. Du Plessis, qui allait aussi fréquemment aux Rochers pour y faire sa partie de reversi[4], paraît avoir été un bon gentilhomme, vivant indépendant dans sa province, sans avoir envie d'en sortir. Sa femme, comme lui fort modeste, sans ambition, menait une vie très-retirée. Elle lui avait donné un fils et une fille. Le fils était marié à une jolie et spirituelle Gasconne, qui plaisait beaucoup à madame de Sévigné. Malheureusement elle ne la voyait pas souvent, parce que, établie avec son mari en Provence, elle n'était que passagèrement chez son beau-père[5]. La seule personne de la famille qui se montrât empressée[6] auprès de madame de Sévigné était cette demoiselle du Plessis, que madame de Grignan, dès son plus jeune âge[7], avait appris à mo-

---

[1] Conférez ces *Mémoires sur Sévigné*, 4ᵉ partie, p. 259, ch. IX, et p. 362 et 363.

[2] SÉVIGNÉ, *Lettres* (5 janvier 1676), t. IV, p. 298, édit. G.

[3] SÉVIGNÉ, *Lettres* (15 décembre 1675), t. IV, p. 253, édit. G.; t. IV, p. 127, édit. M.

[4] SÉVIGNÉ, *Lettres* (23 février 1676), t. IV, p. 348, édit. G.

[5] SÉVIGNÉ, *Lettres* (28 juin 1671), t. II, p. 95 et 96, édit. M.; t. II, p. 115, édit. G.

[6] SÉVIGNÉ, *Lettres* (26 juillet 1671), t. II, p. 157, édit. G.; t. II, p. 130, édit. M.

[7] SÉVIGNÉ, *Lettres* (31 mai et 10 juin 1671), t. II, p. 86, 91 et 95,

lester. On a dit que madame de Sévigné n'avait pas pour mademoiselle du Plessis toute l'aversion qu'elle manifeste dans ses lettres, et que c'était pour amuser sa fille qu'elle traçait de cette personne d'aussi grotesques peintures. Il est certain que, s'il ne nous était resté des lettres de madame de Sévigné que celles de l'époque dont nous nous occupons, on serait autorisé à penser ainsi ; et madame de Sévigné mériterait le reproche d'ingratitude en ne sachant pas pardonner à une jeune fille, si constante dans son attachement pour elle, les imperfections qui déparaient ses bonnes qualités. Il est dans notre nature d'être plus indulgents pour les vices que pour les défauts. Les vices se dissimulent, et nous les ignorons quand ils nous nuisent; il ne se montrent que pour nous plaire ou nous être utiles : les défauts se produisent à chaque instant, nous blessent, nous irritent quelquefois et nous importunent toujours. Madame de Sévigné, par sa mansuétude et sa prédilection envers l'aimable et brillant Pomenars, par son dédain, sa sévérité envers mademoiselle du Plessis, peut donc être accusée justement de s'être abandonnée sans réserve à ce penchant égoïste auquel la raison et l'équité nous ordonnent de résister. Mais en rapprochant tout ce que madame de Sévigné nous apprend sur mademoiselle du Plessis il paraît qu'elle avait peu de droits à l'indulgence ; qu'elle était envieuse, intéressée, hypocrite; qu'elle avait dans les sentiments une certaine bassesse que madame de Sévigné ne pouvait supporter chez une personne de noble naissance. Mademoiselle du Plessis faisait preuve, il est vrai, d'une ad-

---

édit. G.; t. II, p. 72, 76, 77, 80. — *Ibid.* (29 septembre 1675), t. IV, p. 116, édit. G.

miration exaltée et d'un dévouement sans bornes pour la dame des Rochers ; mais il était facile de s'apercevoir que cela avait pour cause la faiblesse commune alors à presque tous les nobles de province, qui cherchaient à tirer vanité de leurs liaisons avec la noblesse de cour.

Mademoiselle du Plessis croyait s'être rendue nécessaire à madame de Sévigné par son empressement à exécuter ses volontés ou à prévenir ses désirs : elle lui tenait lieu de demoiselle de compagnie, ainsi qu'une très-jolie et très-innocente jeune fille qui demeurait au bout du parc des Rochers. Toutes deux étaient dociles, complaisantes et prêtes à tout; leur présence n'imposait pas plus de gêne à la dame des Rochers que celle de *Marphise* ou de *Fidèle*[1].

Mademoiselle du Plessis, dont les services étaient acceptés sans façon, sans remerciements, se croyait chérie de madame de Sévigné, et avait assez raison de penser ainsi. Cependant madame de Sévigné n'eut jamais pour elle que de l'antipathie. Mademoiselle du Plessis louchait horriblement[2], était d'une laideur affreuse, fausse et gauche dans toutes ses actions, maladroite dans ses flatteries, choquante par ses indiscrètes familiarités, étourdissante par ses ricanements, sotte et ridicule par son intarissable babil et ses exagérations[3]; tellement dépour-

---

[1] Sévigné, *Lettres* (8 et 25 décembre 1675), t. IV, p. 237, 238 et 271, édit. G.—*Ibid.* (1er janvier 1676), p. 287, édit. G.

[2] Sévigné, *Lettres* (21 juin 1671), t. II, p. 104, édit. G. ; t. II, p. 86, édit. M.

[3] Sévigné, *Lettres* (17 juillet 1671), t. II, p. 142, édit. G.—*Ibid.* 19 juillet 1671), t. II, p. 147, édit. G. ; t. II, p. 122, édit. M.—*Ibid.* (15 décembre 1675), t. IV, p. 256. *Ibid.* (12 juillet 1671), t. II, p. 142, édit. G.

vue de sens qu'elle prenait pour contre-vérités dictées par des accès de tendresse les dures paroles que lui adressait quelquefois madame de Sévigné. Plus les louanges de celle-ci étaient ironiques, plus sa raillerie était mordante, plus les épithètes dont elle l'affublait étaient injurieuses, plus mademoiselle du Plessis montrait de satisfaction et semblait reconnaissante[1]. Madame de Sévigné se permettait de renouveler assez souvent ces insultantes mystifications en présence de ses amis les moins respectables, tels que Pomenars; et alors la Plessis, comme dit madame de Sévigné, ne manquait jamais d'accroître, par ses gros rires, les retentissements de la bruyante gaieté qu'elle excitait, et complétait ainsi une scène digne du haut comique : celle de la sottise satisfaite, qui, se croyant louée, s'outrage et s'injurie elle-même.

Cela n'était ni charitable ni chrétien de la part de madame de Sévigné. Aussi est-elle quelquefois touchée de repentir, et elle s'écrie : « La Plessis a les meilleurs sentiments du monde; j'admets que cela puisse être gâté par l'impertinence de son esprit et la *ridiculité* de ses manières[2]. »

Mais bientôt elle reconnait que la Plessis est jalouse, envieuse, hypocrite, intéressée; elle s'étonne que dans les filles nobles il puisse s'en trouver une avec des sentiments aussi bas; et elle dit :

« Mademoiselle du Plessis est à son couvent. Si vous

---

[1] Sévigné, *Lettres* (16 octobre 1680), t. VI, p. 148, édit. G.; t. VII, p. 25, édit. M.
[2] Sévigné, *Lettres* (13 octobre 1675), t. IV, p. 148, édit. G.; t. IV, p. 36, édit. M. — *Ibid.* (8 décembre 1675), t. IV, p. 115, édit. M.; t. IV, p. 338, édit. G.

saviez comme elle a joué l'affligée¹ et comme elle volait la cassette pendant que sa mère expirait, vous ririez de voir comme tous les vices et toutes les vertus sont jetés pêle-mêle dans le fond de ces provinces ; car je trouve des âmes de paysans plus droites que des lignes, aimant la vertu comme naturellement les chevaux trottent. La main qui jette tout cela dans son univers sait fort bien ce qu'elle fait, et tire sa gloire de tout; et tout est bien². »

De tous les correspondants de madame de Sévigné, le plus exact, le plus actif, le plus fécond des *informateurs* était sans contredit d'Hacqueville. Il se plaisait à être l'homme d'affaires et le nouvelliste de tous ses amis et de toutes ses connaissances; et quand il était éloigné d'eux il ne pouvait se dispenser de leur écrire souvent, de leur donner des nouvelles de tout le monde et sur toutes choses; et comme il exigeait qu'on lui répondît, sa correspondance ressemblait à un véritable journal manuscrit. Les nouvelles qu'il transmettait étaient de deux sortes : celles qu'il avait recueillies personnellement et qui composaient les matières des lettres écrites en entier de sa main, et celles qu'il faisait extraire et transcrire de sa nombreuse correspondance ; celles-ci étaient sur des feuilles volantes, les mêmes pour tous les correspondants, et formant une sorte de supplément à ses lettres. Madame de Sévigné nous peint d'une manière intéressante l'embarras où la mettait, ainsi que beaucoup

---

¹ Conférez SÉVIGNÉ, *Lettres* (31 mai 1680), t. VI, p. 295, édit. M.; t. VII, p. 8, édit. G.—*Ibid.* (5 juin 1680), t. VI, p. 301, édit. M.; t. VII, p. 20, édit. G.

² SÉVIGNÉ, *Lettres* (21 juin 1680), t. VII, p. 66, édit. G.; t. VI, p. 340, édit. M.

d'autres, l'intempérance épistolaire de d'Hacqueville et en même temps le fruit qu'elle en recueillait [1]. Cet embarras n'était pas moins grand que celui de concilier les règles de conduite contenues dans les devises qu'elle avait inscrites sur les arbres de son parc :

« J'ai écrit, dit-elle, à d'Hacqueville. Au reste, qu'il ne me vienne plus parler de ses accablements, c'est lui qui les aime; il vous écrit trois fois la semaine; vous vous contenteriez d'une, et le gros abbé [de Pontcarré] le soulagerait d'une autre; voilà comme il s'accommoderait. Je lui ai proposé la même chose, et je ne lui écris qu'une fois en huit jours pour lui donner l'exemple; il n'entend point cette sorte de tendresse, et veut écrire comme le juge voulait juger. J'en suis dans une véritable peine, car je suis persuadée que cet accablement nous le fera mourir. Si vous aviez vu sa table les mercredis, les vendredis, les samedis, vous croiriez être au bureau de la grande poste. Pour moi, je ne me tue point à écrire; je lis, je travaille, je me promène, je ne fais rien : *Bella cosa far niente*, dit un de mes arbres; l'autre lui répond : *Amor odit inertes* : on ne sait auquel entendre; mais ce que je sens de vrai, c'est que je n'aime point à m'enivrer d'écriture. J'aime à vous écrire, je parle à vous, je cause avec vous : il me serait impossible de m'en passer; mais je ne multiplie point ce goût; le reste va parce qu'il le faut. »

Et quinze jours après, elle écrit encore [2] :

---

[1] SÉVIGNÉ, *Lettres* (9 octobre 1675), t. IV, p. 135, édit. G.; t. IV, p. 25, édit. M.
[2] SÉVIGNÉ, *Lettres* (16 octobre 1675), t. IV, p. 156, éd. G.; t. IV, p. 43, édit. M.

« D'Hacqueville me dit qu'une fois la semaine c'est assez écrire pour des affaires ; mais que ce n'est pas assez pour son amitié, et qu'il augmenterait plutôt d'une lettre que d'en retrancher une. Vous jugez bien que, puisque le régime que je lui avais ordonné ne lui plaît pas, je lâche la bride à toutes ses bontés, et lui laisse la liberté de son écriture ; songez qu'il écrit de cette furie à tout ce qui est hors de Paris, et voit tous les jours tout ce qui y reste : ce sont *les d'Hacqueville*. Adressez-vous à eux, ma fille, en toute confiance : leurs bons cœurs suffisent à tout. Je me veux donc ôter de l'esprit de les ménager ; j'en veux abuser ; aussi bien si ce n'est moi qui le tue, ce sera un autre. Il n'aime que ceux dont il est accablé; accablons-le donc sans ménagement. »

Mais dans un grand nombre de nouvelles diverses que d'Hacqueville adressait à tant de personnes différentes [1], il lui arrivait quelquefois de se tromper, et de mander par distraction à madame de Sévigné, quand elle était aux Rochers, des nouvelles de Rennes : alors par malice elle lui adressait, des Rochers à Paris, des nouvelles de Paris qu'elle avait reçues d'une autre main et dont bien certainement il était plus tôt informé qu'elle. Dans une de ses lettres à madame de Grignan, égalant souvent en longueur les dépêches diplomatiques, elle dit : « D'Hacqueville, de sa *propre main*, car ce n'est point dans son billet de nouvelles, me mande que M. de Chaulnes, suivi de ses troupes, est arrivé à Rennes le samedi 12 octobre. Je l'ai remercié de ce soin, et je

---

[1] SÉVIGNÉ, *Lettres* (16 et 23 octobre), t. IV, p. 158 et 169-171, édit. G.; t. IV, p. 43 et 54-57, édit. M.

lui apprends que M. de Pomponne se fait peindre par Mignard. » Mais elle se trouvait bien heureuse de ce travers de d'Hacqueville quand, le courrier de Provence ayant manqué, les lettres qu'il lui écrivait contenaient des nouvelles récentes de madame de Grignan [1].

Un motif plus puissant encore rendait la correspondance de d'Hacqueville importante pour madame de Grignan pendant le séjour de sa mère en Bretagne. Quoique le parti des Forbin-Janson n'eût plus de chef dans l'assemblée des états, cependant il existait toujours; et les Forbin qui se trouvaient en cour avaient continué à être leur organe, et dénigraient l'administration du gouverneur. M. de Grignan, qui n'avait jamais eu beaucoup d'ordre dans ses affaires, avait des procès à faire juger à Paris pour d'anciennes dettes contractées envers la famille de Mirepoix [2] en raison de son double mariage, d'abord avec mademoiselle de Rambouillet et ensuite avec mademoiselle du Puy du Fou. Ce débat aurait enfanté de nouveaux procès si l'on n'avait pas pris des arrangements avec les créanciers [3]. Pour toutes ces choses la protection de M. de Pomponne était utile et quelquefois décisive; il fallait donc la solliciter sans cesse et mettre à profit la bonne volonté de ce ministre. Madame de Sévigné, aidée de l'abbé de Coulanges et de ses nombreux amis, s'acquittait merveilleusement de cette tâche

---

[1] SÉVIGNÉ, *Lettres* (1er mars 1676), t. IV, p. 353, édit. G.; t. IV, p. 219, 220.

[2] SÉVIGNÉ, *Lettres* (21 août 1675), t. IV, p. 42-43.—*Ibid.* (8 mars 1676), t. IV, p. 358, édit. G.

[3] SÉVIGNÉ, *Lettres* (25 décembre 1675), t. IV, p. 274, édit. G.— *Alliance des arts*, *Catalogue des archives de la maison de Grignan*, 1844, in-8°, p. 33 (1677, mars 3).

lorsqu'elle était à Paris; et les intérêts du gouverneur de la Provence et de madame de Grignan eussent beaucoup souffert si en leur absence d'Hacqueville, de concert avec madame de Vins, n'y eût suppléé avec le zèle de l'amitié la plus dévouée. Madame de Vins était la belle-sœur de M. de Pomponne, jolie et charmante personne dont madame de Sévigné se servait pour agir sur l'esprit de ce ministre. Elle avait épousé Jean de la Garde d'Agoult, bon gentilhomme de Provence, d'abord chevalier, puis marquis de Vins, brigadier et ensuite lieutenant général des armées du roi et proche parent des Grignan [1]. Il fut chargé, comme lieutenant des mousquetaires, de conduire des troupes en Bretagne [2]. Madame de Sévigné eut peu de rapports avec lui, et il s'abstint même d'aller lui rendre visite lorsqu'il passa à Laval et à trois lieues des Rochers. Comme beaucoup de militaires de son âge, le marquis de Vins menait une vie peu régulière, et, dans la bonne société, il avait avec les dames cette gaucherie et cette timidité que contractent ceux qui ne se plaisent que dans le sans-gêne des femmes qui ont abdiqué toute pudeur [3]. Il n'en était pas de même de madame de Vins, qui résidait à Paris tandis que son mari était en Bretagne : elle faisait les délices des élégantes sommités du monde et de la cour. L'influence qu'elle avait auprès de son beau-frère n'avait rien perdu de sa force depuis qu'indépendante par sa fortune ses attraits, son esprit, ses grâces lui attiraient un plus grand nombre d'hommages et planaient sur un plus

---

[1] SÉVIGNÉ, *Lettres* (31 juillet 1673), t. III, p. 256, édit. G.

[2] SÉVIGNÉ, *Lettres* (31 juillet 1675), t. III, p. 479, édit. G.

[3] SÉVIGNÉ, *Lettres* (17 novembre 1675), t. IV, p. 207 et 208, édit. G

vaste horizon. Aussi madame de Sévigné, qui savait que d'Hacqueville avait souvent recours à elle pour le succès de ses démarches, répondait avec empressement aux lettres qu'elle en recevait [1]. Madame de Vins était heureuse d'avoir une amie de l'âge et du mérite de madame de Sévigné [2] et fière d'entretenir avec elle une correspondance si bien assortie à toutes les sympathies de son cœur et de son esprit. De cette correspondance il ne nous reste pas le moindre débris, et les lettres de madame de Sévigné à sa fille nous prouvent que cette perte est très-regrettable. L'étroite liaison qui existait entre la marquise de Vins et madame de Sévigné jamais ne se relâcha et ne fut troublée par aucun nuage. La correspondance de madame de Vins avec madame de Grignan nous eût appris beaucoup de particularités qui auraient éclairé les lettres que nous possédons de madame de Sévigné, et elle eût aussi jeté du jour sur l'existence intérieure du ministre Pomponne, qui a eu une part si grande aux affaires publiques de ce temps. On s'étonne que madame de Sévigné, qui a vécu si longtemps dans l'intimité de ce ministre et celle de toute sa famille, dans les nombreuses lettres qui nous restent d'elle ne parle qu'une seule fois de madame de Pomponne, tandis qu'elle s'entretient fort souvent de sa sœur, mademoiselle de Ladvocat, qui fut depuis la marquise de Vins. La publication récente que l'on a faite des lettres de la famille de Feuquières nous explique cette apparente anomalie. Ces lettres nous font connaître que ma-

---

[1] SÉVIGNÉ, *Lettres* (8 décembre et 5 janvier 1676), t. IV, p. 287, 296, 297, édit. G.—*Ibid.* (24 juillet 1680), t. VII, p. 128, édit. G.
[2] SÉVIGNÉ, *Lettres* (20 novembre et 25 décembre 1675), t. II, p. 214 et 273, édit. G.

dame de Pomponne n'était nullement, comme sa sœur, comme madame de Sévigné, de ces femmes favorisées du ciel, toujours inspirées par le désir de plaire, qui appellent au secours de leurs attraits naturels les charmes de leur esprit et de leur doux langage. Madame de Pomponne était une excellente femme, qui donnait tout son temps à ses affaires de ménage; comme le bon abbé de Coulanges, elle aimait beaucoup à calculer, à équilibrer avec précision ses recettes et ses dépenses; elle prenait même aussi volontiers sur elle le soin de bien régler les intérêts de ses jeunes parents, qu'elle morigénait lorsqu'ils violaient les principes d'une sage économie [1]. Une pareille femme ne pouvait suffire à un homme tel que Pomponne, qui s'était habitué à se délasser de ses travaux diplomatiques par les agréments d'une société choisie et par le commerce des lettres. Voilà pourquoi mademoiselle de Ladvocat était devenue pour lui, dans son intérieur, comme le complément de sa femme. Dès lors on comprend facilement pourquoi madame de Sévigné, ne pouvant entretenir M. de Pomponne aussi promptement et aussi fréquemment que le réclamait l'urgence de ses affaires, employait pour suppléer à ces entretiens mademoiselle de Ladvocat, qui, avant son mariage, demeurait avec sa sœur dans la maison de ce ministre et qui depuis conserva toujours près de lui, comme belle-sœur, des privautés que nulle autre ne pouvait avoir. C'est ainsi que madame de Vins fut initiée aux choses du gouvernement et aux intrigues auxquelles elles donnaient lieu, tandis que madame de Pomponne n'avait ni le temps ni

---

[1] *Mémoires et lettres de* FEUQUIÈRES, t. II, p. 429.

la volonté de s'en mêler, et y resta constamment étrangère. Ainsi doit s'interpréter le silence de madame de Sévigné et de tous ses contemporains sur madame de Pomponne, respectable matrone qu'un sage chez les Romains eût louée pour les qualités qu'elle avait et encore plus pour celles qu'elle n'avait pas et que son mari, bel esprit, aurait souhaité de trouver en elle; ce qui n'empêchait pas qu'elle ne possédât toute sa confiance et sa plus constante affection. Elle la méritait sous tous les rapports. Madame de Pomponne joignait aux vertus solides et aux talents d'une habile maîtresse de maison beaucoup d'instruction; madame de Sévigné nous apprend que ce fut elle qui dirigea l'éducation de sa belle-sœur madame de Vins et aussi celle de sa fille, femme du ministre d'Etat Colbert de Torcy[1].

A cette époque, madame de Sévigné avait à Paris une amie avec laquelle elle entretenait un commerce de lettres assez actif pour que madame de Vins voulût bien s'en montrer jalouse[2]. Cette amie était madame de Villars, sœur du maréchal de Bellefonds : elle avait épousé le marquis de Villars, qui suppléait au défaut d'une naissance ancienne et d'un riche patrimoine par un air noble et digne, une taille élevée, une belle figure; avantages qui lui avaient fait donner le nom romanesque d'*Orondate*[3]. « La marquise de Villars, dit Saint-Simon, était une bonne petite femme maigre et

---

[1] SÉVIGNÉ, *Lettres* (5 mai 1689), t. X, p. 298, édit. G.
[2] SÉVIGNÉ, *Lettres* (17 novembre 1675), t. IV, p. 207, édit. G.
[3] SAINT-SIMON, *Mémoires authentiques*, 1829, in-8°, t. II, p. 114. — GOURVILLE, *Mémoires*, t. XLII, p. 294 ; t. XLI, p. 190, 280-288. — *Mémoires sur Sévigné*, part. I, p. 256, ch. XVII, et part. IV, p. 132, ch. VII.

sèche, active, méchante comme un serpent, de l'esprit comme un démon, d'excellente compagnie et qui recommandait à son fils de se vanter au roi tant qu'il pourrait, mais de ne jamais parler de soi à personne [1]. Les trente-sept lettres qui nous restent de madame de Villars à madame de Coulanges et ce que nous apprend madame de Coulanges, ne se rapportent pas entièrement à cette peinture du caustique Saint-Simon [2]. « Elle est charmante par ses mines (dit madame de Coulanges) et par les petits discours qu'elle commence et qui ne sont entendus que par les personnes qui la connaissent. « Madame de Coulanges atteste encore que, bien loin d'être méchante comme un serpent, « madame de Villars était tendre, qu'elle savait bien aimer ; ce qui donnait de l'amitié pour elle. » Sa mémoire doit être sous la protection de tous ceux qui portent un cœur français, puisqu'elle eut le bonheur de donner le jour au dernier des grands généraux de Louis XIV, au maréchal de Villars, qui sauva la France à Denain. La correspondance de madame de Sévigné avec la marquise de Villars nous manque entièrement; mais nous savons le motif qui donnait plus de chaleur à l'amitié qui les unissait [3] et leur faisait éprouver le besoin de se communiquer leurs pensées. Toutes deux avaient un fils à l'armée de Condé, et ces fils causaient à leurs mères de mortelles inquiétudes : ces deux fils furent blessés au sanglant combat de Se-

---

[1] *Supplément aux Mémoires de* Dangeau, cité par Monmerqué, *Biographie universelle*, article *Villars*, t. XLVIII, p. 423.

[2] Madame de Villars, *Lettres*, 1806, in-12, t. I, p. 9-196.

[3] Sévigné, *Lettres* (17 juillet 1671; 6, 9 et 13 octobre 1675), t. II, p. 140 et 438, et t. IV, p. 132 et 142, édit. G.

nef¹ ; mais les destinées de l'un et de l'autre furent bien différentes. Madame de Sévigné avait acheté malgré elle, pour son fils, la charge de guidon des gendarmes, parce qu'on lui avait persuadé que, lorsqu'elle mariait sa fille, il était convenable qu'elle fît aussi un établissement à son fils. Celui de guidon était trop subordonné à sa naissance et à sa fortune; Sévigné n'avait pris cette charge que pour pouvoir servir autrement que comme simple volontaire et dans l'espoir d'obtenir un prompt avancement. Cet espoir avait été déçu ; et, à l'époque dont nous traitons, sa mère faisait des démarches pour vendre cette charge² et en acheter une autre : elle ne put y parvenir. Fils et frère de deux femmes des plus lettrées et des plus aimables de son temps, comme elles Sévigné aimait les lettres, les arts et les jouissances sociales. Un homme de son nom et de sa naissance devait n'être rien ou être militaire, et par cette raison il avait embrassé la carrière des armes. Il avait la bravoure (aucun gentilhomme n'en manquait), mais non le talent d'un guerrier. Sa mère, après qu'il eut été blessé au combat de Senef, avait écrit au maréchal de Luxembourg et à son parent le marquis de la Trousse pour lui faire avoir un congé, afin qu'il pût venir se rétablir aux Rochers, où elle serait aussi heureuse de le posséder que lui de s'y trouver³. C'était la seconde fois que Sévigné quittait l'armée

---

[1] Duc DE VILLARS, *Mémoires*, p. 34-36. — SÉVIGNÉ, *Lettres* (5 septembre 1674), t. IV, p. 353, édit. G.

[2] SÉVIGNÉ, *Lettres* (1ᵉʳ décembre 1675), t. IV, p. 525 et 526. — *Ibid.* (3 juillet 1680), p. 85 et 86.

[3] SÉVIGNÉ, *Lettres* (9 octobre et 8 décembre 1675), t. IV, p. 137 et 257, édit. G.

alors que les opérations de la guerre étaient en pleine activité[1].

Il n'en était pas ainsi du jeune Villars, qui ne voulait point de congé ; ni Condé ni Luxembourg n'auraient accordé ce congé aux prières de sa mère, si elle avait pensé à le demander. Son père, le brillant *Orondate*, s'était distingué comme militaire par de beaux faits d'armes ; mais Louvois, qui haïssait en lui l'époux de la fille du maréchal de Bellefonds, le traversait sans cesse dans tous ses projets d'avancement. Alors il quitta l'état militaire et se jeta dans la diplomatie, où il réussit comme à la guerre. Après s'être acquitté avec succès d'une ambassade en Espagne[2], il fut rappelé, et venait d'être nommé ambassadeur à la cour de Savoie[3], ce qui était, comme le remarque plaisamment madame de Sévigné, une application du proverbe : *Devenir d'évêque meunier;* mais ce n'était point une disgrâce, et il devait par la suite retourner ambassadeur en Espagne. D'ailleurs il fallait se retirer de la cour et du monde si l'on n'était pas résolu à servir le roi dans le poste, quelque médiocre qu'il fût, qu'il plaisait à Sa Majesté de vous assigner. Cependant Villars était mécontent, et ne se trouvait pas récompensé en raison des services qu'il avait rendus ; et lui et sa femme se plaignant un jour devant leur jeune fils de leur mauvaise fortune : « Pour moi, dit résolûment cet enfant, j'en ferai une grande, ou je périrai[4]. » Il tint parole.

Louis XIV venait de créer à cette époque, sous le nom

---

[1] *Mémoires sur Sévigné*, part. IV, p. 286, ch. x.
[2] Sévigné, *Lettres* (30 mars 1672), t. II, p. 438, édit. G.
[3] Sévigné, *Lettres*, (6 octobre 1675), t. IV, p. 132, édit. G.
[4] De Villars, *Mémoires*, édit. 1734, in-12, p. 7.

de *Pages de la grande écurie*, un établissement pour l'éducation de la haute noblesse[1] du royaume. Ces jeunes gens, l'espérance des premières familles du royaume, accompagnaient comme volontaires le roi dans ses campagnes lorsque leur éducation était terminée. Ces volontaires montraient une telle ardeur pour courir au combat quand Louis XIV était présent qu'il leur était défendu d'aller au feu sans sa permission. Le jeune Villars, dès la première affaire où il se trouva, désobéit à cet ordre du roi, qui le gronda sévèrement. Mais sous ses yeux, sous les regards de Condé, de Turenne et de Luxembourg il déploya une valeur si brillante, montra un tel enthousiasme pour la guerre, une intelligence si élevée de la tactique, tant pour l'infanterie que pour la cavalerie; il étonna tellement ses chefs par son coup d'œil rapide et sûr, eut un bonheur si constant que, de désobéissance en désobéissance et de gronde en gronde, il s'éleva rapidement jusqu'au rang de colonel malgré l'inflexible Louvois et quoique son oncle le maréchal de Bellefonds, dont il était l'élève, fût en pleine disgrâce pour avoir refusé de servir sous Turenne. Le jeune Villars en était là[2] alors que son ami Sévigné, aux Rochers, assistait sa mère dans sa correspondance avec l'ambassadrice de Savoie, ou s'occupait à faire sa cour aux dames de Vitré ou de Rennes[3], et tandis que le chevalier de Grignan, à la tête de son régiment, se distinguait aussi dans cette guerre.

---

[1] Duc DE VILLARS, *Mémoires*; la Haye, chez Pierre Gosse, 1734, in-12, p. 1, 16, 38 (années 1670-1672), et p. 23, 38, 52 (années 1673-1675), t. LXVIII de la collection Petitot.

[2] SÉVIGNÉ, *Lettres* (8 janvier 1676), t. IV, p. 303, édit. G.

[3] SÉVIGNÉ, *Lettres* (3 juillet 1680), t. VII, p. 85 et 86, édit. G.

Madame de Sévigné convient avec joie que ce chevalier de Grignan, qu'elle avait surnommé *le petit Glorieux*, acquérait une gloire solide [1] : Sévigné au contraire n'exerçait sa charge qu'avec négligence, et se laissait entraîner à la dissipation et à l'oisiveté par l'exemple des jeunes gens de son âge. « Le roi, dit madame de Sévigné à sa fille, a parlé encore comme étant persuadé que Sévigné a pris le mauvais air des officiers subalternes de son régiment [2]. »

Un autre genre de correspondance qui occupait alors comme malgré elle la plume de madame de Sévigné aux Rochers, c'est celle qu'elle entretenait avec cette parente et amie de madame de Villars [2] qui avait été élevée avant celle-ci chez la maréchale de Bellefonds. Nous avons déjà fait connaître à nos lecteurs, dans la quatrième partie de ces Mémoires [3], la comtesse de Saint-Géran [4], cette petite femme si jolie, si spirituelle, dame du palais de la reine, toujours en cour, faite pour la cour, dont elle suivait tous les mouvements, à laquelle elle assortissait sa vie, ses goûts, ses plaisirs, ses croyances, ses occupations, successivement et suivant les temps galante, dévote, prodigue et rangée; toujours aimable, toujours recherchée, toujours ménagée, même durant les rigueurs qu'elle s'attira par ses imprudences. Elle ne cessa jamais d'entretenir les liaisons qu'elle

---

[1] Sévigné, *Lettres* (20 novembre 1675), t. IV, p. 207, édit. G.— *Mémoires sur Sévigné*, 4ᵉ part., p. 133.

[2] Sévigné, *Lettres* (3 juillet 1677), t. V, p. 268, édit. G.

[3] Saint-Simon, *Mémoires* (1694), t. I, p. 350, 440 et 441 ; t. II, p. 287. « Elle était, dit Saint-Simon, fille du cadet de Blainville. »

[4] Sévigné, *Lettres* (6 octobre 1675), t. IV, p. 132, édit. G. *Mémoires sur madame de Sévigné*, 4ᵉ partie, p. 133.

avait formées avec madame de Sévigné et avec madame de Maintenon, auxquelles elle plaisait sans inspirer à l'une et à l'autre ni estime ni confiance [1]. Il en est de même de madame de Frontenac [2], l'une des *divines;* et on a droit de s'étonner que les historiens de Maintenon et de Louis XIV se soient laissé égarer à l'égard de ces deux femmes par des fragments de lettres apocryphes, dont le plus faible examen aurait dû leur démontrer la fausseté [3]. Le gros Saint-Géran était cousin des Villars, et se trouvait à l'armée en même temps que Sévigné et Villars ; ce qui contribuait à donner plus d'intérêt aux lettres adressées aux Rochers par la Saint-Géran, comme l'appelle madame de Sévigné [4]. Aucun obstacle de famille n'avait empêché madame de Saint-Géran de prendre sa part aux plaisirs de cette cour si brillante et si agitée, où elle consuma son existence sans aucun profit pour sa fortune. Elle n'eut qu'une fille, dont elle accoucha après vingt et un ans de mariage [5].

[1] MAINTENON, *Lettres au cardinal de Noailles* (mars 1700). — SÉVIGNÉ, *Lettres* (24 février 1680), t. III, p. 396, édit. G.—*Ibid.* (17 juillet 1671), t. II, p. 141, édit. G. — *Ibid.* (6 avril 1696, de madame DE COULANGES), t. X, p. 296, édit. G. — *Ibid.* (16 octobre 1675), t. IV, p. 160, édit. G.—*Ibid.* (12 janvier 1676), t. IV, p. 311, édit. G.—*Ibid.* (26 août 1676), t. V, p. 90, édit. G.—*Ibid.* (24 février 1680), t. VI, p. 396, édit. G. — *Ibid.* (22 mai 1674), t. III, p. 238, édit. G.

[2] Sur Frontenac, conférez ces *Mémoires sur Sévigné*, 1re partie, p. 339, 359, 409; 2e, p. 29, 441, 454; 4e, p. 132.

[3] Conférez les *Notes et éclaircissements*, à la fin de ce volume.

[4] SÉVIGNÉ, *Lettres* (19 mars 1696), t. XI, p. 290, édit. G.

[5] SÉVIGNÉ, *Lettres* (22 décembre 1688), t. IX, p. 46 et 47, édit. G.

CHAPITRE XV.
1675—1680.

Madame de Sévigné se plaint du grand nombre de lettres qu'elle est obligée d'écrire. — Les correspondances particulières suppléaient autrefois aux gazettes.—Le nombre des correspondants de madame de Sévigné s'accroissait chaque jour avec sa célébrité.—Sa liaison avec madame de Marbeuf.—Elle espère par elle marier son fils. —Soins et attentions de Sévigné pour sa mère.—Contraste de sa manière de vivre avec son fils et de celle qu'avait la princesse de Tarente avec le sien.—Opinion de madame de Sévigné sur le jeune prince de Tarente.—Celui-ci fait mieux son chemin dans le monde que Sévigné.—Volages amours de ce dernier.—Son intimité avec madame du Gué-Bagnols.—Détails sur cette intrigue.—Madame de Sévigné cherche à marier son fils avec la fille du comte de Rouillé, intendant de Provence, et ne réussit point.—Craintes de madame de Sévigné en apprenant que madame de Grignan est enceinte.— Suite des détails sur la liaison amoureuse de Sévigné et de madame du Gué-Bagnols. — Autres attachements de Sévigné avec la duchesse de V..., avec mademoiselle de la Coste et mademoiselle de Tonquedec. — Nouveaux travaux entrepris par madame de Sévigné aux Rochers.—Elle est retenue à la campagne par le plaisir qu'elle trouve à y séjourner. — Affaire du président Méneuf. — Niaiserie du fils de ce président.—Les affaires de madame de Sévigné l'obligeaient à retourner à Paris, mais elle tombe malade dangereusement. —Guérie de sa fièvre, elle ne peut plus écrire qu'en dictant à son fils et ensuite à la jeune fille de sa voisine. — Sévigné part pour Paris, afin de traiter de sa charge de guidon avec de Viriville.— Madame de la Baume y met un empêchement indirect en faisant enlever madame de la Tivolière pour la marier avec son fils.—Madame de Sévigné part des Rochers le 24 mars pour retourner à Paris.— Désespoir de la jeune fille qui lui servait de secrétaire.— Madame de Sévigné s'arrête à Malicorne.—Elle y entend l'oraison funèbre de Turenne par Fléchier. — Elle arrive à Paris.

Madame de Sévigné se plaint fréquemment à sa fille du nombre de lettres qu'elle recevait et auxquelles elle était obligée de répondre. C'est qu'à une époque où le commerce épistolaire était mieux apprécié, plus recherché qu'il ne peut l'être depuis la publication de ces milliers de journaux partout imprimés, partout répandus, les intrigues des cours, les mouvements des armées, les promotions aux places, aux honneurs, aux titres, aux rangs ; les succès et les revers de fortune, les anecdotes du jour, les grands accidents, les procès célèbres, le théâtre, la littérature et les arts, toutes les nouveautés, tous les faits, tous les événements publics ou privés, grands ou petits, étaient alors du domaine des correspondances individuelles et particulières. Il était naturel alors que madame de Sévigné, qui se montrait la plus diligente à jaser spirituellement, agréablement de toutes ces choses ; qui, par sa position et ses relations multipliées, était la mieux et la plus promptement instruite, fût, à chaque nouvelle liaison qu'elle formait, obligée d'ajouter un nom de plus à la liste déjà si nombreuse des personnes dont elle recevait régulièrement des lettres pleines d'informations, et encore plus de questions, auxquelles il fallait répondre. Parmi ces nouvelles connaissances était la marquise de Marbeuf, avec laquelle elle se lia assez intimement durant le long séjour qu'elle fit cette fois en Bretagne. La marquise de Marbeuf était la femme de Claude de Marbeuf, président à mortier du parlement de Bretagne. Indignée de la tyrannie du duc de Chaulnes, elle résolut, à l'exemple de plusieurs Bretons, d'aller se fixer à Paris ; projet qu'elle effectua[1] du vivant de son mari, peu de temps après

---

[1] Sévigné, *Lettres* (13 novembre et 11 décembre 1675), t. **IV**, p. 200 et 240, édit. G.

le commencement de son intimité avec madame de Sévigné. Elle eut du succès dans le monde, elle y acquit de l'influence ; et madame de Sévigné, à laquelle elle plaisait, espérait qu'elle l'aiderait à marier son fils et à vendre sa charge de guidon.

Le baron de Sévigné était depuis longtemps l'objet des vives sollicitudes de sa mère ; il était fréquemment obligé de quitter les Rochers pour aller à Vitré ou à Rennes, mais il prolongeait son séjour dans ces deux villes plus qu'il n'était besoin, et s'y occupait d'intrigues amoureuses. Il continua ce genre de vie lorsqu'il fut de retour à Paris, ce qui contrariait la tendresse maternelle de madame de Sévigné, qui aurait voulu lui voir former des liens sérieux et utiles [1]. Pour parvenir à lui faire changer de conduite, elle ne lui montrait jamais un visage sévère, et continuait toujours, afin de capter sa confiance, de traiter avec lui ces matières sans nulle aigreur. Madame de Grignan approuvait à cet égard la conduite de sa mère, qui ne lui cachait rien, mais dissimulait quelquefois avec son fils. Sévigné avait plus de sensibilité, mais une tête et un caractère plus faibles que sa sœur. Il se repentait souvent de ne pas suivre les conseils de sa mère, et revenait toujours à elle avec des résolutions meilleures et plus de soumission.

« Nous suivons vos avis pour mon fils, écrit madame de Sévigné à madame de Grignan ; nous consentons à quelques fausses mines ; et si l'on nous refuse, chacun en rendra de son côté. En attendant, il me fait ici fort

---

[1] SÉVIGNÉ, *Lettres* (11 août 1675), t. IV, p. 16.—*Ibid.* (1er janvier 1676), t. IV, p. 184, édit. G.

bonne compagnie, et il trouve que j'en suis une aussi : il n'y a nul air de maternité à notre affaire[1]. »

Dans une autre lettre, elle avait dit : « Comme je venais, je trouvai au bout du Mail le *frater*, qui se mit à deux genoux aussitôt qu'il m'aperçut, se sentant si coupable d'avoir été trois semaines sous terre à *chanter matines* qu'il ne croyait pas me pouvoir aborder d'une autre façon. J'avais bien résolu de le gronder, et je ne sus jamais où trouver de la colère. Je fus fort aise de le voir. Vous savez comme il est divertissant : il m'embrassa mille fois; il me donna les plus mauvaises raisons du monde, que je pris pour bonnes. Nous causons fort, nous lisons, nous nous promenons, et nous achèverons ainsi l'année, c'est-à-dire le reste[2]. »

Mais Sévigné va encore à Rennes, et en revient trois semaines après; et sa mère écrit :

« Le *frater* est revenu de Rennes; il m'a rapporté une chanson qui m'a fait rire : elle vous fera voir en vers une partie de ce que je vous ai dit l'autre jour en prose[3]. »

La princesse de Tarente avait envers son fils, non encore majeur, la morgue allemande, et elle le maintenait dans le respect qui lui était dû. Elle ne pouvait comprendre la conduite de madame de Sévigné, et était toujours de plus en plus choquée des familiarités du fils envers sa mère. « Cela n'est pas étonnant, disait madame de Sévigné : elle qui n'a qu'un grand benêt de fils, qui n'a point d'âme dans le corps[4] ! » Ce jeune prince de Tarente, cet unique héritier des la Trémouille, qui déplai-

---

[1] SÉVIGNÉ, *Lettres* (29 décembre 1675), t. IV, p. 279, édit. G.
[2] SÉVIGNÉ, *Lettres* (4 décembre 1675), t. IV, p. 229, édit. G.
[3] SÉVIGNÉ, *Lettres* (1er janvier 1676), t. IV, p. 284, édit. G.
[4] SÉVIGNÉ, *Lettres* (29 décembre 1675), t. IV, p. 279, édit. G.

sait tant à madame de Sévigné parce qu'il était encore plus laid que M. de Grignan [1], élevé en province, n'avait ni les grâces ni les manières d'un homme de cour. Sans avoir le génie et les grandes qualités de son père, il mena cependant une existence brillante et honorée; il s'acquit l'estime et la confiance de la noblesse de Bretagne, qu'il présida au moins sept fois dans l'assemblée des états, au détriment du duc de Rohan [2]; et il obtint pour prix de ses services, sans courtisanerie et sans sollicitations, d'être nommé chevalier des ordres du roi. Le marquis de Sévigné au contraire gouverna mal sa fortune, son ambition et ses amours; il passa le temps de sa jeunesse dans la société des poëtes, des artistes et des jeunes fous de son temps, moitié homme du monde, moitié militaire. La jolie figure, les grâces, l'élégance, l'esprit de cet officier blondin inspiraient à beaucoup de beautés galantes le désir de s'en faire aimer; mais elles le quittaient aussitôt qu'elles s'apercevaient que le reste ne répondait pas à ces brillants dehors. C'est cette disposition à former des liaisons où le cœur n'était pour rien [3], à être dupe des femmes qu'il croyait avoir subjuguées; ce sont ces continuels efforts pour vou-

---

[1] SÉVIGNÉ, *Lettres* (23 octobre 1689), t. IX, p. 172, édit. M.; t. X, p. 48, édit. G.

[2] Après la mort de son père, qui eut lieu en 1672, et de son grand-père, en 1674, le prince de Tarente, majeur, présida les états de Bretagne à Saint-Brieuc en 1677 (20 août, 9 octobre), à Nantes (1681, 19 août, 18 février), à Dinan (1687, 1ᵉʳ août et 23 août), à Saint-Brieuc (1687, 1ᵉʳ et 30 octobre), à Rennes (1689, 20 octobre, 13 novembre), à Vitré (1697, 16 octobre, 16 novembre), à Nantes (1701, 30 juillet, 23 avril). *Registre ms. de la tenue des états de Bretagne*, Bibl., nat., p. 385, 407, 433, 437 et 535.

[3] SÉVIGNÉ, *Lettres* (19 mai 1673), t. III, p. 153, édit. G.

loir paraître toujours succomber aux atteintes d'une passion qu'il ne ressentait pas, qui lui avaient attiré les railleries du duc de la Rochefoucauld ; et sa sœur, qui l'aimait, voulut l'empêcher de s'y exposer ; mais, moins bonne que sa mère et ne craignant pas de le choquer, elle lui avait fait sur ce sujet de vifs reproches, assaisonnés d'une piquante ironie. La réponse de Sévigné jette du jour sur ses intrigues amoureuses et sur les mœurs de ce temps ; elle termine une lettre que sa mère écrit à madame de Grignan, et qui s'arrête à ces mots :

« Je laisse la plume à l'honnête garçon qui est à mon côté droit ; il dit que vous avez trempé la vôtre dans du feu en lui écrivant : il est vrai qu'il n'y a rien de si plaisant[1].

« Que dis-je du feu ? [continue M. de Sévigné] c'est dans du fiel et du vinaigre que vous l'avez trempée cette impertinente plume qui me dit tant de sottises, sauf correction. Et où avez-vous donc pris, madame la comtesse, que je ne fusse pas capable de choisir une amie ? Est-ce parce que je m'étais adonné pendant trois ans à une personne qui n'a pu s'accommoder de ce que je ne parlais pas au public et que je ne donnais pas la bénédiction au peuple ? [Serait-il encore question ici de la belle *Alsine*, de la duchesse d'Aumont, cette maîtresse de le Tellier, l'archevêque de Reims, et du CHARMANT, le marquis de Villeroi[2] ?] Vous avez eu du moins grande raison d'assurer que ma blessure était guérie et que j'étais dégagé de mes fers. Je suis trop bon catholique pour vouloir rien disputer à l'Église. C'est depuis longtemps qu'il est

---

[1] SÉVIGNÉ, *Lettres* (1er janvier 1676), t. IV, p. 286, édit. G.

[2] Conférez *Mémoires sur Sévigné*, part. IV, p. 211, 277 et 356 ; ch. VIII et X, et les notes.

réglé que le clergé a le pas sur la noblesse... Je suis redevenu esclave d'une autre beauté brune, dans mon voyage de Rennes : c'est de madame de..., celle qui priait Dieu si joliment aux Capucins. Vous souvenez-vous que vous la contrefaisiez? Elle est devenue bel esprit, et dit les élégies de la comtesse de la Suze en langage breton. »

Cependant Sévigné, engagé dans les liens d'une parente ou d'une alliée de sa propre famille, devint plus réservé dans les confidences qu'il faisait à sa mère. C'est ainsi qu'il s'efforça, mais en vain, de couvrir du voile du mystère ses amours avec madame du Gué-Bagnols. Cette femme, qui était loin d'avoir l'amabilité de sa sœur, madame de Coulanges, était, ainsi que je l'ai déjà dit, mariée depuis quatre ans, à l'époque dont nous nous occupons, à Louis du Gué-Bagnols, son cousin issu de germain. Sa liaison avec Sévigné suivit presque celle de la dame brune de Rennes, et eut lieu peu après, aussitôt le retour de Sévigné à Paris [1].

Madame de Sévigné mande à sa fille, de la manière suivante, un incident fâcheux de cette intrigue : « Ah! c'est un homme bien amoureux que monsieur votre frère! j'admire la peine qu'il se donne pour rien, pour rien du tout. Il a été surpris dans une conversation fort secrète par un mari; ce mari fit une mine très-chagrine, parla très-rudement à sa femme : l'alarme était au camp quand je partis [pour Livry, d'où la lettre est datée]; je manderai la suite à Paris [2]. » Et elle mande quatre jours

---

[1] *Mémoires sur Sévigné*, 4ᵉ partie, p. 198. — SÉVIGNÉ, *Lettres* (17 février 1672), t. II, p. 391, édit. G.

[2] SÉVIGNÉ, *Lettres* (3 et 7 juillet 1677), t. V, p. 269 et 270, édit. M.—*Ibid.* (26 juillet 1677), t. V, p. 305, édit. G.

après, dans la même lettre datée de Paris : « Le baron a tout raccommodé par son adresse ; il en sait autant que les maîtres, et plus ; car, pour imiter l'indifférence, personne ne le peut surpasser ; elle est jouée si fort au naturel, et le vraisemblable imite si bien le vrai, qu'il n'y a point de jalousie ni de soupçons qui puissent tenir contre une si bonne conduite. Vous auriez bien ri si vous aviez su tout le détail de cette aventure. Il me semble que vous devinez le nom du mari. A tout hasard, la femme s'en va dans votre voisinage [1]. »

Parler ainsi, c'était nommer ce mari ; car madame de Grignan savait très-bien que madame du Gué-Bagnols devait aller à Lyon rejoindre ses parents ; et Sévigné, dont l'amour s'était attiédi, cherchait déjà, suivant l'habitude des officiers en garnison, une autre maîtresse pour remplacer celle qu'il allait perdre. Dans une lettre où madame de Sévigné se complaît un peu trop, pour amuser sa fille, à railler une femme qu'elle n'aimait pas, elle n'hésite point à nommer ce mari : « La Bagnols est partie aujourd'hui ; je mande à mon fils que, s'il n'est point mort de douleur, il vienne demain dîner [à Livry] avec tous les Pomponne ; il sera plus heureux que M. de Grignan, qui se trouve abandonné, parce qu'il n'avait à Aix que trois maîtresses, qui toutes lui ont manqué : on ne peut en avoir une trop grande provision ; qui n'en a que trois n'en a point. J'entends tout ce qu'il dit là-dessus. Mon fils est bien persuadé de cette vérité ; je suis assurée qu'il lui en reste plus de six, et je parierais bien qu'il n'en perdra aucune par la fièvre maligne, tant il les choisit bien depuis quelque temps. Oh ! vous voyez que

---

[1] SÉVIGNÉ, *Lettres* (7 et 19 juillet 1677), t. V, p. 270 et 294, édit. G.

ma plume veut dire des sottises aussi bien que la vôtre ¹. »

On voit qu'alors la mère et la fille étaient en train de s'entretenir d'aventures galantes : non-seulement madame de Bagnols, mais sa sœur madame de Coulanges, donnaient matière à exercer la malignité de leurs plumes. On se croit transporté en plein dix-huitième siècle. L'exemple du monarque et de sa cour avait banni de la haute classe ces chastes scrupules, cette susceptibilité qui honoraient la première génération des précieuses à l'hôtel de Rambouillet. Déjà des mères respectables, qui elles-mêmes se maintenaient dans toute la dignité de leur sexe, voyaient sans peine leurs fils chercher à plaire à des femmes mariées, habiles à couvrir d'un voile le mystère de leurs amours. C'était un moyen nouveau de combiner l'indifférence pour les intérêts d'une vertu sévère avec le respect dû aux convenances ; de concilier la licence des mœurs avec la politesse des manières, et la sensualité des passions avec la délicatesse des sentiments : toutes choses qui s'évanouissaient dans le commerce ruineux des Laïs indépendantes ².

Madame de Sévigné, quoique janséniste, était du nombre de ces mères ; et, pour tranquilliser sa conscience sur le tort que son fils pouvait faire aux maris par ses amours volages, elle se persuadait facilement qu'avec les femmes auxquelles il s'adressait il ne faisait que prévenir un plus grand mal, et que, dans les mœurs du siècle, la morale du Conteur, au prologue de la *Coupe enchantée*, était la seule praticable. Mais Sévigné n'était pas alors l'objet de la volage préférence de madame de

---

¹ SÉVIGNÉ, *Lettres* (19 juillet 1677), t. V, p. 294, édit. G.
² Conférez ces *Mémoires sur Sévigné*, I, 3, 86 ; III, 23 ; IV, 102.

Coulanges ; aussi madame de Sévigné n'en parle-t-elle que légèrement. Admirez pourtant comme elle mêle habilement à ces frivolités les nouvelles de la guerre qui alors tenait tout le monde en suspens! On avait envoyé au maréchal de Créqui, pour grossir son armée, toutes les troupes que commandait le maréchal de Schomberg, et celui-ci était resté seul avec son état-major; et, comme madame de Sévigné fut de tout temps liée avec la maréchale de Schomberg (Marie de Hautefort) [1], cette nouvelle l'intéressait au plus haut degré. « La *Mouche* [madame de Coulanges], dit d'abord madame de Sévigné, ne peut pas quitter la cour présentement; quand on y a de certains engagements, on n'est point libre. » Puis, deux jours après : « La *Mouche* est à la cour; c'est une fatigue; mais que faire? M. de Schomberg est toujours vers la Meuse, c'est-à-dire *tout seul tête à tête*. Madame de Coulanges disait l'autre jour qu'il fallait donner à M. de Coulanges l'intendance de cette armée [2]. » L'aimable chansonnier qui s'était autrefois noyé *dans la mare à Grappin* était encore moins propre à être intendant d'armée que juge; mais comme le maréchal n'avait plus d'armée, en lui envoyant Coulanges pour intendant militaire, celui-ci aurait réjoui le maréchal oisif par ses couplets, et se serait trouvé à la hauteur de ses fonctions. Madame de Sévigné, soit qu'elle ait inventé ce propos, soit qu'il ait été dit par madame de Coulanges, faisait entendre à madame de Grignan que la présence de M. de Coulanges à Paris était, pour sa femme, au moins inutile.

[1] Sur Marie de Hautefort, conférez ces *Mémoires sur Sévigné*, I, 229, 471; III, 134.

[2] SÉVIGNÉ, *Lettres* (21 et 23 juillet 1677), t. V, p. 293 et 303, éd. G.

Elle est moins laconique et surtout plus explicite sur le compte de la sœur de madame de Coulanges. Les deux sœurs étaient également l'objet des railleries de madame de Grignan pour leur vanité [1]; mais il y avait entre elles une grande différence sous le rapport de l'esprit, de l'usage du monde, de l'amabilité, des grâces et du charme de la conversation. Madame du Gué-Bagnols était pleine d'afféterie, de prétentions et mortellement ennuyeuse. Madame de Sévigné désirait non-seulement en détacher son fils, mais persuader à madame de Grignan que Sévigné avait renoncé à cette maîtresse et n'entretenait avec elle une correspondance que par un reste d'égard et pour ne pas s'écarter des procédés d'un honnête homme. Par l'intermédiaire de madame de Grignan, madame de Sévigné négociait alors le mariage de son fils avec mademoiselle Rouillé, fille de l'intendant de Provence. A Aix, madame de Sévigné avait fait la connaissance de madame de Rouillé, et la trouvait aimable [2]. Madame de Rouillé vint à Paris en août 1675, et apprit à madame de Sévigné qu'elle avait d'autres vues qu'elle pour le mariage de sa fille ; ce qui n'altéra point leur amitié. Rouillé, qui fut un de ces grands administrateurs formés à l'école de Colbert et devint par la suite intendant général des postes, avait une dot considérable à donner à sa fille : il ne trouva pas que le marquis de Sévigné fût assez riche ni assez avancé dans sa carrière militaire, et il ne se laissa point tenter par une alliance plus brillante que solide [3].

---

[1] Sévigné, *Lettres* (6 octobre 1679), t. VI, p. 151, édit. G.; et Maintenon, *Lettres*, 28 février (1678), t. I, p. 154, édit. 1756, in-8°.

[2] Sévigné, *Lettres* (11 août 1675), t. IV, p. 16, édit. G.

[3] Sévigné, *Lettres* (21 juillet 1677), t. V, p. 297, édit. G.

Madame de Sévigné commence par annoncer le départ de madame de Bagnols en ces termes : « La Bagnols est partie, et la Mousse est allé avec elle [1]. » Ceux qui ont lu la quatrième partie de ces Mémoires se rappellent le petit abbé de la Mousse, dont madame de Sévigné estimait le savoir et le caractère, qu'elle hébergea si longtemps et dont elle ne se séparait jamais qu'avec peine. On sait qu'il était le fils naturel de M. du Gué-Bagnols [2], l'intendant de Lyon, et par conséquent frère de madame de Coulanges et de madame du Gué-Bagnols la jeune. Madame de Sévigné, continuant sur celle-ci la plaisanterie de sa lettre du 19 juillet, écrit, sept jours après [3] :

« M. de Sévigné apprendra donc de M. de Grignan la nécessité d'avoir plusieurs maîtresses, par les inconvénients qui arrivent de n'en avoir que deux ou trois ; mais il faut que M. de Grignan apprenne de M. de Sévigné les douleurs de la séparation quand il arrive que quelqu'un s'en va par la diligence. On reçoit un billet du jour du départ, qui embarrasse beaucoup, parce qu'il est fort tendre : cela trouble la gaieté et la liberté dont on prétend jouir. On reçoit encore un autre billet de la première couchée, dont on est enragé. Comment diable ? cela continuera-t-il de cette force ? On me conte cette douleur ; on met sa seule espérance au voyage que le mari doit faire, croyant que cette grande régularité en sera interrompue ; sans cela, on ne pourrait souffrir un commerce de trois fois la semaine. On tire les réponses et

---

[1] SÉVIGNÉ (19 juillet 1677), t. V, p. 139, édit. M.; t. V, p. 295, édit. G.

[2] Conférez *Mémoires sur Sévigné*, t. IV, p. 349, dans les notes et éclaircissements du chap. VII, et p. 190 du texte.

[3] SÉVIGNÉ, *Lettres* (26 juillet 1677), t. V, p. 304-306, édit. G.

les tendresses à force de rêver ; la lettre est *figée*, comme je disais, avant que la *feuille qui chante* soit pleine : la source est entièrement sèche. On pâme de rire avec moi du style, de l'orthographe. » Puis madame de Sévigné rapporte des fragments de la lettre de madame du Gué-Bagnols, qui n'ont rien de ridicule, quoi qu'elle en puisse dire ; et si l'orthographe les rendait tels, on sait que celle de madame de Coulanges n'était pas meilleure [1] : cependant nulle femme de son temps n'a été plus célèbre par le talent de bien écrire des lettres. Madame de Sévigné ajoute : « Voilà en l'air ce que j'ai attrapé, et voilà à quel style votre frère est condamné de répondre trois fois la semaine. Ma fille, cela est cruel, je vous assure. Voyez quelle gageure ces pauvres gens se sont engagés de soutenir ! c'est un martyre, ils me font pitié ; le pauvre garçon y succomberait sans la consolation qu'il trouve en moi. Vous perdez bien, ma chère enfant, de n'être pas à portée de cette confidence. J'écris ceci hors d'œuvre pour vous divertir, en vous donnant une idée de cet aimable commerce [2]. »

Mais elle revient encore sur le même sujet quelques jours après, et cite, de ces lettres de madame de Bagnols à Sévigné, des traits d'afféterie qui la mettaient hors d'elle. Il paraît que madame du Gué-Bagnols devait aller voir madame de Grignan :

« Le voyage de la Bagnols est assuré, dit madame de Sévigné. Vous serez témoin de ses langueurs, de ses rêveries, qui sont des applications à rêver ; elle se redresse

---

[1] Conférez ces *Mém. sur Sévigné*, t. I, p. 3, 86 ; t. III, p. 23, 250, 395, 473 ; t. IV, 8, 198, 266, 286.

[2] SÉVIGNÉ, *Lettres* (26 juillet 1677), t. V, p. 306, édit. G.

comme en sursaut, et madame de Coulanges lui dit : *Ma pauvre sœur, vous ne rêvez point du tout.* Pour son style, il m'est insupportable, et me jette dans des grossièretés, de peur d'être comme elle. Elle me fait renoncer à la délicatesse, à la finesse, à la politesse, de crainte de donner dans les tours de passe-passe, comme vous dites : cela est triste de devenir une paysanne [1]. »

Après cette liaison, madame de Sévigné nous apprend que son fils en forma une autre, qui ne fut pas plus sincère, avec la duchesse de V... [peut-être la duchesse de Ventadour, mademoiselle de Houdancourt [2]]. « Ce qui est vrai, écrit madame de Sévigné à sa fille, c'est que votre frère n'aime point du tout la duchesse et que c'est pour rien qu'il prend un air si nuisible. » Quinze jours après, madame de Sévigné entretient encore sa fille des relations intimes de Sévigné avec une de ses parentes [peut-être est-il encore question de madame du Gué-Bagnols] : « Mon fils me parle de la grosse cousine d'une étrange façon ; il ne désire qu'une bonne cruelle pour le consoler un peu : une ingrate lui paraît une chimère. Voilà le style de madame de Coulanges, celui dont il se sert ; et, en parlant de quelque argent qu'il a gagné avec la cousine, il me dit : *Plût à Dieu que je n'y eusse gagné que cela !* Que diantre veut-il dire ? Il me promet mille confidences ; mais il me semble qu'ensuite d'un tel discours il doit dire, comme l'abbé d'Effiat : *Je ne sais si je me fais bien entendre.* Tout ceci entre nous, s'il vous plaît, et sans retour. »

[1] SÉVIGNÉ, *Lettres* (13 août 1677), t. V, p. 346, édit. G.; t. V, p. 185, édit. M.—*Ibid.* (6 octobre 1679), t. VI, p. 151-152, édit. G.

[2] SÉVIGNÉ, *Lettres* (3 et 24 juillet 1680), t. VII, p. 95-129, édit. G. Conférez ces *Mém. sur Sévigné*, t. IV, p. 127.

Sévigné conserva longtemps les inclinations de sa jeunesse, et ne termina sa carrière amoureuse que lorsque le mariage en eut fait un tout autre homme. Jusqu'alors madame de Sévigné, dans ses lettres à sa fille, paraît toujours tourmentée non de ce que son fils a des maitresses, mais de ce qu'il les choisit mal. « J'attendais mon fils, dit-elle. Je croyais donc le voir à chaque instant dans ces bois ; mais devinez ce qu'il a fait ? Il a traversé je ne sais par où, et s'est trouvé à Rennes, où il me mande qu'il sera jusqu'au départ de madame de Chaulnes. Il me paraît qu'il a voulu faire cette équipée pour mademoiselle de Tonquedec : il sera bien embarrassé, car mademoiselle de la Coste n'en jette pas moins sa part aux chiens. Le voilà donc entre l'orge et l'avoine, mais la plus mauvaise orge et la plus mauvaise avoine qu'il pût jamais trouver. Que voulez-vous que j'y fasse ? C'est en pareil cas que je suis toujours résignée [1]. »

La préférence avouée qu'elle donnait à sa fille dans son affection l'obligeait envers ce fils si bon, si tendre pour elle à de grands ménagements. Aussi elle écrit de Paris à madame de Grignan : « Mon fils est aux Rochers, solitairement... Il vous aime tendrement, il en jure sa foi ; je conserverai entre vous l'amour fraternel, ou j'y périrai [2]. »

Elle ne courait pas ce danger, et pour réussir il ne lui fallait pas faire de grands efforts. Si Sévigné était un amant faible et inconstant, incapable d'inspirer comme de ressentir une forte passion, il n'exista jamais [3] un fils plus ten-

---

[1] SÉVIGNÉ, *Lettres* (18 août 1680), t. VII, p. 168, édit. G.
[2] SÉVIGNÉ, *Lettres* (18 octobre 1679), t. VI, p. 169, édit. G.
[3] Voyez la *Lettre inédite de* SÉVIGNÉ *à madame de Grignan, sa*

dre et plus dévoué, un frère plus généreux, plus aimant, un époux plus fidèle et plus attaché. Pendant cet hiver que madame de Sévigné fut forcée de passer aux Rochers, elle put reconnaître, par les soins et les attentions de son fils, combien elle en était aimée. Elle fut alors assaillie par bien des peines. Sévigné ne pouvait les faire disparaître, mais il parvint à la soulager dans toutes : il fut à la fois son confident, son lecteur, son garde-malade et un compagnon charmant. « Mon fils, dit-elle, nous amuse et nous est très-bon ; il prend l'esprit des lieux où il est, et ne transporte de la guerre et de la cour, dans cette solitude, que ce qu'il en faut pour la conversation [1]. »

De tous les tourments qu'éprouvait madame de Sévigné, le plus vif était celui qu'elle se faisait à elle-même par son amour pour sa fille. Elle la savait enceinte, et le moindre retard de la poste lui causait des inquiétudes mortelles. Ce sujet revient souvent sous sa plume, et elle sait admirablement en varier l'expression. Madame de Grignan accoucha, avant terme, d'un fils qui ne vécut que quelques mois. Sa mère lui écrit :

« Si on pouvait avoir un peu de patience, on épargnerait bien du chagrin. Le temps en ôte autant qu'il en donne. Vous savez que nous le trouvons un vrai brouillon, mettant, remettant, rangeant, dérangeant, imprimant, effaçant, approchant, éloignant, et rendant toutes choses bonnes ou mauvaises, et quasi toujours méconnaissables. Il n'y a que notre amitié que le temps respecte et respectera toujours. Mais où suis-je, ma fille? Voilà un

sœur, sur les affaires de leur maison, publiée par M. Monmerqué ; Paris, Dondey-Dupré, 1847, in-8° (24 pages).

[1] SÉVIGNÉ, *Lettres* (11 décembre 1675), t. IV, p. 242, édit. G.

étrange égarement ; car je veux dire simplement que la poste me retient vos lettres un ordinaire, parce qu'elle arrive trop tard à Paris, et qu'elle me les rend au double le courrier d'après ; c'est donc pour cela que je me suis extravaguée comme vous voyez. Qu'importe? en vérité, il faut un peu, entre bons amis, laisser trotter les plumes comme elles veulent : la mienne a toujours la bride sur le cou[1]. »

Ainsi nul arrêt, nul intervalle entre ces lignes qu'elle écrivait avec tant de rapidité ; et on s'aperçoit, par la différence des lettres qu'elle a dictées et de celles qu'elle a écrites elle-même, qu'elle avait besoin de s'aider du travail de ses doigts pour entretenir ses pensées, et que son imagination ne se retraçait plus les choses avec d'aussi vives couleurs quand elle se trouvait forcée de se servir d'une autre main que la sienne. Hélas ! cette nécessité devait bientôt surgir, quoiqu'elle ne la soupçonnât point encore.

Le mois de décembre était doux et sec, et elle en jouissait encore avec délices, au milieu de ses belles allées [2] du Mail, surtout dans ces bois « dont l'air admirable nourrit le teint comme à Livry, hormis qu'il n'y a point de serein [3]. » Mais elle ne se bornait pas aux oisives jouissances de ses rêveuses promenades, et elle s'occupait très-activement des embellissements de son parc. « Je m'amuse, dit-elle [4], à faire abattre de grands arbres. Le tracas que cela fait représente, au naturel, ces tapisseries où l'on peint les ouvrages de l'hiver : des arbres qu'on abat, des gens qui scient, d'autres qui font des bûches,

---

[1] SÉVIGNÉ, *Lettres* (24 novembre et 11 décembre 1675), t. IV, p. 216, 239, 242, édit. G.

[2] SÉVIGNÉ, *Lettres* (29 décembre 1675), t. IV, p. 278, édit. G.

[3] SÉVIGNÉ, *Lettres* (11 décembre 1675), t. IV, p. 245, édit. G.

[4] SÉVIGNÉ, *Lettres* (20 novembre 1675), t. IV, p. 215, édit. G.

d'autres qui chargent une charrette, et moi au milieu, voilà le tableau. Je m'en vais faire planter; *car que faire aux Rochers, à moins que l'on ne plante* [1]?

« Nous avons [écrit-elle encore au beau milieu de janvier] un admirable hiver; je me promène tous les jours, et je fais quasi un nouveau parc autour de ces grandes places du bout du Mail. J'y fais planter quatre rangs d'allées; ce sera une très-belle chose : tout cet endroit est uni et défriché [2]. »

Sans les affaires, et surtout la hâte d'un procès qui l'appelait à Paris, elle n'aurait pu se résoudre à quitter son aimable désert [3]; mais elle avait un compte à terminer en Bretagne avec M. de Meneuf, président au parlement de Rennes, qui lui devait et refusait de payer la totalité de sa dette, parce qu'il voulait qu'on lui fît remise de cinq ou six mille francs, somme à laquelle il n'avait aucun droit. Le *Bien bon* termina, avec son habileté ordinaire, cette contestation à l'avantage de madame de Sévigné. Elle fut payée du président Meneuf. « Ce président, écrit-elle à sa fille, m'est venu voir... Il avait avec lui un fils de sa femme, qui a vingt ans, et que je trouvai, sans exception, la plus agréable et la plus jolie figure que j'aie jamais vue. J'allais dire que je l'avais vu à cinq ou six ans, et j'admirais, comme M. de Montbazon, qu'on pût croître en si peu de temps. Sur cela il sort une voix terrible de ce joli visage, qui vous plante au nez, d'un air ridicule, *que*

---

[1] Car que faire en un gîte, à moins que l'on ne songe ?
   LA FONTAINE, *le Lièvre et les Grenouilles*, II, 14.

[2] SÉVIGNÉ, *Lettres* (12 janvier 1676), t. IV, p. 308 et 309, édit. G.
[3] SÉVIGNÉ, *Lettres* (15 décembre 1675), t. IV, p. 250, édit. G.

mauvaise herbe croît toujours. Voilà qui fut fait, je lui trouvai des cornes. S'il m'eût donné un coup de massue sur la tête, il ne m'aurait pas plus affligée ; je jurai de ne plus me fier aux physionomies :

> Non, non, je le promets,
> Non, je ne m'y fierai jamais [1]. »

Cependant, malgré le plaisir qu'éprouvait madame de Sévigné à diriger ses travaux, à respirer le bon air de ses bois, loin des exigences de la cour et de la ville, affranchie de l'ennui et de la fatigue des visites, de l'importunité de celles qu'on lui faisait et de l'inquiétude de celles qu'elle ne faisait pas [2], elle comptait dans le cours du mois de février se rendre à Paris, où l'appelaient les affaires de madame de Grignan et les siennes, ainsi que celles du bon abbé [3] ; mais elle ne put exécuter sa résolution, et fut obligée de passer l'hiver entier aux Rochers. Sa robuste santé, qui déjà dans l'automne précédent avait reçu de fortes atteintes [4], succomba entièrement sous un rhumatisme général, accompagné de fièvre. Elle eut, ainsi que disait son fils, une maladie rude et douloureuse, la première qui l'ait atteinte en sa vie [5]. Il est presque certain que l'habitude qu'elle avait prise de demeurer dans les allées de son mail « au delà de l'entre-chien et loup, » a contribué à aggraver son mal et à mettre ses jours en danger [6] ; mais cependant on doit remarquer que son cousin Bussy et Louis XIV, tous deux

---

[1] Sévigné, *Lettres* (17 novembre 1675), t. IV, p. 299-10, édit. G.
[2] Sévigné, *Lettres* (1er décembre 1675), t. IV, p. 225, édit. G.
[3] Sévigné, *Lettres* (12 janvier 1676), t. IV, p. 309, édit. G.
[4] Sévigné, *Lettres* (7 août 1675), t. III, p. 503, édit. G.
[5] Sévigné, *Lettres* (21 janvier 1676), t. IV, p. 321, édit. G.
[6] Sévigné, *Lettres* (14 décembre 1675), t. IV, p. 248, édit. G.

doués comme elle d'une forte constitution, eurent aussi la fièvre vers le même temps [1].

La maladie de madame de Sévigné dura quarante jours [2]. Sa fièvre s'apaisa ; et aussitôt qu'elle fut hors de danger, dans son lit de satin jaune et dans sa petite alcôve flanquée de deux cabinets, elle dicta à son fils, qui ne l'avait pas quittée, une lettre pour madame de Grignan : elle voulut la rassurer contre les craintes que Sévigné n'avait pu parvenir à calmer durant ces longs jours de luttes et de souffrance.

« Il est donc vrai que depuis cette sueur, à la suite de quelques autres petites, je me trouve sans fièvre et sans douleur! Il ne me reste plus que la lassitude du rhumatisme. Vous savez ce que c'est pour moi d'être seize jours sur les reins, sans pouvoir changer de situation. Je me suis rangée dans ma petite alcôve, où j'ai été très-chaudement et parfaitement bien servie. Je voudrais bien que mon fils ne fût pas mon secrétaire en cet endroit, pour vous dire ce qu'il a fait en cette occasion. Ce mal a été fort commun dans ce pays ; et ceux qui ont évité la fluxion sur la poitrine y sont tombés ; mais pour vous dire vrai, je ne croyais pas être sujette à cette loi commune ; jamais une femme n'a été plus humiliée ni plus traitée contre son tempérament. Si j'avais fait un bon usage de ce que j'ai souffert, je n'aurais pas tout perdu ; il faudrait peut-être m'envier ; mais je suis impatiente, ma fille, et je ne comprends pas comment on peut vivre sans pieds, sans jambes, sans jarrets et sans

---

[1] *Suite des Mémoires du comte* DE BUSSY-RABUTIN, ms. de l'Institut, p. 157.—PELLISSON, *Lettres historiques* (8 et 10 octobre 1675), t. II, p. 423, 424.

[2] SÉVIGNÉ, *Lettr.* (21, 27, 29 janv. 1676), t. IV, p. 321, 323, 326, éd. G.

mains. Il faut que vous pardonniez aujourd'hui cette lettre à l'occupation naturelle d'une personne malade ; c'est à n'y plus revenir : dans peu de jours je serai en état de vous écrire comme les autres. »

Madame de Sévigné se trompait : à la fièvre succéda une enflure générale, plus forte aux mains que dans le reste du corps, et elle continua pendant quelque temps encore à user des secours de son fils, qui cependant put la quitter pour aller à Paris traiter de sa charge de guidon avec le jeune de Viriville [1]. Mais quoiqu'elle se portât dès lors de mieux en mieux, ses mains ne désenflèrent que lentement. Alors la jeune fille de la dame voisine des Rochers, dont nous avons parlé comme la rivale préférée de la du Plessis, fut pour elle « le petit secrétaire aimable et joli qui vint au secours de sa main engourdie et tremblante [2]. » Ses lettres à madame de Grignan devinrent plus longues, plus *jaseuses* et plus *abandonnées*, soit parce que sa santé s'améliorait, soit qu'elle craignît d'ennuyer son fils en le forçant d'écrire longuement sur sa maladie, soit qu'elle éprouvât quelque gêne à rendre le *frater* confident de son excessive tendresse pour sa sœur [3].

Vers la fin de mars, elle commence à s'intéresser à ce qui se passe à Paris et à la cour ; et, se ressouvenant de cette maîtresse de Bussy dont elle avait tant à se plaindre, elle parle à madame de Grignan d'un mariage qui, tel que celui de madame de Courcelles, dont il a

---

[1] Sévigné, *Lettres* (26 février, 14 et 15 mars 1675), t. IV, p. 351, 367, 370, édit. G. Conférez aussi la *Vie de la Fontaine*, et Sévigné, *Lettres* (18 mars 1676), t. IV, p. 371, édit. G.

[2] Sévigné, *Lettres* (27 janvier 1676), t. IV, p. 323, édit. G.

[3] Sévigné (*Lettres*, 8, 11, 14 et 18 mars 1676), t. IV, p. 359, 363, 365.

été question dans ces Mémoires, montre jusqu'où Louis XIV poussait le despotisme quand il s'agissait de favoriser par des alliances ceux de ses généraux et de ses officiers qui se distinguaient à son service. « Le mariage, dit-elle, du duc de Lorges avec Geneviève de Fremont [fille de Nicolas de Fremont, seigneur d'Auneuil, garde du trésor royal] me paraît admirable; j'aime le bon goût du beau-père. Mais que dites-vous de madame de la Baume, qui oblige le roi d'envoyer un exempt prendre mademoiselle de la Tivolière d'entre les mains de père et mère, pour la mettre à Lyon chez une de ses sœurs? On ne doute point qu'en s'y prenant de cette manière elle n'en fasse le mariage avec son fils [1]. »

A ce sujet, le chevalier Perrin, le premier éditeur des lettres de madame de Sévigné, fait observer qu'ainsi que madame de Sévigné l'avait prévu Camille de la Baume, comte de Tallard, depuis maréchal de France et duc d'Hostun, épousa, par contrat du 28 décembre 1677, Marie-Catherine de Groslée de Viriville de la Tivolière. Il semble qu'il était dans la destinée de madame de la Baume de toujours nuire à madame de Sévigné sans en avoir l'intention, car ce mariage projeté de Tallard empêcha de Viriville d'acheter la charge de Sévigné. Et madame de Sévigné dit à sa fille : « Voilà nos mesures rompues; ne trouvez-vous pas cela plaisant, c'est-à-dire cruel? Madame de la Baume frappe de loin [2]. »

Enfin madame de Sévigné annonce son départ des Rochers; mais c'est encore avec la main de son petit

[1] Sévigné, *Lettres* (18 mars 1676), t. IV, p. 310-11; et conférez t. I, p. 184-187; t. III, p. 195, édit. G. — Choisy, *Mémoires*, t. LXIII, p. 418.

[2] Sévigné, *Lettres* (28 mars 1676), t. IV, p. 379, édit. G.

secrétaire; car les siennes, toujours enflées, lui refusaient le service. « Je me porte très-bien, dit-elle; mais pour mes mains, il n'y a ni rime ni raison. Je me sers donc de la petite personne pour la dernière fois; c'est le plus aimable enfant du monde. Je ne sais ce que j'aurais fait sans elle : elle me lit très-bien ce que je veux ; elle écrit comme vous voyez ; elle m'aime ; elle est complaisante ; elle sait me parler de madame de Grignan. Enfin, je vous prie de l'aimer sur ma parole [1]. »

On regrette de ne pas connaître le nom de cette jeune fille, à laquelle madame de Sévigné a su nous intéresser en nous faisant connaître l'amour qu'elle lui avait inspiré. Dans la lettre datée de Laval le mardi 24 mars, jour où elle partit des Rochers pour se rendre à Paris, elle dit :

« Et pourquoi, ma fille, ne vous écrirais-je pas aujourd'hui, puisque je le puis? Je suis partie ce matin des Rochers par un chaud et charmant temps; le printemps est ouvert dans nos bois. La petite fille a été enlevée dès le grand matin, pour éviter les grands éclats de sa douleur : ce sont des cris d'enfant qui sont si naturels qu'ils en font pitié. Peut-être que dans ce moment elle danse ; mais depuis deux jours elle fondait : elle n'a pas appris de moi à se gouverner. Il n'appartient qu'à vous, ma très-chère, d'avoir de la tendresse et du courage [2]. »

Rien ne nous prouve mieux que ces lignes combien le cœur de madame de Sévigné était souvent blessé par la froide raison de sa fille et par le défaut de cette fa-

---

[1] Sévigné, *Lettres* (22 mars 1676), t. IV, p. 373, édit. G.
[2] Sévigné, *Lettres* (24 mars 1676), t. IV, p. 377, édit. G.

culté sympathique qu'on nomme sensibilité, cause de tant de jouissances et encore plus de tant de tourments.

Quoique madame de Sévigné se trouvât bien du changement d'air, que sa santé se rétablit assez promptement, sa main, continuant à être gonflée et tremblante, la forçait toujours à dicter ses lettres ; néanmoins, quand elle écrivait à sa fille, elle aimait mieux s'en servir que d'employer la main de l'ami le plus intime. Rendue à Paris, elle y trouva Corbinelli, qui un jour, pour la soulager, écrivit dans une de ses lettres les nouvelles qu'elle voulait mander à madame de Grignan ; mais en reprenant la plume elle ajoute aussitôt : « Je n'aime point à avoir des secrétaires qui aient plus d'esprit que moi ; ils font les entendus, je n'ose leur faire écrire toutes mes sottises. La petite fille m'était bien meilleure [1]. »

C'est le 8 avril que nous la retrouvons à Paris écrivant ainsi à madame de Grignan. Elle avait passé huit jours au château de Malicorne, où elle s'arrêta comme elle avait fait cinq ans auparavant [2]. Là elle fut choyée par la marquise de Lavardin comme une amie convalescente qu'on avait craint de perdre. Les Lavardin étaient de l'illustre maison de Beaumanoir, et Coulanges avait dans ses chansons célébré la beauté de la grande salle du château de Malicorne, que décoraient tous les portraits des Beaumanoir et des personnages illustres avec lesquels cette famille avait formé des alliances [3].

---

[1] SÉVIGNÉ, *Lettres* (8 avril 1676), t. IV, p. 383, édit. G.
[2] Conférez *Mém. sur madame* DE SÉVIGNÉ, IVe part., p. 3, ch. I.
[3] DE COULANGES, *Chansons*, ms. aut. de la Bibl. nat., p. 66 verso. Dans la protestation contre le pape Innocent XI (Paris, 1688, in-18,

Madame de Sévigné et madame de Lavardin vivaient à une époque trop féconde en grands événements, en hommes illustres pour avoir envie de s'entretenir des siècles passés. Le souvenir de Turenne ne s'effaçait pas, et les regrets de sa mort ne pouvaient se calmer ; la publication de l'oraison funèbre de ce héros par Fléchier les avait encore ranimés. Madame de Sévigné, que sa maladie avait empêchée de se mettre au courant des événements qui survenaient et des nouveautés littéraires, ne connaissait pas ce discours, chef-d'œuvre de ce très-élégant et très-spirituel écrivain. Elle avait entendu, elle avait lu l'œuvre de Mascaron sur le même sujet : « C'est une action pour l'immortalité, avait-elle dit ; » et elle s'était figuré que l'éloquence de l'évêque de Tulle ne pouvait être surpassée ni même égalée [1]. » Mais à Malicorne elle changea d'avis. « En arrivant ici (écrit-elle à son gendre), madame de Lavardin me parla de l'oraison funèbre de Fléchier ; nous la fîmes lire ; et je demande mille et mille fois pardon à M. de Tulle ; mais il me parut que celle-ci était au-dessus de la sienne : je la trouve plus également belle partout. Je l'écoutai avec étonnement, ne croyant pas qu'il fût possible de trouver encore de nouvelles manières d'exprimer les mêmes choses ; en un mot, j'en fus charmée [2]. »

Madame de Sévigné était partie de Paris le 9 septembre [3] (1675) ; elle y était revenue le 7 ou 8 avril de

p. 3), Lavardin se nomme lui-même Henri-Charles, sire de Beaumanoir, marquis de Lavardin.

[1] SÉVIGNÉ, *Lettres* (6 et 10 novembre 1675), t. IV, p. 194-196. — *Ibid.* (1ᵉʳ janvier 1676), t. IV, p. 285, édit. G.

[2] SÉVIGNÉ, *Lettres* (28 mars 1676), t. IV, p. 378 et 380, édit. G.

[3] SÉVIGNÉ, *Lettres* (9 septembre 1675), t. IV, p. 87. — *Ibid.* (8 avril 1676), t. IV, p. 383, édit. G.

l'année suivante (1676) : elle était donc restée sept mois absente de la capitale, du centre des affaires et des nouvelles ; et comme dans cet intervalle madame de Grignan était informée de tout aussi rapidement qu'elle-même, madame de Sévigné s'abstint dans ses lettres de lui en parler, ou elle ne lui en parla que brièvement. Durant ces sept mois néanmoins de grands événements eurent lieu ; la guerre sur terre et sur mer se continua, glorieuse pour la France, entre Louis XIV et les puissances de l'Europe coalisées contre lui. Le 14 septembre, le prince de Condé fit lever le siége de Saverne; trois jours après mourut à Birkenfeld Charles IV, duc de Lorraine, et la France fut délivrée d'un ennemi dangereux, d'un allié plus dangereux encore [1]. Le 7 octobre l'armée française envahit le pays de Waës. Cependant les négociations se poursuivaient, et l'on convint de prendre Nimègue pour le lieu de réunion d'un congrès européen. Nimègue devait devenir un lieu célèbre par la conclusion d'une paix que toutes les puissances désiraient avec ardeur et qui fut pourtant encore longtemps différée. Les prétentions variaient selon les victoires ou les défaites. La douceur de l'hiver permettait de continuer les opérations de la guerre. Le 9 janvier 1676 Duquesne défit la flotte espagnole près des îles de Strombali ; le 22 mars on rasa la citadelle de Liége ; le 25 du même mois le maréchal de Vivonne tailla en pièces sept mille hommes près de Messine. C'est par madame de Grignan que madame de Sévigné apprend cet exploit de son ami *le gros Crevé ;* et l'on voit, par

---

[1] Sur le duc de Lorraine, conférez les *Mémoires sur Sévigné*, 1re part., p. 347, 359, 401, 404, 405, 413, 418, 432, 441 ; 2e part., p. 191, 394, 440, 441 ; 3e part., p. 200.

ce qu'elle en dit, combien elle détestait ces tueries : « Quelle rage aux Messinois d'avoir tant d'aversion pour les Français, qui sont si jolis! Mandez-moi toujours toutes vos histoires tragiques, et ne vous mettez point dans la tête de craindre le contre-temps de nos raisonnements : c'est un mal que l'éloignement cause, et à quoi il faut se résoudre tout simplement [1]. » Vivonne s'était emparé de Messine; mais la licence des troupes françaises occasionna des révoltes et des conspirations; il fallut en venir à des rigueurs, à des massacres, enfin abandonner la Sicile [2].

Le 26 avril la ville de Condé fut forcée par le roi, après huit jours de siége [3]; le 12 mai Bouchain fut pris après huit jours de tranchée. Le 31 juillet Aire est pris en six jours par le maréchal d'Humières, qui, le 9 août, s'empara aussi du fort de Linck.

La nouvelle de la mort de Charles IV, duc de Lorraine, ne parvint à Versailles, où était alors Louis XIV, que le 23 septembre; et madame de Sévigné n'en parle dans une de ses lettres que quatre jours après [4]. Pavillon ne s'est point écarté de l'histoire, quand il dit dans l'épitaphe satirique de ce duc :

> Ci-gît un pauvre duc sans terres,
> Qui fut jusqu'à ses derniers jours
> Peu fidèle dans ses amours,
> Et moins fidèle dans ses guerres.

[1] SÉVIGNÉ, *Lettres* (28 mars 1676), t. IV, p. 380, édit. G.
[2] SÉVIGNÉ, *Lettres* (6 novembre 1675), t. IV, p. 190, édit. G.— BOILEAU, *Œuvres*, lettre au maréchal de Vivonne, t. IV, p. 17-21.
[3] PELLISSON, *Lettres historiques* (22, 23, 24 et 27 avril 1676, au camp devant Condé), t. III, p. 2-28.
[4] PELLISSON, *Lettres historiques* (23 septembre 1675), p. 415.— SÉVIGNÉ, *Lettres* (29 septembre 1675), t. IV, p. 118, édit. G.

Il donna librement sa foi
Tour à tour à chaque couronne ;
Il se fit une étrange loi
De ne la garder à personne.

Trompeur même en son testament,
De sa femme il fit une nonne,
Et ne donna rien que du vent
A madame de Lillebonne [1].

Madame de Lillebonne était la fille du duc de Lorraine; lorsqu'elle en parlait, elle disait toujours *Son Altesse mon père* [2]. C'est pourquoi madame de Sévigné, lorsqu'elle apprend cette grande nouvelle, écrit à sa fille : « Mais n'admirez-vous point le bonheur du roi ? On me mande la mort de *Son Altesse royale mon père*, qui était un bon ennemi; et que les Impériaux ont repassé le Rhin pour aller défendre l'empereur des Turcs, qui le pressent en Hongrie. Voilà ce qui s'appelle des étoiles heureuses; cela nous fait craindre en Bretagne de rudes punitions [3]. » Ainsi la Bretagne était à ce point désaffectionnée de Louis XIV qu'elle désirait qu'il eût des revers pour qu'il fût plus facile de s'opposer à son despotisme.

Madame de Sévigné écrivit, au sujet de la mort du duc Charles IV, à madame de Lillebonne et à sa belle-fille la princesse de Vaudemont. Aimable, belle, discrète et dévouée, la princesse de Vaudemont avait été fréquemment employée dans les négociations du duc

---

[1] SÉVIGNÉ, *Lettres* (15 octobre 1675), t. IV, p. 151, édit. G. — PAVILLON, *Œuvres*, 1715 et 1720, in-12.

[2] SÉVIGNÉ, *Lettres* (4 septembre 1675), t. IV, p. 77, édit. G.

[3] SÉVIGNÉ, *Lettres* (29 septembre 1675), t. IV, p. 119, édit. G.

Charles IV[1], et elle fut de tout temps l'amie intime de madame de Grignan. Lorsque cette princesse, longtemps après l'époque dont nous traitons, résidait à Rome avec son mari, pensionnée par l'Espagne, et que toute liaison avec la France lui était interdite, elle eut durant le conclave une entrevue secrète avec Coulanges, au risque de se rendre suspecte au parti espagnol et d'être privée de ses revenus. Elle ne voulait que s'entretenir avec lui de madame de Grignan et le charger de lui transmettre l'assurance de sa constante amitié[2].

Quand madame de Sévigné rentra dans Paris, le roi, qui était resté à Versailles depuis la fin de juillet de l'année précédente, allait en partant emmener avec lui un grand nombre de ses amis. Néanmoins, à son arrivée dans la capitale, elle trouva encore le chevalier de Grignan (le chevalier de la Gloire), qui commandait le régiment de Grignan, et s'était si fort distingué à Altenheim. « C'est un aimable garçon, dit-elle ; il cause fort bien avec moi jusqu'à onze heures. J'ai obtenu de sa modestie de me parler de sa campagne ; nous avons repleuré M. de Turenne[3]. » Elle apprend que le comte de Lorges, qui le 1er août précédent repoussa l'ennemi au delà du Rhin, avait été nommé maréchal de France ; et elle dit, avec un petit sentiment d'envie pour son fils et son cousin Bussy : « Le maréchal de Lorges n'est-il point trop heureux ? Les dignités, les grands biens et

---

[1] SÉVIGNÉ, *Lettres* (19 février 1672), t. II, p. 394.—*Ibid.* (6 avril 1672), t. II, p. 451, édit. G.

[2] DE COULANGES, *Mémoires* (1820, édit. in-12).—SÉVIGNÉ, *Lettres* (15 mai 1691), t. X, p. 378, 379, édit. G.

[3] SÉVIGNÉ, *Lettres* (8 avril 1676), t. IV, p. 382.—*Ibid.* (1er novembre 1671), t. II, p. 2-8.—*Ibid.* (7 août 1675), t. III, p. 500, édit. G.

une très-jolie femme!... La fortune est jolie, mais je ne puis lui pardonner les rudesses qu'elle a pour nous[1]. »

Elle apprit en même temps et manda à sa fille dans la même lettre, la première de Paris depuis son arrivée, une anecdote qui présageait un changement de fortune dans la famille de Grignan. Le duc de Vendôme, nommé, encore enfant, gouverneur de Provence, et dont le comte de Grignan tenait la place comme lieutenant général[2], avait fait sa première campagne en Hollande en 1672, âgé seulement de seize ans : il en avait vingt-deux en 1676, et devait partir en même temps que le roi pour la campagne de Flandre ; mais, aimant le plaisir et se trouvant gêné à la cour, il manifesta le désir d'aller occuper son gouvernement.

« M. de Vendôme dit au roi, il y a huit jours : Sire, j'espère qu'après cette campagne Votre Majesté me permettra d'aller dans le gouvernement qu'elle m'a fait l'honneur de me donner. — Monsieur, lui dit le roi, quand vous saurez bien gouverner vos affaires, je vous donnerai le soin des miennes[3]. »

Heureusement pour M. de Grignan et madame de Sévigné que le duc de Vendôme, au lieu d'être simplement un aimable débauché, prit goût au métier de la guerre, devint un grand général, et abandonna longtemps au comte de Grignan le soin de gouverner la Provence[4]. Turenne mort, Condé accablé par l'âge

---

[1] Conférez 3ᵉ part. de ces *Mémoires*, p. 291, chap. 1, Iʳᵉ part.; p. 249, chap. ix.

[2] SÉVIGNÉ, *Lettres* (8 avril 1676), t. IV, p. 382, édit. G.

[3] SÉVIGNÉ, *Lettres* (8 avril 1676), t. IV, p. 388, édit. G.

[4] SÉVIGNÉ, *Lettres* (19 juillet 1677), t. V, p. 291.—*Ibid.* (18 août 1680), t. VII, p. 164, 165, édit. G.

et les infirmités, Louis XIV fatigué, Vendôme s'annonçait dès lors comme devant être le héros de cette jeune noblesse brillante, frondeuse et dissolue qui, par sa bravoure et ses talents militaires, soutint le trône et l'État. Mais, mécontente, elle sépara sa gloire de celle de son roi, elle déserta sa cour, elle discrédita sa personne et son gouvernement, et commença le déclin de la monarchie fondée par Henri IV, Richelieu et Louis XIV. La France et son roi avaient dès cette époque, dans le stathouder de Hollande, un ennemi puissant par son génie politique : il était de la race des Cromwell, des Ximenès, des Richelieu, des Mazarin; redoutable par son caractère énergique, patient et persévérant comme celui du peuple dont il réglait les destinées. Après chaque défaite des alliés, après chaque victoire des armées françaises, Guillaume redoublait d'efforts pour empêcher Louis XIV de conclure une paix glorieuse. Comme Pitt quand il parlait de Bonaparte, Guillaume disait aux souverains et aux peuples : « La guerre, la guerre ! toujours la guerre ! c'est le seul moyen de salut. » Ce n'était pas seulement par ses armes que le prince d'Orange s'opposait aux progès de la puissance de Louis le Grand; c'était par des écrits qui formaient un piquant contraste avec les louanges qu'on lui donnait. L'industrieuse habileté des imprimeurs de Hollande avait su exploiter à leur profit les productions littéraires de la France : les éditions des livres français sorties de leurs presses, souvent plus belles, moins coûteuses et non mutilées par la censure, étaient partout préférées aux éditions originales ; par là elles contribuaient à accroître l'influence de la littérature, des modes, des usages de la France. Mais Guillaume sut diriger contre Louis XIV cette universalité de la langue française, conquête des beaux génies protégés par ce monarque et gloire éternelle de son règne. Guillaume savait que la presse, comme la lance d'Achille, guérit les blessures qu'elle a faites; à la fois arme et bouclier propre également à protéger contre les coups d'un ennemi ou à le frapper à mort. Par les soins de ce chef de la coalition et par ses encouragements, l'Europe fut inondée d'écrits contre la France et contre son roi. Un grand nombre n'étaient que des libelles infâmes, calomnieux et orduriers contre Louis XIV et les hauts personnages de sa cour; mais plusieurs aussi étaient très-habilement rédigés, et empruntaient le langage ferme et éloquent de l'histoire pour retracer les torts de la France et de son monarque et les rendre odieux aux souverains et aux peuples de l'Europe. Dans ce nombre est un très-court écrit que Guillaume, en cette même année 1676, répandit avec profusion dans les Pays-Bas, où quelques provinces qui avaient appartenu autrefois à l'Espagne inclinaient à se détacher de la Hollande et à se donner à la puissance prépondérante, comme seule capable de les protéger contre les maux de la guerre. Ce court écrit était intitulé *Mauvaise foy ou violences de la France.*

L'auteur de cet écrit (anonyme inconnu) commence par rappeler les envahissements de Henri IV, de Richelieu, de Louis XIV, et la politique tour à tour insidieuse et menaçante de la France, toujours la même sous trois règnes différents, toujours tendant au même but, l'extension de sa domination sur toute l'Europe. Il retrace en termes énergiques l'incendie du Palatinat et toutes les cruautées commises par les Français dans les guerres qu'ils ont suscitées. Il inspire ainsi au bas peuple, qui souffre le plus de la suite de ces désastres, la crainte de la faim et de la mort. Aux nobles flamands il prédit les affronts et les humiliations qui les attendent, en renouvelant le souvenir des indignes traitements qu'ont éprouvés le prince de Ligne, les comtes de Solre et toute la noblesse flamande; aux bourgeois des villes il leur retrace tout ce qu'amèneront de désastreux pour leur bonheur domestique les mœurs corrompues, les modes, le luxe, les usages et les habitudes licencieuses des Français, leur soumission aveugle à un despote, la servilité dont ils se glorifient, leur haine et leur mépris pour les républicains. Il n'oublie pas de leur tracer le tableau des avanies, des humiliations, des affronts que seront forcés d'endurer leurs respectables magistrats. Enfin il met toutes les classes en garde contre les déceptions du vainqueur, qui promet de respecter leurs franchises et qui les violera toutes; et il les exhorte à n'espérer d'autres remèdes à tant de maux que dans leur courage et dans une opiniâtre résistance.

« Mais, quand même, dit-il, notre lâcheté serait si grande, la foi si légère et l'honneur si faible que de céder à la force ou aux charmes de la France, nos chaînes n'en seraient pas plus douces, la liberté plus réelle.

« Si la Guyenne, le Languedoc, la Bourgogne, la Bretagne, le Roussillon et les autres provinces ne sont plus que l'ombre de ce qu'elles étaient sous leurs princes légitimes, doit-on s'attendre à un repos qu'elles ne goûtent pas sous la pesanteur des tailles, des gabelles et de la violence des édits qui les accablent? Et les nôtres n'étant ni héréditaires ni dévolues par un droit fixe à la couronne, mais trahies ou volontairement esclaves, seront-elles traitées moins inhumainement et avec plus de modération?

« Est-ce que l'on dormira ou que l'on fera un voyage en repos ? Les modes de France et ses libertés odieuses ne nous seront-elles pas aussi offensantes ? Leurs visites à sept heures le matin, à minuit et aux ruelles d'un lit et d'une misérable chambre que l'on se réserve, ne nous feront-elles pas souvenir de notre tranquillité passée, par la tyrannie présente ? Le faible sexe sera exposé à ces outrages ; le nôtre aura les siens, et n'en sera plus exempt.

« Outre la honte de voir ces choses, on nous défendra jusqu'au murmure et le moindre soupir.

« On voudra encore les sommes entières que l'on demande ; et si quelqu'un du magistrat en murmure ou en dit son sentiment avec la liberté passée, on lui donnera cent coups, ou un pied en l'endroit même que l'on fit à un bourgmestre en Hollande, en lui disant piquamment : *Allez, monsieur le souverain !*

« La cour de France tient que rien ne lui est défendu pour troubler ses voisins et y semer la division ; qu'il y a une secrète joie à y faire le crime ; que la pitié est une vertu lâche, et qu'elle renverse les couronnes ; que la crainte en est l'appui, l'impiété la base ; que les armes inspirent le respect ; que les troupes sont d'admirables avocats, et qu'elles plaident bien une cause ; que le droit canon l'emporte sur les autres droits ; que la justice est un fantôme, la raison une chimère, le mariage une bagatelle, la foi des traités une illusion, ses paix une amorce, ses congrès pleins de mystères, ses conférences insidieuses, et ses serments un piége agréable, le jouet des enfants, l'appât d'un dupe et le charme d'un innocent[1]. »

---

[1] *Mauvaise foy ou violences de la France*, avec une exhorta-

Ces violentes diatribes ne produisirent leur effet que plus tard. Au temps où nous sommes parvenu, il restait devant le grand roi vingt années encore de prospérité, de grandeur et de gloire. Nous n'aurons donc point à nous occuper, dans la suite de ces Mémoires (si nous leur donnons une suite), des désastres et des malheurs qui assombrirent le dernier période de ce long règne. Le commencement de ce période coïncide, plus ou moins exactement, avec l'époque de la mort de Racine, de la Fontaine, de madame de Sévigné et aussi avec la naissance de Voltaire, auquel Ninon tendit la main pour l'introduire (l'écolier merveilleux !) dans ce nouveau siècle, dont elle ne vit pas finir le premier lustre [1].

tion sincère au peuple des Pays-Bas sur leur constance ; Villefranche, Jean Petit, 1677, in-18 (29 pages), pages 35, 37, 39, 41, 46, 47.

[1] Conférez la Ire partie de ces *Mémoires sur Sévigné*, 2e édit., p. 236, 249. — *Hist. de la vie et des ouvrages la Fontaine*, 3e édit., p. 440.

NOTES

ET

ÉCLAIRCISSEMENTS.

NOTES

ET

ÉCLAIRCISSEMENTS.

CHAPITRE PREMIER.

Page 5, ligne 20 : Et composait pour elle des madrigaux.

Tous paraissent avoir été des impromptus. Gayot de Pitaval, dans sa *Bibliothèque des gens du monde,* 1726, in-12, t. I, p. 87, a cité de Montreuil un impromptu qui vaut mieux qu'aucun de ceux que renferme son recueil. Il est remarquable qu'aucune des femmes auxquelles s'adressent les madrigaux de Montreuil n'a été nommée par lui, si ce n'est *madame de Sévigny.* Son nom se trouve deux fois dans ce recueil : la première, en tête du madrigal sur le jeu de colin-maillard, que j'ai cité; la seconde, dans une chanson qu'il composa pour elle et qui se termine ainsi :

> Sévigny, vos yeux pleins d'attraits
> Éblouissent les nôtres;
> Et quand l'amour n'a plus de traits
> Il emprunte les vôtres.

(*Œuvres de M. de Montreuil,* p. 339, édit. 1671; p. 500 de l'édit. de 1666.) Un portrait bien gravé de M. de Montreuil accompagne cette première édition, la plus belle. Voyez, pour d'autres éclaircissements sur Matthieu de Montreuil, la note de la page 398, 2ᵉ partie de ces *Mémoires,* 2ᵉ édit.

Page 6, ligne 19 : Il vint *incognito* à Paris.

Le curieux récit du voyage clandestin que, d'après les instigations de MADAME, l'évêque de Valence fit à Paris, où il fut arrêté comme faux-monnayeur, se trouve dans les Mémoires de Choisy; mais ce qu'on y lit sur le voyage de ce prélat en Hollande, pour la suppression du libelle des *Amours de* Madame, n'est pas exact, ainsi que le passage suivant des *Mémoires* inédits de Daniel de Cosnac, que Barbier a transcrit dans son *Dictionnaire des anonymes et des pseudonymes*, 1823, in-8°, p. 61 (art. 7294, *Histoire amoureuse des Gaules*) :

« L'assemblée du clergé finie, je pris la résolution d'aller dans mon diocèse. Avant mon départ, j'appris par madame de Chaumont qu'un manuscrit portant pour titre : *Amours de* Madame *et du comte de Guiche*, courait par Paris, et s'imprimait en Hollande. Madame appréhendait que ce livre, plein de faussetés et de médisances grossières, ne vînt à la connaissance de Monsieur par quelque maladroit ou malintentionné, qui peut-être envenimerait la chose. Elle m'en écrivit pour lui en porter la nouvelle; elle en écrivit à madame de Chaumont, qui était à Saint-Cloud, et moi à Paris. J'allai à Fontainebleau, d'abord près Madame, pour m'instruire plus amplement. Elle me dit que Boisfranc (trésorier du prince) avait déjà dit la chose à Monsieur sans sa participation; mais ce qui la touchait davantage, c'était l'impression du manuscrit. J'envoyai exprès en Hollande un homme intelligent, ce fut M. Patin [Charles Patin, le fils de celui dont on a des lettres], pour s'informer de tous les libraires entre les mains de qui ce libelle était. Il s'acquitta si bien de sa commission, qu'il fit faire par les états généraux défense de l'imprimer, retira les dix-huit cents exemplaires déjà tirés, et me les apporta à Paris; et il les remit, par ordre de Monsieur, entre les mains de Merille. Cette affaire me coûta beaucoup de peine et d'argent; mais, bien loin d'y avoir regret, je m'en tins trop payé par le gré que Madame m'en témoigna. »

Je crois que la première édition du libelle dont parle Cosnac, ou de celui qu'on a substitué à l'ouvrage original, s'il a été anéanti, est dans le recueil intitulé *Histoires galantes;* Cologne, chez Jean le Blanc (sans date, p. 424 à 464). Ce morceau est intitulé *Histoire galante de M... et du comte de G...* On trouve la même histoire dans quelques exemplaires de l'*Histoire amoureuse des Gaules ;* Liége, édit. Elzevir, 250 pages. L'ouvrage, dans cette édition, est intitulé tout crûment *Histoire galante de M. le comte de Guiche et de* Madame (58 pages). Une autre édition de ce libelle est dans le recueil intitulé *les Dames illustres de notre siècle;* Cologne, chez Jean le Blanc, in-12, 1682, p. 135-176. Ce morceau a pour titre *la Princesse, ou les amours de* Madame. On le trouve encore, avec le même titre, dans le recueil intitulé *Histoire amoureuse des Gaules, de M. de Bussy*, 1754, 5 vol. in-12, p. 130-186. Tout ces petits faits, curieux à connaître, seront probablement éclaircis par la publication des Mémoires de Daniel de Cosnac, que la Société de l'Histoire de France a livrés à l'impression, et qui s'exécutent d'après deux manuscrits émanés de la plume de l'évêque de Valence, mais différents en bien des points, parce qu'ils ont été écrits à deux époques distinctes de la vie de l'auteur. — Le premier volume des Mémoires de Cosnac est déjà imprimé, et le second est annoncé comme très-avancé, dans les derniers bulletins de la Société de l'Histoire de France.

Pages 7 et 8, lignes dernière et première : Deux petits poëmes de Marigny, l'un intitulé *l'Enterrement*, l'autre *le Pain bénit*.

Ce dernier poëme est une satire contre les marguilliers de la paroisse de Saint-Paul, sur laquelle demeurait madame de Sévigné. Il a été imprimé avec ce titre : *le Pain bénit*, par l'abbé de Marigny, in-12 (23 pages); une autre édition a été donnée par Mercier de Compiègne, intitulée *le Pain béni* (sic), *avec autres pièces fugitives*, par Marigny; nouvelle édition, revue, corrigée et augmentée d'une notice sur la vie et les ouvrages de l'auteur; Paris, Mercier, 1795, in-18 (82 pages). La notice est inepte; mais ce petit volume est curieux par la satire contre Marigny, pages 35 et 42, qui est du temps.

Page 8, avant-dernière ligne : Il y a eu ici de plus honnêtes gens que moi.

Ne donnez pas à ces mots le sens qu'ils ont aujourd'hui. Dans la langue du siècle de Louis XIV, cela veut dire : Il y a eu de plus hauts personnages que moi, des gens plus considérables.

Page 9, ligne 14 : Ce fut le 15 août 1664 que madame de Sévigné alla à Tancourt.

Les souvenirs de ce voyage que fit madame de Sévigné éclairent beaucoup l'histoire de Bussy et de son libelle. C'est dans cette année 1664 que Bussy se montra le plus occupé de ses intrigues amoureuses et qu'il composa le plus de vers galants. C'est alors qu'il lut, dans les sociétés où se trouvaient M. et madame de Montausier, ses

Maximes d'amour, questions, sentiments et préceptes, transcrits en entier dans ses *Mémoires* (t. II, p. 22 à 281); c'est alors qu'il se montre si satisfait de sa fortune et de madame de Monglat, sa maîtresse (p. 285), et qu'il se plaint d'avoir dans M. de Monglat un mari trop commode. Il rime à ce sujet une imitation de l'élégie 19, liv. II, des *Amours d'Ovide*, et dit (p. 286) :

> Si tu n'es pas jaloux pour ton propre intérêt,
> Sois-le du moins, s'il te plaît,
> Pour augmenter dans mon âme
> L'amour que j'ai pour ta femme.
> Je tiens qu'il faut être brutal
> Pour pouvoir aimer sans rival.
> A nous autres amants il faut de l'espérance.
> Mais sans la crainte on n'a pas de plaisir;
> On languit dans trop d'assurance,
> Et les difficultés irritent les désirs.

A la fin d'août 1664, madame de Sévigné nous fait voir Bussy dans sa terre de Forléans, lui rendant de fréquentes visites, et évidemment tâchant de la séduire et de réveiller les langueurs que lui faisait éprouver son amour satisfait. Lui-même parle d'un voyage (p. 292) qu'il fit en Bourgogne, pour se consoler d'une affaire qu'on lui avait faite auprès du roi. Cette affaire était son *Histoire amoureuse des Gaules*, dont le secret commençait à percer, mais qui ne contenait encore ni le morceau sur madame de Sévigné ni celui sur madame de Monglat, dont il se croyait alors exclusivement aimé. De Forléans, il se rendit à son château de Bussy, où une lettre, en date du 10 octobre 1664, au duc de Saint-Aignan, nous le montre installé. (*Mémoires*, t. II, p. 293.) C'est alors qu'il apprit que madame de Monglat lui était infidèle, et que, dépité de cette trahison et d'avoir échoué près de sa cousine, il se retourna vers madame de la Baume. Pour lui rendre plus agréable la lecture du manuscrit qu'il lui prêtait et lui prouver qu'il lui sacrifiait madame de Monglat, il ajouta le portrait de Bélise (de madame de Monglat). Madame de la Baume le trahit; et, sur une copie qu'elle laissa ou qu'elle fit faire, le libelle fut imprimé en Hollande. Dès lors se forma l'orage qui devait pour toujours mettre obstacle à l'ambition de Bussy. Ce ne fut cependant qu'après le mois de mars 1665 qu'il éclata. Bussy fut alors reçu de l'Académie française, et y prononça son discours d'admission. Par un billet qu'il adressa au duc de Saint-Aignan le 12 avril 1662, on voit que déjà le scandaleux libelle était connu de plusieurs personnes. — Le roi fit arrêter Bussy le vendredi 17 avril; et on le conduisit aussitôt à la Bastille, afin de le dérober aux recherches du prince de Condé, qui voulait se porter contre lui aux dernières violences.

Page 9, ligne 17 : Bussy, qui était alors à sa terre de Forléans, vint la voir. — Page 10, ligne 5 : Bourbilly. — Page 11, ligne 5 : Époisses.

Forléans était une seigneurie indépendante ; c'était une annexe de la paroisse de Montberteau, du diocèse de Langres, du doyenné de Moutier-Saint-Jean, du bailliage et recette de Semur-en-Auxois. Ses dépendances étaient Forléans, Plumeron et Villers-Fremoy, et encore la justice à Changy (GARNAU, *Description du gouvernement de Bourgogne*, 2ᵉ édit., p. 486, 487). Du temps d'Expilly, en 1764, on ne comptait à Forléans que vingt-huit feux, à peu près cent vingt habitants ; en 1837, il y avait deux cent dix-huit habitants.

Bourbilly, village de la paroisse de Vic-de-Chassenay, du bailliage de Semur-en-Auxois (GARNAU, *Description*, etc., p. 374). En 1762, d'Expilly, dans son *Dictionnaire*, tome I, page 729, donnait vingt-deux feux (cent vingt habitants) à Bourbilly.

Époisses, bourg de l'Auxois, était église collégiale et paroisse du diocèse de Langres, du doyenné de Moutier-Saint-Jean, marquisat du bailliage de Semur. Ses dépendances étaient Époisses, Coromble, Torcy-lez-Époisses, Vic-de-Chassonay, Toutry (paroisse), Époissette, Menetoy, Menetreux, Pijailly et Pontigny ; et, dans le bailliage d'Avallon, Atic-sous-Montréal, Saint-Magnence et presque tout Cussy-les-Forges, communauté de la recette de Semur. La vallée d'Époisses produit du froment, et passe pour une des plus fertiles de la province (GARNAU, *Description de la Bourgogne*, page 478, 2ᵉ édition). D'Expilly (*Dictionnaire des Gaules et de la France*, tome II, page 753) dit que, de son temps (en 1762), Époisses comptait quatre-vingt-quinze feux, ce qui suppose quatre cent soixante-quinze habitants. Le *Dictionnaire de la poste aux lettres* (in-folio, tome II, page 264) porte ce nombre à mille six, en 1837.

Page 11, avant-dernière ligne : Par son premier mariage avec Françoise de la Grange.

' D'Expilly, dans son *Dictionnaire des Gaules et de la France*, tome I, page 753, a donné la généalogie de Françoise de la Grange, marquise d'Époisses. Elle fut mariée à Guillaume de Pechpeirou de Comenge, comte de Guitaut, qu'elle fit son héritier, et qui devint ainsi marquis d'Époisses. Elle mourut sans postérité le 31 mars 1661. Le comte de Guitaud se remaria en 1669 à Élisabeth-Antoinette de Verthamont, d'où descendent en ligne directe les Guitaud que nous avons vus de nos jours possesseurs d'Époisses. C'est de cette dernière marquise d'Époisses que parle madame de Sévigné.

Page 13, ligne 3 : En faisant de grands embellissements à son magnifique château d'Époisses.

Ce château subsiste toujours en entier et dans toute sa splendeur, avec ses belles fortifications, ses vieux tilleuls, ses beaux ombrages, ses archives, ses portraits, ses nobles souvenirs ; il a été la propriété des comtes de Montbard et des princes de Montagu, première race des ducs de Bourgogne. Un descendant direct du comte de Guitaud le possède, bonheur rare dans les temps où nous vivons. C'est à la plume du comte Athanase de Guitaud qu'est due la notice qui accompagne la planche gravée de la vue d'Époisses qui se trouve dans le *Voyage pittoresque de Bourgogne*, publié à Dijon à 1823 (t. I, feuille 9, n° 3). Les fortifications de ce château avaient été construites par le prince de Condé (le grand Condé). Ce prince en avait eu la jouissance en vertu d'un fidéicommis du comte de Guitaud d'Époisses. Condé avait fait de ce château une petite place forte, et n'avait consenti à le rendre qu'après le remboursement de toutes les dépenses que les fortifications avaient coûtées. (Voyez la *Lettre de* Bussy *au comte de Coligny*, en date du 18 mai 1667, dans les *Mémoires du comte* DE COLIGNY-SALIGNY, 1841, in-8°, p. 127.)

Page 14, ligne 26 : Dur et égoïste dans son intérieur.

Lord Mahon, dans son Histoire du prince de Condé, en parlant du duel entre Rabutin, page de la princesse de Condé, et son valet de chambre, a soutenu que la princesse était parfaitement pure de toute intrigue galante ; qu'elle avait été calomniée et horriblement persécutée par son époux et par son fils. Nous avons combattu cette opinion et fait observer que, quels que soient les vices dont Condé et son fils pouvaient être accusés, on ne saurait leur supposer un cœur assez corrompu, assez pervers pour calomnier et tenir en captivité une femme digne d'estime, une épouse et une mère. Lord Mahon, dans une lettre qu'il m'a fait l'honneur de m'écrire, m'a cité Saint-Simon, qui dit que M. le Duc était envers la princesse un fils dénaturé. Cette observation est exacte, et il est très-vrai que le duc d'Enghien, au lieu de protéger sa mère contre la colère de son époux, fut aussi d'avis que l'on employât des mesures de rigueur. C'est que, connaissant l'abandon où son père laissait la princesse et les moyens qu'elle prenait pour se consoler, il avait plus d'intérêt que Condé même à prévenir les suites de cet isolement.— Dans ce siècle si corrompu sous le rapport des mœurs, les femmes vertueuses inspiraient un grand respect : Louis XIV donnait l'exemple de ce respect et de ces égards envers la reine. L'opinion publique, à défaut du souverain, eût protégé la femme du grand Condé contre un acte aussi odieux d'autorité maritale s'il n'avait été motivé par la nécessité de pourvoir à l'honneur et aux intérêts de la maison du premier prince du sang. Nous avons trouvé dans le recueil manuscrit des vaudevilles et autres pièces de vers (édition de Maurepas) qui est à la Bibliothèque nationale (vol III, p. 397, sous la date de 1671) une fable allégorique, intitulée *le Lion, le Chat et le Chien*. Cette fable, fort longue et assez bien versifiée, est relative à l'aventure de Rabutin et du valet de chambre. Les notes disent que le prince de Condé avait épousé malgré lui Claire-Clémence de Maillé-Brezé ; que, quoiqu'elle fût fort belle, il la négligea ; qu'elle vivait fort retirée, paraissant rarement à la cour. Presque toujours dans ses appartements, elle sortait peu ; mais on remarque qu'elle vivait trop familièrement avec ses gens. Dans l'affaire du page et du valet de chambre, il est dit qu'elle fut blessée d'un coup d'épée ; que le valet de chambre, condamné aux galères, mourut en s'y rendant, et qu'on soupçonna qu'il avait été empoisonné.

CHAPITRE II.

Page 19, ligne 14 : Mademoiselle de Meri.

Il résulte des lettres de madame de Sévigné que cette parente, qui ne se maria jamais, était vaporeuse, maladive, ennuyeuse, mais bonne, sensible et serviable. Dans le recueil des chansons choisies de Coulanges, 2ᵉ édit., t. I, p. 280, il s'en trouve une intitulée *Pour mademoiselle de Meri, conduisant jusqu'à Fontainebleau madame de Coulanges, qui s'en allait en Berry.*

Page 20, ligne 11 : Il aimait à se rappeler surtout les heures de gaieté folâtre; et note 3, renvoyant à la seconde partie de ces *Mémoires*, p. 102 de la 2ᵉ édit.— Dans la lettre de madame de Sévigné il est dit : « Vous aviez huit ans. »

C'était donc en 1757, l'année même où l'abbé Arnauld vit aussi madame de Sévigné chez son oncle Renaud de Sévigné, et où il fut si frappé de la beauté de ses enfants. (*Mémoires de l'abbé* ARNAULD, t. XXXIV, p. 314 de la collection de Petitot; t. XI, p. 62 et 63 de l'édition de 1736.)

Page 24, ligne 8 : Frère de cette marquise de Montfuron.

Le chevalier Perrin, dans ses Notes sur les lettres de madame de Sévigné, nous apprend que Marie Pontever de Buous, marquise de Montfuron, était femme de Léon de Valbelle et cousine germaine de M. de Grignan. Elle était belle-sœur de l'évêque d'Alet. Le *Mercure galant* (juin 1679, p. 297), en annonçant la mort de la marquise de Montfuron, ajoute qu'elle était d'une beauté surprenante.

Page 26, ligne première : Traité secret conclu avec Charles II en 1670.

Ce traité, dont l'original est en la possession de lord Clifford, qui l'a communiqué au docteur Lingard, a été signé, de la part de la France, par Charles Colbert de Croissy, fils du ministre Colbert; par Arlington, Thomas Arundell, T. Clifford et R. Billing; il a été conclu à Douvres le 22 mai 1670. — Les négociations avaient commencé le 31 octobre 1669. Charles II s'y intitule *le Défenseur de la foi.* Il se dit convaincu de la vérité de la religion catholique, et promet qu'aussitôt qu'il le pourra il se réconciliera avec l'Église romaine.

CHAPITRE III.

Page 37, ligne 17 : Les princes d'Orange ne reconnaissaient pas cette prétention.

Après le décès de Guillaume III, roi d'Angleterre, mort sans enfants le 19 mars 1702, le prince de Nassau-Dietz et Frédéric 1er, roi de Prusse, prétendirent avoir des droits à l'héritage de la principauté d'Orange. Louis XIV se posa entre les deux contendants, et prétendit que la principauté d'Orange était dévolue à la couronne de France, faute d'hoir mâle. A cette occasion, il fit valoir l'hommage qui avait été rendu à Louis XI en 1475. Le prince de Conti revendiqua la principauté d'Orange en qualité d'héritier de la maison de Longueville, les ducs de cette maison se prétendant héritiers du dernier des princes de Châlons ou de la dynastie des princes d'Orange, qui avait précédé celle de Nassau. Sur ces contestations, il intervint un arrêt du parlement de Paris qui adjugea le domaine utile d'Orange au prince de Conti et le haut domaine au roi de France, ce qui fut confirmé par l'article 10 du traité d'Utrecht. Le 13 décembre 1714 un arrêt du conseil unit la principauté d'Orange au Dauphiné.

Page 41, ligne 17 : De Guilleragues.

Il est mort ambassadeur à Constantinople en 1679. Il se nommait Girardin, et était probablement parent des Girardin d'Ermenonville; car, dans un été que nous avons passé en 1810 dans ce beau lieu, nous avons vu la copie de la correspondance de cet ambassadeur, reliée en huit ou dix gros volumes in-fol., et réléguée dans une mansarde de la petite maison qui était devant le château.

Page 44, ligne 13 : Lausier, son capitaine des gardes.

Il est probable que c'est le même dont madame de Sévigné raconte la mort subite dans le passage cité. Cependant, comme ils étaient plusieurs frères, les uns morts et les autres vivants en janvier 1690, cela n'est pas certain.

Page 48, ligne 2 : Procureur du pays-joint.

Telle est l'expression consacrée et toujours la même pour cette charge. Dans les *Extraits de délibérations* imprimés, souvent on rencontre, par abréviation, *procureur-joint*. Madame de Sévigné au contraire se sert constamment du terme de syndic, parce que les procureurs, dans les assemblées des villes et communautés, remplissaient les mêmes fonctions que les syndics dans les assemblées des états, remplacées ensuite par les assemblées des communautés.—Dans la 4ᵉ partie de ces Mémoires, au lieu de procureur-joint, les imprimeurs ont mis *procureur-adjoint*. C'est une faute.

Page 55, ligne 21 : Que vous nommez M. de Buous.

Marguerite de Grignan, fille de Louis-François, comte de Grignan, sénéchal de Valentinois, qui mourut en 1620, épousa Ange de Pontever de Buous; et c'est par cette alliance que les de Buous étaient parents des Grignan. Le marquis de Buous était probablement frère ou proche parent du chevalier de Buous, capitaine de vaisseau en 1656. (Voir à la page 14 des *Mémoires du marquis de Villette*, publiés en 1844, une note du savant archiviste de la marine, M. Jal, sur le chevalier de Buous et le marquis de Martel, mentionné si souvent dans les lettres de madame de Sévigné.)

Page 56, ligne 17 : Deux députés, Saint-Aubin Treslon et Des Clos de Sauvage.

A la page 381 du *Recueil de la tenue des états de Bretagne*, mss. Bibl. nat. (Bl.-Mant.), n° 75, dans la liste des noms des députés envoyés à la cour pour porter les remontrances on trouve ces lignes : « A la place de Sévigné, abbé de Geneston, député à la chambre aux états précédents, décédé, a été nommé messire Louis du Metz, abbé de Sainte-Croix de Guingamp. »

Page 58, ligne 19 : D'Harouïs était son ami et son allié.

D'Harouïs avait épousé Marie-Madeleine de Coulanges, cousine germaine de la marquise de Sévigné ; il la perdit le 22 septembre 1662.

CHAPITRE IV.

Page 64, ligne 17 : Qu'aucune femme ne peut pardonner.

Voici le passage :

« Je comprends fort bien que le baiser du roi, à ce que vous me mandez, n'a été qu'un baiser de pitié ; car je tiens le goût de notre maître trop délicat pour prendre plaisir à baiser la la Baume. » (*Mém. de Coligny-Soligny*, 1841, in-8°, p. 127.)

Page 65, ligne 5 et note 3 : La conversation, dit-il, avec madame de la Morésan et moi.

Cette madame de la Morésan ou Lamorésan avait la parole rude et son franc-parler.—Le duc de Lauzun avait été à toute extrémité, et sa sœur, madame de Nogent, pleurait du danger qu'il avait couru. Alors madame de la Morésan lui dit en présence de MADEMOISELLE, plus éprise de Lauzun depuis la rupture de son mariage : « Hélas ! madame, vous fâcherez-vous ? Vous auriez été bien heureuse que monsieur votre frère fût mort d'une mort ordinaire ! C'est un homme si emporté qu'un de ces jours on le trouvera pendu ; il est tout propre à faire quelque folie. »

Page 66, ligne 4 : Sous une forme qui ne convenait pas à ce dernier.

On peut voir la remarquable lettre de Louis XIV que nous citons en cet endroit. En 1665, Martel était considéré comme un officier d'une grande capacité, mais peu soumis au duc de Beaufort, qui avait le commandement en chef de la flotte.

Page 66, ligne 18 : Un d'eux citait madame de Grignan.

C'était le chevalier de Cissé, frère de madame de Martel. Voici comment madame de Sévigné raconte la chose, à propos des éloges qu'elle donne toujours à la danse des Bretons.

« Je vis hier danser des hommes et des femmes fort bien : on ne danse pas mieux les menuets et les passe-pieds. Justement, comme je pensais à vous, j'entends derrière moi un homme qui dit assez haut :

« Je n'ai jamais vu si bien danser que madame la comtesse de Gri-
« gnan. » Je me tourne, je trouve un visage inconnu ; je lui demande
où il avait vu cette madame de Grignan? C'est un chevalier de Cissé,
frère de madame Martel, qui vous a vue à Toulon avec madame de
Sinturion. M. Martel vous donna une fête dans son vaisseau ; vous
dansâtes, vous étiez belle comme un ange. Me voilà ravie de trouver
cet homme ; mais je voudrais que vous pussiez comprendre l'émotion
que me donna votre nom, qu'on venait me découvrir dans le secret
de mon cœur, lorsque je m'y attendais le moins. » (Lettre du 6 août
1680, t. VII, p. 157, édit. G.)

Page 67, ligne 4 : La foi de son exil.

Cet exil se serait plus promptement terminé, si Bussy avait pu empêcher la publicité toujours croissante de son libelle de l'*Histoire
amoureuse des Gaules,* par les éditions que l'on en faisait à l'étranger. Ces éditions se sont multipliées à un point que l'on ne connaissait pas. J'ai donné les titres de toutes celles que j'avais pu découvrir. J'en ai depuis rencontré une, intitulée *Histoire amoureuse des
Gaules ;* Liége, 1665, in-12 de 260 pages, avec un feuillet pour la clef,
exactement comme l'édition qui porte le même titre, mais avec la date
de 1666, et les mots *nouvelle édition,* ce qui fait croire que cette dernière est celle de 1666 avec un nouveau titre.—Je dois signaler encore une autre édition dont j'ai un exemplaire en maroquin rouge,
relié par Padeloup, avec les armes du Dauphin, non pas sur le plat
du livre, mais sur le dos. Cette édition a un frontispice gravé avec
une Renommée à la trompette, et cette Renommée porte un étendard
où se trouve le titre : *Histoire amoureuse des Gaules* (ce frontispice a été reproduit grossièrement dans l'édition de 1710); point
d'autre frontispice que cette gravure. L'intitulé en tête du texte diffère
du frontisipice, et porte : *Histoire amoureuse de France,* de même
que l'édition avec le frontispice gravé du salon de la Bastille; ce
sont aussi les mêmes caractères elzéviriens, petits. On croirait que
c'est la même édition, à laquelle on a mis des frontispices gravés, si,
après la page 196, on ne voyait que les deux éditions cessent de se
correspondre. On s'aperçoit à cette page que l'édition à la *Renommée* est antérieure à celle du *salon,* parce que le fameux cantique
manque, et qu'il est dans celle du *salon.* Ainsi l'édition de la *Renommée* a deux cent quarante-quatre pages, et ensuite douze pages,

paginées séparément, pour les *Maximes d'amour* et la lettre à Saint-Aignan : l'édition au *salon* a deux cent cinquante-huit pages qui se suivent.

Page 76, ligne 6 : On accuse Bussy d'être l'auteur des chansons, etc.

Bussy fut prévenu de l'accusation portée contre lui au sujet des chansons d'Hauterive, son ami. Le marquis d'Hauterive, grand amateur des beaux-arts et pour lequel, dit M. Gault de Saint-Germain, le Poussin a exécuté plusieurs tableaux, épousa la fille du duc de Villeroi, veuve de trois maris. Cette union fut considérée comme une mésalliance de la part de la femme, très-supérieure à son mari en naissance et en fortune, mais aussi plus âgée. Bussy ne la désapprouva pas, parce que d'Hauterive était son ami. « Le secret, dit-il à ce sujet, est d'être aimable et d'être aimé ; et quand cela est on est aussi riche que Crésus, et noble comme le roi. » D'Hauterive ayant dit à Bussy que devant l'abbesse de Merreton on l'avait accusé d'être l'auteur des chansons qui couraient contre les ministres, et que celle-ci l'avait défendu, Bussy se hâta aussitôt de lui adresser une lettre datée du 15 mai 1674, dans laquelle on lit ce passage : « Je ne trouve pas étrange que le misérable qui a fait ces chansons-là les ait mises sous mon nom, sous lequel toutes calomnies sont crues ; mais je suis surpris qu'il y ait des gens désintéressés assez sots pour croire qu'un homme de mon âge et du rang que je tiens dans le monde soit capable de si grandes extravagances. » Conf. *Supplément aux Mémoires et lettres du comte* DE BUSSY-RABUTIN, 2ᵉ part., p. 22 ; — BUSSY, *Lettres*, t. V, p. 44 et 107. — SÉVIGNÉ, *Lettres*, t. I, p. 284, édit. G.; t. I, p. 213, édit. M.

CHAPITRE V.

Page 83, lignes 2 à 4 : Le duc d'York vint, cette année, présenter au roi de France la princesse de Modène.

MADEMOISELLE, dans ses Mémoires, dit, t. LXIII, p. 369 (1674) : « Lorsque toutes ces propositions furent finies, le roi travailla, et fit le mariage de la princesse de Modène ; elle me parut une grande créature mélancolique, ni belle ni laide, fort maigre, assez jaune. J'ai ouï dire qu'elle est à présent fort enjouée et engraissée et qu'elle est devenue belle. »

Page 86, ligne 4 : Ces conjectures sont démenties, selon nous, par les faits.

Celle de Voltaire, qui dit que c'était l'aventure de mademoiselle de Guerchy et que ce fut pour elle qu'Hénault composa son sonnet de l'Avorton, est doublement erronée, puisque ce sonnet a été imprimé trois ans avant la mort de cette demoiselle. L'autre conjecture que ce pourrait bien être madame de Ludres que madame de Sévigné désigne, parce que le chevalier de Vendôme et Vivonne en étaient alors amoureux, nous paraît plus vraie ; mais non relativement à Louis XIV, qui certes ne voulait pas de mal à madame de Ludres, comme il l'a prouvé depuis.

Page 89, ligne 5 : La plus jeune et la plus chérie de ses femmes espagnoles.

Elle se nommait doña Felippe-Maria-Térésa Abarca. Il est probable, d'après ces prénoms, qu'elle fut tenue sur les fonts de baptême par la reine elle-même. Elle figure comme la septième et dernière des femmes espagnoles dans l'*État de la France* de 1669 et dans celui de 1677. Doña Maria Molina, qui avait prêté les mains à l'intrigue de Vardes et du comte de Guiche contre la Vallière et qui se trouve encore comme première femme de chambre espagnole dans le volume de 1669, fut au nombre des femmes renvoyées ; et peut-être est-ce à cause d'elle et de sa nièce mademoiselle de Ribera que cette mesure fut prise. — Dans l'*État de la France* de 1669 il est dit, p. 377, que Maria-Térésa Abarca est présentement madame de Visé. Le mari d'Abarca est probablement le musicien dont il est fait mention dans la lettre de Coulanges à madame de Sévigné (3 février 1669, t. XI, p. 259, édit. G.), et non pas Donneau de Visé, l'auteur du *Mercure galant*.

Page 92, ligne 18 : Ces enfants moururent peu après leur naissance.

L'un fut nommé Charles, et naquit le 19 septembre 1663 ; l'autre, nommé Philippe, naquit le 19 janvier 1665.

Page 93, lignes 4 et 5 : Érigea pour elle et pour sa mère la terre de Vaujour et la baronnie de Saint-Christophe.

C'est au sujet de ce don fait à la Vallière après la naissance du comte de Vermandois qu'un de ces écrivains qui transforma en roman les amours de Louis XIV et des personnages de sa cour écrivit cette lettre de madame de la Vallière à madame de Montausier que M. Matter a publiée, d'après une copie du temps, dans ses *Lettres et pièces rares ou inédites*, 1836, in-8°, p. 320-326. Cette lettre est datée du 24 mai 1667, et les lettres patentes pour l'érection de la terre de Vaujour en duché-pairie furent enregistrées le 13 mai 1667. Dans une note inscrite à la copie de cette même lettre, on suppose maladroitement que la réponse de madame de Montausier, à qui la lettre était adressée, fut faite le même jour. Le paraphe de la Reynie du 21 novembre 1670, s'il est sincère, donnerait lieu de croire que cette lettre faisait partie des pièces saisies par la police chez quelque libelliste. La Vallière se gardait bien d'écrire à des tiers, et surtout à madame de Montausier, sur les suites probables de ses amours avec Louis XIV; encore moins aurait-elle pu parler du projet imaginaire de son mariage avec le marquis de Vardes, ce qui décèle dans la fabrication de cette lettre un écrivain peu instruit des choses de la cour à cette époque.

Quoique M. de Bausset ait souvent cité les lettres de la Vallière publiées par l'abbé Lequeux (*Lettres de madame la duchesse de la Vallière, avec un abrégé de la vie de cette pénitente*, 1747, in-12), je crois peu à leur authenticité. Plusieurs ont été certainement fabriquées, et peut-être sont-elles toutes de l'invention de l'abbé Lequeux, qui en est, dit-on, l'éditeur anonyme. A quel homme bien instruit des choses et des personnes de ce temps persuadera-t-on que la Vallière a pu écrire la lettre 14, p. 17, et bien d'autres qu'il serait facile de citer?

Page 94, ligne 13 : Montespan, à peine relevée de sa dernière couche, ne pouvant danser, etc.

Il est probable que mademoiselle de Nantes fut légitimée peu après son baptême : nous savons que ce fut en décembre, et madame de Sévigné nous apprend (lettre du 8 janvier 1674) que les bals de Saint-Germain commencèrent dès les premiers jours de janvier.

Page 97, ligne 18 : Louis XIV était incapable de faire souffrir à celle qu'il avait tant aimée, etc.

Il ne faut pas croire, parce que dit madame Élisabeth de Bavière dans ses lettres, dont les fragments ont été intitulés *Mémoires*, que Louis XIV ait insulté à la douleur de la Vallière (voyez p. 55, édit. 1832, in-8°). Il était incapable d'aussi ignobles procédés. Ces Mémoires n'ont rien d'authentique. On sait que ce sont des extraits des huit cents lettres de cette princesse qui se sont trouvées dans la succession de la duchesse de Brunswick, morte en 1767, et écrites par la duchesse d'Orléans à la princesse Wilhelmine-Charlotte de Galles et au duc Antoine-Ulrich de Brunswick. Élisabeth-Charlotte, princesse Palatine, resta toujours Allemande à la cour de France, et accueillit sans discernement les bruits les plus vulgaires et les plus désavantageux sur les personnes qui s'y trouvaient. Cependant ces extraits de lettres contiennent des détails très-curieux; mais il faut les lire avec défiance ; et, pour les écrivains qui manquent de critique, ils sont une mauvaise source pour l'histoire.

Page 103, lignes 15 et 16 : Elle obtint... que la marquise de la Vallière fût mise dans le nombre des nouvelles dames d'honneur.

Louis XIV, dans la lettre citée (au camp devant Besançon, le 23 mai 1674), refusa à la reine de Portugal une demande semblable en ces termes : « Toutes les places des dames établies auprès de la reine furent remplacées par le dernier choix, et c'est un nombre fixe qu'on a résolu de ne point passer. Il n'est pas besoin de dire à V. M. que celle qui fut depuis accordée à ma cousine la duchesse de la Vallière ne fait pas conséquence : elle juge assez qu'une conjoncture comme celle de sa retraite ne permettait pas de lui refuser cette consolation. »

Page 105, ligne 12 : Le troisième dimanche de la Pentecôte.

Ce troisième dimanche, jour de la parabole du bon pasteur, était, en 1674, le 3 juin, et non le 2, comme le dit l'abbé Lequeux dans son *Histoire de madame de la Vallière*, p. 54. La date du 9 juin, donnée par M. de Bausset, *Histoire de Bossuet*, t. II, p. 36, est encore plus fautive.

Page 106, ligne 3 : Les regrets qu'elle éprouvait de ne s'être point trouvée, etc.

La lettre de madame de Sévigné, datée du mercredi 5 juin 1674, a été commencée le mardi 4 ; car elle dit : « La Vallière fit hier sa profession de foi. » Cette date est parfaitement d'accord avec celle que donne l'abbé Lequeux, *Histoire de la Vallière*, p. 59, où il est dit qu'elle fit profession le lundi de la Pentecôte, 3 juin; ce qui est exact pour l'année 1675. M. de Bausset se trompe quand il dit que ce fut le 26 juin 1675. Le 26 juin 1675 était un mercredi, et ne correspond à rien. (Voyez *Histoire de Bossuet*, liv. V, édit. in-12, t. II, p. 36 de la 4ᵉ édition, revue et corrigée.)

Cela d'ailleurs ne peut être douteux d'après ce qu'on lit dans la lettre d'une des religieuses compagnes de la Vallière, dont je parlerai dans la note suivante : « Elle vit arriver avec joie le temps de sa profession; elle la fit au chapitre, selon notre usage, le troisième de juin 1675. La reine honora cette cérémonie de sa présence : le concours du monde fut encore plus grand que le jour qu'elle avait pris l'habit.

Page 110, ligne 20 : C'est dans son cloître, au pied des autels, que la Vallière a préparé, etc.

La vie de la Vallière comme religieuse fut racontée, le jour même de son décès (6 juin 1710), dans une lettre de ses compagnes, nommée Magdeleine du Saint-Esprit. Cette lettre fut adressée à la supérieure des Carmélites, ensuite imprimée et envoyée à toutes les supérieures de l'ordre en juillet 1710. Madame de la Vallière avait écrit des *Réflexions sur la miséricorde de Dieu, par une dame pénitente*. Elles furent publiées sous le voile de l'anonyme, et à son insu (Paris, Dezallier, 1685, in-12 de 139 pages). Une nouvelle édition augmentée fut donnée en 1726 (Paris, Christophe David, in-12 de 240 pages). L'augmentation consiste en quelques prières tirées de l'Écriture sainte et un *Récit abrégé de la sainte mort et de la vie pénitente de madame la duchesse de la Vallière*. Ce récit est un plagiat : l'auteur a transcrit la lettre de la sœur Magdeleine du Saint-Esprit, dont il a gâté la touchante et sublime simplicité par des phrases de prédicateur. Cette lettre, devenue rare, a été réimprimée dans l'*Annuaire de l'Aube* de 1849, avec quatre autres lettres inédites très-courtes de madame de la Vallière, dont les autographes appartiennent à la bibliothèque et aux archives de Troyes : l'une est adressée à l'abbesse Anne de Choiseul-Praslin et datée du 13 mai 1688, et les trois autres à Denis Dodart, médecin et membre de l'Académie des sciences, que le caustique Gui Patin et le philosophe Fontenelle s'accordent à louer comme un des hommes les plus savants, les plus pieux et les plus charitables de leur temps. (*Lettres de* GUI PATIN ; Paris, Baillière, 1846, in-8°, t. III, p. 231.)

« La Vallière mourut à l'heure de midi, le 6 juin 1710, âgée de soixante-cinq ans dix mois, et trente-six ans de religion. » *Récit abrégé de la vie pénitente*, p. 234.

Page 111, ligne 6 : Elle sait bien aimer.

Madame de Caylus nous apprend, à l'endroit cité, que cette réflexion fut faite à l'occasion de l'aîné des enfants du roi et de madame de Montespan, qui mourut à l'âge de trois ans.

Page 111, ligne 8 : Cette femme lui déplaisait souverainement, parce qu'elle plaisait trop à sa maîtresse. (Sur la lettre de madame de Coulanges à madame de Sévigné, du 20 mars 1673.)

Il y a dans l'édition des *Lettres* de madame de Sévigné, de M. de Monmerqué, une note du savant éditeur (t. II, p. 75, édition 1820) à laquelle M. Rœderer, dans son *Histoire de la société polie*, aurait dû bien faire attention. C'est au sujet de ce passage remarquable : « Nous avons enfin retrouvé madame Scarron, c'est-à-dire que nous savons où elle est ; car pour avoir commerce avec elle, cela n'est pas aisé. Il y a, chez une de ses amies, un certain homme qui la trouve si aimable et de si bonne compagnie qu'il souffre impatiemment de son absence. » On a interprété ces derniers mots en supposant que ce certain homme était Louis XIV ; mais après avoir fait observer que la faveur dont a joui madame de Maintenon auprès de Louis XIV n'a pu commencer qu'en 1675, ou au plus tôt en 1674, puisqu'il est bien constaté qu'avant cette époque le roi prit presque en aversion la veuve Scarron, M. de Monmerqué présume très-judicieusement que cet homme si épris était Barillon. Et c'était sans doute un ancien ami, puisque madame de Coulanges ajoute immédiatement : « Elle est cependant plus occupée de ses anciens amis qu'elle ne l'a jamais été : elle leur donne, avec le peu de temps qu'elle a, un plaisir qui fait regretter qu'elle n'en ait pas davantage. » Deux lignes plus loin, madame de Coulanges mentionne le roi, pour dire « qu'ayant vu l'état des pensions il trouva deux mille francs pour madame Scarron, et mit *deux mille écus.* » C'était la juste récompense de ses soins.

Page 111, note : *Souvenirs de madame* DE CAYLUS.

J'ai donné au long le titre de cette édition des *Souvenirs de Caylus*, parce qu'elle a été inconnue à tous les éditeurs de ce livre curieux, et que c'est la seule où Voltaire se trouve nommé comme éditeur. Elle est sans la préface de Jean-Robert (Voltaire); mais la défense du siècle de Louis XIV suit immédiatement, et commence à la page 162, au verso de celle qui termine les *Souvenirs*. Cette édition diffère des autres. Celle de M. Monmerqué finit ainsi : *Puisqu'il était avec elle*.

FIN DES SOUVENIRS DE MADAME DE CAYLUS.

Notre édition, p. 161, se termine par des notes, comme un ouvrage non entier, avec ces mots de plus : « C'était bien plutôt une galanterie innocente qu'une passion. »

CHAPITRE VI.

Page 117, ligne 17 : Je revins hier du Menil.

Il s'agit ici du Mesnil-Saint-Denis, à cinq kilomètres ou une lieue et quart de la Grange de Port-Royal. « Cette terre, dit l'abbé Lebeuf (t. VIII, p. 463 de l'*Histoire du diocèse de Paris*), ayant été aliénée par l'abbaye de Saint-Denis, était possédée à la fin du seizième siècle par MM. Habert de Montmor, qui en ont joui jusque dans le siècle présent.... On avait commencé, sur la fin du dernier siècle, à appeler ce lieu-là Mesnil-Saint-Denis-Habert. J'ai vu des Provisions de la cure du 19 décembre 1691, où cette dénomination est rejetée. »

C'est donc chez Henri-Louis Habert de Montmor, conseiller du roi, maître des requêtes de l'hôtel, qu'alla madame de Sévigné. Montmor fut de l'Académie française; il mourut à Paris le 21 janvier 1679. C'est de son fils, et non de son mari, qu'il est fait mention dans la lettre de décembre 1694[1], datée de Grignan. Ce M. de Montmor était alors à Grignan, et ce fut lui qui ménagea le mariage de Grignan avec mademoiselle de Saint-Amand.

C'était sans doute avec madame de Montmor plutôt qu'avec son

[1] T. II, p. 10.

mari que madame de Sévigné était liée. Sa correspondance ne fait mention que d'elle. MADEMOISELLE nous apprend que madame de Montmor était belle-sœur de madame de Frontenac. Cette dernière vivait alors [1] fort retirée, quoique possédant une grande maison; et elle prêta ses chevaux à MADEMOISELLE pour s'échapper de Paris. (*Mémoires de Montpensier*, vol. XLIII, p. 342 et 343.)

Habert de Montmor fut reçu à l'Académie française en janvier 1635, ou un peu avant [2]. Il était cousin de Cerisy, un des premiers académiciens. Savant et humaniste, Montmor cultivait les sciences exactes et la poésie. Il recueillit chez lui Gassendi, qui mourut dans son hôtel [3]. Il rassembla ses ouvrages, et les fit imprimer en six volumes in-folio. La préface latine qu'on y lit et trois ou quatre petites pièces de vers français consignées dans les recueils du temps, voilà tout ce qu'on a de lui. Il avait composé un poëme latin, avec le même titre que celui de Lucrèce; et il y avait développé toute la physique moderne. Huet, dans ses *Mémoires* [4], nous apprend que Montmor, en apparence sectateur de la doctrine épicurienne de Gassendi, préférait en secret la philosophie de Descartes. Il y avait chez lui, un certain jour de la semaine, une réunion de savants physiciens et de littérateurs, formant entre eux une petite académie dont Sorbier a donné les statuts dans une de ses lettres. Ménage nous apprend qu'il était dans une de ces assemblées avec Chapelain et l'abbé de Marolles lorsque Molière y lut les trois premiers actes du *Tartufe* [5]. Il dit aussi qu'à la suite d'un revers de fortune Habert de Montmor s'abandonna tellement au chagrin et à la douleur qu'il devint invisible durant les douze dernières années de sa vie [6]. Ceci explique le silence qui se fit sur lui à l'époque où madame de Sévigné allait au Mesnil. Malgré les pertes qu'il avait éprouvées, Montmor devait encore être riche, puisque cette belle propriété lui restait. Son père, Jean-Habert de Montmor, sieur du Mesnil, avait acheté en novembre 1627 l'hôtel de Sully (situé dans la rue Saint-Antoine, près de la rue Royale). Cet hôtel avait été construit par le partisan Galet, devenu célèbre par les vers de Regnier et de Boileau, à cause de sa

---

[1] En 1652.
[2] PELLISSON, *Histoire de l'Académie française*, 1729, in-4°, p. 175 et 276.
[3] *Menagiana*, t. I, p. 2.
[4] HUETII *Commentarius de rebus ad eum pertinentibus*, p. 166.
[5] *Ménagiana*, t. I, p. 144.
[6] *Menagiana*, t. II, p. 5.

passion pour le jeu. Sa fortune se trouvant ébréchée, son hôtel fut vendu d'abord à Montmor, ensuite au duc de Sully. Tallemant raconte que Galet ayant confié cent mille livres à Montmor, celui-ci nia les avoir reçues. Mais c'est là une historiette invraisemblable et dont probablement Galet est l'inventeur [1].—La *Biographie universelle* ne fait mention de Montmor nulle part : c'est ce qui nous a engagé à étendre cet article.

Page 119, ligne 2 de la note : *Mémoires du comte* DE GUICHE ; Utrecht, 1744.

Ces Mémoires, qui ont été publiés par Prosper Marchand, commencent à l'année 1665, se terminent en 1667, et sont suivis d'une relation du siége de Wesel. Ils auraient dû être réimprimés dans la grande collection des *Mémoires relatifs à l'histoire de France*. On n'y voit nulle trace de cet esprit guindé que madame de Sévigné blâme dans le comte de Guiche : ils sont écrits d'un style fort naturel.—L'article du comte de Guiche, dans le *Dictionnaire* de Prosper Marchand, est excellent et très-complet. Il a été abrégé dans la *Biographie universelle*.

Page 124, lignes 22 à 24 : Malgré la réunion des talents qui contribuaient à sa réussite, il (*l'Opéra*) causa, dans la nouveauté, plus d'admiration que de plaisir.

Il est à remarquer que dès l'origine la France, dans l'opéra, surpassa l'Italie pour la danse et les ballets, la composition et l'intérêt des poëmes, mais qu'elle fut, malgré tous les efforts et les grandes dépenses faites par son gouvernement, inférieure à l'Italie sous le rapport du chant, de la musique, des décorations et des machines. Je crois qu'il en est encore ainsi. L'épître de la Fontaine à M. de Nyert est une satire spirituelle contre l'Opéra; elle aurait été plus mordante si le bonhomme n'eût pas eu crainte de déplaire au monarque. Nous avons rapporté le jugement de l'abbé Raguenet sur l'Opéra dans notre édition de la Fontaine, t. VI, p. 112. Quarante ans plus tard, Thomas Gray, qui avait vu l'Italie, était de la même opinion que cet abbé. (*Lettre* à M. West; Paris, 12 avril 1739.) — On sait ce que Rousseau a écrit sur notre musique. Mais il n'en est plus

---

[1] Les *Historiettes* de TALLEMANT DES RÉAUX, t. X, p. 70, édit. in-12; t. V, p. 374-376, juillet. — *Recherches sur Paris, quartier Saint-Antoine*, p. 35.

ainsi depuis que l'Opéra a perdu son privilége exclusif, et que, par l'établissement d'un théâtre, les Italiens ont formé les oreilles françaises à leur mélodie.

Page 134, lignes 8 et 9 : La conquête de la Franche-Comté ne fut complétée que le 5 juillet.

Le roi était revenu avant la fin des opérations militaires, et il se hâta de donner des fêtes pour célébrer sa nouvelle conquête.

Ces fêtes employèrent six jours, mais non consécutivement.

Elles commencèrent le samedi 4 juillet (1674) [1]. Ce fut la première année où Versailles parut dans toute sa pompe. Il avait reçu bien des embellissements depuis que la Fontaine en avait célébré l'éclat et les merveilles dans son roman de *Psyché*. Le château avait été terminé [2], ainsi que Trianon.

C'est à Trianon que, le second jour de ces fêtes, on représenta l'*Eclogue de Versailles*.

La troisième journée, qui fut la plus brillante de toutes, se passa à la *Ménagerie*. On y représenta le *Malade imaginaire* de Molière, devant la fameuse grotte des bains de Thétis, nouvellement achevée [3].

Ce fut dans le petit parc que l'on représenta les *Fêtes de l'Amour et de Bacchus*, premier résultat de l'alliance de Quinault, de Lulli et de Vigarani pour donner au spectacle de l'Opéra français la forme qu'il a conservée depuis [4]. Dans cette pastorale de Quinault, il y a une imitation charmante du dialogue d'Horace et de Lydie, bien préférable à celles que l'on a faites depuis.

Ces fêtes durèrent deux mois. Pour le cinquième jour, qui fut un samedi 18 août, on représenta *Iphigénie*, nouvelle tragédie de Racine. Cette représentation donna lieu, de la part de l'abbé de Villiers, à des remarques critiques sur ce chef-d'œuvre qui ne sont pas toujours sans justesse, et aussi à une satire en vers intitulée

---

[1] FÉLIBIEN, *Divertissements donnés par le roi à toute sa cour, au retour de la conquête de Franche-Comté en l'année* 1674, Paris, in-12 (114 pages).

[2] FÉLIBIEN, *Description du château de Versailles*. 1674, in-12 (102 pages). Ce volume est accompagné d'un petit plan du parc et du château de Versailles, qui, par son échelle, offre une comparaison facile avec le joli plan gravé, un siècle après, pour l'almanach de Versailles, in-8º, 1674.

[3] FÉLIBIEN, *Description de la grotte de Versailles*, 1674, in-12 (80 pages).

[4] *Vie de Quinault*, dans l'édition de son *Théâtre*, 1715, t. I, p. 34.

Apollon charlatan, laquelle, du reste, nous apprend que cette pièce faisait répandre beaucoup de larmes et renchérir les mouchoirs aux dépens des pleureurs [1].

Racine fit imprimer *Iphigénie* avec une courte et savante préface, mais assez aigre envers ses critiques [2]. En même temps Corneille publia sa tragédie de *Suréna*, qui fut le dernier effort de sa muse tragique. Il la fit précéder de ses remercîments au roi, et il parvint à introduire l'éloge de ce monarque dans le sujet même de sa pièce, qui n'y prêtait guère [3]. Les deux derniers actes de cette tragédie nous montrent encore quelques traits de vigueur; mais il se trompait beaucoup, le grand génie, lorsque, dans ses remercîments à Louis XIV, il disait :

> . . . . Othon et Suréna
> Ne sont pas des cadets indignes de Cinna.

CHAPITRE VII.

Page 141, ligne 3 : Un enfant qui ne naquit pas viable.

La preuve de cette grossesse de madame de Grignan et le terme de son accouchement résultent des passages des lettres de Bussy à madame de Sévigné, cités en note. Mais, avant de rapporter ces passages, il faut rectifier les dates des deux lettres de madame de Sévigné au comte de Guitaud, mal données dans les éditions. Ces lettres furent d'abord publiées par le libraire Klostermann, dans son édition des lettres inédites, en 1814, in-8°, sans aucune date ni de jours ni d'années. Il paraît cependant, d'après la préface des éditeurs, que les autographes portaient l'indication du jour de la semaine (p. IX); mais, dans l'embarras où ils ont été de déterminer la date de l'année, ils ont supprimé celle du jour de la semaine, et bien à tort. Ces deux lettres, comme toutes celles du même recueil qui sont adressées au comte de Guitaud, proviennent des archives du château

---

[1] Les frères PARFAICT, *Histoire du théâtre françois*, t. XI, p. 389.
[2] *Iphigénie* de M. RACINE : Paris, 1674, in-12 (73 pages).
[3] *Suréna, général des Parthes*, tragédie, Paris, Guillaume de Luynes ; 1675, in-12, acte III, scène I, p. 31 :

> Qu'un monarque est heureux, etc.

d'Époisses et de la famille de Guillaume de Pechpeirou-Comenge, comte de Guitaud, marquis d'Époisses, dont nous avons parlé au chapitre vi. L'éditeur nous apprend que le comte de Guitaud naquit le 5 octobre 1626, la même année que madame de Sévigné, et mourut en 1685, à Paris. Ces lettres inédites de madame de Sévigné ont été redonnées en 1819, et le nouvel éditeur a cru pouvoir y mettre des dates, qui ne sont, dit-il, qu'approximatives. M. Gault de Saint-Germain, dans son édition de madame de Sévigné, les a classées avec les dates fausses de cet éditeur. Les dates des 18 juin et 10 juillet 1675 ressortent de ce que dit madame de Sévigné sur les adieux de sa fille et du cardinal de Retz et sur les événements militaires (t. III, p. 347, édit. G.). Elles sont précises pour les mois et l'année, et déduites approximativement pour les jours.

Dans la lettre du 16 août 1674, t. III, p. 351, édit. G., Bussy dit à madame de Grignan : « Comment vous portez-vous en votre grossesse, madame, et du mal de madame votre mère? » Puis, un an après, lorsque la comtesse accoucha aux îles Sainte-Marguerite, madame de Sévigné écrit au comte de Guitaud (t. III, p. 348) : « Madame de Guitaud est une raisonnable femme d'être accouchée comme on a accoutumé et de ne pas aller chercher midi à quatorze heures, comme madame de Grignan, pour faire un accouchement hors de toutes les règles! Voilà les îles en honneur pour les femmes *grosses de neuf mois;* si ma fille l'est, je lui conseille d'y aller. Je ne sais point de ses nouvelles sur ce sujet; mais, comme vous dites, ce n'est pas à dire que cela ne soit pas vrai; je vous assure que j'en serais fort affligée. » D'autres passages, qu'il serait trop long de citer, corroborent ces preuves de la grossesse de madame de Grignan et de son accouchement. Le général de G..., qui, dans l'avertissement de l'édition des lettres inédites de madame de Sévigné, a classé ces lettres et mis les dates, est, je crois, le général de Grimoard, un des éditeurs des *Œuvres de Louis XIV.*

Page 150, ligne 16 : Sa sœur, Marie-Thérèse de Bussy-Rabutin, etc.

Il y avait encore deux autres demoiselles de Rabutin, parentes de Bussy: c'étaient les sœurs de ce page de la princesse de Condé, lequel épousa la duchesse de Holstein. Elles allèrent trouver leur frère en Allemagne, et écrivirent à Bussy le 25 décembre 1686 et le 28 octobre 1687. (Voyez Bussy, *Lettres*, t. VI, p. 201 et 264.)

Page 151, lignes dernières, et 152, ligne 1 : Le jeune frère de madame de Montataire et du marquis de Bussy (Michel-Celse-Roger de Rabutin)..., qui n'était âgé que de six à sept ans.

On lit dans les *Pièces fugitives* de Flachat de Saint-Sauveur, 1704, in-12, t. I, p. 123 :

« M. le comte de Bussy-Rabutin a laissé une belle famille, comme vous savez. M. l'abbé de Bussy est grand vicaire d'Arles, et fait beaucoup d'honneur à l'état qu'il a embrassé. »

A la page 121, il est dit « qu'on travaille au Louvre à une édition plus correcte des *Mémoires de Bussy*. »

Malheureusement cette édition n'a point paru. Une nouvelle édition des *Mémoires de Bussy*, dont la plus grande partie n'existe encore qu'en manuscrit, serait un service rendu à l'histoire ; mais il faudrait y joindre sa vaste correspondance, puisqu'il ne semble avoir composé ses Mémoires que pour y intercaler les lettres qu'il écrivait et qu'il recevait.

Page 154, ligne 4 : Bussy avait eu trois filles de sa cousine Gabrielle de Toulongeon.

Bussy dit, t. I, p. 125 de ses *Mémoires* pour l'année 1646 : « Je ne fus pas longtemps sans perdre ma femme, dont je fus extrêmement affligé. Elle m'aimait fort, elle avait bien de la vertu et assez de beauté et d'esprit. Elle me laissa trois filles, Diane, Charlotte et Louise-Françoise. L'aînée n'avait pas deux ans lorsque sa mère mourut. »

J'ai prouvé ci-dessus que Gabrielle de Toulongeon était morte le 26 décembre 1646. Bussy s'était marié le 28 avril 1643 ; ainsi Diane n'a pu naître qu'en février 1644. L'époque de la mort de Charlotte est ignorée ; mais il en résulte que, comme elle est née avant Louise-Françoise, cette dernière n'a pu naître avant la fin de septembre ou le commencement d'octobre 1645, ni plus tard que le 26 décembre 1646. Elle avait donc environ vingt-huit ans et demi lorsqu'elle se maria.

Page 154, ligne 18 : Elle était cette pieuse religieuse de Sainte-Marie de la Visitation.

Mademoiselle Dupré, cette savante et spirituelle correspondante de Bussy, lui écrit de Paris, le 1er juin 1670 :

« Je ne comprends pas, monsieur, que vous m'ayez si peu parlé de madame votre fille aînée, religieuse aux Dames Sainte-Marie de la rue Saint-Antoine. Mon bon génie m'a inspiré de l'aller voir. Je ne crois pas qu'il y ait personne plus accomplie en vertu, en esprit et même en agrément de sa personne, s'il lui plaisait d'en avoir. »

> Page 155, ligne 5 : Celle qui, par les charmes de sa conversation et de son style épistolaire.

Dans sa lettre à l'abbé Papillon, en date du 7 août 1735, de la Rivière (*Lettres choisies*, Paris, 1735, in-12, t. II, p. 207) dit : « Madame de la Rivière (Louise-Françoise de Coligny) n'a composé que la Vie de saint François de Sales et l'épitaphe de son père, à laquelle le P. Bouhours n'a eu nulle part. »

« .... Je ne sais pas ce qu'on pense à Dijon des lettres de feu ma femme. Elles firent un tel bruit à la cour que le roi me les demanda. Je lui en donnai une vingtaine ; il les lut chez madame de Montespan, et me dit en me les rendant : « La Rivière, votre femme a plus « d'esprit que son père. » Madame de Thianges, qui avait assisté à cette lecture, m'apprit que le lendemain le roi s'en était diverti et que je lui avais donné une bonne soirée. » (P. 208.)

Le 18 août de la même année (t. II, p. 215), de la Rivière ajoute les détails suivants sur les lettres de sa femme : « Je me suis reproché d'avoir gardé longtemps une cassette pleine de lettres de feu ma femme ; enfin, je les ai brûlées. Elles n'étaient qu'un composé de sentiments vifs, propres à inspirer des passions et à les allumer. Si on les avait imprimées, le public aurait couru après ; mais c'eût été un dangereux présent que j'aurais fait à la postérité. »

> Pages 156, lig. dernière, et 157, lig. 1 : Assez de la couleur de celui de Saucourt (chose considérable en un futur).

Le meilleur commentaire de ces mots de Bussy se trouve dans les vers de Benserade, du *Ballet royal des amours de Guise*, où l'entrée du marquis de Saucourt, qui devait représenter un démon, est ainsi annoncée :

> Non, ce n'est point ici le démon de Brutus
>   Ni de Socrate :
> Par d'autres qualités et par d'autres vertus
>   Sa gloire éclate.

Sous la forme d'un homme il prouve ce qu'il est :
  Doux, sociable ;
Sous la forme d'un homme aussi l'on reconnaît
  Que c'est le diable.

Le bruit de ses exploits confond les plus hardis
  Et les plus mâles ;
Les mères sont au guet, les amants interdits,
  Les maris pâles.

Contre ce fier démon voyez-vous aujourd'hui
  Femme qui tienne ?
Et toutes cependant sont contentes de lui,
  Jusqu'à la sienne.

   BENSERADE, *Œuvres* (1697), t. II, p. 307.

Page 157, lignes 3 et 8 : Les terres de Cressia, de Coligny... Il jouit de la terre de Dalet et de celle de Malintras.

Dalet et Malintras sont en Auvergne, dans le département du Puy-de-Dôme. Dalet est dans l'arrondissement de Clermont, canton de Pont-sur-Allier, à huit kilomètres de Billom et onze de Clermont : il y a environ quatorze cent cinquante habitants. Autrefois ce lieu était dans l'élection de Clermont, intendance de Riom, et l'on y comptait cent soixante dix-huit feux. Malintras est dans cette petite vallée qu'on nomme la Limagne, à plus de deux lieues des montagnes. On y voit une roche qui distille la poix minérale et qui est à quelque distance, au nord, de Pont-Château. Malintras comptait soixante-six feux. Cressia est dans l'arrondissement de Lons le-Saulnier, canton d'Orgelet. Coligny est un bourg du département de l'Ain, à vingt-deux kilomètres, au nord, de Bourg; sa population est de seize à dix-sept cents individus. Ce lieu est sur les confins de l'ancienne Franche-Comté, à sept lieues sud-ouest d'Orgelet, dans un pays que l'on nomme *Revermont*, et que la maison de Châtillon prétendait avoir possédé autrefois en souveraineté. Il y avait dans ce bourg quarante-six feux. (Voyez d'Expilly, *Dictionnaire géogr. et polit. des Gaules et de la France*, t. II, p. 389.)

Page 157, ligne 19 : Ainsi Bussy avait tout arrangé et tout prévu pour le bonheur de sa fille chérie.

On lit dans la *Suite des Mémoires du comte de Bussy-Rabutin*, in-8°, ms. de l'Institut, p. 129 verso, un billet de madame de Scudéry en date du 17 juillet 1675, auquel Bussy fait une réponse qui commence ainsi :

« A Chaseu, ce 30 juillet 1675.

« Le mariage de ma fille n'est pas encore fait, madame ; il ne se fera qu'au mois de novembre prochain. Si dans ces marchés il n'y avait point d'intérêts mêlés, ils iraient beaucoup plus vite. Mais puisque nous sommes sur cette matière, je vous veux dire les réflexions que je viens de faire. »

Ces réflexions sont celles d'un libertin impie, et elles ne peuvent être transcrites.

CHAPITRE VIII.

Page 169, lignes 8 et 9 : « Vous ne sentez pas, dit-elle, l'agrément de vos lettres ; il n'y a rien qui n'ait un tour surprenant.

Voici le jugement de la Rivière sur les lettres de madame de Grignan :

« Madame de Grignan avait beaucoup d'esprit, mais il paraît qu'elle en était bien aise. Son style est rêvé, peigné, limé, périodique et ne tient rien du style épistolaire, qui ne demande, je crois, qu'une noble simplicité. » *Lettres choisies de M. de la Rivière*, t. II, p. 217 et 218.

Dans la note, il est dit que les lettres de madame de Grignan n'étaient point perdues, comme le prétend le chevalier Perrin, et que M. de Bouhier les vit autographes entre les mains de madame de Simiane, à Aix en Provence, en 1733. Ainsi c'est madame de Simiane qui les a détruites. Mais madame de Grignan n'écrivit pas qu'à sa mère, et ceux qui recevaient des lettres de cette reine de Provence devaient les conserver.

Rivière, en écrivant à l'abbé Pavillon le 28 août 1737, dit : « Tant mieux pour le public si on n'imprime pas les lettres de madame de Grignan. C'était un esprit guindé, périodique, plus propre à l'éloquence du barreau et de la chaire qu'aux agréments de la société. Je l'ai connue : elle ne se permettait aucune négligence dans le style, ce qu'elle portait jusqu'à l'affectation ; d'ailleurs, d'une très-aimable figure. Mais il y avait une mer de séparation entre la mère et la fille dans ce qui regardait la gentillesse de l'esprit. »

CHAPITRE IX.

Page 174, ligne 8 : Le comte de Schomberg avait défait les Espagnols ; et note 2 : *Relation de ce qui s'est passé en Catalogne.*

Cette relation est curieuse et faite par un homme qui se trouvait dans l'armée de Schomberg. Elle commence par la conspiration qui fut ourdie pour livrer Perpignan et Villefranche aux Espagnols. Il y a toute la matière d'un drame des plus animés et des plus tragiques. A la fin se trouve l'histoire plus plaisante du marquis de Rivarolles, qui eut une cuisse emportée au siége de Boulau. Il fut transporté à Toulouse, et là il tint à des femmes quelques propos légers sur Madaillan, qui avait servi d'aide de camp à Schomberg. Madaillan, instruit par une lettre, part de Paris en poste, arrive à Toulouse, et envoie à Rivarolles un cartel pour le prier de monter à cheval, attendu qu'il veut se battre avec lui. Le chirurgien de Rivarolles se présente de la part de ce dernier chez Madaillan, et est introduit sans dire quelle est sa profession ni quelle réponse il venait faire. Il déploie tranquillement sa trousse d'instruments tranchants, à la grande surprise de Madaillan, qui lui demande si c'est lui que M. de Rivarolles envoie pour répondre à son billet. « C'est moi-même, monsieur, dit l'autre. Monsieur de Rivarolles est tout prêt à se battre avec vous, comme vous le désirez ; mais, persuadé qu'un brave comme vous ne voudrait pas se battre avec avantage, il m'a ordonné de vous couper une jambe auparavant, afin que toutes choses soient égales entre vous. » La colère de Madaillan fut grande. Mais le maréchal de Schomberg lui dépêcha le baron de Montesquiou, qui, en sa qualité de subdélégué des maréchaux de France, avait qualité pour arranger ces sortes d'affaires et qui parvint à réconcilier les deux guerriers. (*Relation*, etc., p. 185-193.)—Barbier (*Dict. des Anonymes*, t. III, p. 186, n° 16,048) commet une erreur en attribuant deux volumes à cet ouvrage. Il y a une seconde partie à ce volume, intitulée *Suite de la Relation de ce qui s'est passé en Catalogne depuis le commencement de la guerre jusqu'à la paix;* Paris, Quinet, 1679, in-12 (170 pages).

Plus loin, sous le n° 16,057, Barbier mentionne une *Relation de la campagne de Flandre en* 1678, par D. C.; Paris, Quinet, 2 vol. in-12. Il attribue (t. III, p. 186) cet ouvrage, ainsi que le précédent à de Caisses; puis dans les corrections de ce volume, p. 670, à un M. Doph, quartier maître général et ensuite général des dragons.

CHAPITRE X.

Page 190, lignes 28 à 30 : A la reine, que... le roi n'avait jamais entièrement négligée.

« Le roi couchait toutes les nuits avec la reine; mais il ne se comportait pas toujours comme le tempérament espagnol le désirait. » (*Lettres de* Madame, du 17 avril 1719.)

« La reine avait une telle affection pour le roi qu'elle cherchait à lire dans ses yeux tout ce qui pouvait lui faire plaisir. Pourvu qu'il la regardât avec amitié, elle était gaie toute la journée. Elle se réjouissait que le roi couchât avec elle maritalement; elle en devenait si gaie qu'on le remarquait chaque fois. Elle n'était pas fâchée qu'on la raillât à ce sujet. Alors elle riait, clignotait, et se frottait les mains. » (*Lettres de* Madame, du 24 mars 1719.)

Page 195, lignes 4 et 5 : Le roi enjoignit au ministre de prévenir les désirs de celle qu'il lui était si pénible d'affliger.

La lettre que Louis XIV écrit à Colbert, de son camp près de Dôle, le 9 juin 1674, est curieuse, parce qu'elle nous fait voir ce roi, honteux des exigences de madame de Montespan dans l'état de pénurie où l'on se trouvait, dissimulant avec son ministre. Nous transcrirons ici une partie de cette lettre, qui est tout entière de la main de Louis XIV. Nous conservons l'orthographe : « Madame de Montespan ne veut pas absolument que je lui donne des pierreries; mais afin qu'elle n'en manque pas, je désire que vous faciés travailler à une petite cassette bien propre, pour mettre dedans ce que je vous diray ci-après, afin que j'ai de quoy lui prester à point nommé ce qu'elle desirera. Cela parois extraordinaire; mais elle ne veut point entendre raison sur les présens. » Vient ensuite l'énumération d'une parure de femme en perles et en diamants, tellement longue et minutieuse que Louis XIV a dû la copier d'après celle que lui avait transmise madame de Montespan. Il termine par ces mots : « Il faudra faire quelque depense à cela, mais elle me sera fort agréable; et je desire qu'on la fasse sans ce (sic) presser. Mandés moy les mesures que vous prendrez pour cela, et dans quel temps vous pouvez avoir tout. »

Louis XIV écrit encore à Colbert, du camp de Gembloux, le 28 mai 1675 (*Lettres*, t. V, p. 533) :

« Madame de Montespan m'a mandé que vous avez donné ordre qu'on achète des orangers, et que vous lui demandez toujours ce qu'elle désire. Continuez à faire ce que je vous ai ordonné là-dessus, comme vous avez fait jusqu'à cette heure. »

Du camp de Latines, le roi adresse à Colbert, au sujet de madame de Montespan, une lettre encore plus remarquable, qui répond à celle de Colbert rendant compte de la commission dont il avait été chargé :

« A M. COLBERT.

« Au camp de Latines, le 8 juin 1675.

« La dépense est excessive, et je vois par là que, pour me plaire, rien ne vous est impossible. Madame de Montespan m'a mandé que vous vous acquittiez fort bien de ce que je vous ai ordonné, et que vous lui demandez toujours si elle veut quelque chose. Continuez à le faire toujours. Elle me mande aussi qu'elle a été à Sceaux [Sceaux appartenait à Colbert], où elle a passé agréablement la soirée. Je lui ai conseillé d'aller un jour à Dampierre, et je l'ai assurée que madame de Chevreuse et madame Colbert l'y recevraient de bon cœur. Je suis assuré que vous en ferez de même. Je serai très-aise qu'elle s'amuse à quelque chose ; et celles-là sont très-propres à la divertir. Confirmez ce que je désire ; continuez à faire ce que je vous ai mandé là-dessus, comme vous avez fait jusqu'à cette heure. »

Cinq jours avant la lettre que l'on vient de lire, Pellisson, qui avait suivi Louis XIV à la guerre, écrivait, de ce même camp de Latines :

« *Du 3 juin* 1675.

« Le roi dit hier au soir au petit coucher, avec plaisir, le grand accueil qui avait été fait à Bourdeaux à M. le duc du Maine, et la joie que le peuple témoigna de le voir, bien différente des mouvements où il était naguère, comme marquant son repentir. C'est madame de Maintenon qui lui a écrit une lettre de huit à dix pages. Elle marque qu'en son absence le petit prince répondit de son chef aux harangues ; et qu'au retour l'ayant trouvé fort échauffé de la foule qui avait été auprès de lui, elle lui demanda s'il n'aimerait pas mieux n'être point fils du roi que d'avoir toute cette fatigue : à quoi il répondit que non, et *qu'il aimait mieux être fils du roi*. Le roi dit encore que les médecins de Bourdeaux, aussi incertains que ceux de Paris, avaient été d'avis qu'il allât à Bourbon plutôt qu'à Baréges; et que le lendemain ils avaient conclu, au contraire, qu'il essayât des eaux de Baréges avant d'aller à Bourbon. » (PELLISSON, *Lettres historiques*, t. II, p. 278.)

Il est évident, d'après la date de ces deux lettres, que la veuve Scarron ne pouvait alors avoir la moindre idée de balancer dans le cœur de Louis XIV l'amour qu'il avait pour Montespan; qu'elle cherchait seulement à être agréable au monarque et à gagner sa confiance comme gouvernante de ses enfants.—Par une autre lettre datée du camp de Latines le 7 juin 1675, Louis XIV dit au maréchal duc d'Albret que rien ne pouvait lui être plus sensible que ce qu'il lui avait écrit touchant son fils le duc du Maine, ainsi que les soins qu'il prenait pour sa personne.

Page 195, lignes 7 à 10 : A l'aide de Mansart et de Le Nôtre..., elle fit de Clagny un magnifique séjour.

Il ne reste plus rien de ce chef-d'œuvre de Le Nôtre et de Jules-Hardouin Mansart. Tout est rasé.—En 1837, le grand *Dictionnaire de la poste aux lettres* comptait vingt habitants sur la butte de Clagny, laquelle n'est pas même visitée par les voyageurs curieux qui vont voir Versailles. Le château de Clagny n'était pas terminé en septembre 1677, ainsi qu'on le voit par une lettre de Mansart à Colbert, date du 7 de ce mois, publiée par DELORT dans les *Voyages aux environs de Paris*, 1821, in-8°, t. II, p. 98.

Page 197, lignes 13 à 16 : C'était le P. la Chaise... On le disait sévère.

Le P. François de la Chaise succéda au P. Ferrier; on fit alors ce couplet, sur l'air *Aimons, tout nous y convie :*

> Chantons, chantons, faisons bonne chère.
> Notre monarque vainqueur
> A pris pour son confesseur
> La Chaise, père sévère.
> Il promet que, dans un an,
> Il rendra la Montespan
> Compagne de la Vallière.

(*Chansons historiques*, manuscrit de Maurepas, Bibl. nation., vol. IV, p. 189.)

Page 201, ligne 23 : Ne soit que la même chose avec celui de M. de Condom.

On ne s'explique pas bien comment Bossuet, qui avait été nommé à l'évêché de Condom le 13 septembre 1669, suivant M. de Bausset, mais qui avait donné sa démission en 1671 et avait été remplacé dans cet évêché par Goyon de Matignon le 31 octobre de la même année, est appelé *M. de Condom*, non-seulement dans une lettre de madame de Sévigné à M. de Grignan sur la mort de Turenne, du 31 juillet 1675, mais encore dans plusieurs autres de Louis XIV, de 1676 et 1677. (Louis XIV, *Œuvres*, t. V, p. 549, 566, 572.)

Dans le *Gallia christiana*, t. II (1720, in-folio), p. 972, il est dit que Jacob-Bénigne Bossuet fut désigné évêque de Condom le 13 septembre 1668 et inauguré le 21 septembre 1670. Il fut désigné évêque le 13 septembre 1669.—Ni M. de Bausset ni M. de Barante, dans son article de la *Biographie universelle* n'ont copié cette erreur du *Gallia christiana*; mais elle a été reproduite par M. Jules Marion dans son estimable travail de l'*Annuaire historique* pour 1847. Bossuet se démit de l'archevêché de Condom le 31 octobre 1671, et Jacob Goyon de Matignon, de la famille des comtes de Thorigny, fut nommé à sa place (*Gall. christ.*, t. II, p. 974). Cependant Bossuet, jusqu'à sa nomination à l'évêché de Meaux, signait *ancien évêque de Condom*; et madame de Sévigné, et tout le monde, et Louis XIV lui-même, dans des lettres de 1675 et 1676, l'appelaient *monsieur l'évêque de Condom*. (Conférez Louis XIV, *Œuvres*, t. V, p. 549, 566, 572, et SÉVIGNÉ, lettre du 31 juillet 1675, sur la mort de Turenne.) C'est une singulière anomalie, qui dérouterait bien des critiques si elle n'était expliquée par la grande célébrité de Bossuet et l'obscurité de son successeur.

Page 203, lignes dernières : Et d'y vivre aussi chrétiennement qu'ailleurs ; et note 3 : CAYLUS, *Souvenirs*.

On a dit que madame de Caylus paraît avoir confondu ensemble, dans cet endroit, les souvenirs de deux années, qu'il fallait séparer. Mais on n'a pas remarqué que ces souvenirs seraient bien plus fautifs dans la page précédente (t. LXVI, p. 387) de la collection des *Mémoires*, édit. 1828, in-8°, ou page 95 de l'édit. Renouard, 1806, in-12), si, au lieu de *madame de Montausier*, on ne corrigeait pas *M. de Montausier*. Il y avait trop de temps que madame de Montausier était morte à l'époque dont parle madame de Caylus pour qu'une telle erreur pût lui être attribuée.

Page 205, lignes 9 et 10 : Louis XIV avait trente-sept ans.

Néanmoins depuis deux ans le roi portait perruque, comme on le voit par cette lettre de Pellisson, en date du 13 août 1673 :

« Le roi a commencé ces jours passés à mettre une perruque entière, au lieu du tour de cheveux. Mais elle est d'une manière toute nouvelle : elle s'accommode avec ses cheveux, qu'il ne veut point couper, et qui s'y joignent fort bien, sans qu'on puisse les distinguer. Le dessus de la tête est si bien fait et si naturel qu'il n'y a personne sans exception qui n'y ait été trompé d'abord, et ceux-là même qui l'avaient suivi tout le jour. Cette perruque n'a aucune tresse ; tous les cheveux sont passés dans la coiffe l'un après l'autre. C'est le frère de la Vienne qui a trouvé cette invention et à qui le roi en a donné le privilége. Mais on dit que ces perruques coûteront cinquante pistoles. » (PELLISSON, *Lettres historiques*, t. I, p. 395.)

Page 207, ligne première : Dans son épître à Seignelay.

On n'a pas encore découvert, que je sache, d'édition séparée de cette belle épître de Boileau, comme Berriat Saint-Prix (t. I, p. cxlv) en a trouvé une de l'épître à Guilleragues ; Paris, Billaine, 1674, in-4° de 10 pages. — L'édition des *Œuvres diverses du sieur* D*** (Despréaux) ; Paris, Denys Thierry, 1675, in-12, ne contient que cinq épîtres, et celle de Guilleragues est la dernière.

Page 207, lignes 5 et 6 : A ce brillant spectacle Pomponne conduisit l'abbé Arnauld, son frère, revenu de Rome.

Antoine Arnauld, né en 1616, fils aîné du célèbre Arnauld d'Andilly, accompagna l'un de ses oncles, Henri Arnauld, abbé de Saint-Nicolas, qui fut nommé, en 1645, chargé des affaires de France à Rome. L'oncle et le neveu, à cette date, étaient hommes du monde, peu rigoristes, honnêtes gens, mais non scrupuleux. De retour en France en 1648, ils se trouvèrent insensiblement pris par les opinions et par les mœurs de leurs familles. Ils se retirèrent quelque temps à Port-Royal-des-Champs auprès de M. d'Andilly. L'abbé de Saint-Nicolas devint un janséniste fervent ; il fut nommé évêque d'Angers. Son neveu, dégagé d'ambition et sans beaucoup de zèle, le suivit dans son évêché, tout en conservant ses relations de la ville et de la cour.

Pendant le ministère de son frère ca/let M. de Pomponne, il obtint, en 1674, l'abbaye de Chaumes en Brie. Il ne fut janséniste que parce qu'il était de la famille Arnauld, et resta toujours volontiers homme du monde. Dans ses Mémoires il s'est beaucoup plaint de son père, dont il était le fils aîné et nullement le Benjamin : c'est M. de Pomponne qui était ce Benjamin. Après la disgrâce de ce dernier (1679), l'abbé Arnauld se retira près de l'évêque d'Angers, dont il administra le temporel. Il mourut en février 1698, âgé de quatre-vingt-deux ans. Il a laissé d'assez agréables Mémoires, et son récit s'étend entre les années 1634 et 1675.

CHAPITRE XI.

Page 211, ligne 12 : Elle en fut le chef.

On créa pour elle alors le surnom de *matriarche*. Voyez les *Nouvelles à la main de la cour* du 9 mars 1685, p. xxxvij, dans la *Correspondance administrative* du règne de Louis XIV, recueillie par Depping. Déjà, dès cette époque, l'envie répandait le bruit que madame de Maintenon disposait de tous les emplois ; que Louis XIV n'entreprenait rien sans avoir son avis ; qu'elle voulait se faire déclarer reine, et que le Dauphin s'y opposait ; enfin, tous les *cancans* de cour que Saint-Simon a consignés trente ans après.

Page 211, lignes 14 et 15 : Françoise d'Aubigné fut aimée et recherchée par madame de Sévigné ; et la note.

Madame de Maintenon, lorsqu'elle voyait le plus madame de Sévigné, et que celle-ci l'invitait à souper, demeurait rue des Tournelles ainsi que Ninon, par conséquent très-près de la seconde demeure de madame de Sévigné au Marais (rue Saint-Anastase) ; et quand elle fut arrivée à un grand degré de faveur auprès du roi, qu'elle l'eut ramené à la reine et séparé de madame de Montespan, elle ne discontinua pas entièrement ses relations avec madame de Sévigné. Dans une lettre de cette dernière à sa fille, on trouve ces lignes, remarquables surtout par leur date (29 mars 1680) : « Madame de Maintenon, par un hasard, me fit une petite visite d'un quart d'heure. Elle me conta mille choses de madame la Dauphine, et me reparla de vous, de votre santé, de votre esprit, du goût que vous avez l'une pour l'autre, de votre Provence, avec autant d'attention qu'à la rue des Tournelles. »

Page 212, ligne 18 : De son ami qui voyage.

Les éditeurs de madame de Sévigné ont cru qu'il s'agissait ici du voyage que madame de Maintenon fit à Anvers avec le duc du Maine. Ils se trompent. Madame Scarron arriva à Anvers au commencement d'avril 1674.

Les Mémoires de Saint-Simon et des dames de Saint-Cyr constatent bien que ce voyage de madame Scarron à Anvers est antérieur à celui fait à Baréges, mais il n'en donnent pas la date. La Beaumelle s'y était trompé dans la première *Vie de madame de Maintenon*, in-18, Nancy, 1753, p. 200. Mais il a pu, d'après les lettres qu'il avait retrouvées, corriger cette erreur dans ses *Mémoires pour servir à l'histoire de Maintenon* (t. II, p. 41, liv. IV, et p. 118, liv. V). Cette date paraît bien fixée : cependant mademoiselle de Montpensier dit dans ses Mémoires (t. LXVI, p. 403), en parlant du duc du Maine : « Avant qu'il fût reconnu, madame de Maintenon l'avait mené en Hollande. » Il fut légitimé en décembre 1673 ; mais l'arrêt n'était peut-être pas enregistré en mars ou en avril 1674, époque du départ de madame Scarron.

Page 212, ligne 28 : Son caractère ne se démentit jamais.

Dans ses entretiens avec mademoiselle d'Aumale et les élèves de Saint-Cyr, madame de Maintenon dit :

« Il ne faut rien laisser voir à nos meilleurs amis dont ils puissent se prévaloir quand ils ne le seront plus. Il est bien fâcheux d'avoir à rougir dans un temps de ce que l'on aura fait ou dit par imprudence dans un autre..... Je le disais il y a bien des années à madame de Barillon : Rien n'est plus habile qu'une conduite irréprochable. » (*Entretiens de mad.* DE MAINTENON, la Beaumelle, t. III, p. 153.)

« Je me regarde, disait-elle encore, comme un instrument dont Dieu daigne se servir pour faire quelque bien, pour unir nos princes, pour soutenir et soulager les malheureux, pour délasser le roi des soins du gouvernement. Dieu saura bien briser cet instrument quand il le jugera inutile ; et je n'y aurai pas de regret. »

Et toute sa conduite, avant comme après son élévation, avant comme après la mort du roi, fut d'accord avec ses paroles, et prouve qu'elles étaient sincères.

Page 213, ligne 5 : Quelques *pastiches* maladroits des lettres de Coulanges et de Sévigné.

Je désigne ici quelques *fragments de lettres* fort courts, supposés extraits de lettres adressées à madame de F*** et à madame de St-G***, dans la première édition des lettres tirées de la nombreuse correspondance de madame de Maintenon. Dans la seconde édition, madame de F*** se trouve être madame de Frontenac, et madame de St-G*** madame de Saint-Géran. Tous ces intitulés ont été reproduits dans plusieurs éditions des *Lettres de Maintenon* [1], et ils ont plus ou moins induit en erreur les historiens et les biographes. Il n'en est pas de même d'une lettre entière supposée écrite par madame de Maintenon, imprimée d'abord sans aucune date et sans indication de la personne à qui elle devait être adressée. Cette lettre semblait avoir été réprouvée comme suspecte par tous ceux qui ont écrit sur madame de Maintenon. Deux écrivains très-spirituels se sont avisés de s'en servir comme d'un document authentique pour pouvoir établir ainsi à une date certaine le commencement de la passion imaginaire de Louis XIV et de madame de Maintenon, et expliquer à leur manière la nature de leur liaison. Le style de cette lettre ne ressemble aucunement à celui de madame de Sévigné. On y trouve l'expression de *gros cousin*, copiée d'une des lettres de celle-ci pour désigner le ministre Louvois, cousin de madame de Coulanges. Or, l'on sait que madame de Maintenon, soigneuse de sa dignité dans l'abaissement où le sort l'avait placée, ne parlait pas des ministres, des personnages riches et puissants avec le ton familier des Sévigné, des Coulanges et des grandes dames de la cour.

Enfin, on y trouve répété, avec une légère variante, ce mot que Voltaire a le premier rapporté : « Je le renvoie toujours affligé, mais jamais désespéré. » Mais Voltaire le place dans une lettre à madame de Frontenac, d'accord en cela avec la Beaumelle. Cette antithèse a paru si charmante à tous les historiens de Louis XIV ou de Maintenon que pas un seul ne s'est abstenu de la répéter. Aucun n'a réfléchi que, si ces paroles ont été écrites par madame de Main-

---

[1] *Lettres de* MAINTENON; Nancy (Francfort), 1752, in-12, t. I, p. 76, 92, 123, 143, 145, 147, 150, 152, 155, 160, 163, 242, 249 ; t. II, p. 13, 110 ; 113 , 118. — *Ibid.*, édit. de Dresde, 1753, p. 81, 113, 128, 136, 153, etc.; édit. d'Amsterdam, 1755, p. 48-69 ; édit. de Paris, 1806, p. 108 à 115.

tenon, c'est dans un sens tout différent de celui qu'on leur prête, dans tout autre circonstance que celle qu'on suppose, puisque autrement elles impliqueraient que Françoise d'Aubigné, pour réussir dans ses ambitieux desseins, ne craignait pas de recourir aux artifices d'une coquette perfide ou d'une habile courtisane. Quoique dans la seule édition complète du *Recueil des lettres de Maintenon* qu'il ait avouée [1] (Amsterdam, 1755, grand in-12) la Beaumelle n'ait point inséré cette lettre supposée écrite à madame de Coulanges, cependant il l'a connue; car à la page la plus fausse et la plus romanesque qu'il ait tracée dans ces Mémoires, où il y en a tant de vraies, de curieuses et de bien écrites, il a cité la phrase la plus invraisemblable. Puis il ajoute : « L'original de cette lettre est entre les mains de M. de M**, de l'Académie » (t. II, p. 193, liv. VI, chap. III). Ceux qui l'ont donnée depuis sans date, ainsi que ceux qui l'ont imprimée, n'ont point vu cet original, puisqu'ils n'ont su ni à qui elle était adressée ni comment elle était datée [2]. Quant à lui, il assigne à cette lettre une date différente de celle que lui ont donnée les historiens dont j'ai parlé, et il prête aux visites de Louis XIV un motif tout autre que celui qu'ils ont supposé.

Les fragments ont été habilement fabriqués : ceux qui les ont écrits ont puisé ce qu'ils ont de vrai dans les lettres adressées par madame de Maintenon à l'abbé Gobelin. Françoise d'Aubigné fut, dans tout le temps de sa prospérité, justement tourmentée par la crainte de ne pouvoir concilier le soin de son salut avec les grandeurs et la vie agitée que son ambition lui avait faite, et elle eut besoin d'être toujours rassurée par des directeurs de conscience auxquels elle pût soumettre ses craintes et confier les plus secrets mouvements de son cœur. L'abbé Gobelin et Godetz-Desmarets, évêque de Chartres, furent ces deux prêtres ou directeurs. Elle avait bien choisi : ni l'un ni l'autre n'ambitionnaient ni la gloire de l'éloquence de la chaire ni les hautes dignités de l'Église; ni l'un ni l'autre n'appartenaient à l'ordre trop puissant des jésuites : c'étaient deux bons prêtres, uniquement occupés à remplir avec ponctualité tous les devoirs de leur saint ministère, très-attentifs à bien diriger une âme aussi belle, aussi pieuse que celle de Françoise d'Aubigné. Le second surtout

---

[1] Voyez l'Avertissement qui est en tête de l'édit. d'Amsterdam, 1755, grand in-12, sorte de prospectus des quinze volumes de mémoires et lettres, qui ne se trouve, je crois, que dans cette édition.

[2] Voyez les dernières édit. des *Lettres* de Maintenon, de Léopold Collin.

(Godetz-Desmarets), sans ambitionner l'éclat que donne le talent des controverses ecclésiastiques, sut, à une époque qui est hors des limites de ces *Mémoires*, lui inspirer une assez haute idée de son savoir théologique pour obtenir d'elle une soumission entière à ses décisions, et la faire marcher dans cette nuit de la foi, comme dit madame de la Sablière [1], au milieu des écueils que le jansénisme, le jésuitisme et le quiétisme lui présentaient sur sa route et vers lesquels l'attiraient ou la tiraillaient en sens contraire son alliance de famille avec le cardinal de Noailles, sa tendresse pour Fénelon, et sa déférence obligée pour le P. la Chaise.

Au nombre des écrits de madame de Maintenon ou relatifs à cette fondatrice, écrits que les dames de Saint-Cyr conservaient dans leurs archives et dont les élèves s'occupaient à faire des copies, les plus précieux pour la bien connaître sont les lettres que lui a écrites l'évêque de Chartres [2] et celles qu'elle-même écrivit à l'abbé Gobelin.

Quoique très-courts, les fragments dont j'ai parlé décèlent leur fausseté par le style toujours imité de Coulanges et de Sévigné, mais plus encore par leur objet, qui est de donner à l'opinion un vague sur la nature des liaisons de Louis XIV et de Maintenon, vague qui plaisait tant aux imaginations des élèves et des dames de Saint-Cyr. Et ce qui prouve encore plus que ces fragments et quelques autres passages de lettres sont adressés aux mêmes personnes, ou ont été détournés, par des changements et interpolations, de leur sens naturel et vrai, dans un intérêt romanesque, c'est le nom des personnes auxquelles on suppose que ces lettres ont été écrites. A la cour il n'y a jamais que de petites indiscrétions calculées. A qui persuadera-t-on d'ailleurs que madame Scarron, connue, dès sa plus tendre jeunesse, pour sa discrétion et sa circonspection, se soit avisée d'écrire à qui que ce soit ce qui pouvait se passer entre elle et Louis XIV dans leurs mystérieux tête-à-tête?

Voltaire dit que madame de Frontenac était cousine de madame de Maintenon; et cependant madame de Maintenon paraît avoir été liée moins intimement avec elle qu'avec madame de Saint-Géran. Celle-ci est assez connue par la lecture de ces *Mémoires*. On sait qu'elle fut quatre ans expulsée de la cour, et qu'elle fit auprès de madame de Maintenon de constants et inutiles efforts pour être admise à Marly.

---

[1] *Lettres manuscrites de madame* DE LA SABLIÈRE *à l'abbé de Rancé*.
[2] *Lettres de messire* GODETZ; Bruxelles, 1755. — *Lettres de Maintenon*, t. II.

Sans doute mesdames de Frontenac et de Saint Géran, devenues plus régulières et peut-être sincèrement pieuses dans un âge avancé, s'attirèrent la considération et les égards qui leur étaient dus, et firent le charme des sociétés par leur esprit, leur amabilité et le suprême talent du savoir-vivre. Saint-Simon l'atteste, et c'est vraisemblablement le souvenir des temps de leur liaison avec madame de Maintenon qui aura donné l'idée de placer leur nom en tête des fragments dont j'ai parlé; mais alors même celle-ci ne leur aurait pas confié des secrets qui étaient aussi ceux du roi. Ainsi les fragments de lettres ou tous les passages de lettres qui tendent à accréditer une telle pensée sont nécessairement apocryphes, ou formés à l'aide de phrases habilement tronquées ou rapprochées de manière à présenter un sens tout opposé à celui qu'elles avaient; ou bien ce sont de véritables lettres écrites par une personne autre que madame de Maintenon et pour d'autres que mesdames de Frontenac et de Saint-Géran.

Cent ans se sont écoulés depuis que Voltaire et la Beaumelle ont écrit sur le siècle de Louis XIV ; et l'on trouve dans les ouvrages de ces deux auteurs relatifs à madame de Maintenon des faits qui se heurtent, des jugements inconciliables, qui les mettent en contradiction l'un avec l'autre. Les écrivains qui depuis ont tracé des histoires ou des notices sur la vie de Françoise d'Aubigné, ont rarement manqué l'occasion de se plaindre de la légèreté de Voltaire ; mais ils témoignent un mépris complet pour l'ouvrage de la Beaumelle, et s'abstiennent de le citer, ou ne le citent que fort rarement. Je suis néanmoins en mesure d'affirmer qu'on ne trouve chez aucun d'eux un seul fait, un seul détail de faits, une seule appréciation favorable ou défavorable, une seule vérité, une seule erreur qui ne soit dans la Beaumelle.

Comme pour décrire ce chapitre xi, restreint dans son objet, nous avions besoin d'embrasser dans notre pensée l'histoire de la longue vie de madame de Maintenon, nous avons été obligé, pour faire avec fruit cette étude, de soumettre à un examen critique les écrits de la Beaumelle et de Voltaire sur le siècle de Louis XIV et particulièrement sur madame de Maintenon, et aussi la controverse violente qui s'est élevée entre les deux auteurs. — Jamais sujet plus curieux d'investigation sur l'histoire du grand siècle et sur l'histoire littéraire du siècle qui l'a suivi ne s'était rencontré sur notre route. Mais, après avoir terminé cet examen, nous nous sommes aperçu qu'il était trop volumineux, et que s'il devait être publié un jour comme un appendice à ces *Mémoires*, ce n'était pas dans ce volume qu'il était convenable de le placer.

Page 213, ligne 7 : Des mémoires rédigés d'après des bruits de cour.

Du nombre de ces bruits de cour, je mets l'avis du duc de Montausier, donné au roi au sujet du refus d'absolution fait à madame de Montespan, le petit colloque de Louis XIV et de Bourdaloue sur la retraite de madame de Montespan à Clagny, et l'entretien de Bossuet et de madame de Montespan rapporté par M. de Bausset. — Relativement à ce dernier fait, le judicieux M. de Bausset lui-même, qui l'a rapporté d'après le manuscrit de l'abbé Ledieu (l'abbé Ledieu n'entra chez Bossuet qu'en 1684), fait observer que le caractère de madame de Montespan et celui de Bossuet le rendent invraisemblable. M. de Bausset a été trompé, pour ce qui concerne Montausier, par le fragment d'une lettre de madame de Maintenon à madame de Saint Géran, qui est apocryphe. — M. de Montausier a contribué sans doute avec Bossuet à la détermination du roi : madame de Caylus le dit[1] ; mais ce ne fut pas de la même manière que le raconte la lettre apocryphe. Il n'était point dans le caractère de Louis XIV de consulter le duc de Montausier ou le maréchal de Bellefonds sur les matières ecclésiastiques. Hors de la chaire évangélique et du confessionnal, si quelqu'un de ses sujets se permettait de lui faire des observations sur la religion, c'est qu'il lui en avait donné l'ordre. Il ne plaisantait pas non plus avec le père Bourdaloue, homme sérieux, et incapable de faire au roi, qui lui adressait la parole d'une manière aimable, une réponse aussi impertinente que celle qu'on lui a prêtée.

Page 214, ligne 14 : La grâce, l'esprit, la raison, s'unissaient en elle dans une juste mesure... Naturellement impatiente, vive, enjouée.

L'âge ne la changea point, et ne la rendit pas plus sévère. — Voici ce qu'elle disait à ses élèves de Saint-Cyr :

« Pour vivre ensemble, la raison est préférable à l'esprit... Rien n'est plus aimable que la raison; mais il ne faut pas la trop prodi-

---

[1] CAYLUS, *Souvenirs*, coll. des Mém. sur l'hist. de France, édit. 1828, t. LXVI, p. 387, in-8°. — *Ibid.*, édit. de Renouard, 1806, in-12, p. 95. Mais dans ces deux éditions, au lieu de *madame de Montausier*, il faut lire *M. de Montausier*. Madame de Montausier était morte depuis longtemps.

guer, et les personnes qui raisonnent toujours ne sont pas raisonnables. Ce qu'il est plus essentiel de mettre dans le commerce de la vie, c'est de la complaisance, de la joie, du badinage, du silence, de la condescendance et de l'attention aux autres. La piété peut sauver sans la raison ; mais la piété ferait beaucoup plus de bien si elle était réglée par la raison. » (*Conversations de madame la marquise* DE MAINTENON; 3ᵉ édit., Paris, Blaise, 1828, in-18, p. 8 et 9, *convers. I.*)

« L'esprit ne nous rend pas plus sage ni plus heureuse. La raison nous rend aimable ; elle résiste aux passions, aux préventions ; elle nous fait surmonter nos passions, et souffrir celles des autres. » (*Ibid.*, p. 100, *conv. XXIV.*)

« Un esprit mal fait, disait-elle, m'effraye partout. » (Voyez *Mémoires de Maintenon*, recueillis pour les dames de Saint-Cyr, 1826, in-12, p. VIII de la préface et p. 271.)

Page 214, ligne 20 : Le besoin de se faire des protecteurs la rendit insinuante et complaisante.

« Elle fait consister tous les moyens de plaire dans un seul, la politesse. Mais la grande politesse consiste à ménager en tout et partout les gens avec lesquels nous vivons, à ne les blesser jamais, à entrer dans tout ce qu'ils veulent, à ne contrarier ni ce qu'on dit ni ce qu'on fait. » (*Conversations de la marquise* DE MAINTENON, 3ᵉ édit., 1828, in-18, *Dialogue sur la société*, p. 3.)

« En société, on n'a qu'à choisir entre la souffrance ou la contrainte. » (*Ibid.*, p. 21.)

Quand on s'accoutume de bonne heure à s'occuper des autres, on s'en fait une habitude. Toute la philosophie de madame de Maintenon et le secret de son élévation se trouvent dans ces paroles qu'elle a écrites, où elle fait elle-même son éloge :

« Je persiste à croire que la jeunesse ne peut être trop sensible aux louanges des honnêtes gens, à l'honneur, à la réputation ; et qu'il n'y a que les courages élevés qui soient capables de tout faire pour y parvenir. » (*Conv.*, t. I, p. 239.)

Page 214, ligne 20, et p. 215, ligne première : La religion, à laquelle... elle savait faire parler un langage doux, juste, éloquent et court, etc.

« Dans le christianisme, dit-elle dans une de ses lettres, l'important n'est pas de beaucoup agir, mais de beaucoup aimer. »

Page 215, lignes 2 et 3 : L'infortune lui ravit l'âge des illusions.

De toutes les qualités que madame de Maintenon cherche à inspirer à ses élèves de Saint-Cyr pour leur bonheur futur, c'est la prudence et la circonspection. Elle leur dit :

« Il faut de la discrétion, même dans la vertu..... Il faut se contraindre, même dans le commerce que l'on a avec ses amis..... En s'abstenant d'écrire, on se retranche un plaisir, on s'assure un grand repos. Si on est assez malheureuse pour changer d'amis, on n'appréhende point qu'ils confient à d'autres les confidences que nous leur avons faites..... Il n'y a rien de si dangereux que les lettres : il y a beaucoup de personnes imprudentes qui les montrent; il y en a beaucoup de méchantes qui veulent nuire. Il s'en perd par hasard ; le porteur peut être gagné, la poste peut être infidèle. Celui à qui vous vous fiez se fie souvent à d'autres.

« Les lettres ont déshonoré des femmes. Elles ont coûté la vie à des hommes, elles ont fait des querelles, elles ont découvert des mystères. » (*Conversations inédites de madame* DE MAINTENON ; Paris, 1828, in-18, t. II, p. 70-73, *Convers. IX sur les lettres*, et *Convers. XI des anciennes*, t. I, 1828, in-18, p. 90.)

Pag. 215, ligne 18 : La jeune *Indienne*.

On devait aimer à lui donner ce surnom, parce qu'elle intéressait dans la conversation par les souvenirs qu'elle avait conservés de l'île de la Martinique, où elle avait passé sa toute petite enfance. Elle étonna beaucoup Segrais en lui apprenant que, dans ce pays, les ananas se mangeaient tout crus. On n'en recevait encore en Europe que confits et en morceaux. Ce fut elle qui fit connaître au poëte traducteur des *Géorgiques* la couleur dorée, la forme globuleuse et festonnée de ce fruit, surmonté de son magnifique panache de

Page 216, ligne 6 : Autrement que par l'aptitude négative de son tempérament.

Godetz Desmarests, évêque de Chartres, toucha ce point avec une grande délicatesse, dans une réponse à madame de Maintenon sur une de ses *redditions*, qui étaient des confessions écrites, plus explicites, plus confidentielles que les confessions ordinaires. Elle lui avait dit qu'elle croyait commettre un péché chaque fois que, cédant aux désirs du roi, elle cessait d'être son amie pour devenir son épouse.—Il lui répond :

« C'est une grande pureté de préserver celui qui vous est confié des impuretés et des scandales où il pourrait tomber. C'est en même temps un acte de soumission, de patience et de charité..... Malgré votre inclination, il faut rentrer dans la sujétion que votre vocation vous a prescrite..... Il faut servir d'asile à une âme qui se perdrait sans cela. Quelle grâce que d'être l'instrument des conseils de Dieu, et de *faire* par pure vertu ce que tant d'autres font sans mérite ou par passion ! » (LA BEAUMELLE, t. VI, p. 79-82.)

Elle avait bien choisi son directeur. Godetz-Desmarets n'était pas un évêque de cour, c'était un saint homme ; ses lettres à madame de Maintenon et toute sa conduite le prouvent. A lui seul elle s'était confiée, et il se pourrait bien que ce fût lui qui bénit en secret, et seul, le mariage sur lequel on fit tant de récits à la cour. Harlay était un homme de mauvaises mœurs, et que madame de Maintenon estimait peu ; au lieu qu'elle ne cachait rien à l'évêque de Chartres. Celui-ci lui écrit : « Après ma mort, vous choisirez un directeur auquel vous donnerez vos *redditions*. Vous lui montrerez les écrits qu'on vous a donnés pour votre conduite. *Vous lui direz vos liens.* »

Page 217, ligne 2 : Lui valurent d'être tenue sur les fonts de baptême par la femme du gouverneur.

Dans la notice historique sur madame de Maintenon par M. Monmerqué, placée en tête des *Conversations inédites*, in-18, Paris, Blaise, 1828, il est dit qu'elle naquit le 27 novembre 1635, fut baptisée par un prêtre catholique, et tenue sur les fonts par le duc de la

Rochefoucauld, gouverneur de Poitou, et par Françoise Tiraqueau, comtesse de Neuillant, dont le mari était gouverneur de Niort. Le nouvel historien de Maintenon, 1848, in-8°, t. I, p. 73, copiant la Beaumelle (*Mémoires pour servir à l'histoire de mad. de Maintenon*; Amsterdam, 1755, in-12, t. I, p. 103), dit au contraire que la marraine fut Suzanne de Baudran, fille du baron de Neuillant. La Beaumelle cite les Mémoires mss. de mademoiselle d'Aumale ; mais M. Monmerqué a vu aussi ces Mémoires. La Beaumelle remarque, en note, que Françoise d'Aubigné ne fut baptisée que le lendemain 28 novembre ; circonstance omise par les deux historiens mentionnés ci-dessus.

Page 217, lignes 4 et 5 : Sa mère, femme instruite, de courage et de vertu.

Les historiens de madame de Maintenon auraient bien dû éclaircir le vague qui règne dans l'histoire de madame d'Aubigné et dans celle des premières années de son illustre fille. Ils se sont contentés de se copier les uns après les autres. La Beaumelle cependant est plus précis et plus détaillé. Dans le tome VI de ses Mémoires, il a publié des extraits de pièces qui jettent quelque jour sur cette partie de l'histoire de Maintenon, et entre autres une lettre de madame d'Aubigné à madame de Villette, écrite de la Martinique, datée du 2 juin 1646 dans la copie, date que la Beaumelle croit fausse. (Voyez *Mém. pour servir à l'histoire de Maintenon*, t. VI, p. 34 à 38.) On eût trouvé surtout beaucoup de lumières sur l'histoire de la famille d'Aubigné dans les pièces du procès que la mère de madame de Maintenon eut à soutenir contre MM. de Nesmond-Sensac et de Caumont. (LA BEAUMELLE, *Mém.*, t. I, p. 107.) Ces pièces sont probablement dans les nombreux portefeuilles de Noailles, ou dans les archives de Maintenon. Il faudrait surtout discuter le récit contenu dans les fragments de Mémoires sur la vie de la marquise de Maintenon, par le père Laguille, jésuite ; récit erroné en quelques endroits, mais curieux, en ce que son auteur cite des témoins contemporains des faits. (Conférez *Fragments de Mémoires sur la vie de la marquise de Maintenon*, par le père Laguille, jésuite, dans les *Archives littéraires*, 12 vol., trim. d'octobre 1806, in-8°.) Ce morceau, défiguré par des fautes typographiques, et qui fut publié par Chardon de la Rochette, n'a été, je crois, connu d'aucun des auteurs qui ont écrit sur madame de Maintenon, car ils n'en font pas mention. Laguille est né en 1658, et a été contemporain de madame de Maintenon. Il dit que, dans le Béarn et le Poitou, Théodore-Agrippa d'Aubigné passait pour fils bâtard de la reine Jeanne d'Albret et d'un de ses secrétaires ; assertion que la Beaumelle a bien réfuté dans ses *Mémoires de Maintenon*, t. I, p. 10 et 14. (Conférez à ce sujet le *Mercure galant* de 1688 et de janvier 1705.)—Selon le récit d'un nommé Delarue, de Niort, madame d'Aubigné, mère de madame de Maintenon, alla d'abord à la Martinique et de là à la Guadeloupe, où elle resta deux ans dans l'habitation de Delarue. Elle se rendit ensuite à l'île Saint-Christophe, où elle mourut, attendant un bâtiment pour la transporter en France. Ses deux enfants, d'Aubigné et sa sœur *Francine* (madame de Maintenon), furent, par les soins d'une demoiselle, transportés à la Rochelle. Selon le père Duver, jésuite, doyen, mort à Nantes en 1703, le collége des jésuites de la Rochelle fournissait du pain et de la viande à d'Aubigné et à sa sœur. Ils furent conduits ensuite chez M. de Montalbert, à Angoulême. Ce fut là qu'un jeune gentilhomme nommé d'Alens, voulut épouser la jeune Francine, et lui prédit, dit-on, sa grande fortune. (P. 369-370.) Le reste du récit de Laguille s'accorde assez bien avec ce que l'on sait de l'histoire de madame de Maintenon ; mais il y a des fautes de copiste qu'il eût été facile à Chardon de la Rochette de corriger : ainsi le nom de Neuillans est tantôt converti en *Noüailles* et tantôt en *Neuillians*. Laguille dit, p. 376, que d'Aubigné fut d'abord placé comme page chez le marquis de Pardaillan, gouverneur du Poitou.

Page 217, ligne 20 : Les détails les plus minutieux de l'économie domestique.

La Dauphine avait une forêt de cheveux, que madame de Maintenon démêlait sans douleur : elle régnait à la toilette. Louis XIV s'y rendait souvent. Cette dame disait depuis : « Vous ne sauriez croire combien le talent de bien peigner une tête a contribué à mon élévation. » (LA BEAUMELLE, tome II, p. 175.)

Page 218, ligne 10 : De ne pouvoir parvenir « à *l'écrasement de l'amour-propre.* »

Madame de Maintenon a dit :

« On n'échappe à l'amour-propre que par l'amour de Dieu. » (*Convers.*, t. I, p. 30.)

« Le bon esprit ne peut se distinguer de la sagesse et de la raison. » (*Convers.*, t. I, p. 32.)

« La sagesse implique la dévotion ; car que serait une abnégation de soi-même qui resterait sans récompense ? » (*Convers.*, t. I, p. 36.)

Page 218, ligne 23 : Celui de paraître par le cœur au-dessus de la place qu'elle occupait.

« L'élévation des sentiments consiste à se rendre digne de tout, sans vouloir rien de disproportionné à ce que nous sommes. » (MAINTENON, *Convers.*, 3ᵉ édit., p. 219, chap. XXVII.)

Page 222, lignes 1 et 2 : Les *Conversations*, les *Proverbes*.

Le dialogue le plus ingénieux et le plus piquant de tous ceux que madame de Maintenon a composés pour ses élèves de Saint-Cyr, qu'elle leur faisait apprendre par cœur, et qui nous donne l'idée la plus nette de son caractère à la fois modéré et énergique, est celui sur les quatre vertus cardinales, parce qu'elle a su donner à une vérité incontestable l'apparence d'un paradoxe. (T. I, p. 63-73.)

Elle fait parler la Justice, la Prudence, la Force et la Tempérance, pour prouver que cette dernière vertu est la première de toutes, la plus essentielle ; et par la tempérance elle n'entend pas seulement la sobriété, mais la modération en toutes choses.

La Force fait à la Tempérance cette objection : « Ne peut-on point « être trop modéré ? — Non, répond la Tempérance ; cela ne serait « plus la modération, car elle ne souffre ni le trop ni le trop peu. »

La Tempérance dit : « Je détruis la gourmandise et le luxe ; je « m'oppose à tout mal, et je règle le bien. Sans moi, la justice serait « insupportable à la faiblesse des hommes ; la force les mettrait au « désespoir, la prudence perdrait son temps à tout peser. »

Page 223, ligne 18 : Un gentilhomme de sa province. Et note 2 : Conférez MÉRÉ.

On n'a imprimé, que je sache, aucun vers de Méré : il en faisait cependant, et voici une jolie épigramme de lui que je tire du recueil de Duval de Tours (*Nouveau choix de pièces choisies*; la Haye, 1715, p. 185) :

Au temps heureux où régnait l'innocence,

On goûtait en aimant mille et mille douceurs,
Et les amants ne faisaient de dépense
Qu'en soins et qu'en tendres ardeurs.
Mais aujourd'hui, sans opulence,
Il faut renoncer aux plaisirs.
Un amant qui ne peut dépenser qu'en soupirs
N'est plus payé qu'en espérance.

Page 224, ligne 16 : Écrivant selon l'occasion et le besoin, facilement, agréablement.

C'est ce dont il se vante et avec juste raison (t. I, p. 130), dans cette ode de héros burlesque, en style qui n'est nullement burlesque :

On peut écrire en vers, en prose,
Avec art, avec jugement ;
Mais écrire avec agrément,
Mes chers maîtres, c'est autre chose.

Les vers ont aussi leur destin :
Un poëme de genre sublime
Que son auteur lime et relime,
Ne vit quelquefois qu'un matin.

Cependant des auteurs comiques,
Des meilleurs, dont il est fort peu,
Ne sont pas bons à mettre au feu,
Au jugement des héroïques.

J'en sais de ceux au grand collier,
Des plus adroits à l'écritoire,
Qui pensent aller à la gloire,
Et ne vont que chez l'épicier.

Ce n'est pas dans une ruelle,
Devant de célestes beautés
Ou des partisans apostés,
Qu'on met un livre à la coupelle :

C'est au palais, chez les marchands,
Où la vente, mauvaise ou bonne,

A tous ouvrages ôte ou donne
Le nom de bons et de méchants.

Page 225, ligne 21 : Elle avait bien raison de se comparer à la cane qui regrette sa bourbe [1].

Le 25 janvier 1702, elle écrit, de Saint-Cyr, au duc d'Ayen, depuis duc de Noailles : « Il y aura demain quinze jours que je suis enrhumée, et en spectacle aux courtisans, aux médecins, aux princes, caressée, ménagée, blâmée, chicanée, tourmentée, considérée, accablée, dorlotée, contrariée, tiraillée. » MAINTENON, *Lettres*, t. V, p. 27, édit. d'Amst., 1756, in-8°.

Dans une lettre datée de Marly le 27 avril 1705, elle dit au comte d'Ayen :

« Si j'habite encore longtemps la chambre du roi, je deviendrai paralytique. Il n'y a ni porte ni fenêtre qui ferme; on y est battu d'un vent qui me fait souvenir des ouragans d'Amérique. » (*Lettres*, t. V, p. 47, édit. 1756.)—Louis XIV avait un tempérament de fer, et n'aimait pas les appartements trop renfermés et trop chauds.

Le 19 avril 1717, deux ans avant sa mort, elle écrit à madame de Caylus :

« On rachète bien les plaisirs et l'enivrement de la jeunesse. Je trouve, en repassant ma vie, que depuis l'âge de trente-deux ans (cette date nous reporte à 1675-1676, qui est celle du chapitre xi et de ceux qui le précèdent et le suivent), qui fut le commencement de ma fortune, je n'ai pas été un moment sans peines, et qu'elles ont toujours augmenté. »

Page 226, lignes 2 à 4 : Elle jouissait alors de l'amitié de tous, sans rien perdre de l'estime, de la considération et du respect qui lui étaient dus.

Elle a dit de l'heureux temps de sa jeunesse :
« Je ne voulais point être aimée en particulier de qui que ce fût : je voulais l'être de tout le monde, faire prononcer mon nom avec admiration, avec respect. Je me contrariais dans tous mes goûts. Il n'est rien que je n'eusse été capable de souffrir pour conquérir le nom de femme forte. Je ne me souciais point de richesses; j'étais

---

[1] Ou plutôt : *à de petits poissons qui regrettent leur bourbe.*

élevée de cent piques au-dessus de l'intérêt : je voulais de l'honneur.
—Oh! dites-moi, ma fille, y a-t-il rien de plus opposé à la vraie
vertu que cet orgueil dans lequel j'ai usé ma jeunesse? » (*Entretiens
de madame* DE MAINTENON, dans LA BEAUMELLE, *Mémoires*, t. VI,
p. 176 et 177, édit. d'Amsterdam, 1756, in-12.)

Page 229, lignes 2 et 3 : Il désira vivement mettre, dans la galerie
de celles dont il avait triomphé, etc.

Madame de Caylus, dont la conduite a été loin d'être régulière, quoiqu'elle ait été l'élève chérie de madame de Maintenon, se montre persuadée en ses Mémoires que, dans la liaison de sa tante avec Villarceaux, il ne s'est rien passé de contraire à la vertu. Mais, en rapportant le mot malin de la marquise de Sussay à ce sujet, elle semble vouloir établir un doute.

Il y a dans Gueroult, poëte du seizième siècle, une pièce de vers charmante. Ce sont des stances qui expriment les sentiments d'un peintre devenu amoureux fou d'une grande dame en faisant son portrait. Il n'osa pas lui déclarer son amour ; mais il fit en secret une copie de ce portrait, et à cette charmante tête il ajouta un corps nu, aussi parfait que celui de la Vénus de Médicis.—La grande dame surprit le peintre au moment où il terminait son travail : courroucée, elle demande à l'artiste pourquoi il a fait un portrait si mensonger, et comment il a eu l'audace de peindre ce qu'il n'a jamais vu? « Cela est juste, lui dit le peintre ; mais, en voyant un visage si beau et si parfait, je n'ai jamais douté que tout le reste du corps ne fût semblable; et, sans espérance de pouvoir contempler tant d'appas, j'ai voulu, par mon art, en posséder l'image. » D'après l'assertion de la Beaumelle, Villarceaux, irrité des refus de madame de Maintenon, l'aurait fait peindre comme sortant du bain, devant un génie noir et laid qui tient un miroir où se réfléchissent les plus secrets appas de la beauté. (LA BEAUMELLE, *Mémoires sur madame de Maintenon*, t. I, p. 198, Amsterdam, 1756, liv. II, ch. XVI.) Quoique la Beaumelle ne cite aucune autorité, le fait est possible. Mais cette basse vengeance, que Girodet a imitée de nos jours à l'égard de madame Simons (autrefois mademoiselle Lange, jolie actrice, si j'ai bonne mémoire), prouve plutôt l'échec de Villarceaux que son triomphe. Ceux qui avouent que Françoise d'Aubigné, après avoir résisté à ses nombreux adorateurs, n'a été faible qu'avec Villarceaux, oublient la juste réflexion de la Rochefoucauld : « Qu'il est plus difficile de trouver une femme qui n'a eu qu'un seul amant, qu'une femme qui n'en eut jamais. »

Page 230, avant-dernière ligne : Le nom de l'auteur de la *Mazarinade*.

Cette satire montre bien à quels excès on peut se laisser aller dans les temps de divisions politiques. Scarron, qui n'était pas méchant, accuse Mazarin d'avoir empoisonné le président Barillon, d'avoir volé les diamants de la reine d'Angleterre, après l'avoir laissée mourir de faim. Il lui souhaite le destin du maréchal d'Ancre ; il veut que l'on vende ses meubles à l'encan (ce qui fut fait), et il l'apostrophe ainsi :

> Va, va-t'en dans Rome étaler
> Les biens qu'on t'a laissé voler ;
> Va, va-t'en, gredin de Calabre?

Puis viennent d'ignobles gravelures qu'on ne saurait lire sans dégoût, et dont les parlementaires se réjouissaient. Enfin il conclut en disant :

> On te reverra dans Paris ;
> Et là, comme au trébuchet pris,
> Et de la rapine publique,
> Et de ta fausse politique,
> Et de ton sot gouvernement,
> Au redoutable parlement,
> Dont tu faisais si peu de compte,
> Ultramontain, tu rendras compte ;
> Puis, après ton compte rendu,
> Cher Jules, tu seras pendu
> Au bout d'une vieille potence,
> Sans remords et sans repentance,
> Sans le moindre mot d'examen,
> Comme un incorrigible. Amen.

Page 236, note 2 : *Œuvres diverses d'un auteur de sept ans, ou recueil des ouvrages de M. le duc* DU MAINE, *qu'il a faits pendant l'année* 1677 *et dans le commencement de l'année* 1678 [1].

A la page 207 des *Nouvelles de la république des lettres* (février

---

[1] Ce long titre indique une réimpression. Un exemplaire de l'édition originale,

1685, Amsterdam, 1686, 2ᵉ édition), il est dit que c'est Benserade qui a fait présent de ce rare volume au journaliste, qui était, je crois, le Clerc, et non Bayle. On ajoute : « Selon toutes les apparences, c'est madame de Maintenon qui a fait l'épître dédicatoire. » Puis en note il est dit : « On a su depuis qu'elle a été composée par M. Racine ; mais c'était pour madame de Maintenon. » Racine, qui depuis a su prêter à l'enfance, dans *Athalie*, un langage divin, ne composait pas les lettres de madame de Maintenon ; et s'il avait eu à faire parler le jeune duc du Maine dans une épître dédicatoire, il l'aurait fait autrement que madame de Maintenon. Mais il est tout naturel qu'un savant hollandais ne sût pas cela, et ne soupçonnât pas en Françoise d'Aubigné le talent d'écrivain. Le grand roi le connaissait bien, lui, qui, après avoir lu les instructions données à la duchesse de Bourgogne par madame de Maintenon, et trouvées dans la cassette de cette princesse après sa mort, voulut qu'il en fût fait des copies. Madame de Maintenon s'y opposait ; mais Louis XIV insista et dit : « C'est pour mes enfants ; il faut bien que ma famille ait quelque chose de vous. »

Qu'il me soit permis de faire remarquer que ces instructions religieuses, sous le rapport des pensées, de la religion et du style même, qui est vif et concis, sont bien supérieures à celles qui ont été données par l'archevêque de Cambrai à madame de Maintenon elle-même, et à sa demande. Il y a dans ces dernières une forte dose de mysticisme, qui aurait pu avoir une influence fâcheuse sur un esprit faible [1]. Fénelon s'y abandonne trop à sa rancune amère contre Louis XIV, qui, avec juste raison, n'avait pu goûter ses chimériques systèmes de gouvernement. Il dit durement à cette femme que le roi (son mari alors) ne pratique pas ses devoirs, et qu'il n'en a aucune idée (t. III, p. 224). Enfin, tout en blâmant la règle qu'elle s'était faite de ne s'occuper en rien des affaires d'État et de la politique, il lui reproche son indifférence à cet égard, et, au nom de la

---

imprimé sur vélin, relié en maroquin rouge aux armes de Mortemart, et inscrit sous le n° 1435 dans un catalogue de vente des bibliothèques du feu roi Louis-Philippe, Paris, Potier, 1852, porte seulement pour titre *OEuvres diverses d'un auteur de sept ans*. Cet exemplaire a été adjugé à la somme de 700 francs.

[1] *Lettres de* MAINTENON, édit. 1756, in-12, t. III, p. 221 : « Au reste, il faut tellement sacrifier à Dieu le *moi*, qu'on ne le recherche plus, ni pour la réputation, ni pour la consolation du témoignage qu'on se rend à soi-même sur ses bonnes qualités ou sur ses bons sentiments. *Il faut mourir à tout sans réserve, et ne posséder pas même sa vertu par rapport à soi.* »

religion, il l'exhorte à s'en mêler, et cherche à la jeter par la flatterie dans les intrigues de cour, en lui disant : « Il me paraît que votre esprit naturel et acquis a bien plus d'étendue que vous ne lui en donnez. » (T. III, p. 219.)

C'est le contraire qui était vrai. Madame de Maintenon avait un excellent jugement, un esprit fin, délié, ferme et éclairé, dans le cercle où elle s'était renfermée ; mais ce cercle était resserré : elle n'aimait pas à en sortir. Elle n'exprimait son avis sur les affaires d'État que par un signe d'approbation ou de désapprobation, et encore parce que Louis XIV l'y forçait. Une fois seulement, elle dressa un mémoire sur la grande affaire de la révocation de l'édit de Nantes. Elle y fut amenée par tout le clergé et par les ministres eux-mêmes, qui, dans les circonstances difficiles où l'on se trouvait, avaient le droit d'exiger le secours de ses lumières. — Le style de madame de Maintenon est plus pur et plus régulier que celui de madame de Sévigné. Ses lettres même sont mieux composées ; elles ont toujours un motif, un but qu'elles atteignent parfaitement. Il n'y a aucun désordre, aucune inconséquence dans les idées, aucune contradiction dans les jugements ; mais on n'y retrouve pas l'imagination et le coloris de madame de Sévigné. Les lettres de madame de Maintenon, c'est de l'histoire générale ou particulière ; celles de madame de Sévigné sont des feuilletons pour amuser madame de Grignan.

Page 238, lignes 27 et 28 : Elle détermina le vieux duc de Villars-Brancas à demander sa main.

Cette seconde proposition d'un mariage pour madame Scarron paraît résulter des récits comparés de madame du Pérou, que nomme positivement la Beaumelle, qui semble avoir eu des mémoires plus circonstanciés sur ce fait que les dames de Saint-Cyr ; car il dit, t. II, p. 110 :

« Elle (madame de Montespan) avait jeté les yeux sur le duc de V... B..., qu'une jeunesse passée dans les plaisirs, une vieillesse malsaine, et deux femmes assez méchantes, n'avaient pas dégoûté du mariage. » Et en note il ajoute que ce duc de V.. B.. était fils de George B..., et frère de la princesse d'..., morte en 1679. Ce que dit Saint-Simon sur le titre de duc donné au Brancas, fils de Villars (*Mémoires complets et authentiques*, t. XIV, p. 201), semble confirmer que la Beaumelle a voulu désigner ici le duc de Villars-Brancas, père de Brancas le distrait.—Le duc de Brancas, né en 1663, mort en 1739, marié à sa cousine germaine, fille de Brancas le distrait, et qui a fait le premier un si juste éloge des lettres de madame de Sévigné (voyez t. XII, p. 450 de l'édition de Gault de S.-G.), était peut-être le fils de celui qui se proposa pour épouser la veuve Scarron. (Conférez *Lettres de* Sévigné, tome VI, p. 240 et 379 de l'édit. Monmerqué, 1820, in-8°, et Tallemant des Réaux, *Historiettes*, t. II, p. 139 de l'édit. in-8°.)

Page 241, ligne 16 : Plus énergique.

Elle écrit au cardinal de Noailles pour lui apprendre qu'elle avait sacrifié les intérêts de sa propre nièce, la maréchale de Noailles :
« Eh bien, voilà les dames nommées, voilà la maréchale désespérée ! Mon état et ma destinée est d'affliger et de desservir tout ce que j'aime. J'en souffre beaucoup, mais je ne varierai point dans la loi que je me suis faite, de sacrifier mes amis à la vérité et au bien. »

Page 242, ligne 2 : Auquel elle rendait compte dans des lettres qui quelquefois avaient huit ou dix pages.

Ces lettres, si on les possédait, pourraient seules servir de pièces de comparaison avec celles de madame de Sévigné. Tout ce qui nous reste de cette dame est uniquement relatif ou aux personnes à qui elle écrit, ou à elle-même, et, par cette raison, offre peu de variété dans le fond comme dans la forme. Mais madame de Maintenon savait que Louis XIV aimait à trouver, dans la lecture des lettres bien écrites, une distraction agréable. Elle dut donc, pendant son voyage à Baréges, chercher, comme madame de Sévigné, à plaire autant qu'à informer ; mais ces lettres, moins riches de ces expressions heureuses qui jaillissent d'une vive imagination, devaient être mieux rédigées et surtout plus correctes. Madame de Maintenon est, pour le style épistolaire, un modèle plus achevé que madame de Sévigné. Presque toujours celle-ci n'écrit que par le besoin qu'elle éprouve de s'entretenir avec sa fille, avec les personnes qu'elle aime; enfin, de tout dire, de tout raconter. Madame de Maintenon, au contraire, a toujours, en écrivant, un objet distinct et déterminé. La clarté, la mesure, l'élégance, la justesse des pensées, la finesse des réflexions, lui font agréablement atteindre le but où elle vise. Sa marche est droite et soutenue ; elle suit sa route sans battre les buissons, sans s'écarter ni à droite ni à gauche. En un mot, madame de Maintenon était en garde contre le danger de commettre ces indiscrétions qui donnent tant d'esprit aux lettres de madame de Sévigné, et elle tâchait d'en prémunir ses élèves de Saint-Cyr en les détournant de l'envie d'écrire sans nécessité.

Page 243, ligne dernière, et 244, lig. 1 : « Et qui souvent sont chassées par un clin d'œil qu'on fait à la femme de chambre. » Et note 1, lig. 3 : Dans toutes les autres éditions, sans exception, le texte de cet important passage est faux ou défiguré. Les notes de ces éditions doivent disparaître.

Cela provient du premier éditeur de 1726; tous les autres ont copié. Mais ce qui est plus fâcheux, c'est qu'on ait reproduit, dans les éditions les plus récentes et les meilleures, l'absurde commentaire que Grouvelle a fait sur le texte : d'où il résulterait que Louis XIV, connu par son respect pour les convenances, la dignité de ses manières, son attachement pour la reine, l'aurait traitée avec indignité et mépris dans l'habitude de la vie. Je ferai remarquer que dans ce passage il n'y a pas *Quanto* comme dans toutes les autres éditions, mais que le nom de Montespan est en toutes lettres ; ce qui démontre qu'il n'y a ni sous-entendu ni déguisement dans la mention de la femme de chambre. Madame la duchesse de Richelieu, qu'on fait obéir par un clin d'œil à madame de Montespan, était alors dame d'honneur de la reine; et la marquise de Montespan n'était encore inscrite que la quatrième sur le tableau. (Voyez l'*État de la France*, 1678, in-12, p. 326.)

Page 245, lignes 12 à 14 : La naissance de mademoiselle de Tours, morte jeune, venue à terme au mois de janvier 1676.

Et c'est alors même que Louis XIV manifestait publiquement ses sentiments religieux et sa soumission à l'Église, qu'il communiait en public, qu'il permettait qu'on mît plus souvent dans la gazette officielle son exactitude à remplir ses devoirs de piété. On lit dans le volume du Recueil des gazettes, imprimé en 1677, p. 280, cet article :

« Avril 1676.

« Saint-Germain en Laye

« Le 4 de ce mois, veille de la Résurrection, le roi, qui avait as-

« *sisté à tous les offices* de la semaine sainte, communia dans l'église
« paroissiale par les mains du cardinal de Bouillon, grand aumônier
« de France, monseigneur le Dauphin tenant la serviette. »

Page 245, lignes 28 et 29 : On savait que la nature de sentiments exempts de toute faiblesse que lui inspirait madame de Maintenon, etc.

Ce ne fut qu'après la mort de la reine, après celle de Fontanges, après la disgrâce de Montespan, que l'opinion des gens de cour et du public changea, et que l'intimité toujours croissante de Louis XIV et de madame de Maintenon fit travailler les imaginations, et convertir en passion amoureuse un attachement constant et pieux, fondé, de la part de Louis XIV, sur le respect pour la piété, les vertus et les qualités de celle qu'il s'était choisie pour compagne ; et, de la part de madame de Maintenon, sur l'admiration que lui avaient inspirée les qualités du grand roi.

CHAPITRE XII.

Page 247, ligne 6 : Près du village de Sasbach, dans l'État de Bade.

Il faut écrire Sasbach, et non Salzbach et Saspach, comme a fait Ramsay (*Histoire du vicomte de Turenne, maréchal général des armées du roi* ; Paris, 1735, in-4°, p. 581). Ce lieu se trouve près d'Achern, sur la route d'Offenburg à Bade, au sud de Steinbach. La carte de l'atlas de Ramsay, insérée dans l'édition de 1735, in-4°, à la page 581, intitulée *Plan des différents camps du vicomte de Turenne et du comte Montecuculli dans l'Ortnaw*, dessinée et gravée par Cocquart, est fautive, et trop mauvaise pour qu'on y puisse suivre les opérations militaires de Turenne dans cette campagne ; il faut consulter la carte intitulée STRASBOURG, dans l'atlas des *Mémoires militaires des guerres de Louis XIV*, 1836, grand in-folio, exécuté sous la direction du général Pelet.

Page 252, ligne 19 : « Et qu'elle y avait mille affaires. »

Une de ces affaires était celle de la terre de Meneuf, vendue à Jean du Bois-Geslin, reçu président de Bretagne le 13 juin 1653, et fait depuis conseiller d'État. Madame de Sévigné lui vendit cette terre en 1674; et comme elle avait garanti les droits seigneuriaux, elle eut des difficultés qui furent levées, car elle toucha son argent en décembre 1675. (SÉVIGNÉ, *Lettres*, 17 novembre, 15 et 29 décembre 1675; t. IV, p. 209, 250 et 279, édit. G.)

Page 254, ligne 13 : Elle avait alors quarante-neuf ans.

Ce fut son âge critique. Par son tempérament fort et sanguin, madame de Sévigné avait assez fréquemment recours à la saignée. Cette doctrine médicale était fortement controversée au temps de Louis XIV, comme elle l'a été de nos jours du vivant du docteur Broussais. Gui Patin, conséquent avec ses principes, se fit saigner sept fois dans un rhume (voir sa lettre du 10 mars 1648, t. I, p. 375, 1846, in-8°), et fit pratiquer vingt saignées sur son fils.— A l'âge de trois ans, le fils de madame de Grignan tomba malade : on le saigna. Madame de Sévigné ne put s'empêcher de témoigner à sa fille des craintes au sujet de cette saignée : « Je reçois votre lettre, qui m'apprend la maladie du pauvre petit marquis. J'en suis extrêmement en peine; et pour cette saignée, je ne comprends pas qu'elle puisse faire du bien à un enfant de trois ans, avec l'agitation qu'elle lui donne : de mon temps, on ne savait ce que c'était que de saigner un enfant. » (SÉVIGNÉ, *Lettres*, 26 juin 1675, t. III, p. 436, édit. G.)—Gui Patin pensait tout différemment; car en 1648, au sujet d'un médecin allemand nommé Sennertus, dont il avait lu l'ouvrage, il écrit : « Il n'entend rien à la saignée des enfants ; ce misérable me fait pitié ! Si l'on faisait ainsi à Paris, tous nos malades mourraient bien vite. Nous guérissons nos malades après quatre-vingts ans par la saignée, et saignons aussi heureusement les enfants de deux et trois mois, sans aucun inconvénient... Il ne se passe pas de jour à Paris que nous ne fassions saigner plusieurs enfants à la mamelle et plusieurs septuagénaires, *qui singuli feliciter inde convalescunt.* » (GUI PATIN, *Lettres*, 13 août 1648), t. II, p. 419, édit. 1846, in-8°.

Page 254, lignes 20 à 22 : Bourdelot, ce célèbre médecin des Condé et de la reine Christine.

Le haineux et satirique Gui Patin (*Lettres*, édit. 1846, in-8°, t. I, p. 513) a tracé de ce médecin un portrait qui nous en donne une idée bien différente de celle que présente l'article *Pierre Michon* du savant M. Weiss, dans la *Biographie universelle* (t. XXVIII, p. 596). Bourdelot fut d'abord le précepteur du grand Condé avant d'être son médecin (Gui Patin, t. II, p. 5). Il revint de Suède en 1653. Il n'allait faire ses visites qu'avec de grands habits à longue queue, en chaise à porteurs ou en carrosse, et suivi de trois laquais. Il devint riche par l'obtention de l'abbaye de Macé en Berri, et par les bienfaits de la reine de Suède. On a oublié dans la *Biographie* de mentionner le plus curieux de ses écrits : c'est la *Relation des assemblées faites à Versailles dans le grand appartement du Roi* durant le carnaval de 1683, in-12. Bourdelot réunissait chez lui, chaque jour de la semaine, un certain nombre de ses confrères, médecins et hommes de lettres ; cette réunion avait pris le titre d'*Académie de Bourdelot* ; et lorsque madame de Sévigné se confia à ses soins, un auteur nommé le Gallois venait de publier un ouvrage intitulé *Conversations académiques tirées de l'Académie de Bourdelot* ; Paris, 1674, 2 vol. in-12. Ce livre est dédié à Huet ; il contient des dialogues uniquement relatifs à la médecine, et, à propos de médecine, des excursions sur la métaphysique et la philosophie de Descartes, qui alors faisait irruption dans tout.

Page 258, lignes 6 à 9 : Le ridicule que madame de Grignan versait sur madame de la Charce et sur Philis, sa fille aînée, la faisait rire aux larmes.

Philis de la Tour du Pin de la Charce était l'amie de mademoiselle d'Alerac (Françoise-Julie Grignan), cette belle-fille de madame de Grignan, qu'elle aimait si peu. (Voyez, sur cette courageuse demoiselle, le livre intitulé *Histoire de mademoiselle de la Charce, de la maison de la Tour du Pin en Dauphiné, ou Mémoire de ce qui s'est passé sous le règne de Louis XIV* ; Paris, chez Pierre Gaudouin, 1731, p. 11, 36 : c'est une espèce de roman, dont l'auteur est inconnu. Conférez madame de Genlis dans *Mademoiselle de la Fayette, ou le siècle de Louis XIII* ; 2ᵉ édit., 1813, t. I, p. 42, note 4.) On lit dans la *Gazette de France*, du 23 juin 1703, que Philis de la Tour du Pin de la Charce, nouvelle convertie, mourut à Nions en Dauphiné, âgée de cinquante-huit ans. Ainsi cette demoiselle avait trente ans lorsqu'elle était le sujet des sarcasmes de madame de Grignan.—En relisant la note où j'ai parlé de mademoiselle de la Charce (4ᵉ partie de ces *Mémoires*, p. 354), je m'aperçois que j'ai attribué à madame Deshoulières des vers qui sont de sa fille, et que l'on a placés à la suite de ceux de la mère dans l'édition que je cite (1695, in-8°). L'épître et les madrigaux de M. Cazes sont adressés à mademoiselle Deshoulières, p. 257 et 278. Les poésies de cette demoiselle, non mentionnées sur le titre, commencent à la page 218. Cette édition des poésies de madame Deshoulières a été donnée par sa fille, ainsi qu'elle le dit dans l'avertissement du second volume; et la lettre de M. Cazes, datée de Bois-le-Vicomte le 4 octobre 1689, qui se trouve dans l'édition des œuvres de madame et de mademoiselle Deshoulières (1764, in-12, t. II, p. 204), est adressée à cette dernière. Les détails sur la mort de M. Cazes (datés de 1692), page 238 de cette même édition, sont de mademoiselle Deshoulières.

Page 259, ligne 17 : « J'ai couché cette nuit à Veretz. »

Toutes les cartes et tous les livres géographiques de la France écrivent Veretz ou Verets; mais dans les éditions de madame de Sévigné on lit *Veret,* et c'est ainsi qu'elle a écrit; car dans le vol. XXXII (département d'Indre-et-Loire, premier arrondissement de Tours), je trouve une aquarelle du château où coucha madame de Sévigné, faite il y a cent cinquante ans, et qui porte pour intitulé *Veue du chasteau de* VERET *en Touraine, sur la rivière du Cher* (1689).

Page 261, ligne 15 : « Nous allons à la Seilleraye, etc. » — *Sur les portraits de madame de Sévigné et de madame de Grignan.*

Le château de la Seilleraye est situé dans le canton de Carquefou, à environ sept kilomètres à l'est de ce bourg. Il est à deux kilomètres de Mauves et du bord septentrional de la Loire, sur le versant d'un coteau au bas duquel coule un ruisseau qui se jette dans la Loire au-dessous de Mauves. Sur la carte de Cassini (n° 131), ce ruisseau n'est pas nommé; mais dans le pays on l'appelle *la Seille,* c'est pourquoi il faut écrire *la Seilleraye,* comme dans le grand *Dictionnaire de la poste aux lettres,* 1836, in-folio, p. 660, et dans la dernière carte de la poste aux chevaux, dressée par les ordres de M. Conte, et non par *la Sailleraye,* ainsi qu'il est marqué sur la carte de Cassini.

Voici ce que madame de Sévigné mande à sa fille au sujet de ce château, qu'elle n'avait pas vu depuis sa jeunesse, et qui lui parut peu reconnaissable : « M. d'Harouïs manda de Paris, il y a quatre ans, à un architecte de Nantes, qu'il le priait de lui bâtir une maison, dont il lui envoya le dessin, qui est très-beau et très-grand. C'est un grand corps de logis de trente toises de face, deux ailes, deux pavillons ; mais comme il n'y a pas été trois fois pendant tout cet ouvrage, tout cela est mal exécuté. Notre abbé est au désespoir, M. d'Harouïs ne fait qu'en rire. » (SÉVIGNÉ, *Lettres*, 24 septembre 1675, t. IV, p. 112, édit. G.)

Ce beau domaine a eu le rare privilége d'être transmis à une famille alliée à celle de d'Harouïs (la famille de Bec-de-Lièvre), par suite du mariage de Jean-Baptiste de Bec-de-Lièvre avec Louise d'Harouïs en 1649. Cette famille le possède encore. — L'auteur d'une *Vie de madame de Sévigné* très-agréablement écrite, M. le vicomte Walsh, nous a donné des détails sur les embellissements faits à ce domaine par le propriétaire actuel : « La Seilleraye couronne bien le coteau ; M. de Bec-de-Lièvre a *désengoncé* le château des murailles qui fermaient la cour et les jardins, dessinés par Le Nôtre ; une belle grille, à fers de lances dorés, ferme aujourd'hui la cour ; le parc anglais se lie à merveille avec les anciens jardins. » (*Vie de Sévigné;* par M. le vicomte Walsh, 1842, in-12, p. 355.) M. Monmerqué a fait graver une *Vue du château de la Silleraye* (sic) pour accompagner l'édition des *Lettres inédites de madame de Sévigné;* Paris, Blaise, 1827, in-8°. Dans l'avertissement de ces *Lettres* (pag. XIII), le savant éditeur dit que M. le marquis de Bec-de-Lièvre conserve dans ce château un beau portrait de madame de Sévigné, peint en Diane. M. le vicomte Walsh décrit ainsi ce tableau :

« Dans ce magnifique portrait de Mignard, donné, dit-on, par madame de Sévigné à d'Harouïs, Marie de Rabutin-Chantal, *qui venait de se marier*, est vêtue en Diane chasseresse, selon le goût du temps. Elle a dansé dans un quadrille devant Louis XIV avec ce costume. » Nous ne pouvons croire que ce portrait soit celui de madame de Sévigné (Marie de Rabutin-Chantal). Il est bien vrai que les femmes qui avaient eu l'honneur de figurer dans les ballets de Louis XIV aimaient à se faire peindre dans les beaux costumes mythologiques dont elles étaient revêtues pour le rôle qu'elles remplissaient ; mais madame de Sévigné n'a paru dans les ballets de Louis XIV à aucune époque, et encore moins *lorsqu'elle venait de se marier*. Marie de Rabutin-Chantal épousa, le 4 août 1641 [1], le marquis de Sévigné ; Louis XIV

---

[1] Voyez la 1ʳᵉ partie de ces *Mémoires sur madame* DE SÉVIGNÉ, 2ᵉ édit.,

n'avait alors que six ans, et ne donnait pas de ballets. Madame de Sévigné a été peinte par Nanteuil, et aussi, je crois, par Lefebvre; mais il n'est pas aussi certain qu'elle l'ait été par Mignard. Elle parle tant et si souvent du portrait de madame de Grignan par Mignard, que si elle avait été peinte aussi par ce maître, nous le saurions. Le portrait de la collection de tableaux qu'on voit à la Seilleraye n'est donc pas plus, *s'il est de son temps*, le portrait de Marie de Rabutin-Chantal que celui qu'on a placé avec une semblable désignation dans la galerie de Versailles. (Voyez partie I, p. 512 de ces *Mémoires*.) Mais si ce n'est pas le portrait de Marie de Rabutin-Chantal, c'est peut-être celui de mademoiselle de Sévigné. Celle-là, par exemple, figura dans les ballets *costumés* du roi (voyez 2º partie de ces *Mémoires*, p. 332-341), et a bien véritablement été peinte par Mignard.

Je crois devoir ajouter ici quelques détails à la longue note que j'ai écrite *sur différents portraits qu'on a gravés de madame de Sévigné* (2º partie de ces *Mémoires*, p. 512).

Ce qui met hors de doute l'authenticité du portrait peint par Nanteuil *ad vivum*, et gravé par Édelinck (Nicolas Édelinck, fils de Gérard), ce sont les lettres où madame de Sévigné parle de son nez carré et de ses paupières bigarrées [1].

Indépendamment de la gravure du portrait de madame de Sévigné, finement exécutée par Jacques Chereau pour l'édition des *Lettres* de 1734, le chevalier Perrin en fit faire une autre pour son édition de 1754. Ce portrait a été peint par Febure ou Lefebvre, le même qui fit celui de Bussy, reproduit en tête de ses *Mémoires*, édition in-4°, et gravé par Édelinck. Ce portrait de Lefebvre ressemble plus à celui de Nanteuil qu'à celui de l'édition de 1734 : la coiffure est presque semblable, mais la tête est penchée; il est vu de trois quarts; les yeux sont plus grands, la face moins pleine, et il a plus de physionomie. Lefebvre a fait beaucoup de portraits de personnages illustres; un grand nombre ont été reproduits par Poilly, Van Schuppen, Balechou,

---

1845, p. 20 et 21. Dans l'édition de 1842, il y avait, par faute d'impression, *le 1ᵉʳ août*. Un auteur qui a écrit en 1849 un très-bon opuscule sur l'administration de Louis XIV nous accuse, d'après cette erreur typographique depuis longtemps corrigée lorsqu'il écrivait, d'avoir confondu les fiançailles avec les noces. Il y a, ce nous semble, dans cette critique, plus que de la rigueur.

[1] SÉVIGNÉ, *Lettres* (26 juillet 1668 et 27 février 1671), tome I, pag. 129 et 268, édit. M.

et d'autres. Né en 1736, il mourut à Londres en 1775. Il était l'élève de Charles le Brun ; il ne flattait point les traits, et n'aimait pas à peindre les femmes avec du fard. C'est peut-être pour cela que madame de Sévigné estimait peu ses ouvrages. Dans la belle collection d'Odieuvre il y a un portrait de madame de Grignan par Ferdinand, celui qui a peint Ninon : il est gravé par Pinssio. Ce portrait, quoique différent de ceux qu'on a faits depuis, est bien celui de la même femme, et a dû être ressemblant. Il paraît que M. de Grignan avait donné son portrait, peint par un artiste provençal, à M. de Coulanges, et qu'il existait du comte un autre portrait peint par Lefebvre; car madame de Sévigné écrit à sa fille (le 19 février 1672, t. II, p. 392, édit. G.) : « Mais que vous dirai-je de l'aimable portrait que M. de Grignan a donné à M. de Coulanges ? Il est beau et très-ressemblant : celui de Lefebvre est un misérable auprès de celui-ci. Je fais vœu de ne jamais revenir de Provence que je n'en aie un pareil, et un autre de vous : il n'y a point de dépense qui me soit si agréable. »

Madame de Sévigné, avec toute raison, préféra Mignard au peintre provençal, et elle profita du séjour de madame de Grignan à Paris pour faire exécuter pour elle, dans les premiers mois de l'année 1675, le portrait de sa fille. Il obtint bientôt une certaine célébrité. (SÉVIGNÉ, *Lettres*, 4 et 9 septembre, t. III, p. 452 et 460.) Dans sa lettre du 19 août 1675 (t. III, p. 411, édit. M., et t. IV, p. 35, édit. G.), elle dit à madame de Grignan : « Votre portrait a servi à la conversation ; il devient chef-d'œuvre à vue d'œil ; je crois que c'est parce que Mignard n'en veut plus faire. » Mignard avait, il est vrai, soixante-cinq ans lorsqu'il peignit madame de Grignan ; mais aucun peintre n'a prolongé plus longtemps sa carrière d'artiste. Né en 1610, il mourut en 1695. Ses derniers portraits furent ceux de la famille royale d'Angleterre, qu'il exécuta à l'âge de quatre-vingt-quatre ans. Un peu auparavant il fit celui de madame de Maintenon, le plus célèbre de tous, et peignit Louis XIV pour la dixième fois.

Je possède un grand tableau de Mignard provenant de la vente de M. Quentin Craufurd, connu par la belle collection de portraits qu'il avait réunis, et par le soin qu'il s'était donné pour s'assurer de l'exactitude des désignations qu'il leur donnait. Cette toile est décrite sous le n° 162, page 47 du catalogue, comme représentant madame de Thianges et le duc du Maine, son neveu. Il n'en est rien : elle renferme les portraits de madame de Seignelay et de ses deux fils, peints un an après la mort du ministre Seignelay. Ce tableau, parfaitement bien décrit dans la *Vie de Mignard* (page 148 de l'édit. de Paris, 1730, et p. 123 de l'édit. d'Amst., 1731), est signé *Mignard* et daté de 1691 : Mignard avait donc quatre-vingt-un ans lorsqu'il fit le portrait de Catherine-Thérèse de Matignon, femme de Seignelay, laquelle se remaria, le 22 février 1696, au comte de Marsan. Mignard résida vingt-deux ans à Rome, et ne vint se fixer à Paris qu'en 1660 ; par conséquent il n'a pu peindre Marie de Rabutin-Chantal peu après son mariage.

En faisant connaître le portrait le plus authentique et le plus certain de la marquise de Sévigné, gravé par Édelinck fils, d'après Nanteuil, j'ai oublié de dire que le premier pastel de Nanteuil existe, très-bien conservé : nous l'avons vu chez M. le comte de Laubespin de Tracy, auquel il appartient. De la collection de M. Traullé il a passé dans les mains de madame Bredt, qui l'a donné à madame de Laubespin.

J'ai parlé du portrait de Ninon par Ferdinand. Il a été très-bien gravé par Thomas Wastley en 1757, aux frais de Walpole, comte de Sandwich, d'après le tableau original donné par Ninon de Lenclos à la comtesse de Sandwich, son amie. Ferdinand peignit aussi madame de Maintenon avant que Mignard fît d'elle le beau portrait si admirablement gravé par Ficquet.

« Madame de Maintenon, dit madame du Pérou (*Mémoires de madame de Maintenon recueillis par les dames de Saint-Cyr*; Paris, Olivier Fulgence, 1846, in-12, p. 261, chap. XVII), se rendit à nos instances, et souffrit que Ferdinand, assez habile peintre pour la ressemblance, la tirât. Il fit un portrait où elle est représentée dans tout son air naturel, avec mademoiselle d'Aubigné sa nièce, qui était un enfant, et qui depuis a été la duchesse de Noailles ; elle n'avait alors que trois ou quatre ans, et était aussi jolie et aussi aimable que le peintre l'a représentée : c'est le portrait qui est dans la salle de la Communauté, à côté de la cheminée. Il résulte du récit de madame du Pérou que ce portrait fut fait après le 19 mai 1689, époque de l'élection de mademoiselle de Loubert. Je ne connais aucune gravure de ce tableau, et j'ignore s'il existe encore. Mais quand Horace Walpole visita Saint-Cyr, il vit le portrait de madame de Maintenon dans presque toutes les chambres. Celui de Mignard a été souvent copié, dit-on, par lui-même avec des variations. Je possède une de ces copies qui était à Saint-Cyr, et que j'ai achetée à la vente de M. Craufurd. Elle est semblable, à la couleur du manteau près, à celle qu'on voit dans la galerie de Versailles. Ferdinand a aussi peint le duc de Montausier. Ce portrait a été gravé par Lenfant, in-fol., en 1757.

Page 267, lignes 2 à 4 : La partie inédite de ses Mémoires... offre un exemple d'une aussi forte distraction.

Ainsi, dans le manuscrit autographe de la *Suite des Mémoires de Bussy*, après la transcription de la lettre que Bussy écrivit à madame de Sévigné le 19 octobre 1675, on lit au verso de la page 154 : « Huit jours après que j'eus écrit cette lettre, j'en reçus cette réponse. » Vient ensuite la transcription d'une lettre de madame de Sévigné sous la date du 27 octobre 1675, qui est la même que celle du 20 décembre 1675 dans l'édit. de Gault de S.-G., sauf le commencement, qui diffère du manuscrit et des éditions imprimées. Les lignes qui précèdent cette lettre assurent l'exactitude de sa date, qui est d'ailleurs confirmée, par tout ce qu'elle contient, comme répondant à celle du 19 octobre. Elle devrait être, suivant nous, placée immédiatement après cette lettre ; mais, par une étrange méprise, la lettre de madame de Sévigné, du 27 octobre, est datée de Paris, et commence ainsi : « J'arrivai hier ici, et on me vient d'apporter votre lettre du 19 de ce mois. Je partis de Bretagne trois jours après que je vous écrivis. » A moins de substituer dans la date Vitré à Paris, et *Rochers* à *Bretagne*, il est impossible de concilier ce commencement avec la date de 1675 et avec tout le reste de la lettre.

Cependant tous les faits qui résultent de la correspondance de madame de Sévigné en Bretagne avec Bussy en Bourgogne, se trouvent confirmés dans une lettre de cette dame (20 octobre 1675), par laquelle elle envoie à son cousin sa procuration pour le mariage de sa nièce. Le ms. ne fait pas mention de cette lettre ; mais à la suite de celle du 27 octobre, Bussy écrit :

« Trois jours après que j'ai reçu cette lettre, je fis cette réponse ; » et cette réponse est en effet datée de Chaseu le 30 octobre.

Cette lettre, dans ce qu'elle a de plus essentiel à partir de la ligne « Quand je vous ai mandé, etc., » est la même que celle qui, dans diverses éditions, est datée de Bussy le 9 janvier 1676. Il y a encore ici divergence non-seulement dans les dates, mais dans le commencement des deux lettres : celle du ms. commence, comme l'autre, par la même impossibilité, en s'exprimant ainsi :

« Je suis fort aise, madame, que nous soyons à Paris : nous y gagnerons tous deux. » Puis elle répond à la précédente sur la fièvre du roi.

Rien de tout cela dans la lettre imprimée, qui commence ainsi : « Je reçus avant-hier votre lettre du 20 décembre, qui est une réponse à une lettre que je vous écrivis le 19 octobre. Vous devez avoir reçu depuis ce temps-là deux lettres de moi, sans compter celle que je viens de vous écrire, avec une lettre pour madame de Grignan. » On a vu que cette lettre du 20 décembre était précisément celle du 27 octobre du ms., et l'explication paraît une interpolation du copiste-éditeur ajoutée à la lettre de Bussy. Mais si le ms. de la *Suite des Mémoires* est autographe, l'étrange confusion qui fait supposer madame de Sévigné à Paris est de Bussy lui-même, qui, ayant devant les yeux plusieurs lettres de sa cousine sous la même date, et sans désignation d'année, aura été distrait en les transcrivant.

Ces distractions de Bussy, quand il fit la *Suite des Mémoires*, démontrent que c'est également lui qui a transposé à une date fausse la lettre que madame de Sévigné a écrite sur la naissance de son fils.

Page 267, lignes 12 à 15 : Des fragments des Mémoires autographes d'Ormesson... constatent que madame de Sévigné accoucha, à Paris, de sa fille le 10 octobre 1646.

La fin de la lettre de madame de Sévigné à madame de Grignan, en date du 28 août 1680 (t. VI, p. 436 de l'édit. de Monmerqué), ne prouve pas, comme le dit cet éditeur dans sa note, que madame de Grignan fût née aux Rochers. Elle signifie seulement que madame de Sévigné envoya à Paris, à madame de la Fayette ou à madame de Coulanges, une lettre de sa fille, qu'elle a trouvée très-amusante et bien écrite ; et que la réputation de madame de Grignan, si bien établie comme femme d'esprit à Paris (dans son air natal), était faite aussi dans les parties les plus reculées de la France (la Bretagne) : « Vos lettres nous ont servi d'un grand amusement : nous remettons votre nom dans son air natal. Croyez, ma fille, qu'il est célébré partout où je suis ; il vole, il vole jusqu'au bout du monde, puisqu'il est en ce pays. »

Page 271, ligne dern., et 272, ligne 1 : Le père du Chastellet s'illustra dans les lettres.

Paul Hay du Chastellet mourut en 1636. Il rédigea les premiers statuts de l'Académie française (réglem. du 27 mars 1634), prononça le premier discours dans le sein de cette Académie, dont le sujet était sur *l'éloquence française*. Il écrivit des satires en vers français et en vers latins, et eut le courage de braver le despotisme de Richelieu, en défendant le maréchal de Marillac.

CHAPITRE XIII.

Page 292, ligne 16 : Elle (*la princesse de Tarente*) lui fit sur elle-même d'étranges confidences.

Madame de Grignan s'imaginait que la princesse de Tarente, après quatre ans de veuvage, était encore plongée dans la douleur du souvenir de la perte de son mari. Madame de Sévigné lui répond :

« Je ne sais quelle idée vous avez de la princesse : elle n'est rien moins qu'*Artémise;* elle a le cœur comme de cire, et s'en vante, disant plaisamment qu'elle a le cœur ridicule. Cela tombe sur le général, mais le monde en fait des applications particulières. J'espère que je mettrai des bornes à cette ridiculité par tous les discours que je fais, comme une innocente, de l'horreur qu'il faut avoir pour les femmes qui poussent cette tendresse un peu trop loin, et du mépris que cela leur attire. Je dis des merveilles, et l'on m'écoute, et l'on m'approuve tout autant que l'on peut. Je me crois obligée, en conscience, à lui parler sur ce ton-là, et je veux avoir l'honneur de la redresser. »

Page 293, ligne 10 : Il faut cependant en excepter le roi, qu'elle aimait plus... qu'il ne fallait pour son repos.

Madame de Sévigné écrit à sa fille : « La princesse de Tarente n'attribue l'agitation de sa nièce qu'à l'ignorance de son état; elle dit que c'est une *fièvre violente*, et qu'elle s'y connaît. Voulez-vous que je dispute contre elle ? »

Il n'est pas exact de dire que ces derniers mots prouvent que madame de Sévigné ne croyait pas à la passion de la duchesse d'Orléans pour le roi. Et il en serait ainsi, que le témoignage de la princesse de Tarente deviendrait autrement décisif sur cet objet que celui de madame de Sévigné. Cela explique parfaitement bien la haine de la duchesse pour madame de Montespan et pour madame de Maintenon.

Page 296, lig. 5 de la note : Cette famille subsiste encore.

Un duc de Tarente, candidat du gouvernement, a été nommé membre du corps législatif dans la deuxième circonscription du département du Loiret, en mars 1852.

Page 306, ligne 8 : Les éloges qu'elle donne au grand historien du peuple juif.

Dans la biographie de Josèphe (Flavien), on n'indique pas de plus ancienne édition de la traduction de cet auteur que celle de 1681, in-8° et in-12. Les lettres de madame de Sévigné prouvent qu'il y en a d'antérieures en date ; mais je n'ai pu en trouver encore la mention dans aucune notice.

CHAPITRE XIV.

Page 318, lignes 7 à 9 : « Je n'eusse jamais cru que d'Olonne eût été propre à se soucier de son nom et de sa famille. »

La lettre de madame de Sévigné, du 5 janvier 1676, rectifie une erreur de la *Gazette de Hollande* : elle nous apprend que mademoiselle de Noirmoutier était aussi de la maison de la Trémouille, et qu'après son mariage elle s'appellera madame de Royan. La citation de Feuquières renvoie à une lettre de madame de Saint-Chamand à madame de Feuquières, qui annonce (le 17 janvier 1676) que la comtesse d'Olonne était à Barèges, parce qu'elle avait fait une chute de voiture et avait eu le bras cassé.

Page 329, ligne 21 : Quoique l'assemblée ait voté, sous l'influence de la terreur exercée par le duc de Chaulnes, etc.

Le procès-verbal de la tenue des états en l'endroit cité (p. 379 verso), sous la date du 12 décembre 1675, porte : « M. de Chaulnes est entré aux états, pour leur dire de la part du roi de faire les fonds, etc. »

Page 330, ligne 7 : Presque en même temps que se terminait à Dinan la tenue des états de Bretagne.

La tenue de l'assemblée des états de Bretagne commença à Dinan le 9 novembre 1675, et se termina le 15 décembre ; l'assemblée des communautés de Provence ouvrit ses séances à Lambesc le 23 octobre, et les termina le 20 décembre 1675.

Page 338, lignes 2 et 3 : Madame de Sévigné allait quelquefois dîner au château d'Argentré.

Malheureusement les lettres de madame de Sévigné qui constatent ce fait nous apprennent que, malgré son intimité avec les habitants de ce château et ses railleries fréquentes sur les sottises de mademoiselle du Plessis, elle s'égayait par trop aussi sur les ridicules provinciaux de toute la famille. M. Corbière, qui, au milieu de ses travaux ministériels, ne pouvait s'empêcher de causer longuement de littérature, m'a dit qu'on savait en Bretagne qu'avant la publication des lettres de madame de Sévigné, sa mémoire était en vénération parmi les descendants des du Plessis : le portrait de cette illustre amie se trouvait dans toutes les chambres du château, comme celui d'une parente vénérée qu'on a perdue. Mais quand les lettres eurent paru, la famille d'Argentré, cruellement détrompée, fit remettre au grenier les images de la dame des Rochers ; et sa mémoire y fut en exécration parmi les personnes qui auraient recherché son estime, si elles avaient vécu de son temps. Cet exemple vient à l'appui des sages instructions de madame de Maintenon pour ses élèves de Saint-Cyr, sur le danger d'écrire des lettres. Afin de mieux concevoir l'effet que dut produire au château d'Argentré la lecture de la correspondance de madame de Sévigné, il faut citer le passage de sa lettre à madame de Grignan, en date du 5 janvier 1676 :

« Au reste, mademoiselle du Plessis s'en meurt ; toute morte de jalousie, elle s'enquiert de tous nos gens comme je la traite. Il n'y en a pas un qui ne se divertisse à lui donner des coups de poignard : l'un lui dit que je l'aime autant que vous ; l'autre, que je la fais coucher avec moi, ce qui serait assurément la plus grande marque de ma tendresse ; l'autre, que je la mène à Paris, que je la baise, que j'en suis folle ; que mon oncle l'abbé lui donne dix mille francs ; que si elle avait seulement vingt mille écus, je la ferais épouser à mon fils. Enfin, ce sont de telles folies, et si bien répandues dans le petit domestique, que nous sommes contraints d'en rire très-souvent, à cause des contes perpétuels qu'ils nous font. La pauvre fille ne résiste pas à tout cela. Mais ce qui nous a paru très-plaisant, c'est que vous la connaissiez encore si bien, et qu'il soit vrai, comme vous le dites, qu'elle n'ait plus de fièvre quarte dès que j'arrive : par conséquent elle la joue ; mais je suis assurée que nous la lui redonnons *véritable* tout au moins. Cette famille est bien destinée à nous réjouir. Ne vous ai-je pas conté comme feu son père nous a fait pâmer de rire six semaines de suite? Mon fils commence à comprendre que ce voisinage est la plus grande beauté des Rochers. » (SÉVIGNÉ, *Lettres*, t. IV, p. 295, édit. G.)

Page 345, ligne 15 : D'anciennes dettes contractées envers la famille de Mirepoix.

L'inventaire des archives de la maison de Grignan démontre que le chevalier Perrin, s'il a été bien informé, entend, dans sa note, parler de la première femme du comte de Grignan. Il s'agissait d'une réclamation du sieur Jabach pour une somme de 4,000 liv. qui lui était due comme complément d'une obligation faite à son profit par M. le comte de Grignan et feu son épouse. Cette affaire ne fut terminée que le 31 mars 1677, au moyen d'une constitution de 250 liv. de rentes, par M. le comte et madame la comtesse de Grignan, au profit de mademoiselle de Grignan, fille de madame de Grignan-Rambouillet. Après cette constitution, le sieur Jabach donna quittance. (*Catalogue des archives de la maison de Grignan*, p. 33.—Les pièces les plus importantes ont été achetées par la Bibl. nat., où elles sont conservées.)

Page 346, ligne 10 : Puis marquis de Vins.

L'abbé de Vins, dont il est fait mention dans la lettre du 11 mars 1671 (t. I, p. 365, édit. G.), et qui était venu trouver madame de Sévigné pour lui donner des nouvelles de madame de Grignan, était probablement le frère cadet du marquis de Vins.

Dans une lettre de M. de Pomponne au marquis Isaac de Feuquières, ambassadeur en Suède, datée de Paris le 29 avril 1674, on lit :

« ... La grande affaire que nous avons faite a été de marier ma sœur (sa belle-sœur) à M. le marquis de Vins, qui est un homme de qualité de Provence, seul et unique héritier de sa maison, ayant un père et une mère, toutes dettes payées. » (*Lettres de* FEUQUIÈRES, t. II, p. 429.)

Page 355, lignes 1 et 2 : Sans inspirer à l'une et à l'autre ni estime ni confiance.

Dans la lettre de madame de Maintenon au cardinal de Noailles (mars 1700), on lit : « Madame de Saint-Géran m'a demandé une audience, en m'assurant qu'elle voulait être dévote, et très-dévote. Elle a voulu me persuader de la faire aller à Marly. Je lui ai parlé avec une grande franchise sur sa mauvaise conduite. Je l'ai renvoyée à madame la maréchale de Noailles, pour juger si pour se détacher du monde il faut aller à Marly. Que de conversions fausses ! Le péché vaut encore mieux que l'hypocrisie. » (*Lettres de madame* DE MAINTENON, t. IV, p. 191.)

Page 355, lignes dernières : Elle (*madame de Saint-Géran*) n'eut qu'une fille, dont elle accoucha après vingt et un ans de mariage.

Dans l'ignorance où elles étaient de ce fait, les personnes qui ont à Saint-Cyr composé ou falsifié nombre de lettres de madame de Maintenon lui font dire dans une de celles adressées à madame de Saint-Géran : « Votre fils est très-joli. » Et plus loin : « La *du Fresnoy* est délaissée. Elle a recours à moi... Nous nous sommes embrassées. Je lui rendrai service. » (Mai 1679, p. 133, édit. de Dresde, 1753, in-12.) Combien madame de Maintenon eût eu pitié de celles qui croyaient servir sa mémoire en lui prêtant de tels sentiments, un tel langage, à l'époque même où elle faisait tous ses efforts pour ramener le roi à la soumission religieuse !

CHAPITRE XV.

Page 356, lignes dernières : Madame de Sévigné se plaint fréquemment à sa fille du grand nombre de lettres qu'elle recevait, etc.

Nous avons remarqué dans la troisième partie de ces *Mémoires*, chapitre VI, p. 108, que la réputation de madame de Sévigné dans le genre épistolaire, bien établie à la cour et parmi le grand monde, devint populaire aussitôt après la publication des *Mémoires de Bussy* en 1694 ; nous avons cité les vers latins de l'Épître sur la manière d'écrire des lettres, par le jésuite Montaigu. Cette épître, qui fut pu bliée en 1713, reparut encore en 1749 dans le recueil intitulé *Poëmata didascaloïca;* Parisiis, le Mereier, 1749, 3 vol. in-12. — Le passage sur Sévigné se trouve t. I, p. 314; et pour qu'on ne commît aucune méprise sur la personne, au mot *Sevinia* on a ajouté cette note, qui n'était pas dans l'édition première : « Marie de Rabutin, marquise de Sévigné. »

Pag. 366, lignes 1 à 3 : Les deux sœurs étaient également l'objet des railleries de madame de Grignan pour leur vanité.

Il paraît que cela était assez fondé, et que madame de Grignan n'était pas la seule qui raillât madame de Coulanges sur sa vanité. Madame de Maintenon écrivant à son frère (28 février 1678, t. I, p. 154, Amst., 1756), afin de lui recommander l'économie, lui dit : « Je ne suis pas plus avare que vous ; mais j'aurais 50,000 livres de rente, que je n'aurais pas le train de grande dame, ni un lit galonné d'or, comme madame de la Fayette ; ni un valet de chambre, comme madame de Coulanges. Le plaisir qu'elles en ont vaut-il les railleries qu'elles en essuient ? M. le chancelier son oncle [c'est-à-dire le Tellier, oncle de madame de Coulanges] est plein de modération, et le roi l'estime. »

FIN.

TABLE SOMMAIRE

DES CHAPITRES DE CE VOLUME.

CHAPITRE PREMIER. — 1673.

Pages.

Madame de Sévigné quitte la Provence.—Elle écrit de Montélimart.—Elle arrive à Bourbilly.— Conduite du comte de Bussy. — Détails sur la comtesse de Fiesque.—La cour de Monsieur et la cour de Condé.—Arrivée à Paris de madame de Sévigné.. 1

CHAPITRE II.—1673-1674.

Visites que reçoit madame de Sévigné.—Pour la voir, son fils quitte deux fois l'armée.—Mort du marquis de Maillane.—Louis XIV se prépare à conquérir la Franche-Comté. — Il charge l'évêque de Marseille d'une négociation auprès de la duchesse de Toscane.................................. 18

CHAPITRE III. — 1673-1674.

Détails sur la principauté d'Orange et sur ceux qui la possédèrent. — Le comte de Grignan s'empare de la citadelle d'Orange et la fait démolir.—Lutte entre l'évêque de Marseille et Grignan.—Ouverture des états de Bretagne........... 36

CHAPITRE IV. — 1673-1674.

Madame de Sévigné retrouve Bussy à Paris. — Origine de la liaison de la marquise de Martel avec madame de Sévigné. — Bussy demande une nouvelle prolongation de séjour. — La duchesse de Longueville intercède pour lui auprès de Condé, mais inutilement.—Bussy reste caché dans Paris.—Louis XIV fait venir la reine à Dijon.—La guerre de Franche-Comté s'achève.. 60

CHAPITRE V. —1674.

Portrait de Louis XIV. — Détails sur la reine. — Madame de Montespan donne des bals d'enfants.—Amours de Louis XIV et de la Vallière.— Elle est faite duchesse.—Triomphe de madame de Montespan.—Madame de la Vallière entre aux Carmélites. —Sa prise d'habit et ses vœux.—Grâce que lui accorde le roi.—Pourquoi il s'abstint de l'aller voir...... 81

CHAPITRE VI. — 1674-1675.

Le parti religieux et le parti mondain se disputent l'influence sur Louis XIV.—Réforme dans la maison de la reine.—Madame de Sévigné visite Port-Royal des Champs.— Mort du grand Condé.—Colbert est chargé de la réorganisation des spectacles de Paris.—L'Opéra devient le spectacle dominant. —Sociétés de Paris à cette époque.....................

CHAPITRE VII. — 1674-1675.

Arrivée à Paris de M. et madame de Grignan. — Madame de Grignan demeure quinze mois avec sa mère. — Ouverture de l'assemblée des communautés de Provence.—Correspondance de Bussy et de madame de Sévigné.—Détails sur les deux femmes et les enfants de Bussy.................. 137

CHAPITRE VIII. — 1675.

Madame de Grignan retourne en Provence.—Retz va en Lorraine, et donne sa démission du cardinalat.—Son portrait, par la Rochefoucauld.—Douleur de madame de Sévigné en se séparant de Retz.—Elle quitte Paris pour aller en Bretagne.. 160

CHAPITRE IX.— 1674-1675.

Succès de Louis XIV en Franche-Comté et en Roussillon.— Bataille de Senef. — Révoltes en Bretagne et en Guienne. —Le duc de Chaulnes sévit contre les Bretons.— Les états de Bretagne s'assemblent à Dinan.—Remontrances adressées au roi.—D'Harouïs, trésorier des états, est condamné à une prison perpétuelle...................................... 173

CHAPITRE X. — 1675-1676.

L'opinion publique se déclare contre madame de Montespan.— Un prêtre lui refuse l'absolution. — Bossuet et Bourdaloue conseillent au roi et à madame de Montespan de se séparer.—

Ils le promettent.—Madame de Montespan construit Clagny. — Le roi ordonne qu'elle soit réintégrée à Versailles, mais avec l'intention de ne plus avoir commerce avec elle. —Madame de Montespan parvient à le faire changer de résolution. —La cour reprend sa splendeur et ses plaisirs............ 189

CHAPITRE XI. —1675-1676.

Espoir du parti pieux dans l'influence de madame de Maintenon. —Nécessité de jeter un coup d'œil rétrospectif sur la vie de cette dame. — Le roi lui confie l'éducation de ses enfants issus de madame de Montespan. — Elle devient marquise de Maintenon. — Obtient de correspondre directement avec le roi. — Durée du règne de madame de Montespan........ 209

CHAPITRE XII. — 1675-1676.

Turenne est tué. — Création de nouveaux maréchaux. — La révolte continue à Rennes. — Madame de Sévigné arrive à Nantes. — Souvenirs que ce voyage lui rappelle. — Faits importants relatifs à sa jeunesse, rectifiés. — Date de la naissance de ses enfants, etc. — Détails fournis par les Mémoires de d'Ormesson sur madame de Sévigné et sur les événements. 246

CHAPITRE XIII. — 1676.

Liaison de madame de Sévigné avec la princesse de Tarente. — Nouvelles du Danemark et de la cour de France, données par cette princesse à madame de Sévigné durant son séjour aux Rochers.—Détails sur Griffenfeld.—Mariage de la princesse de la Trémouille. — Caractère de MADAME, seconde femme du duc d'Orléans. — Détails sur le prince et la princesse de Tarente. — Madame de Sévigné passe l'hiver aux Rochers.. 283

CHAPITRE XIV. — 1675-1676.

Malheurs de la Bretagne.— Forbin marche sur cette province avec six mille hommes. — Exil du parlement. — M. de Chaulnes est insulté. — Tenue des états de Provence. — Détails sur les affaires de Bretagne et sur celles des provinces. —Correspondance de madame de Sévigné avec ses amis de Paris. — Ses liaisons avec différentes personnes.......... 314

CHAPITRE XV. — 1675 1680.

Pages.

Plaintes de madame de Sévigné sur le grand nombre de lettres qu'elle est obligée d'écrire. —Soins et attentions que lui prodigue son fils. — Volages amours de celui-ci. — Nouveaux travaux qu'entreprend aux Rochers madame de Sévigné.— Elle y tombe dangereusement malade. — Sévigné vient à Paris pour vendre sa charge de guidon. — Madame de Sévigné quitte les Rochers. —Elle s'arrête à Malicorne, où on lui lit l'oraison funèbre de Turenne par Fléchier. — Elle arrive à Paris.. 356

FIN DE LA TABLE DES CHAPITRES.

TABLE SOMMAIRE

DES

MATIÈRES PRINCIPALES DES NOTES ET ÉCLAIRCISSEMENTS
CONTENUS DANS CE VOLUME.

                                                                                        Pages.

Sur les madrigaux de Montreuil pour madame de Sévigné... 393
Sur le voyage clandestin de l'évêque de Valence à Paris...... *ibid*.
Sur deux petits poëmes de Marigny...................... 395
Sur *Forléans, Bourbilly* et *Époisses*................... 397
Sur le château d'Époisses............................. 398
Sur madame de la Morésan............................ 403
Sur les éditions de l'*Histoire amoureuse des Gaules*....... 404
Sur doña Felippe-Maria-Térésa Abarca.................. 406
Sur la lettre de la sœur Magdeleine du Saint-Esprit......... 409
Sur la terre du Mesnil Saint-Denis....................... 411
Sur l'opéra en France................................. 413
Sur une grossesse de madame de Grignan................. 415
Vers de Benserade sur le marquis de Saucourt............. 418
Jugement de M. de la Rivière sur les lettres de madame de Grignan... 420
Sur la *Relation de ce qui s'est passé en Catalogne*......... 421
Sur des lettres de Louis XIV à Colbert, relatives à madame de Montespan.. 422
Sur M. de Condom................................... 425
Sur la perruque de Louis XIV.......................... 426
Sur une lettre et des fragments de lettres attribués à madame de Maintenon...................................... 429
Sur des bruits de cour relatifs à madame de Montespan..... 433
Passages extraits des *Conversations de madame de Maintenon*... *ibid*.
Sur le vague qui règne dans l'histoire de madame d'Aubigné et dans celle des premières années de sa fille.............. 437

	Pages.
Sur un dialogue de madame de Maintenon pour ses élèves de Saint-Cyr..	439
Épigramme du chevalier de Méré.......................	*ibid.*
Sur l'auteur de la *Mazarinade*.........................	443
Sur les *Œuvres diverses d'un auteur de sept ans*.........	*ibid.*
Sur Gui Patin...	449
Sur le château de la Seilleraye, et sur les portraits de madame de Sévigné et de sa fille..................................	451
Sur madame de Sévigné et la famille du Plessis..........	460

FIN DE LA TABLE DES NOTES ET ÉCLAIRCISSEMENTS.

www.ingramcontent.com/pod-product-compliance
Lightning Source LLC
Chambersburg PA
CBHW072112220426
43664CB00013B/2095